उपन्यासों के रचना-प्रसंग

कुसुम वार्ष्णेय

राधाकृष्ण प्रकाशन

ISBN : 978-81-8361-105-3

उपन्यासों के रचना-प्रसंग

पहला संस्करण : 2007
पहली आवृत्ति : 2023
This book is printed on **Print on Demand** Technology : 2026

मूल्य : ₹995

प्रकाशक
राधाकृष्ण प्रकाशन प्राइवेट लिमिटेड
जी-17, जगतपुरी, दिल्ली-110 051
शाखाएँ : अशोक राजपथ, साइंस कॉलेज के सामने, पटना-800 006
पहली मंजिल, दरबारी बिल्डिंग, महात्मा गांधी मार्ग, प्रयागराज-211 001
1, अनमोल सोराबजी संतुक लेन, धोबी तलाव, मरीन लाइंस, मुम्बई-400 002
वेबसाइट : www.radhakrishnaprakashan.com
ई-मेल : info@radhakrishnaprakashan.com

UPANYASON KE RACHNA-PRASANG
by Kusum Varshney

अपनी प्रिय पुत्रवधुओं

मितुल

और

तिलोत्तमा को

अनुक्रम

परिशिष्ट

प्राक्कथन

प्रस्तुत पुस्तक की प्रेरणा मुझे आदरणीय अमृतलाल नागर से तब मिली थी जब उन्होंने मेरा डी.लिट्. का शोधप्रबंध–हिन्दी उपन्यासों के कथानक संघटन की रचना-प्रक्रिया को पढ़कर पत्र द्वारा प्रशंसात्मक टिप्पणी लिखकर भेजी थी, (द्रष्टव्य, परिशिष्ट में उनका पत्र), और जब बाद में मैं उनसे मिली तो रचना-प्रक्रिया पर इतना विचार-विमर्श हुआ कि उन्होंने मेरा उत्साहवर्धन करते हुए कहा कि कुसुम, अब तुम उपन्यासों की रचना-प्रक्रिया पर पुस्तक लिख डालो। फिर तो मुझ पर जैसे एक जुनून-सा छा गया था रचना-प्रक्रिया का गहन अध्ययन और विश्लेषण करने का। विदेशी उपन्यासकारों के रचना-प्रक्रिया पर समालापों के अमूल्य संग्रह 'राइटर्स एट वर्क' की अनेक सिरीजें मैंने तभी पढ़ी थीं। उससे मुझे चिन्तन की गहराई में डूबने की प्रेरणा मिली थी। उसी चिन्तन-मनन के दौर में मुझे रचना-प्रक्रिया को चिन्तन के मनोविज्ञान (साइकलोजी ऑफ थिंकिंग), कल्पना और चिन्तन (इमेजीनेशन एंड थिंकिंग), सृजन-प्रक्रिया के मनोवैज्ञानिक सिद्धान्तों, विधायक कल्पना और अभिव्यंजना के परिप्रेक्ष्य में पहचानने की सूझ आई थी। उन्हीं दिनों विमल मित्र सपत्नीक इलाहाबाद पधारे थे और मेरे निमंत्रण पर मेरे घर आए थे। उनके साथ भी मैंने रचना-प्रक्रिया पर बातचीत केन्द्रित की थी, जिसका टेप मेरे पास आज भी मौजूद है। उन्हें मैंने जब बताया कि मैं उपरोक्त परिप्रेक्ष्य में रचना-प्रक्रिया का विश्लेषण करने का प्रयत्न कर रही हूं, तब उन्होंने संतोष व्यक्त करते हुए कहा था कि इस दृष्टि से आपका कार्य सार्थक सिद्ध होगा।

प्रस्तुत पुस्तक के पहले दो परिच्छेद–'अंकुरण : अनुभूति से अभिव्यक्ति बिन्दु तक की प्रक्रियाएं' और 'अवतरण : अभिव्यक्ति की प्रक्रियाएं' मेरे उसी दृष्टि से रचना-प्रक्रिया को समझने और विश्लेषित करने का प्रयास है। फिर भी मैं मानती हूं कि रचना-प्रक्रिया को पूरी तरह से समझना असम्भव है। लगभग सभी उपन्यासकारों ने अपनी रचना-प्रक्रिया के सम्बन्ध में बड़े आत्मविश्वास के साथ बताने की चेष्टा की है, पर मैंने पाया कि उन सबने अपनी रचना-यात्रा और कार्य-शैली की बात ही अधिक की है, जबकि मानस की कितनी ही गूढ़ और अनजानी परतों से होकर कोई रचना जन्म लेती है। इसलिए मैंने उपन्यासकारों के वक्तव्यों का सहारा तो लिया है पर उनके वक्तव्यों पर पूरी तरह भरोसा नहीं किया है।

यथास्थान पुस्तक में इस बात का उल्लेख है कि लेखक प्रत्यावाहन (रिकॉल) द्वारा अपने रचना-संस्मरण और रचना-प्रक्रिया पर जो वक्तव्य देता है वह यथावत् न होकर तोड़ा-मरोड़ा, घटाया-बढ़ाया, सजाया-संवारा होता है। इसलिए उन वक्तव्यों का परीक्षण और विश्लेषण आवश्यक है।

प्रस्तुत पुस्तक में उपन्यासकारों के वक्तव्यों की भरमार है, वह इसलिए कि भिन्न-भिन्न परिवेश और देश, भिन्न-भिन्न संस्कृति और सभ्यता, भिन्न-भिन्न भाषायी उपन्यासकारों के वक्तव्य आमने-सामने रखकर रचना-प्रक्रिया का विश्लेषण किया जा सके। किन्हीं समानधर्मी लेखकों की भाषा, पहनावे, सभ्यता और संस्कृति में भले ही भिन्नता हो पर रचना को जन्म देने की उनकी प्रक्रिया में कोई अन्तर नहीं है। सभी एक ही तरह से उद्दीप्त और प्रेरित होते हैं, अपने अनुभव-विम्ब को पकाने के बाद ही सौन्दर्यबोध तक पहुंचने पर सम्प्रेषित करने का दबाव महसूस करते हैं। बस उनकी रचना-यात्रा और कार्यशैली में ही अन्तर होता है। इसलिए वह जितनी व्यक्तिगत है उतनी ही सामान्य भी है।

पुस्तक में मैंने निष्कर्ष दिए हैं। पर वे सिद्धान्त नहीं माने जा सकते। रचना-प्रक्रिया कोई वैज्ञानिक प्रक्रिया नहीं है जिसके नपे-तुले निष्कर्ष निकाले जा सकें। मैं जानती हूं कि मैं रचना-प्रक्रिया की परिधि भर छू सकी हूं, उसके भीतर प्रवेश असम्भव है। वैसे भी रचना-प्रक्रिया की बात करना खतरे से खाली नहीं है। इसीलिए मैंने पुस्तक का नाम रखा है 'उपन्यासों के रचना-प्रसंग'।

पुस्तक के तीसरे और चौथे परिच्छेदों में मेरा कुछ भी नहीं है। मैंने देश-विदेश के उपन्यासकारों के वक्तव्यों और विचारों का एक जगह संकलन-मात्र किया है। इन दोनों परिच्छेदों में उपन्यासकार अपने क्षेत्र के एकछत्र स्वामी और व्याख्याकार हैं। इन दोनों की उपयोगिता मात्र इतनी भर है कि उनके द्वारा पाठक सीधे-सीधे उपन्यासकारों से आमना-सामना करते हुए उनकी रचना-यात्रा और कार्यशैली से परिचित हो सकते हैं और रचना-संस्मरण और कच्ची सामग्री के माध्यम से उपन्यासों की प्रेरणा, उत्स, उद्दीपकों और प्रत्यक्ष-बोधों की जानकारी पाकर तैयार कृति से उनका मिलान कर इस बात का पता पा सकते हैं कि उन्हें रूपांतरण या विचलन की आवश्यकता क्यों हुई, तथा उससे उन्हें अपने अनुभव के अर्थ को सम्प्रेषित करने में कितनी सफलता और सार्थकता प्राप्त हुई।

पांचवां परिच्छेद 'एक उपन्यास के अवतरण की कहानी' को मैं अपनी विशेष उपलब्धि मानती हूं। 'नाच्यौ बहुत गोपाल' की कच्ची सामग्री और नागरजी द्वारा समाचारों और पत्रों में दिए वक्तव्यों के माध्यम से उपन्यास के जन्म से लेकर अवतरण तक की यात्रा मेरे लिए तो रोमांचक रही ही, पाठकों के लिए भी कम रोमांचक न होगी। आदरणीय नागरजी इसे 'पास' करने के लिए मौजूद नहीं हैं। अब मैं तभी आश्वस्त होऊंगी जब अन्य उपन्यासकार यह अनुभव करें कि ऐसा तो वे भी करते हैं या उनके साथ भी ऐसा ही होता है। मेरे विवेचन

में यदि अन्य अपनी रचना-प्रक्रिया का थोड़ा-सा भी प्रतिबिम्ब पा सकें तो मैं अपने श्रम को सार्थक समझूंगी।

● कुछ बातें पुस्तक की सामग्री के सम्बन्ध में भी।

उपन्यासकारों ने मेरी प्रश्नावली के उत्तर क्रम से नहीं दिए हैं। पत्रों और समालापों दोनों में क्रम-विपर्यय मिलता है। कुछ उपन्यासकारों ने अपने वक्तव्यों में उपन्यास की जगह कहानी से उदाहरण दिए हैं। पर मुझे लगता है इससे कोई अन्तर नहीं पड़ा है क्योंकि उनके वक्तव्यों से पता लगता है कि दोनों में उनकी प्रक्रिया एक-सी रहती है।

समालाप अत्यंत अनौपचारिक रूप से लिए गए थे। बातचीत के दौरान एक बात से दूसरी बात निकलती चली जाती थी, और कभी-कभी विषयांतर हो जाता था। मैंने उन्हें यथावत् ही यहां प्रस्तुत किया है, कोई काट-छांट नहीं की है। 'अश्क' जी के समालाप में उनकी रचना-प्रक्रिया की बातें ही नहीं निकली, उनके व्यवहार और तल्खी भरी बातों से उनके व्यक्तित्व का भी परिचय मिला। उसे भी ज्यों का त्यों प्रस्तुत कर दिया है। अमृतराय से अनौपचारिक समालाप में मैंने प्रेमचन्द की रचना-प्रक्रिया के सम्बन्ध में भी महत्त्वपूर्ण जानकारियां हासिल की थीं। सो उन्हें भी यथावत् पुस्तक में शामिल कर लिया गया है। भगवतीचरण वर्मा का पत्र और समालाप बहुत पुराना है। ये दोनों उस समय के हैं जब रचना-प्रक्रिया पर कार्य करने का विचार मेरे मन में जन्मा भी न था, पर क्योंकि ये दोनों उनकी रचना-प्रक्रिया के कुछ आयामों पर प्रकाश डालते हैं इसलिए वे पुस्तक में दे दिए गए हैं। समालाप 'धर्मयुग' के 6 अक्टूबर 1963 के अंक में प्रकाशित हुआ था।

कुछ बातें अनुवाद के सम्बन्ध में भी। पुस्तक में आए अंग्रेजी उद्धरणों के अनुवाद मैंने कामिल बुल्के के 'अंग्रेजी हिन्दी शब्द-कोश' की सहायता से स्वयं किए हैं। अनुवाद करने पर मुझे पूर्ण अधिकार तो नहीं है फिर भी ध्यान इस बात का रखा है कि अनुवाद चाहे शब्दशः न हो पर उसके मूल भाव में अन्तर नहीं आना चाहिए। फिर भी कुछ भूलें हो सकती हैं।

पुस्तक में उपन्यासकारों के पत्र और समालाप लगभग बीस वर्ष पुराने हैं। उनमें से कितने ही दिवंगत हो चुके हैं। सभी वयोवृद्ध लेखकों से मुझे पितृतुल्य स्नेह और आत्मीयता मिली थी। कितनों ने मेरे घर आकर अपनी रचना-प्रक्रिया के सम्बन्ध में बताया था। मैं उन सबके प्रति कृतज्ञता ज्ञापन कैसे करूं। केवल श्रद्धानवत् ही हो सकती हूं। अन्य उपन्यासकारों की भी मैं अत्यन्त कृतज्ञ हूं।

मैं भाई शरद नागर की अत्यन्त आभारी हूं जिन्होंने बाबूजी के कहने पर उनके जीवन-काल में मुझे 'नाच्यौ बहुत गोपाल' की तमाम कच्ची सामग्री तो दी ही, बाद में भी शंकाएं उठने पर सदैव सहयोग दिया। भाई कुमुद नागर के पुत्र पारिजात, लिपिक अशोक ऋषिराज और राजेन्द्र वर्मा की भी अत्यन्त आभारी हूं जिन्होंने उपन्यास की कच्ची सामग्री

का विश्लेषण करने में मेरी सहायता की।

और अन्त में, मैं अतिशय कृतज्ञ हूं श्रीलाल शुक्ल जी की, जिनकी सद्प्रेरणा और सहयोग के बिना पुस्तक प्रकाशित हो ही नहीं सकती थी। नागरजी के दिवंगत होने पर मेरा उत्साह मन्द पड़ा तो पड़ा ही, मेरे अध्यापकीय और पारिवारिक उत्तरदायियों और व्यस्तताओं तथा आलस्य ने भी मेरे अत्यन्त लगन और परिश्रम से किए कार्य को बहुत दिनों तक अंधेरे के गर्त में पड़े रहने की भूमिका निभायी। वह तो उस क्षण को धन्यवाद जब एक दिन श्रीलाल शुक्ल जी के यह पूछने पर कि आपके उस रचना-प्रक्रिया वाले कार्य का क्या हुआ, मुझे चेता न दिया होता कि अत्यन्त परिश्रम से किए कार्य को मुझे व्यर्थ न जाने देना चाहिए।

और जब इधर कुछ वर्षों से स्त्री-लेखन और दलित-लेखन के सन्दर्भ में आत्मानुभूति बनाम स्वानुभूति की चर्चा होने लगी तो मुझे लगा कि मेरा कार्य अब भी प्रासंगिक है।

मैं श्री अशोक महेश्वरी, प्रबन्ध-निदेशक राधाकृष्ण प्रकाशन की अत्यंत आभारी हूं जिन्होंने पुस्तक प्रकाशन का भार सहर्ष स्वीकार किया।

लखनऊ
कुसुम वार्ष्णेय

दशहरा, 2006

अंकुरण

(अनुभूति से अभिव्यक्ति बिन्दु तक की प्रक्रियाएं)

'अनुभूति बनाम सहानुभूति'/'स्वानुभूति बनाम परानुभूति'

इधर रचना-प्रक्रिया की चर्चा ठंडी पड़ चुकी थी, पर दलित-लेखन और स्त्री-लेखन के एकाधिकार के आग्रहों के कारण 'अनुभूति बनाम सहानुभूति' तथा 'स्वानुभूति बनाम परानुभूति' जैसे नारों ने रचना-प्रक्रिया पर पुनर्विचार की आवश्यकता उत्पन्न कर दी है। टी.एस. इलियट ने अपने निबन्ध 'द फ्रंटिअर आफ क्रिटिसिज्म' (1918) में रचना-प्रक्रिया को कृति की आलोचना के सन्दर्भ में महत्त्वपूर्ण बताया था, (किसी रचना की सही आलोचना तभी हो सकती है जब उसके सृजन-उत्स और रचना-प्रक्रिया का ज्ञान हो–इलियट), पर जब रचना का मूल्यांकन 'अनुभूति बनाम सहानुभूति' या 'स्वानुभूति बनाम परानुभूति' की दृष्टि से किया जाने लगे और लेखक को इस या उस पर लिखने से वंचित कर उसकी अन्तर्वस्तु का दायरा सीमित करने की कोशिश की जाने लगे, तब रचना-प्रक्रिया की प्रकृति के प्रकाश में इन सब बातों की परख करना आवश्यक हो जाता है। इस प्रकार के आग्रह रचना-प्रक्रिया के स्वभाव को उलट देना चाह रहे हैं, जो खतरनाक है। हम सब कुछ अस्वीकार कर सकते हैं पर रचना-प्रक्रिया के स्वभाव को नहीं। ठीक वैसे ही जैसे मां के गर्भ में सम्पन्न होने वाली शिशु-रचना की प्रक्रिया को–भले ही उसकी परिपुष्टता और प्रसव को वैज्ञानिक साधनों ने कितना ही संवर्धित और आसान कर दिया हो, पर उसकी प्रक्रिया को नहीं उलटा जा सकता। पर दलित-लेखन और स्त्री लेखन की चर्चा में इस सत्य की उपेक्षा से प्रकट होने लगा है कि हमारे आचार्य सिरफिरे थे जिन्होंने साधारणीकरण जैसे सर्वव्यापी और सर्वकालिक अवधारणा की प्रतिष्ठा की थी, कि वे प्रतिपादक मूर्ख थे जिन्होंने सृजन को सौंदर्य-बोध से जोड़ा था और वह मनोविज्ञान झूठा है जिसने तद्नुभूति (इम्पैथी) का उद्घाटन किया है।

यह सच है कि दलित-लेखन और स्त्री-लेखन में जीवन के अनछुए जीवन प्रसंगों, जीवन स्थितियों, अनुभूतियों और अनुभवों की अभिव्यक्ति हो रही है। स्थापित

को धो-पोंछ कर एकदम नया सृजन रचना-प्रक्रिया के स्वभाव को ही प्रकट करता है। पर यह कहना कि हमने दलन की पीड़ा भोगी है, इसे साहित्य में व्यक्त करने का अधिकार सिर्फ हमारा है, निहायत बेहूदा है। उपन्यासकार का स्वयं का भोगा हुआ ही नहीं, अनुभव क्षेत्र भी महत्त्वपूर्ण है। जरूरी नहीं कि उपन्यासकार ने जिन स्थितियों का चित्रण किया है उन्हें भोगा भी हो। वह बीमारी, युद्ध, मृत्यु या ऐसी ही अन्य स्थितियों का भुक्तभोगी न भी रहा हो, पर उसने इन्हें पास से देखा है, कभी इन स्थितियों का द्रष्टा रहा है, तो उसकी कल्पना उर्वर हो उठती है। वड्र्सवर्थ ने अपने काव्य संग्रह में कवि की जिन छः शक्तियों का जिक्र किया है उनमें चित्रणशक्ति को पहला स्थान दिया है और अनुभूति शक्ति को दूसरा। सच भी यही है कि यदि रचनाकार में संवेदनशीलता और सूक्ष्म निरीक्षण क्षमता का अभाव है तो सिर्फ स्वानुभूति के भरोसे वह सार्थक रचना को जन्म नहीं दे सकता।

रचना-प्रक्रिया के प्रसंग में 'स्वानुभूति' को कोई बहुत अधिक महत्व कभी नहीं दिया गया। आत्मपरक रचनाएं लिखने वालों ने भी कभी इस प्रकार का आग्रह नहीं दिखलाया। उनकी रचनाशीलता स्वानुभूतिपरक और परानुभूतिपरक दोनों रही है। साहित्य सृजन के प्रसंग में 'अनुभूति' शब्द ही सर्वस्वीकृत रहा है। 'अनुभूति' शब्द में रचना-प्रक्रिया के अधिकांश आयामों को समेटने की सामर्थ्य है। भारतीय काव्यशास्त्रियों ने तो रस-विचार के अन्तर्गत अनुभूति का रहस्योद्घाटन करते हुए सौंदर्य-बोध के मर्म को भी जानने की चेष्टा की थी। सौंदर्य-बोध रचनाकार के मन में तब उत्पन्न होता है जब वस्तु उसके भावों में रम जाती है और ऐसी साधारणीकृत स्थिति में पहुंच जाती है जहां व्यक्तिगत राग-द्वेष की सीमाओं का उल्लंघन होकर शुद्ध अनुभूति रह जाती है। रसिक के हृदय में अनुभूति जाग्रत करने में ही सौंदर्य-बोध का महत्व है। अनुभूति और सौंदर्य-बोध परस्पर आश्रित हैं। एक के अभाव में दूसरे को सुन्दर या आनन्दानुभूति का नाम नहीं दिया जा सकता। विषय और विषयी दोनों अनुभूति के क्षण में तादात्म्य स्थापित कर लेते हैं। यह तादात्मीयकरण ही साधारणीकरण है। रचनाकार के मानस में होने वाली सृजन-प्रक्रिया की इतनी सही पहचान हमारे काव्यशास्त्री रचना-प्रक्रिया की संकल्पना के प्रतिष्ठित होने से सदियों पूर्व ही कर चुके थे।

रचनाकार अत्यंत संवेदनशील प्राणी होता है। उसे अपना भोगा हुआ ही नहीं, दूसरों का भोगा हुआ भी अपने के समान विचलित करता है। रचनाकार को स्वकीय और परकीय अनुभवों पर लिखने की छूट हमेशा से रही है। मौलिक और अमौलिक दोनों प्रकार के अनुभवों से वह अपने रचना बीज प्राप्त करता है। देखने में आया है कि परकीय अनुभवों पर लिखी रचनाओं में इतना सच्चा यथार्थ प्रस्तुत होता है कि वे

स्वकीय अनुभवों पर आधारित होने का भ्रम पैदा करती हैं। यह कोई अनहोनी प्रक्रिया नहीं है। यह सफलता उपन्यासकार को पुनःसृजन की क्षमता के कारण मिलती है, और उसके पुनःसृजन का आधार होते हैं अप्रत्यक्ष बोध (सेकण्ड्री परसेप्शन), जिन्हें साहित्यिक रचनाओं के लिए प्रत्यक्ष बोधों (ऑरीजनल परसेप्शन) से अधिक सक्षम माना गया है। अरस्तू ने रचनाकार की पुनःसृजन की प्रक्रिया को बहुत गहराई से समझा था और उसी के आधार पर अपने अनुकरण सिद्धांत का प्रतिपादन किया था। उन्होंने प्रतिपादित किया कि रचनाकार संवेदना, अनुभूति, कल्पना और आदर्श के प्रयोग द्वारा सृजन प्रकिया में निमग्न होकर वस्तु का पुनःसृजन करता है। उन्होंने कविता को एक ऐसा अनुकरण माना जिसमें वाह्य प्रत्यक्ष रूप ही नहीं, तल के नीचे छिपे सूक्ष्म तत्व भी उभरकर सामने आ जाते हैं। अनुकरण के द्वारा रचनाकार नवीन रूप और नवीन अर्थ की सृष्टि करता है। इस क्षमता के कारण कितने ही उपन्यासकार समाचार-पत्रों में पढ़ी घटनाओं और रिपोर्टों के आधार पर अत्यंत यथार्थ जीवन चित्र प्रस्तुत करने में सफल हुए हैं। यशपाल ने 'झूठा सच' उपन्यास सुनी-सुनाई घटनाओं और अनुभवों तथा समाचार-पत्रों में छपी रिपोर्टों के आधार पर लिखा है। उनका स्वयं का वक्तव्य है : तथ्य है कि जैसे 'झूठा सच' लेखक की आपबीती नहीं, कुछ देखी-सुनी और बटोरी हुई सूचनाओं के आधार पर कल्पना है, वैसे ही 'झूठा सच' में वर्णित परिवारिक घटनाएं और सब पात्र काल्पनिक हैं। अलबत्ता राजनैतिक घटनाओं की तिथियां और स्थान सब इतिहास है। (यशपाल : 'झूठा सच के संस्मरण', भीष्म साहनी : आधुनिक हिन्दी उपन्यास)। अप्रत्यक्ष बोधों से गढ़े पात्रों और घटनाओं द्वारा यशपाल ने विभाजन के संत्रास, संघर्ष, टूटन, पीड़ा और मूल्य-संक्रमण की जीवंत प्रस्तुति की है। उसी का परिणाम था कि इसके छपते ही भुक्तभोगियों और उनके सम्बंधियों के ढेरों पत्र लेखक को इस आशय के मिले कि इन चरित्रों का अता-पता दें। बहुतों का कहना था कि 'झूठा सच में झूठ क्या है? सच ही सच है।' बहुतों का विश्वास था कि पुस्तक उपन्यास नहीं, लेखक की आपबीती है। कुछ लोगों ने पत्रों द्वारा और कुछ ने मिलकर तारा, जयदेव पुरी, कनक, पं. गिरधारी लाल, डॉ. प्राणनाथ, सोमराज सरीन और वकील महेन्द्र के विषय में पूछा, 'अब वे कहां हैं?' उनसे भेंट की इच्छा प्रकट की। (वही)

वास्तव में रचनाकार की अनुभूति केवल संवेदन नहीं है। यह एक मानसिक बोध है जिसमें विषय के साथ विषयी के संस्कारों, स्मृतियों और साहचर्यों से सम्बद्ध कई मानसिक क्रियाओं के अलावा सौंदर्य-बोध का भी योग रहता है। अनुभूति की तीव्रता रचनाकार की संवेदनशक्ति पर निर्भर है। विषय का मन को हरदम घेरे रहना अनुभूति की तीव्रता है। सामान्य व्यक्ति और रचनाकार की अनुभूति में अन्तर है। साधारण

व्यक्ति की अनुभूतियां वैयक्तिक होती हैं जबकि रचनाकार अपनी वैयक्तिक अनुभूतियों को भी मानवीय धरातल पर लाकर उनका सामान्यीकरण कर देता है। रचनाकार के मन में दो प्रक्रियाओं का द्वंद्व चलता है। एक ओर वह तद्नुभूति के वश में होता है और दूसरी ओर सौंदर्य-बोध के प्रति सचेष्ट होता है। तदनुभूति रचनाकार और विषय के पार्थक्य को मिटा देती है और सौंदर्य-बोध सामान्य सी वस्तु को समग्र मानवीय चेतना से जोड़ देता है। वह किसी तथ्य या भौतिक घटना को रागात्मक मूल्यों से जोड़ता है। इस तरह तथ्य सत्य बन जाता है। कला में मूल्य तथ्य का नहीं, सत्य का होता है। रचनाकार का सौंदर्य-बोध सत्यान्वेषण की प्रक्रिया है और यह मौलिक होती है। अपने अनुभव से जब रचनाकार जीवन के अर्थ या जीवन सत्य का साक्षात्कार कर लेता है तब वह उसे आनन्दानुभूति से भर देता है। जिस चीज का बोध आनन्द प्रदान करता है वह सुन्दर है। त्रासदी से भी आनन्द की प्राप्ति होती है। वह भी रचनाकार के सौंदर्य-बोध को तृप्त करता है। अनुभव से जो अर्थ-दीप्ति होती है वही सौंदर्य-बोध है। सौंदर्य-बोध एक सृजनशील प्रक्रिया है। जब रचनाकार को किसी सत्य या अर्थ का बोध हो जाता है तभी उसमें संप्रेषण की उत्कृष्ट इच्छा जन्म लेती है।

'स्वानुभूति' या 'परानुभूति' लेखक की संवेदना की ईमानदारी निर्धारित करने के मानदण्ड नहीं बनाये जा सकते। 'स्वानुभूति' भोगे हुए का गहरा अनुभव तो करा सकती है पर उसमें निहित अर्थ की प्रतीति कराने की क्षमता उसमें बहुत कम होती है। रचना किसी अनुभव के अर्थ का साक्षात्कार कराये तभी महत्त्वपूर्ण है। तथ्यों की प्रस्तुति उसका लक्ष्य नहीं है। स्वानुभव तभी गहरे अर्थों से जुड़ते हैं, जब रचनाकार उन्हें निर्वैयक्तिक दृष्टि से जांचे-परखे और उनसे सौंदर्य-बोध प्राप्त कर किसी सत्य का साक्षात्कार करे। इसलिए 'अनुभूति बनाम सहानुभूति' और 'स्वानुभूति बनाम परानुभूति' का आग्रह करने वालों को इस बात की जांच करनी चाहिए कि रचना किस तरह की संवेदना उत्पन्न करती है। यह हठ कि दलित ही दलित के बारे में लिख सकता है और इस आधार पर प्रेमचन्द, निराला और नागार्जुन की रचनाओं में व्यक्त दलित चिंता और दलितों के प्रति संवेदना को ढोंग करार करके उत्कृष्ट रचनाओं को साहित्य के परिदृश्य से गायब करने का उपक्रम बहुत ही खतरनाक सिद्ध हो सकता है। यह सही है कि प्रेमचन्द की रचनाओं में दलित चेतना की अपेक्षा दलित चिन्ता व्यक्त हुई है। पर यह प्रेमचन्द की विवशता थी कि वे समय की सच्चाइयों से रू-ब-रू करने से नहीं कतराये थे। उनकी रचनाओं में उनके समय की स्थितियों और मानसिकता का बहुआयामी प्रतिबिम्ब देखने को मिलता है। उस काल में दलितोद्धार के कार्यक्रमों के अन्तर्गत सहानुभूति और करुणा के कुछ टुकड़े डालकर दलितों को इतना कृतज्ञ कर दिया गया था कि उनकी दलित चेतना और आत्म-विश्वास ही कुंद हो गया था। अपनी

प्रारम्भिक रचनाओं में प्रेमचन्द दलितोद्धार के प्रयत्नों पर मुग्ध होते दीखते हैं। पर उन्होंने इन छलनाओं से धीरे-धीरे मुक्ति प्राप्त कर ली थी। वे दलितों को शोषण, अपमान और नारकीय जीवन से मुक्ति दिलाना चाहते हैं, पर वे जानते हैं कि अभी (उनके समय में) उनमें इतनी शक्ति और आत्मविश्वास का संचार नहीं हुआ है कि वे अपने शोषण का विरोध कर सकें। वे अपने नारकीय जीवन के इतने अभ्यस्त हो चुके हैं, इसे अपने कर्मों का फल और भगवान का विधान मान चुके हैं। उनमें प्रतिरोध की ऊर्जा ही समाप्त हो गई है। प्रेमचन्द उत्पीड़क के प्रति घृणा और आक्रोश उत्पन्न करके अप्रत्यक्ष रूप से दलित चेतना को ऊर्जा देते दीखते हैं। देखने की जरूरत है कि क्या उनकी दलित चिन्ता केवल सहानुभूतिपरक है। इस बात की परख के लिए यह जानना जरूरी है कि उनकी दलित चिन्ता वाली रचनाओं का उत्प्रेरक तत्व क्या है? किसी भी रचना का स्वर इस बात की पहचान करा देता है कि किस बात की कचोट से विचलित होकर लेखक ने रचना को जन्म दिया है। दलित जीवन और चिन्ता को व्यक्त करने वाली प्रेमचन्द की चर्चित कहानी है 'सद्गति'। इसका दलित नायक दुखी ईश्वर, ब्राह्मण और कर्मकाण्डों पर गहरी आस्था रखता है। अपनी बेटी की सगाई की साइत निकलवाने वह छुआछूत की तमाम सम्भावनाओं का ध्यान रखते हुए पंडित जी के लिए सीधा और बैठने के लिए मचिया का प्रबंध कर उन्हें लिवाने उनके घर पहुंचता है। पंडित जी की तेजस्वी मूर्ति देखकर उसका हृदय श्रद्धा से परिपूर्ण हो उठता है, 'कितनी दिव्य मूर्ति है...' 'कितने पवित्तर होते हैं ये लोग, तभी तो संसार पूछता है...पंडिताइन आग लेकर निकलीं तो मानो वह स्वर्ग का वरदान पा गया।' पंडित जी उसके घर चलकर साइत निकालने को तैयार तो हो जाते हैं पर उससे पहले खलिहान से भूसा लाने और लकड़ी की गांठ चीरने का कार्य सौंपते हैं। भूखा-प्यासा दुखी गांठ चीरते-चीरते मर जाता है। पंडित जी के द्वार पर पड़ी दुखी की लाश को उठाने के लिए कोई तैयार नहीं होता क्योंकि उसके शोषण का साक्षी चिखुरी पुलिस का भय दिखाकर दलितों को लाश उठाने से रोकने में कामयाब हो जाता है। दलित की लाश है तो उससे 'बदबू' भी उठेगी और उसकी पत्नी और पुत्री के रुदन से 'मनहूसियत' भी टपकेगी, सो पंडित जी लाचार होकर लाश के पैरों में दूर से फंदा डाल घसीटकर खेतों में डाल आते हैं। जिस पंडित को दुखी बड़ा पवित्तर समझता था, जिस पर उसकी अटूट आस्था थी, जिससे साइत निकलवाये बिना वह कोई शुभ कार्य नहीं करता था उन्हीं की क्रूरता का शिकार होकर जब वह मरता है और उसकी लाश की जो दुर्गति होती है वह बेचैनी उत्पन्न करती है। 'दुखी की लाश को खेत में गीदड़ और गिद्ध, कुत्ते और कौए नोच रहे थे। यही जीवन पर्यन्त की भक्ति, सेवा और निष्ठा का पुरस्कार था।' इस अंत से जो स्वर निसृत हुआ है वह कहानी के उत्प्रेरक तत्व का

संकेत कर देता है। प्रेमचन्द दुखी की सहनशीलता, निरीहता, आस्था, भक्ति और चेतना-शून्यता के लिए उसे पुचकारते नहीं वरन् आक्रोश व्यक्त करते हैं। चिखुरी के माध्यम से भी उन्होंने यही व्यक्त करना चाहा है। 'गांठ को चीरते देख चिखुरी को उस पर दया आई। आकर कुल्हाड़ी उसके हाथ से छीन ली और कोई आधे घंटे खूब कस-कसकर कुल्हाड़ी चलायी, पर गांठ में दरार न पड़ी। तब उसने कुल्हाड़ी फेंक दी और यह कहकर चला गया कि 'तुम्हारे फाड़े न फटेगी, जान भले ही निकल जाये।' पहले दया और फिर क्रोध की जो अभिव्यक्ति चिखुरी के माध्यम से प्रकट हुई है वह प्रेमचन्द का मंतव्य प्रकट कर देती है। कहानी जो बेचैनी उत्पन्न करती है वह दुखी के सीधेपन के कारण नहीं, वरन् उस पर क्षोभ उत्पन्न होने के कारण है। यही इस कहानी की संवेदना है। प्रेमचन्द संवेदना की धार से तिलमिलाहट उत्पन्न करते हैं, दलनकारी के विरुद्ध कटिबद्ध होने को उत्प्रेरित करना चाहते हैं। ऐसी दलित चिंता को ढोंग कहना दुराग्रह ही है। अगर बिना बताये दलित और गैर दलित लेखकों की ऐसी रचनाएं गड्डमड्ड कर कहा जाए कि इनमें से चुनकर बतायें कि कौन सी दलित लेखक द्वारा लिखी गई है और कौन सी गैर दलित द्वारा तो निश्चय ही प्रेमचन्द की रचनाएं दलित लेखक द्वारा लिखी मानी जायेंगी। वास्तव में 'स्वानुभूति' और 'सहानुभूति' के नारे लगाने वाले भ्रम के शिकार हैं। वे रचनाकार और समाज सुधारक की अनुभूतियों का अन्तर नहीं देख सके हैं। प्रायः समाज सुधारक की अनुभूति सामान्य व्यक्ति की भांति करुणा और दया मात्र की होती है और यह उसके लिए अहितकर होती है जिसके प्रति की जाती है। दया के पात्र व्यक्ति में यह आत्मविश्वास चुक जाता है कि वह दलन से मुक्ति के लिए स्वयं भी कुछ कर सकता है। उस तन्द्रा से जब दलितों ने मुक्ति पा ली तभी उनमें दलित चेतना जाग्रत हुई और यह चेतना जगाने की कोशिश बहुत पहले से लेखक करते रहे हैं।

सृजनशीलता का संस्पर्श क्षण

सृजन बड़े अद्भुत ढंग से आरम्भ होता है। इसका आरम्भ प्रच्छन्न और गोपनीय है। स्वयं उपन्यासकारों को अपनी रचना के आरंभ का पता नहीं होता, फिर भी भ्रमवश वे उसका आरम्भ बताने की कोशिश करते हैं। भीष्म साहनी के 'आधुनिक हिन्दी उपन्यास' में अधिकांश उपन्यासकारों ने सृजन-उत्स और उद्दीपक से लेकर उसके जनन तक का इतना क्रमबद्ध और विस्तार से वर्णन किया है कि लगता है कि वे अपने उपन्यास के जन्म का रहस्य पूरी तरह से जानते हैं। पर ऐसा संभव कहां है? अपने चेतन स्तर पर घटित प्रक्रिया को ही तो वे जान पाते हैं। जबकि सच तो यह है कि

सृजन का अधिकांश अचेतन और अवचेतन मानस से जन्म लेता है। सृजन-प्रक्रिया इतनी उजागर और स्पष्ट नहीं है कि उसे बताया जा सके। वास्तव में सृजन के तन्तु उपन्यासकार के मानस की अतल गहराइयों में छिपे होते हैं। उन्हें बताना स्वयं उपन्यासकार के लिए भी सम्भव नहीं है। अपने सृजन की शुरुआत वह उद्वेलन और सूझ से मानता है जबकि उद्वेलन और सूझ से पहले उसकी सृजन-प्रक्रिया काफी लंबा सफर तय कर चुकी होती है। उपन्यासकार अपने जिस प्रेरणा उत्स को बताता है वही उसकी मूल प्रेरणा भी नहीं होती। उस प्रेरणा के सरोकार बड़े गहरे और उसके मन की बनावट से जुड़े होते हैं। उसके कुल के संस्कार, उसके व्यक्तित्व निर्माण के तत्वों, उसके परिवेश और वातावरण सभी से उसकी सृजनशीलता प्रभावित होती है। प्रेरक बिन्दु सृजन-प्रक्रिया का आरम्भ बिन्दु नहीं है। सृजन के तन्तु तो बहुत पहले सक्रिय हो गए होते हैं। प्रेरक बिन्दु तो सृजन-प्रक्रिया का रचनाकार के मानस की सतह पर आ जाने, उसके सृजनशीलता को महसूस करने का क्षण होता है।

प्रेरक-बिन्दु को सृजन-प्रक्रिया के मनोवैज्ञानिक सिद्धान्तों में आरम्भ बिन्दु बताया गया है और उसे तैयारी की अवस्था कहा गया है। किन्तु व्यवहार में यह बात झूठ सिद्ध होती है। इसे किसी बात या समस्या के प्रति सचेत होने का क्षण ही कहा जा सकता है। उद्वेलन सृजनशीलता को प्रवर्तित करने का कार्य करता है। यह रचना की शुरुआत की प्रतीति भर करता है। पर वास्तव में रचना उपन्यासकार के जीवन भर के अर्जित संस्कारों और अनुभवों की उर्वर भूमि से फूटकर निकलती है, और भूमि का उतना ही महत्व है जितना बीज का। कब और क्यों कोई नगण्य सी बात उपन्यासकार को चुभ जाए और उसे सृजनशील कर दे और कोई बहुत हृदय विदारक घटना या बात उसके मन को छू भी न पाये यह देखने-सुनने में विचित्र लगती है पर लेखक की मानस भूमि की उर्वरता की विशिष्टता और उद्वेलन की प्रकृति की दृष्टि से यह कोई अनहोनी बात नहीं है। उद्वेलन कोई सीधा-सपाट भाव नहीं है। इसकी प्रकृति विचित्र और विविधतापूर्ण है। यह विषय से अधिक विषयी के स्वभाव, रुचि, संस्कार और मनःस्थिति से परिचालित भाव है। इसी कारण कोई बात, घटना, चरित्र, स्थिति या दृश्य एक रचनाकार को प्रभावित करता है पर दूसरे का ध्यान आकर्षित भी नहीं कर पाता। या कभी-कभी दोनों प्रभावित होते हैं पर अलग-अलग ढंग से। मनोविज्ञान में इसे विषय और विषयी के सम्बन्ध के रूप में प्रतिपादित किया गया है। मनोविज्ञान के अनुसार किसी वस्तु से प्राप्त बोध का स्वरूप दुहरा होता है। किसी वस्तु या भाव के टकराव से जो बोध प्राप्त होता है उस पर व्यक्ति के व्यक्तित्व, उसके मन की बनावट और उसकी अन्तःस्थ भावनाओं और विचारों की छाप रहती है। उपन्यासकार भी किसी वस्तु या घटना के विशेष पक्ष से प्रभावित होता है। और यह विशेष पक्ष से

प्रभावित होना ही उसकी इस छाप का द्योतक है। कई बार देखने में आया है कि एक अनुभव से दो रचनाकार अलग-अलग अर्थ अन्वेषित करते हैं। एक ही अनुभव पर लिखी उपेन्द्रनाथ 'अश्क' और यशपाल की कहानियां अनुभव को भिन्न-भिन्न दृष्टि से ग्रहण करने को प्रकट करती हैं। यशपाल ने जिक्र किया है कि 'अश्क' से एक अनुभव सुनकर उन्होंने 'तुमने क्यों कहा था मैं सुन्दर हूं?' कहानी लिखी थी। उधर 'अश्क' ने भी जिक्र किया है कि उन्होंने 'बेबसी' कहानी उसी अनुभव पर लिखी है जो उन्होंने यशपाल को सुनाया था। उस एक अनुभव से दोनों कहानियों के कथ्य में जो अन्तर आया है, वह दोनों लेखकों के अपने-अपने बोध के कारण आया है। इस सम्बन्ध में दोनों के वक्तव्य दृष्टव्य है। यशपाल ने कहा है 'अश्क' जी ने एक अनुभव सुना डाला। उनका अनुभव मेरे मन को छू गया। उनसे अनुरोध किया कि अनुमति दो तो इस पर कहानी लिख डालूं। 'अश्क' जी ने इंकार कर दिया। परन्तु मैंने उस घटना से सम्बद्ध समस्या अथवा यथार्थ की कचोट को बहुत गहराई से अनुभव किया था।...उस विचार का उद्घाटन मुझे आवश्यक लगा।...परिणाम हुआ 'तुमने क्यों कहा था मैं सुन्दर हूं' कहानी।...'अश्क' जी ने कभी यह शिकायत नहीं की कि मैंने उनके अनुभव का उपयोग कर लिया है। 'तुमने क्यों कहा था मैं सून्दर हूं' का विषय है जिजीविषा अर्थात् जीने की इच्छा और कामेच्छा का अन्योन्याश्र होना।' (यशपाल : मैं क्यों लिखता हूं ?')

'अश्क' ने इस प्रसंग का उल्लेख इस प्रकार किया है : 'मैंने यशपाल को इस कहानी की थीम सुनाते हुए उनसे पूछा था, इस समस्या का कोई हल साम्यवाद में है ? उन्होंने कहा, नहीं। मुझे कहानी लिखने में हिचकिचाहट थी पर यशपाल ने कहा तुम नहीं लिखोगे, तो मैं लिख दूंगा। तब मैंने कहानी लिख डाली। यशपाल ने उसी थीम पर एक कहानी लिखी 'तुमने क्यों कहा था मैं सुन्दर हूं'...लेकिन मैं कहानी के माध्यम से जो समस्याएं उठाना चाहता था, वे उसमें नहीं हैं।..वह कहानी थीम के एक पक्ष को अपने में समोती है। एकाकी यौनेच्छा को जबकि 'बेबसी' में...यह भी समस्या है कि भूख की पूर्ति के बाद मानव में दूसरी भूख जग जाती है और वह कभी-कभी इतनी बलवती होती है कि उस पहली भूख को मिटाने को लिए उसने जो उपकरण जुटाये होते हैं उन्हें आदमी तज देता है।' ('हम कहें, आप कहो')

रचनाकार का काव्यात्मक बोध (पोइटिक इंट्यूशन)

दो सामान्य व्यक्तियों के बोध के समान ही दो लेखकों के बोध में भी अन्तर होता है, पर लेखको का बोध सामान्य व्यक्ति के बोध से अलग और विशिष्ट है क्योंकि उसमें सत्यान्वेषण की अन्तर्दृष्टि भी शामिल रहती है। सामान्य व्यक्ति जहां किसी वस्तु,

घटना या अनुभव की गंध मात्र ही पकड़ पाता है वहां रचनाकार उसमें निहित कारणत्व को पकड़ने की भी सामर्थ्य रखता है। यह सामर्थ्य उसके अपने काव्यात्मक बोध के कारण सम्भव होती है। हर रचनाकार का काव्यात्मक बोध भिन्न होता है। 'अश्क' और यशपाल ने अपने-अपने काव्यात्मक बोध के कारण ही एक अनुभव से भिन्न भिन्न सत्यान्वेषण किया था। समर्थ रचनाकार का काव्यात्मक बोध सदैव मौलिक होता है और उसमें सृजन की भरपूर शक्ति होती। नया और मौलिक सृजन सदैव स्थापित के विरोध में होता है या वस्तु के उन कोणों को उजागर करने के लिए होता है जिन पर दूसरे रचनाकार की दृष्टि नहीं गई होती है। रांगेय राघव ने भगवतीचरण वर्मा के 'टेढ़े-मेढ़े रास्ते' के कथ्य के विरोध में 'सीधा-सादा रास्ता' लिखा था। श्रीलाल शुक्ल ने अपने 'रागदरबारी' उपन्यास को लिखने का कारण 'हिन्दी साहित्य में ग्रामीण जीवन के प्रति बनी हुई या बनती हुई रूढ़ियों' को बताया है जो उनके 'बरदाश्त के बाहर थीं'। (रागदरबारी संस्मरण) यह उकसावा श्रीलाल शुक्ल को अपने विशेष काव्यात्मक बोध के कारण हुआ था। काव्यात्मक बोध वस्तु में छिपे उस कारणत्व को खोज लेता है जिसे देखने में दूसरे रचनाकार के मन की बनावट, उसके संस्कार, मान्यताएं और आस्थाएं आड़े आती हैं। दूसरा रचनाकार उनसे मुक्त होता है और वह अपनी दृष्टि से वस्तु सत्य ग्रहण करता है। वह महसूस करता है कि उस वस्तु के सत्य का पहलू यह भी है। यही कारण है कि कई बार दूसरों का लिखा लेखक को इतना अधिक उत्तेजित कर देता है कि वह उस पर लिखे बिना नहीं रह पाता और वह जिस रचना से उद्वेलित हुआ होता है उससे अधिक समर्थ रचना को जन्म देने में सफल हो जाता है। कहते हैं टॉल्स्टॉय को अपने विश्वविख्यात उपन्यास 'वार एंड पीस' को लिखने की प्रेरणा 'जोसेफ दी मेस्टो' के 'ला सोरे दी सेंट पीटूसबर्ग' से मिली थी। सोमरसेट मॉम ने इस कथन की जांच के लिए यह कृति पढ़ी थी और पाया था कि यह बात एकदम सही है। इससे टॉल्स्टॉय का महत्व कम नहीं हो जाता क्योंकि टॉल्स्टॉय ने उससे अधिक प्रभावशाली रचना को जन्म दिया।

एक समर्थ उपन्यासकार कभी दूसरे के सत्यान्वेषण को नहीं दुहराता। अपने जीवनानुभवों और अध्ययन-मनन से वह जिन अर्थों की खोज करता है, उन्हें ही अपने उपन्यास के माध्यम से सम्प्रेषित करता है। उपन्यासकार के जीवनानुभव जितने गहरे और व्यापक होंगे, उसकी निरीक्षण क्षमता जितनी सूक्ष्म और पैनी होगी, उसकी कल्पना शक्ति जितनी उर्वर होगी, उसमें सत्यान्वेषण की जितनी क्षमता होगी, उपन्यास में उसकी अभिव्यक्ति भी उतनी गहरी और संवेदनशील होगी और वह व्यापक स्तर पर पाठकों को प्रभावित करने का गुण रखेगा।

अकसर उपन्यासकार यह वक्तव्य देते हैं कि उन्होंने अपने अमुक उपन्यास को

अमुक घटना या चरित्र या दोनों से उद्वेलित होकर जन्म दिया था। इसमें अल्पांश ही सत्य है। वस्तुस्थिति तो यह है कि उद्वेलन उपन्यासकार की सृजनशीलता को प्रवर्तित करने का कारण तो बन सकता है, पर उसमें उपन्यास को जन्म देने की भरपूर शक्ति नहीं होती। वास्तव में उपन्याकार के काव्यात्मक बोध में ही ऐसी शक्ति है जो उपन्यास को जन्म दे सके। तथ्य तो कोयले की भांति वस्तु जगत में बिखरे पड़े रहते हैं। काव्यात्मक बोध उनमें निहित आग को देख लेता है और उसे प्रज्ज्वलित भी कर देता है। साधारण व्यक्ति सामान्यतः वह आग नहीं देख पाता। क्रिसमस की पूर्व संध्या के भोज में हेनरी जेम्स ने अपनी मेजबान मित्र से एक अनुभव सुना और उनके काव्यात्मक बोध ने एक झटके में वह सत्य पा लिया जो उनके 'द स्पॉयल आफ पायटन' उपन्यास के जन्म का कारण बना। वह मेजबान उस अनुभव को तो जानती थी, पर उसमें निहित सत्य को पहचानने की अन्तर्दृष्टि उसके पास नहीं थी।

यह सही है कि उपन्यासकार के पास अनुभवों का अर्थ पहचानने की अन्तर्दृष्टि होती है, पर उसे अन्तर्दृष्टि कभी प्रयत्न से प्राप्त नहीं होती। वह स्प्रिंग की भांति एकाएक उछल पड़ती है और रचना के जन्म का कारण बन जाती है। घटना चरित्र या कोई भी उद्दीपक का केवल इतना योगदान उपन्यास के जन्म में है कि वह उपन्यासकार को उद्वेलित कर उसे सत्यान्वेषण के लिए अग्रसर करे, उसमें काव्यात्मक बोध और सौंदर्य-बोध जाग्रत कर सृजनेच्छा का दबाव उत्पन्न कर दे। उपन्यासकार अनेक अनुभवों से गुजरता है, पर उसका प्रत्येक अनुभव उर्वर नहीं हो पाता। जो अनुभव उसके मानस से तादात्म्य स्थापित कर लेते हैं, वे ही उसकी सृजनशीलता को सक्रिय कर पाते हैं। यही नहीं, बहुत कम उपन्यासकार हैं जो अपने अनुभवों पर लिखते हैं। कई उपन्यासकारों ने स्वीकार किया है कि उन्हें दूसरों का भोगा इतना उद्वेलित कर देता है कि वे उस पर लिखकर ही उस दबाव से मुक्त हो पाते हैं। राजेन्द्र यादव और भैरवप्रसाद गुप्त का वक्तव्य है कि उनके मित्रों के जीवन ने उन्हें इतना अधिक उद्वेलित किया था कि उन पर लिखे बिना वे न रह सके। (दृष्टव्य : राजेन्द्र यादव के पत्र और भैरवप्रसाद गुप्त के समालाप में दिए वक्तव्य।) अतः मौलिक या अमौलिक अनुभव यथार्थ अंकन में कोई अर्थ नहीं रखते। तद्नुभूति के कारण उपन्यासकार दूसरों के साथ घटी घटनाओं, दूसरे के अनुभवों, दूसरों की जीवन स्थितियों से तादात्म्यीकरण कर लेता है। तद्नुभूति वह स्रोत है जिससे वह जान लेता है कि दूसरे किस प्रकार सोचते और अनुभव करते हैं। इसीलिए उपन्यासकार को अपना भोगा हुआ ही नहीं, दूसरों का भोगा हुआ भी अपने की भांति विचलित करता है। परकीय अनुभव उसे अपने की भांति व्याकुल करते हैं और इस व्याकुलता से वह लिखकर ही छुटकारा पाता है।

इसलिए मूल बात है चुभन की, कचोट की, दबाव की जो उपन्यासकार को उद्वेलित करती है। मराठी के प्रसिद्ध नाटककार विजय तेंदुलकर ने जब औरतों की खरीद-फरोख्त से सम्बन्धित समाचार और इंडियन एक्सप्रेस के भूतपूर्व सहायक संवाददाता अश्विनी सरीन के 'कमला खरीद' प्रसंग की चर्चा समाचार-पत्रों में पढ़ी तो उसने कहीं उनके अन्तर्मन को बेहद छू लिया था। उन्हीं के शब्दों में, 'कमला को लिखने से पूर्व की याद करता हूं तो कमला के बारे में मिली जानकारी ही ज्यादा याद आती है। 'इंडिया टुडे' में कमला पर लिखी रिपोर्ट पढ़ रहा था जिसमें जिक्र था कि जब कमला पत्रकार के घर एक रात के लिए रुकी तो पत्रकार की पत्नी और आदिवासी महिला के बीच बातचीत हुई। उसने पत्रकार की पत्नी से पूछा कि 'आप को कितने में खरीदा ?' बस इस सवाल ने मुझे मर्माहत कर दिया।...यह जानकर मुझे लगा कि इस पर मुझे लिखना चाहिए।' (धर्मयुग, 3 फरवरी, 1985)

साहचर्य विपर्यय (वाई एसोसिएशन)

यह सही है कि कभी किसी की कही हुई कोई बात, किसी घटना या चरित्र की कोई खासियत उपन्यासकार के मन में चुभन पैदा कर देती है, उसके मन के तार को छू देती है और रचनाशीलता का आरम्भ हो जाता है। कई बार ऐसा भी होता है कि जो बात लेखक की निगाह से बहुत पहले बिना ध्यानाकर्षण किये गुजर गई होती है, वह किसी से बात करते, टहलते, घूमते, अखबार पढ़ते, कोई भी सामान्य क्रिया करते एकाएक याद आ जाती है। किसी की आवाज, किसी की भावमुद्रा, किसी की निगाह उस मरे हुए क्षण को जिंदा कर देती है। यह एक विशेष प्रकार का साहचर्य है जो सृजनशीलता को प्रवर्तित करता है। साधारण साहचर्य में एक ही प्रकार की बात या विचार से दूसरा, दूसरे से तीसरा और तीसरे से चौथा विचार उत्पन्न होता है। ये सब बातें या विचार एक ही क्षेत्र के होते हैं और इनमें एक प्रकार की समानता मिलती है। पर विशेष प्रकार के साहचर्य में जिन दो प्रकार के विचारों के बीच सम्बन्ध स्थापित होता है, वे बिल्कुल अलग क्षेत्र के होते हैं और साधारणतया इस ओर ध्यान नहीं जाता कि इनमें कोई सम्बन्ध हो सकता है। रचनाकार ही ऐसा है जिसकी सृजनशीलता ऐसे साहचर्य से प्रवर्तित होती है। कोएस्लर ने (एक्ट ऑफ क्रिएशन, 1964 में) इस विशेष साहचर्य की ओर ध्यान आकर्षित किया था और इसे 'वाई एसोसियेशन' कहा था। उपन्यासकारों में इस तरह के उदाहरण मिलते हैं। विषय से इतर वस्तु से उन्हें अपने उपन्यास की सूझ आ जाती है। अमृतलाल नागर को अपने 'बूंद और समुद्र' की सूझ इसी भांति आई थी। उन्होंने 'बूंद और समुद्र' के संस्मरण में इस बात का उल्लेख

किया है कि 'मीरा' और 'कल्पना' फिल्मों के लेखन के सिलसिले में जब वे कविवर सुमित्रानन्दन पंत और नरेन्द्र शर्मा के साथ मद्रास में थे, तो इन मित्रों के साथ वे पांडिचेरी गए थे और वहां रत्नों की तलाश में किसी दलाल और जौहरी के सम्पर्क में आए थे। रत्नों की खरीद-फरोख्त में दलाल की भावभंगिमाओं को देखकर ही उनके मन में 'बूंद और समुद्र' का विचार आया था। उन्हीं के शब्दों में...'हम रत्न देखने लगे, तभी दलाल महाशय ने अपनी बातों की रेलगाड़ी दौड़ाकर कभी जौहरी के हाथ पर अपना हाथ रखा और कभी अपनी जांघ पर थपकी दी।...एकाएक मेरी समझ में आया कि दलाल अपनी सांकेतिक भाषा में जौहरी से कुछ सौदापट्टी कर रहा है। चौक के दलालों का भी एक सांकेतिक कोड होता है।...वे अपना सौदा पटा लेते हैं। अगर दलाली न पटी तो ग्राहक को भड़काकर उस दुकान से उठा ले जाते हैं। तमिल भाषी दलाल महाशय की वे अदायें देख-देखकर मेरा गरीबुल्बतनी से तड़पता मन छांव पा गया। नरेन्द्र जी की नजर रत्नों पर थी और मेरी दलाल रत्न पर। मुझे लगा कि भाषा का अन्तर होते हुए भी अपने लबो-लहजे, भाव-भंगिमाओं और पीक भरा मुंह उठाकर बातें करने की अदा में यह तमिलनाडु का दलाल हमारे चौक के अमुक दलाल से हूबहू मिलता है।...मुझे आनन्द आ गया और उसी आनन्द लहरी में अपने स्वदेश दर्शन के पूर्वानुभवों से प्रेरित होकर...मेरे मन में सहसा यह विचार आया कि सारा हिन्दुस्तान मेरे घर में, मेरे चौक में रहता है। यों बातों की तरह तो यह साधारण सा घिसा-पिटा मनोद्गार था पर तात्कालिक अनुभूति की दृष्टि से बहुत महत्त्वपूर्ण सिद्ध हुआ। निहायत मामूली सी बातों में ही अक्सर मन में आविष्कार सा हो जाता है। मेरे लिए यह उस समय बहुत बड़ा सत्य बनकर उजागर हुआ। इससे अपने नगर के प्रति मेरे मन में समत्व-बोध जागा और साथ ही साथ लिखने की जो इच्छा अभी तक मन में खेल रही थी, सहसा सजग और सक्रिय हो उठी।' (अमृतलाल नागर : 'बूंद और समुद्र' के संस्मरण, आधुनिक हिन्दी उपन्यास)।

साहचर्य विपर्यय उपन्यासकार को अन्तर्वस्तु नहीं, अन्तर्दृष्टि देने का माध्यम बनता है। दलाल की अदाओं ने अमृतलाल नागर को 'समत्व-बोध' की अन्तर्दृष्टि दी थी। विषय उनके मानस में पहले से ही घुमड़ रहा था। दलाल की भाव-भंगिमाओं ने उन्हें सूझ दी थी कि सब जगह समाज एक सा है, सब जगह लोगों की मनोवृत्तियां और अभिव्यक्तियां एक सी हैं। साहचर्य विपर्यय ने उन्हे संचित अनुभवों का अर्थ-बोध करा दिया था। सूझ से पहले वे जीवन पर्यन्त उन बातों से गुजरते रहे थे। पर उससे पूर्व उन बातों का अर्थ उनकी समझ में नहीं आया था। दलाल की भाव-भंगिमाओं को देखकर लेखक के मानस में अपने उपन्यास की अन्तर्वस्तु का स्पष्ट हो जाना रचना-प्रक्रिया की गूढ़ पर्तों की ओर संकेत करता है। सीधे-सरल ढंग से लेखक ने कह

दिया है कि 'सब जातियों के रीति-रिवाज इकट्ठा करूंगा...बचपन से लेकर अब तक फेरी वाले, ढोलक पर गाये जाने वाले गीतों, जनाने-मर्दाने फैशन में क्या परिवर्तन आए...हमारे टोलों का जीवन कहां से कहां पहुंच गया, उसकी कहानी लिखने का जोश उमड़ा' पर सीधी-सरल यह प्रक्रिया नहीं थी। रचना संस्मरण को सुडौल, समतल और तीव्र बनाने की तमाम विशेषताएं 'बूंद और समुद्र' के संस्मरण में मौजूद हैं और विश्लेषण करने पर वे उजागर हो जाती हैं। 'करूंगा' क्रियापद भविष्य में अनुभव बटोरने के लिए प्रयुक्त किया गया है, जबकि सच तो यह है कि अनुभव उनके मानस में काफी पहले से ही परिपक्व हो चुके थे, केवल प्रामाणिकता के लिए तथ्यों के संग्रह का कार्य उन्हें करना था। दृष्टव्य है कि दलाल की भाव-भंगिमाओं ने उन्हें यूं ही सूझ नहीं दी थी। उनका मानस अपने संचित अनुभवों का अर्थ ढूंढ़ने की टोह लगाये बैठा था। 'बूंद और समुद्र' के संस्मरण में इस बात का उल्लेख भी लेखक ने किया है कि 'मीरा' और 'कल्पना' फिल्मों के संवाद नोट कराने के दौरान वे अपने लिपिक गणपति अय्यर से अपने उ त्तर भारत के समाज और रीति-रिवाज आदि के सम्बन्ध में भी नोट कराने लगते थे : एक दिन 'कल्पना' के दृश्य संजोते-संजोते मन अपनी कल्पनाओं से बंध गया। मैंने अपने बचपन से लेकर तब तक अपने मोहल्ले-चौक के बदलते दृश्य एक ही झोंक में देख डाले। जब मैं तमाम बातें नोट करा रहा था तो मेरे लिपिक श्री गणपति अय्यर ने बीच-बीच में उत्साहित होकर कहा कि ऐसा परिवर्तन तो हमारे समाज में भी आया था। गणपति जी की बातें मेरा हौसला बढ़ा गईं। मन तरह-तरह के ख्यालों में अपने 'चौक' के आसपास मंडराने लगा।...नया उपन्यास लिखने की इच्छा तेजी से उभरने लगी लेकिन अभी लिखने लायक तैयारी नहीं हो पायी थी।' यह वक्तव्य इस बात का सबूत है कि लेखक का अवचेतन मानस बराबर अपने विषय के आसपास ही मंडरा रहा था। अपने लिपिक की बातों से कुछ-कुछ समत्व-बोध भी महसूस होने लगा था पर उसे सत्यान्वेषण नहीं कहा जा सकता। सत्यान्वेषण का पूर्वाभास ही मन में था। दलाल की भाव भंगिमाओं ने तिहरा कार्य किया था। साहचर्य विपर्यय ने उन्हें सत्यान्वेषण कराया था। सत्यान्वेषण के कारण उन्हें सौंदर्य-बोध का अनुभव हुआ और उस सौंदर्य-बोध ने उनकी सृजनशीलता को प्रवर्तित करने का कार्य किया था।

अन्तर्वस्तु की सूझ और सत्यान्वेषण की सूझ दो अलग-अलग बातें हैं। अन्तर्वस्तु की सामग्री लेखक के मानस में बहुत गहरे और बहुत पहले से उद्देश्यहीन अवस्था में पड़ी रह सकती है, पर सत्यान्वेषण की सूझ एकाएक स्प्रिंग की तरह उछल पड़ती है। सत्यान्वेषण के बाद लेखक को स्वयं को लिखने से रोकना मुश्किल हो जाता है। अनुभवों का मानस-कोष में संचित रहना कोई बहुत महत्त्वपूर्ण नहीं है। सत्यान्वेषण

के बिना वे व्यर्थ भी जा सकते हैं। साहचर्य विपर्यय का व्यापार बड़ा अद्‌भुत होता है। इससे जब सूझ प्राप्त होती है तब उपन्यास का बीज और सूझ एकाकार नहीं होते। 'बूंद और समुद्र' के प्रसंग में दलाल की भाव-भंगिमाओं ने लेखक को अन्तर्दृष्टि दी थी पर वह उनके उपन्यास की अन्तर्वस्तु नहीं बना। उपन्यासकार का मानस अनेक अनुभव तन्तुओं से पूर्ण कारखाना है। कब कौन सा अनुभव किसी सूझ के एरियल के तार से जुड़ जाए और उसमें सृजनशीलता का संचार कर दे, नहीं कहा जा सकता। उपन्यासकार के मानस में सृजन-प्रक्रिया निरंतर चलती रहती है। जब वह प्रकटतः नहीं लिख रहा होता तब भी। कब क्या उसके मन को छू दे और नये उपन्यास की शुरुआत हो जाए, उसे पहले से पता नहीं होता। कई बार तो नियमित लिखने की आदत और सम्पादक-प्रकाशक का आग्रह भी लेखक की रचनाशीलता को प्रवर्तित करने का कारण दीखता है। पर वास्तव में यह भ्रम ही होता है। इस तरह के भौतिक कारणों से उपन्यासकार सृजनशील हो ही नहीं सकता। सच तो यह है कि उसका मानस अचेतन और अवचेतन रूप से पहले ही से सृजनशील हो चुका होता है। उसके निष्कासन का कार्य ही इस प्रकार के आग्रह कर सकते हैं। उषा प्रियंवदा ने सच ही कहा है, 'सम्पादक के चाबुक फटकारने पर जब हड़बड़ी में सोचने लगती हूं कि क्या लिखूं, तब पाती हूं कि मुझे दूर तक नहीं खोजना पड़ता। सृजन-प्रक्रिया मेरे मन में बराबर चलती रहती है। जब मैं कहती हूं कि आजकल कुछ नहीं लिख रही हूं तो शायद मैं झूठ बोलती हूं। हर दिन इस इंतजार में गुजरता है कि न जाने कब क्या मन को यूं छू दे कि एक नई कहानी या उपन्यास की शुरुआत हो जाये।' (उषा प्रियंवदा : मेरी प्रिय कहानियां, भूमिका)। वस्तुस्थिति भी यही है कि लेखक का अवचेतन मानस हरदम यह टोह लगाये बैठा रहता है कि कुछ ऐसा हो जाए कि उसका सृजन-स्रोत उमड़ पड़े।

परिपाक (इंक्यूवेशन) और उसके आयाम

सौंदर्य-बोध उपन्यासकार को एकाएक अन्तर्दृष्टि प्राप्त हो जाने से प्राप्त होता है सही, पर इसके पीछे एक गूढ़ और दीर्घकालिक प्रक्रिया होती है जो लेखक के चेतन मानस की सतह से अधिक उसके अचेतन और अवचेतन मानस द्वारा पूरी होती है। उपन्यासकार जिस क्षण अपनी रचनाशीलता से परिचित होता है उस समय दो स्थितियां हो सकती हैं। एक यह कि बेतरतीव और निरुद्देश्य पड़ी उसकी अनुभव राशि किसी समान उद्दीपक या साहचर्य विपर्यय के कारण अर्थपूर्ण हो उठे और सौंदर्य-बोध से उल्लसित कर उसे सृजनशील कर दे। दूसरी यह कि एकाएक कोई घटना या अनुभव

लेखक की नजर से गुजरे और वह इतना कचोटने वाला हो कि निरंतर उसके मानस पर हावी रहे और उसमें निहित सत्य जानने के लिए उकसाता रहे। पहली स्थिति में अनुभवों के परिपाक की प्रक्रिया अनजाने में अपना काफी कुछ चक्र पूरा कर चुकी होती है, पर दूसरी में लेखक को वह चक्र पूरा करना होता है। इस दूसरी स्थिति में लेखक को 'अनुभूति से अभिव्यक्ति बिन्दु तक' पहुंचने का कुछ पता होता है। 'आपका बंटी' के सन्दर्भ में मन्नू भंडारी इसी प्रकार की प्रक्रिया से गुजरी थीं और इसीलिए वे चेतन स्तर पर घटित का ब्यौरा उपन्यास के संस्मरण में दे सकी हैं। उपन्यास का बीज उनके मानस में अपने तलाकशुदा मित्र के पुत्र की समस्या को सुनकर पड़ा था और उसने उन्हें बेहद विचलित किया था। पर तभी उनमें इस पर लिखने की इच्छा जाग्रत नहीं हुई होगी। हो भी नहीं सकती थी। वह उनके उद्वेलन का ही समय था। बिना और तथ्यों को जाने उन्हें वह अन्तर्दृष्टि नहीं मिल सकती थी जो उसमें निहित सत्य का साक्षात्कार करा देती। उनका चुम्बकीय मानस चेतन-अचेतन दोनों स्तरों पर इस प्रकार के और भी अनुभव दबोचने और उनमें प्रच्छन्न अर्थ को ढूंढ़ने में व्यस्त हो गया होगा। अपने उपन्यास के संस्मरण 'जन्मपत्री : आपका बंटी की' में लेखिका ने इस प्रकार के कई अनुभवों का ब्यौरा दिया है जिससे लगता है कि 'आपका बंटी' की अधिकांश सृजन-प्रक्रिया उनके चेतन स्तर पर घटित हुई थी और उसका सारा रहस्य वे जानती हैं। पर वस्तुस्थिति यह थी कि उनका अचेतन और अवचेतन मानस भी व्यस्त रहा होगा और तमाम अनुभवों से अर्थ निकालने की चेष्टा कर रहा होगा। संस्मरण को सुडौल और समतल बनाने के लिए उन्होंने हर बात का क्रमवार विवरण दिया है। पर वे उस क्रम में शायद ही घटित हुई हों। संस्मरण पुनः स्मरण या प्रत्यावाहन (रिकॉल) द्वारा लिखा या सुनाया जाता है, जिसके सम्बन्ध में मनोवैज्ञानिकों का विचार है कि इसमें ब्यौरों की स्मृति ठीक नहीं रहती, व्यक्ति अपने मन से अतिरिक्त तथ्यों को भी मूल उद्दीपक में जोड़ देता है, पुनः प्रस्तुत किये चित्र को एक परिचित रूप की तरह बनाने की प्रवृत्ति रखता है, उसकी सुडौलपन की प्रवृत्ति रहती है, बात को तीव्र बनाने के लिए अतिशयोक्ति और आकार-लाघव दोनों से काम लेता है। जाहिर है रचनात्मक प्रतिभा का व्यक्ति होने के नाते लेखक में सुडौलपन, अतिशयोक्ति, आकार लाघव, समतल और परिष्करण करने की मात्रा अधिक ही होती है। इसका अर्थ है कि जिस प्रक्रिया से लेखिका गुजरी थी, उसे चाहे भी तो वह ज्यों का त्यों प्रस्तुत नहीं कर सकती। जो व्यापार लेखक के अनजाने उसके मानस में होता रहता है, उसकी सृजन में महत्त्वपूर्ण भूमिका है। मूलतः वही उसके अनुभव को पकाता है और सौंदर्य-बोध के बिन्दु पर पहुंचाता है। मानस में संचित अनुभव जब किसी साहचर्य विपर्यय या मिलते-जुलते साहचर्य से भरभराकर निकलकर अर्थपूर्ण हो उठते हैं तब लेखक को

सृजनात्मक यातना के दौर से नहीं गुजरना पड़ता। पर जब बीज किसी उद्दीपक से पड़ता है तब उसके अंकुरण में समय लगता है और वह दौर बड़ा यातनापूर्ण और दबावपूर्ण होता है। चेतन-अचेतन रूप से जिस क्षण रचना बीज उपन्यासकार के मानस में पड़ जाता है तभी से रचना के अस्तित्व का द्वंद्व भी आरंभ हो जाता है और लेखक के मानस पर एक प्रकार का दबाव और तनाव तब तक बना रहता है जब तक वह रचना को जन्म दे नहीं देता। उद्वेलन से लेकर अभिव्यक्ति बिन्दु तक पहुंचने के काल को प्रायः उपन्यासकारों ने यातनापूर्ण और दबावपूर्ण बताया है। उपन्यास की सृजन-प्रक्रिया के लिए शिशु जन्म का जो रूपक प्रचलित हुआ है वह अनुभव-भ्रूण के पड़ने से लेकर रचना-शिशु के प्रसव तक की लम्बी और तनावपूर्ण यात्रा तथा अनुभूतियों के परिपाक प्रक्रिया से गुजरने के कारण ही प्रचलित हुआ है। सगर्भता काल (जेस्टेशन पीरियड) उपन्यासकारों के लिए बहुत महत्त्वपूर्ण है। इस काल में उपन्यासकार अपनी अनुभूतियों को इतनी परिपक्वता, प्रामाणिकता और विश्वसनीयता देता है कि वे पाठकों को भी युक्तियुक्त लगें। यदि कच्चे विचार या अनुभव को लेकर वह रचना के अवतरण का प्रयत्न करता है तो उसे गर्भपात जैसी स्थिति का सामना करना पड़ सकता है और रचना के अस्तित्व को बचाने के लिए उसे गर्भपात रोकने जैसे उपाय करने पड़ते हैं। अज्ञेय ने 'अपने अपने अजनबी' के सन्दर्भ में इस प्रकार का खतरा महसूस किया था। फलतः विचार को परिपक्वता देने के लिए उन्होंने और अनुभव बटोरने के उद्यम किये थे। उनका वक्तव्य है : 'पहला मसविदा 1931-33 में जेल में लिखा था।...पहला मसविदा अधूरा रह गया...मैंने अनुभव किया कि उसे आगे बढ़ाने के लिए अनुभव का और जानकारी का जो वैविध्य अपेक्षित है, वह मुझमें नहीं है।' अनुभव बटोरने के लिए अज्ञेय ने कोयला खदानों की यात्रा की। बर्फिस्तान में खो जाने का अनुभव उन्होंने स्वीडन प्रवास में हासिल किया था। पर 'वे सब अनुभव भी उपन्यास पूरा करने का दबाव उत्पन्न न कर सके'। 'उपन्यास फिर भी न लिखा जा सका क्योंकि लिखने के लिए अंदर जिस तरह की पूर्णता के दबाव का अनुभव होना चाहिए वह अभी नहीं हुआ था।' (अज्ञेय का पत्र)। अज्ञेय के ये तमाम वक्तव्य प्रकट करते हैं कि सगर्भता अवधि पूरी किये बिना लिखने का दबाव उत्पन्न हो ही नहीं सकता। और जब दबाव उत्पन्न न हो तो अभिव्यक्ति के तमाम प्रयास तदर्थ लेखन बनकर रह जाते हैं। वे सब तदर्थ लेखन गर्भपात जैसी स्थिति पैदा कर देते हैं और उसे रोकने के लिए लेखकों को अज्ञेय जैसे प्रयत्न और उपाय करने पड़ जाते हैं।

परिपाक प्रक्रिया केवल लिखने का दबाव उत्पन्न करने के लिए आवश्यक हो, सो बात नहीं है। यह किसी बात को विभिन्न कोणों से जांचने-समझने और वस्तुपरक दृष्टि प्राप्त करने के लिए भी आवश्यक है। उपन्यासकार को दुहरा दायित्व निभाना पड़ता

है। वह सामान्य व्यक्ति की भांति जीवन के घात-प्रतिघातों का अनुभव करता है, पर एक कलाकार के रूप में उसे उनके अर्थों के अन्वेषण के लिए संतुलित वस्तुपरक दृष्टि का विकास करना होता है। भावुकता के कारण प्रथम भावोद्वेलन में जो विचार जन्म लेता है वह एकपक्षीय और कभी-कभी गलत भी होता है। किसी अनुभव के पीछे छिपी सच्चाई के अन्वेषण के बाद उसमें संशोधन करना पड़ जाता है। पर इससे प्रथम भावोद्वेलन का मूल्य घट नहीं जाता। वास्तव में प्रथम भावोद्वेलन ही उपन्यासकार की चिन्तन प्रक्रिया को सक्रिय रखता है और तब तक उसे विचार की ओर उन्मुख किये रहता है जब तक कि रचना पूर्ण नहीं हो जाती। इसीलिए प्रथम अनुभूति को 'मदर आइडिया' कहा गया है। यह अवश्य है कि प्रथम अनुभूति विषय से इतना तादात्म्य करा देती है कि रचनाकार की दृष्टि धुंधली हो जाती है और वह निस्संग दृष्टि से वस्तु को परखने में आड़े आती है। तद्नुभूति भावात्मक तादात्म्य के लिए तो ठीक है, पर वस्तु सत्य की प्रामाणिकता के लिए अवांछनीय है। उपन्यासकार अपने भोगे हुए से भी तभी सार्थक रचना को जन्म दे पाता है, जब उस भोगे हुए को असम्पृक्त दृष्टि से जांचे-परखे। यदि वह वस्तुपरक दृष्टि अर्जित किये बिना, भावात्मक तादात्म्य की अवस्था में रचना का अवतरण कर देता है तो उसकी रचना में विचार का कच्चापन तो झलकता ही है, रचना भी आत्मप्रलाप से अधिक कुछ नहीं बन पाती। स्वानुभव भी तभी व्यापक संदर्भों से जुड़ते हैं जब उपन्यासकार उन्हें निस्संग होकर तौले।

परिपाक के दौर से गुजरना मनावैज्ञानिक कारण से भी आवश्यक है। मनोवैज्ञानिक मानते हैं कि किसी वस्तु या बात का पहला साक्षात्कार ऐसा प्रत्यक्ष बोध है जिसमें द्रष्टा या भोक्ता अपनी अन्तःस्थ भावनाओं और विचारों का आरोपण कर देता है। उपन्यासकार भी जब किसी व्यक्ति, घटना, स्थिति, अनुभव या सीधे-सीधे किसी समस्या के प्रतिक्रियास्वरूप मानसिक उद्वेलन प्राप्त करता है, तब उसकी अन्तःस्थ भावनाओं का आरोपण वस्तु पर अधिक होता है। उस क्षणिक उद्वेलन में वस्तु के पीछे छिपी सच्चाई दृष्टिगत नहीं हो पाती। वस्तु का केवल बाहरी रूप और ऊपरी कारण नजर आता है। अतः वस्तु का प्रथम साक्षात्कार किसी सत्य या अर्थ के अन्वेषण में अक्षम होता है। उपन्यासकार स्वयं अपनी प्रथम अनुभूति पर बहुत अधिक विश्वास नहीं करता। वह जानता है कि क्षणिक उद्वेलन के बीत जाने पर, तात्कालिक उफान और आवेग के समाप्त होने पर, वस्तु को अन्यान्य कोणों से देखने पर जो वस्तु के पीछे छिपा सत्य और अर्थ प्रकट होगा, वही सही होगा। सगर्भता काल में वह उन छिपे अर्थों और सत्यों की खोज करता है। परिपाक की प्रक्रिया उपन्यासकार को चेतन, अचेतन और अवचेतन रूप से वस्तु में छिपे अर्थ और सच्चाई का अन्वेषण करने के लिए सतत् सजग और सक्रिय रखती है। इस प्रक्रिया में संलग्न होकर उपन्यासकार

अपनी अनुभूतियों को अनेक तथ्यों से तौलकर किसी सत्य का अन्वेषण करके उसकी प्रामाणिकता की पहचान करता है। अनुभूति से अभिव्यक्ति बिन्दु तक का काल अत्यंत महत्त्वपूर्ण है क्योंकि वही किसी कथ्य को अर्थ प्रदान करता है और रचना को सार्थक बनाता है।

परिपाक की विधियां : समय का अन्तराल/स्थान की दूरी

उपन्यासकार एक ही तरह की रंग-बिरंगी विविध अनुभूतियों से गुजर कर उनका संवर्धन, परिवर्धन और परिष्कार करके उन्हें एक परिपक्व अनुभव का रूप देता है। परिपाक की प्रक्रिया भावुकता से मुक्त होने, वस्तु के विभिन्न आयामों को देखने, किसी वैचारिक परिपक्वता पर पहुंचने और कुल मिलाकर 'अनुभव से सत्य और अर्थ की खोज तक' की यात्रा का कार्य निर्वाह करती है। इस यात्रा को सम्पन्न करने के लिए उपन्यासकार दो तरीके अपनाता है—समय का अन्तराल और स्थान की दूरी। अधिकांश उपन्यासकार इसके लिए अनुभव और अभिव्यक्ति में दूरी रखने की बात कहते हैं। उपेन्द्रनाथ 'अश्क' का वक्तव्य है, 'मेरा यह सिद्धांत है कि जो अनुभव आज प्राप्त किया जाता है, उस पर आज ही नहीं लिखना चाहिए। अनुभव और सृजन में एक दूरी होनी चाहिए, तभी लेखक अपने अनुभव को ठीक परिप्रेक्ष्य में रखकर देखता है और तभी रचना बेहतर होती है।' (उपेन्द्रनाथ 'अश्क' : आमने-सामने, पृष्ठ 48)

पर कुछेक उपन्यासकार समय की दूरी की अपेक्षा स्थान की दूरी महत्त्वपूर्ण मानते हैं। नरेश मेहता ने अपने समालाप में स्थान की दूरी की बात कही है : 'जब तक मैं किसी परिवेश में रहता हूं, तब तक उसके सम्बन्ध में कुछ नहीं लिख पाता। 'यह पथ बंधु था' मैंने मालवा छूटने के बाद लिखा। अब मैं प्रयाग से दूर उज्जैन में रह रहा हूं तो मेरे मन में प्रयाग की रस-गंध बसी रहती है। शायद कभी रचना में अभिव्यक्ति पा ले।' ई.एम. फॉस्टर से भी जब पूछा गया कि वे अनुभूति से अभिव्यक्ति बिन्दु तक पहुंचने में कितना समय लेते हैं तब उन्होंने अपने सन्दर्भ में समय से अधिक स्थान की दूरी के महत्व की बात कही थी और अपने 'पैसेज टु इंडिया' उपन्यास का उदाहरण दिया था। उन्होंने बताया था कि इस उपन्यास को लिखने में उन्हें बेहद कठिनाई हुई थी : 'मुझे लगा था कि इसे मैं पूरा नहीं कर पाऊंगा। मैंने इसे 1912 में आरम्भ किया था, पर मुझे लगने लगा कि जैसा मैंने लिखा है, भारत वैसा नहीं है। जब तक मैं भारत में रहा, मैं इसे नहीं लिख पाया। पर जब मैं वहां से दूर चला आया, तभी इसे पूरा कर सका।' (राइटर्स एट वर्क)

ई.एम. फॉस्टर के वक्तव्य का विश्लेषण करें तो दो बातें साफ नजर आती हैं। पहली

यह कि उन्होंने शायद झूठे सृजनावेग में उपन्यास आरम्भ कर दिया था। जो कुछ उन्होंने पहले लिखा, 'भारत वैसा नहीं है'–का एहसास उन्हें हो गया था। इसीलिए उन्हें उपन्यास का लेखन स्थगित करना पड़ा होगा। यह संयोग ही है कि भारत से लौट जाने के बाद ही वे उपन्यास पूरा कर सके। यह बात भी अनुभव और सृजन में अन्तराल देने का ही समर्थन करती है। समय का अन्तराल और स्थान की दूरी में एक बड़ा ही महीन अन्तर है। समय का अन्तराल थोथी चीजों को निथार देता है, पर स्थान की दूरी संलग्नता और लगाव को और भी गहरा कर देती है। यह एक मनोवैज्ञानिक स्थिति है कि जब हम अपने बहुत निकट आत्मीय से दूर होते हैं तब हमें उसके प्रति अपने लगाव का एहसास होता है। उसकी सन्निकटता में उसकी विशेषताएं, उसकी अच्छाइयां नजर नहीं आतीं, वे उसके दूर चले जाने पर मन-मस्तिष्क पर छायी रहती हैं। सृजन में असम्पृक्तता और लगाव दोनों ही अनिवार्य हैं। अनिवार्य ही नहीं इनका संतुलन भी आवश्यक है। इन दोनों के असंतुलन के कारण कभी-कभी सार्थक कथ्य के रहते हुए भी रचना उतना प्रभावित नहीं कर पाती जितना करना चाहिए। पांडेय बेचन शर्मा 'उग्र' में हमें संलग्नता की अधिकता और तटस्थता की अपर्याप्तता मिलती है। उनकी आत्मकथात्मक कृति 'अपनी खबर' पढ़ने से पता लगता है कि बचपन से लेकर युवा होने तक उन्होंने जो संघर्ष और आत्मपीड़ा भोगी थी, भाई की जुआरी शराबी आदतें और गुस्सैल स्वभाव के कारण मानसिक और शारीरिक यातनाएं झेली थीं, पैसा कमाने के लिए भाई ने उनसे जो अनैतिक कर्म कराये थे उन सबको उन्होंने अपनी रचनाओं में जस का तस उठाकर रख दिया है। अतिशय संलग्नता के कारण वे पुनःसृजन की क्षमता खो बैठे थे। आत्म-अनुभूतियों को वे व्यापक संदर्भों से नहीं जोड़ पाये। अतिशय संलग्नता ने उन्हें जीवन के अन्य आयामों को परखने के प्रति भी संज्ञाशून्य कर दिया था।

दूसरी ओर ठंडी असम्पृक्तता भी कृति के प्रभाव को कम कर देती है। इलाचन्द्र जोशी ने अपने उपन्यासों में एक मनोचिकित्सक की भांति चरित्रों के मन की गांठें खोली हैं। उनमें विषय से तादात्म्यीकरण का अभाव है। ठंडी असम्पृक्तता अखबारी लेखन के लिए तो ठीक है, पर साहित्यिक रचना के लिए अवाछंनीय है। संतुलित वस्तुपरकता के ये दोनों आयाम 'दूरी की अपर्याप्तता' और 'दूरी की अधिकता' उपन्यास की संवेदना और उसके प्रभाव को फीका कर देते हैं। उपन्यासकार में अपने इस दुहरे दायित्व को निभाने का कौशल होना चाहिए। न तो वह विषय से इतना भावुकतापूर्ण तादात्म्यीकरण रखने की छूट रखता है कि वस्तु को व्यापक अर्थ और सन्दर्भ में देखने की क्षमता खो बैठे और न ही इतनी दूरी रखने की छूट रखता है कि विषयवस्तु से भावात्मक ऊष्मा ही छिटक जाये।

अनुभव सगर्भता की अवधि (जेस्टेशन पीरियड)

अनुभव को पकने में कितना समय लगना चाहिए या अनुभूति से अभिव्यक्ति बिन्दु पर पहुंचने के लिए उपन्यासकार को कितना समय लगता है, इस सम्बन्ध में वैविध्य मिलता है। (द्रष्टव्य, भीष्म साहनी के 'आधुनिक हिन्दी उपन्यास' के संस्मरणों और प्रस्तुत पुस्तक में पत्रों और समालापों में दिए उपन्यासकारों के वक्तव्य)। अनुभव की सगर्भता की अवधि के कम-अधिक लगने के वक्तव्यों को जांचने के लिए उन्हें उपन्यासों के सन्दर्भ में विश्लेषित करने की आवश्यकता है।

कुछ उपन्यासकारों के वक्तव्यों से पता लगता है कि उन्हें अनुभूति से रचनात्मक बिन्दु तक पहुंचने में बीस वर्ष या उससे अधिक समय लग जाता है। यशपाल के 'झूठा सच' के संस्मरण से ज्ञात होता है कि वे इसके रचनात्मक बिन्दु पर दस या ग्यारह वर्षों बाद पहुंचे थे। भीष्म साहनी के 'तमस' उपन्यास का बीज 1947 के विभाजन के पहले के साम्प्रदायिक झगड़े हैं, पर उन्होंने उपन्यास लिखा 26-27 वर्षों बाद 1973 में। उपेन्द्रनाथ 'अश्क' के मानस में 'गिरती दीवारें' का विचार 1936 से खदबदा रहा था, पर उसे लिखा उन्होंने वर्षों बाद।

इन उपन्यासों के बीज की सगर्भता इतनी लम्बी क्यों है, इसका विश्लेषण किया जाए तो अलग-अलग कारण उजागर होते हैं। यशपाल के 'झूठा सच' के अभिव्यक्ति बिन्दु पर पहुंचने की लम्बी अवधि का कारण इसका महाकाव्यात्मक विषय है। देश विभाजन की प्रक्रिया में इधर-उधर आने-जाने वालों की दारुण यंत्रणाओं का सिलसिला देश विभाजन के साथ ही समाप्त नहीं हो गया था, वह वर्षों चला था। इन वर्षों में यशपाल ने अनगिनत अनुभवों से साक्षात्कार किया था—सुनकर, अखबारों में पढ़कर, लखनऊ के शरणार्थी कैम्पों में भुक्तभोगियों की आपबीती जानकर, 1955 में मास्को जाते हुए लाहौर रुकने पर हुए अनुभवों, अपने मित्रों के साथ हुए हादसों, लाहौर में एक परिवार के साथ हुई सच्ची घटना, इन हादसों के कारण हुए मानसिक असंतुलन के किस्से, पुनर्स्थापन की समस्या और समाज की आड़ में हुए स्त्री-पुरुषों के अनैतिक मामलों ने उनके मानस में अनुभवों का अम्बार लगा दिया था। यशपाल ने संस्मरण में यह नहीं बताया कि उनमें सृजनेच्छा कब जाग्रत हुई। केवल अनुमान के आधार पर कहा जा सकता है कि उनका रचनात्मक व्यक्तित्व जो इन अनुभवों को एक इकाई के रूप में अचेतन-चेतन मानस में संचित करता जा रहा था उसने जब इनके प्रच्छन्न अर्थों को पा लिया होगा तब उनमें सृजनेच्छा तीव्र हुई होगी। फिर प्रामाणिकता के लिए अखबारों की कतरनें एकत्र करने, ट्रिब्यून की फाइलें मंगाकर पढ़ने और इस सम्बन्ध में जितने भी तथ्य हो सकते थे उन्हें एकत्र करने में समय लगा होगा। वैसे भी प्रामाणिकता के

लिए सामग्री एकत्र करना यशपाल की रचना-प्रक्रिया का अनिवार्य अंग रहा है। (साक्ष्य, पद्मसिंह शर्मा 'कमलेश' : 'मैं इनसे मिला' में दिया यशपाल का वक्तव्य)

अतः इतनी बड़ी समस्या, उस दुर्घटना के अनेक पक्षों के तथ्यों को बटोरने, फिर परिपाक प्रक्रिया से जूझने और सत्यान्वेषण तक पहुंचने में समय का लगना स्वाभाविक है। किन्तु भीष्म साहनी के 'तमस' के बीज को अंकुरित होने में 26-27 वर्षों का समय लगने का कारण लेखक के मन में सृजनेच्छा का देर से उठना है। इतने वर्षों बाद भी जब लेखक ने साम्प्रदायिक षड्यंत्र की भावना को बढ़ते देखा तो उनके मानस में पड़ी घटनाएं और अनुभव सहसा सजीव हो उठे और वे उनको लेकर लिखे बिना न रह सके।

कुछ उपन्यासों की सगर्भता की लम्बी अवधि का कारण उसके लिए पैटर्न ढूंढ़ना होता है। उपेन्द्रनाथ 'अश्क' ने 'गिरती दीवारें' के लिए पैटर्न ढूंढ़ने में समय लगने की बात स्वीकार की है। (उपेन्द्रनाथ अश्क, 'गिरती दीवारें', एक संस्मरणात्मक टिप्पणी) एल्डस हक्सले ने भी पैटर्न ढूंढ़ने के कारण 'ब्रेव न्यू वर्ड' का लेखन आरम्भ करने में वर्षों लगाये थे। (राइटर्स एट वर्क)

पर पैटर्न ढूंढ़ने और अपनी अन्य व्यस्तताओं के कारण लेखन स्थगित करने को अनुभव की सगर्भता अवधि में शामिल नहीं किया जा सकता। अनुभव के पकने में समय लगना ही सगर्भता की सही अवधि है। पर अनुभव पकने के समय की कोई सीमा निर्धारित नहीं होती। कारण यह कि यह प्रक्रिया चेतन, अचेतन और अवचेतन तीनों स्तरों पर घटित होने वाली प्रक्रिया है और सम्पृक्तता तथा असम्पृक्तता दोनों का संतुलन भी इसके लिए आवश्यक है। इन तमाम प्रक्रियाओं के कारण यह प्रक्रिया गूढ़ और प्रच्छन्न दोनों है। कई बार किसी बात या समस्या के अन्वेषण में जब चेतन प्रयास असफल हो जाता है तब उपन्यासकार उस पर विचार करना छोड़ देता है, पर उसके अनजाने सब कुछ अचेतन के हवाले हो जाता है। तब एकाएक कभी स्वप्न में, कभी किसी सामान्य सी बात से उद्दीप्त होकर एकाएक वह समस्या सुलझ जाती है और उस वस्तु का अर्थ उसके सामने स्पष्ट हो उठता है। कई बार स्मृति कोष में पड़ी अनुभूतियां भी परिपक्व होती रहती हैं। रचनाकार का दीर्घकालिक अनुभूतियों से गहरा सम्बन्ध होता है। साधारण व्यक्ति तात्कालिक अनुभूतियों से विचलित होता है और समय उसके घावों को भर देता है। किन्तु उपन्यासकार के अन्तर्प्रकोष्ठ में उसके अनजाने कुछ अनुभूतियां छिपकर बैठी उसके भीतर ही भीतर धीरे-धीरे घाव करती रहती हैं। उस घाव का दर्द कभी बहुत बाद में महसूस होता है और लेखक विचलित हो उठता है। उषा प्रियंवदा के 'रुकोगी नहीं राधिका' का अवतरण कुछ ऐसे ही दौर से गुजरकर हुआ होगा। उनका वक्तव्य है : 'उसके लेखन के समय उस सृजनात्मक

यातना के दौर से नहीं गुजरना पड़ा, जैसा कि अक्सर होता है। राधिका जैसी युवती की धुंधली इमेज मेरे मन में जरूर रही होगी।...हर बार भारत आने पर मैं वही अनुभूतियां जीती हूं, जिन्हें मैंने राधिका में डाला है। राधिका, उसकी भावभूमि, उसके विचार, उसके मानदण्ड, उसकी संवेदनाएं...उसकी रुचियां, उसका विद्रोह यह सब मेरे अंदर शायद बरसों से संचित होता रहा था।' (उषा प्रियंवदा : रुकोगी नहीं राधिका, संस्मरण, आधुनिक हिन्दी उपन्यास)।

सत्य या अर्थ-अन्वेषण बिन्दु पर पहुंचने की अवधि ही अनुभव की सगर्भता की सही अवधि है। इस बिन्दु पर लेखक अनुभूतियों के पकने के बाद ही पहुंचता है। 'काली आंधी' द्वारा कमलेश्वर ने जिस सत्य का उद्घाटन किया है, उस तक पहुंचने में उन्हें बारह वर्ष का समय लगा था। उनका वक्तव्य है : 'अर्थ की खोज में मेरी सहायता की उन बारह वर्षों ने, जो बताते रहे कि सन् 62 का मेरा यह अनुभव अब मात्र मेरा नहीं है, मेरे समय का भी है। ऐसा नहीं कि मैं इन बारह वर्षों तक यह संगतता खोजने के लिए रुका रहा, उसका कारण मेरी व्यस्तता भी रही है।' (कमलेश्वर : 'काली आंधी–अनुभव से अर्थ की खोज तक', भीष्म साहनी : आधुनिक हिन्दी उपन्यास, पृष्ठ 453)

अनुभव की सगर्भता की अवधि निर्धारित करना सम्भव नहीं है। बस इतना अवश्य कहा जा सकता है कि उपन्यासकार को अपने अनुभवों को परिपक्व किये बिना, सम्पृक्तता और असम्पृक्तता में सामंजस्य किये बिना रचना का अवतरण नहीं करना चाहिए। अब इसमें जितना भी समय लग जाए, वही उसके अनुभव की सगर्भता की अवधि है। जो अनुभव पहले से परिपक्व हो चुके होते हैं और उनका अर्थ वह पा चुका होता है वे हल्के से संकेत से जल्द ही उपन्यास में अवतरित हो जाते हैं और जो अनुभव नये होते हैं, उनसे तादात्म्य करने, संलग्नता और असंलग्नता में सामंजस्य करने और परिपाक की प्रक्रिया से गुजरकर अर्थ तक पहुंचने में समय लगना स्वाभाविक है और इसकी सगर्भता की अवधि लम्बी होगी ही। जब अमृतलाल नागर कहते हैं कि 'कभी कोई बात, दृश्य या घटना तत्काल ही कागज-कलम उठाने को मजबूर कर देती है। कभी यह भी होता है कि एक बात, दृश्य या घटना स्मृति के भण्डार घर में सुरक्षित हो जाती है, फिर कभी किसी सम्पादक के आग्रह या स्वयं अपनी ही नियमित लिखने की आदत के कारण कागज पर उतर आती है। कभी-कभी बात सालों दिमाग में रहती है और अपने लिए काम करने का उकसावा बराबर देती रहती है, (पत्रांश)–तो अनुभव की सगर्भता की विभिन्न स्थितियां उजागर हो जाती हैं। समय का अन्तराल और स्थान की दूरी उपन्यासकार के अपने अनुभव को पकाने के वैयक्तिक उपाय और तरीके भर हैं।

अनुभव-बिम्ब का स्वरूप और गठन

अनुभूति से अभिव्यक्ति बिन्दु तक पहुंचने पर उपन्यासकार अपने मानस में एक संश्लिष्ट अनुभव-बिम्ब बना चुका होता है। यह बिम्ब उसके कथानक की रूपरेखा या कथानक तो नहीं होता, पर वह एक ऐसी धुरी होता है जिस पर उसकी रचना टिकी होती है। (बिम्ब वह धुरी है जिस पर सम्पूर्ण रचना टिकी होती है–अमरकान्त का पत्र)। बिम्ब एक बिन्दु की भांति बहुत संकुचित भी हो सकता है–अन्तर्वस्तु और कथ्य के सीमित पक्ष को समेटने वाला मात्र। लिखते समय ही उपन्यासकार उसे अन्य सरोकारों से जोड़कर फैलाता है। उस बिम्ब में न तो उपन्यास का आरम्भ निहित होता है और न ही अंत। वह केवल अन्तर्वस्तु और उसके कथ्य से सम्बन्धित होता है। वह उपन्यास का ठोस बीज मात्र नहीं होता, न ही प्रेरणा, सूझ और उद्वेलन तत्व तक सीमित होता है। उस बिम्ब में रचनाकार के अभिप्रेत के तन्तु भी निहित रहते हैं। जो उपन्यासकार किसी बिम्ब की बात नकारते हैं और केवल किसी बिन्दु से लेखन आरम्भ करने की बात कहते हैं वे जब किसी चरित्र और मुद्दे के सामने होने की बात कहते हैं तो इसका अर्थ है कि उनके मानस में इन तत्वों से जुड़ा बिम्ब रहता है। भैरवप्रसाद गुप्त के वक्तव्य का विश्लेषण करें तो यह बात साफ जाहिर हो जाती है। उनका वक्तव्य है : '...मन्ने की असफलताओं ने मुझे मुद्दा दिया कि आदमी क्या बनना चाहता है और क्या बन जाता है। यही बात मुझे कचोटती रही और मैंने उपन्यास शुरू कर दिया।...मैं बिम्ब की बात नहीं जानता। मेरे सामने तो चरित्र ही होता है। 'सत्ती मैया का चौरा' में शायद मेरे सामने गांव की जो बहुत सी घटनाएं थीं, गांव का जो इतिहास था, उस सबका जंगल जो मेरे मानस में था, उसने उस मुद्दे कि आदमी क्या बनना चाहता है और क्या बन जाता है, को जमीन दी। इसलिए जिस बिन्दु से मुद्दा उठाया था, उपन्यास में वही नहीं रह गया। मन्ने का संघर्ष और पतन गांव से जुड़ता चला गया, अमीर-गरीब के संघर्ष से जुड़ता चला गया। साम्प्रदायिकता के संघर्ष से जुड़ता चला गया। जिसे मैंने चरित्र के बिन्दु से शुरू किया था वह पूरे गांव की समस्या से जुड़ गया।...वह एक बिन्दु फैलकर कैसे इतना व्यापक हो गया कि वह एक चरित्र की गाथा न रहकर, गांव की गाथा बन गया, मैं नहीं जानता।' (भैरवप्रसाद गुप्त : समालापांश)

भैरवप्रसाद गुप्त जब अपने मित्र के चरित्र और उसके जीवन वृत, मुद्दे के रूप में अपने अभिप्रेत और मानस में गांव की घटनाओं और उसके इतिहास के जंगल के अंकित होने की बात कहते हैं तो इसमे संदेह नहीं कि लिखने से पूर्व उनके मानस में एक संश्लिष्ट बिम्ब था, भले ही उसे उन्होंने बिन्दु कहा है। वास्तव में अनुभव-बिम्ब

के बिना उपन्यासकार लेखन प्रवृत्त हो ही नहीं सकता। किसी ठोस और भरपूर बिम्ब का होना जरूरी नहीं है पर बिम्ब लेखक के मानस में रहता ही है। उपन्यासकार हवा में अपनी लेखनी नहीं चला सकता। बिम्ब में अभिप्रेत कथानक की तरह जकड़न भरा नहीं होता। वह रबड़ की तरह सिकुड़ा होता है, हवा भरने से गुब्बारे की तरह फुलाया जा सकता है। बिम्ब में अन्य सरोकारों से जुड़कर फैलाव द्वारा अभिप्रेत के व्यापक होने की गुंजाइश रहती ही है।

अनुभव-बिम्ब के स्वरूप की पहचान तब तक अधूरी है जब तक इस बात पर प्रकाश न डाला जाए कि आखिर बिम्ब अपना सही रूप कब प्राप्त करता है और क्या बिम्ब का फैलाव उपन्यासकार को बिम्ब में परिवर्तन की छूट देता है या वह केवल उस बिम्ब तक पहुंचने और व्यापक करने भर की छूट तक सीमित है। अमरकान्त ने इस सन्दर्भ में बहुत ही सही बात कही है: 'रचना-प्रक्रिया के दौरान जब बिम्ब बदलता है तो इसका मतलब यह होता है कि सार्थक बिम्ब नहीं ग्रहण किया गया, बल्कि वह बिम्ब का छलावा मात्र है। अस्पष्ट या कमजोर बिम्ब कमजोर रचनाओं को जन्म देता है।'–(अमरकान्त का पत्रांश)। अमरकान्त का यह वक्तव्य उस कच्चे बिम्ब की ओर संकेत करता है जिसे लेकर झूठे सृजनावेग में लेखक प्रायः रचना का तदर्थ अवतरण कर बैठता है। इस तरह के उदाहरण उपन्यासों की कच्ची सामग्री में मिल जाते हैं। अमृतलाल नागर के 'नाच्यौ बहुत गोपाल' की कच्ची सामग्री के अवलोकन से पता लगता है कि उन्होंने कच्चे बिम्ब को लेकर कई बार उपन्यास के तदर्थ अवतरण कर डाले थे। उनके हर तदर्थ पांडुलेखन में बिम्ब बदला है और अन्ततः जिस बिम्ब को लेकर उन्होंने अंतिम अवतरण किया है उससे पहले बिम्बों का अनुमान भी नहीं लगाया जा सकता। (देखें प्रस्तुत पुस्तक का अध्याय-5 *'नाच्यौ बहुत गोपाल' के जन्म की कहानी*, पृष्ठ 207-280) इस प्रकार के उदाहरण इस विचार को पुष्ट करते हैं कि उपन्यासकार को अनुभवों के परिपाक की प्रक्रिया से गुजरना आवश्यक है। बिना समुचित सगर्भता के संश्लिष्ट अनुभव-बिम्ब बन ही नहीं सकता और यह कि उपन्यासकार को इतनी प्रतीक्षा तो करनी ही चाहिए। अन्यथा उसे बार बार लिखना पड़ सकता है। 'अज्ञेय' ने भी जब 'अपने-अपने अजनबी' के लेखन क्रम के बार-बार टूटने की बात कही है और पूर्ण दबाव तथा और भी अनुभव बटोरने की आवश्यकता को महसूस किया था, तब वह भी कच्चे बिम्ब को लेकर लेखन प्रवत्त होने को व्यक्त करता है।

उपन्यासकार का मानस बिम्ब उसकी अद्‌भुत सृजनशक्ति के तहत जन्म लेता है। आधुनिक समय में रचना-प्रक्रिया का परिदृश्य इसी बात से उभरा था कि आखिर वे कौन सी शक्तियां हैं जो रचनाकार से सृजन करा लेती हैं। इस सम्बन्ध में पहल स्वयं

रचनाकारों ने की थी। रचनाकार अपने सृजन पर आश्चर्यचकित हुआ और इस पड़ताल में लगा कि आखिर वे कौन सी शक्तियां हैं जिनके तहत वह सृजन करता है। वड्र्सवर्थ के काव्य संग्रह (1815) की भूमिका इसी विश्लेषण से भरी पड़ी हैं। उन्होंने रचनाकार की छः शक्तियों का जिक्र किया। पहला स्थान निरीक्षण और चित्रण शक्ति का माना, दूसरा अनुभूति शक्ति का, तीसरा चिन्तनशीलता का, चौथा कल्पना का और पांचवां उत्पादिका शक्ति का माना। उनके अनुसार उत्पादिका शक्ति निरीक्षण द्वारा प्राप्त उपकरणों से चरित्र का निर्माण करती है। इसी शक्ति के द्वारा रचनाकार ऐसी घटनाओं एवं स्थितियों का निर्माण करता है जो उसकी कल्पना को अधिक प्रभावित करती हैं तथा उसके द्वारा निर्मित चरित्रों, भावनाओं एवं भावावेशों के प्रति पूर्ण न्याय करने में सक्षम प्रतीत होती हैं। अंतिम शक्ति विवेक है जो यह निर्णय करती है कि किस प्रकार कहां और किस मात्रा में इन शक्तियों का उपयोग किया जाये। वड्र्सवर्थ ने यह तमाम विश्लेषण किया तो कविता के सन्दर्भ में था, पर वह उपन्यासकार की मानस प्रक्रिया पर भी प्रकाश डालता है। प्रथम स्थान निरीक्षण शक्ति और दूसरा स्थान अनुभूति को देकर उन्होंने इस बात पर जोर देना चाहा है कि रचनाकार पहले किसी उद्दीपक से उद्वेलित होता है और तब उसकी अनुभूतिशीलता सक्रिय होती है। चिन्तनशीलता की बात कहकर वड्र्सवर्थ ने रचनाकार के मानस की परिपाक की प्रक्रिया की ओर संकेत किया है। कल्पना और उत्पादिका शक्ति अनुभवों के पुनर्गठन और पुनःसृजन का कार्य करती हैं। इस तरह वड्र्सवर्थ का विवेचन अनुभूति से अभिव्यक्ति बिन्दु तक पहुंचने और उस दौरान मानस बिम्ब के सृजन पर प्रकाश डालता है।

रचनाकार की मानस बिम्ब प्रक्रिया को वड्र्सवर्थ और उनके समकालीन तथा मित्र कॉलरिज ने बहुत अच्छी तरह समझा था। दोनों ने रचनाकार की विशेष ऊर्जा शक्ति विधायक कल्पना द्वारा उसे सम्भव बताया। उन्होंने कहा कि रचनाकार की कल्पना सृजन की जननी है। साधारण कल्पना तो हर व्यक्ति में होती है। पर रचनाकार में एक विशेष प्रकार की कल्पना होती है। इस कल्पना शक्ति का पोषण उन अनुभवों और प्रभावों द्वारा होता है जो इन्द्रियों के वाह्य जगत के सम्पर्क से उत्पन्न होते हैं। प्रत्यक्ष बोध के पश्चात उन पदार्थों के दृष्टि से ओझल हो जाने के बाद भी मस्तिष्क पर उनकी छवि बिम्ब के रूप में रह जाती है। मस्तिष्क उन बिम्बों को उनके प्रारम्भिक रूप में ही नहीं रखता वरन् उन्हें इच्छानुसार संयुक्त और समन्वित करता है और एक नया क्रम देकर नया सौन्दर्य अथवा अर्थ प्रदान करता है। इस शक्ति को उन्होंने विधायक कल्पना कहा। विधायक कल्पना अपने उपादानों के विघटन, विकिरण तथा तिरोधान के पश्चात पुनःसृजन का कार्य सम्पन्न करती है और जहां यह क्रिया असम्भव होती है

वहां भी यह आदर्शीकरण और एकीकरण के लिए प्रयत्नशील रहती है। यही विधायक कल्पना रचनाकारों की विशिष्ट शक्ति है जो मौलिक (प्राइमरी) कल्पना से प्राप्त उपादानों को तोड़मरोड़, गला-पिघलाकर नई सृष्टि करती है। विधायक कल्पना मौलिक कल्पना से इस बात में भिन्न है कि इसकी क्रिया अचेतन द्वारा नहीं वरन् संकल्प प्रेरित होती है। रचनाकार का सम्पूर्ण व्यापार संकल्पपूर्ण होता है। उसके समक्ष निर्दिष्ट लक्ष्य होता है जो उसे सृजन के लिए प्रेरित करता है। विधायक कल्पना को कालरिज ने 'इसेम्पलास्टिक पॉवर', 'शेपिंग स्प्रिट ऑफ इमेजिनेशन', 'यूनिफाइंग क्रिएटिव फैकल्टी', 'द ब्यूटीफुल एण्ड ब्यूटी मेकिंग पॉवर' आदि विशेषण दिए हैं। रचनाकार की कल्पना एक ऐसी शक्ति है जो वस्तुओं को अपने दबाव से जोड़कर मनचाही आकृति प्रदान करती है।

वड्र्सवर्थ और कॉलरिज प्रसिद्ध कवि थे। उनका रचनाकार की शक्तियों और विधायक कल्पना का विवेचन अनुभव पर आधारित होने के कारण सृजन-प्रक्रिया के व्यावहारिक पक्ष को समझने में काफी मदद करता है। उपन्यासकारों के वक्तव्य और उनकी रचनाओं की उपलब्ध कच्ची सामग्री इस बात के साक्ष्य हैं कि लेखक कभी इकहरे अनुभव से प्रेरित होकर किसी रचना को जन्म नहीं दे सकता। उसकी निरीक्षण शक्ति और अनुभूतिशीलता सतत् सजग और सक्रिय रहकर तब तक अपना कार्य करती है जब तक कि वह विभिन्न अनुभवों से अर्जित विचारों का संघटन, विघटन, संवर्द्धन, परिवर्द्धन और संश्लेषण करके किसी परिपक्व और संश्लिष्ट अनुभव-बिम्ब का सृजन नहीं कर लेता। संश्लिष्ट अनुभव-बिम्ब उसकी विधायक कल्पना द्वारा ही सम्भव होता है। जहां साधारण व्यक्ति अपने प्रत्येक अनुभव को अलग-अलग बिम्बों के रूप में अपने मानस के स्मृति कोष में पड़े रहने देता है, वहां रचनाकार उन्हें इकाई के रूप में अपने मानस में संचित करता है। वह अनुभवों से अर्जित तत्वों को विधायक कल्पना द्वारा पिघलाकर फिर इच्छित रूप प्रदान करता है। वह अपनी निरीक्षण क्षमता से जगत के क्रियाकलापों का अवलोकन और आलोड़न करके जो अनुभव प्राप्त करता है उनमें सामंजस्य, ऐक्य और संश्लेषण की क्रिया उसकी विधायक कल्पना द्वारा सम्पन्न होती है। विधायक कल्पना के द्वारा ही वह रंग-बिरंगी अनुभूतियों और अनुभवों का तालमेल बैठाने में समर्थ होता है।

बनना अनुभव-बिम्ब का

उपन्यासकार के मानस में उसके अनुभवों का संश्लिष्ट बिम्ब किस प्रकार स्वरूप ग्रहण करता है इसकी व्यावहारिक प्रक्रिया का प्रकाशन मन्नू भण्डारी ने अपने उपन्यास

'आपका बंटी' के संस्मरण 'जन्मपत्री : आपका बंटी की' में अनजाने और अनायास कर दिया है। वह बिम्ब उनके किसी एक उद्दीपक से नहीं वरन् अनेक उद्दीपकों और अनुभवों से गुजरकर बना था। उनके मानस में उपन्यास का बीज अपने तलाकशुदा मित्र के पुत्र की समस्या सुनकर पड़ा था, यह सुनकर कि उनकी पत्नी ने दूसरी शादी कर ली है और अब वे बंटी को वहां नहीं छोड़ना चाहते, अपने पास बुलाना चाहते हैं। लेखिका का प्रथम उद्वेलन इस बात को लेकर हुआ कि जो बंटी अभी तक मां के पास रहता आया है, पिता से उसके साल में एक दो बार मिलने के अलावा कोई आसंग नहीं रहे, 'इस नाजुक उम्र में वहां से वह उखड़ जायेगा और सम्भवतः यहां जम नहीं पायेगा।' यह उद्वेलन भावुकतावश था और वैसा उद्वेलन किसी भी सामान्य व्यक्ति को भी हो सकता था। प्रारम्भ में सामान्य व्यक्ति और रचनाकार का उद्वेलन समान स्तर का ही होता है। अन्तर केवल इतना है कि जहां सामान्य व्यक्ति उसे कुछ समय बाद भूल जाता है, वहां रचनाकार को यदि वह बात चुभ गई और उसके मन की बनावट से मेल खा गई तो वह उसके मानस से चिपक जाती है। सचेतन रूप से प्रयत्न करने पर भी वह उसे भूल नहीं पाता। यही वह बिन्दु है जब उसकी सृजन-प्रक्रिया अपना कार्य आरम्भ कर देती है। मन्नू भण्डारी की सृजन-प्रक्रिया की सक्रियता उन सब मिलते-जुलते अनुभवों पर दृष्टि केन्द्रित होने से प्रकट हुई है जिनका उल्लेख उन्होंने संस्मरण में किया है। (देखें, 'उपन्यास के उत्स और कच्ची सामग्री वाले खंड में 'आपका बंटी' की कच्ची सामग्री का विवरण) रचनाकार का मानस मिलते-जुलते अनुभवों और घटनाओं की ओर आकर्षित होता है। अगले अनुभव उस पर और भी गहरा प्रभाव डालते चले जाते हैं और उसकी अन्वेषक दृष्टि को उकसाते चले जाते हैं। धीरे-धीरे उसका अनुभवों या घटनाओं की गंध से उद्वेलित होना कम हो जाता है और उनमें निहित कारण उसे अधिक बेचैन करने लगते हैं। ऐसे में सौंदर्य-बोध तक पहुंचने की उसकी चिन्तन-प्रक्रिया अधिक सजग और सक्रिय हो उठती है। यह उसके लिए एक बहुत ही तनाव और यातना भरा दौर होता है क्योंकि कभी उस स्थिति के एक पहलू का सत्य उस पर खुलता है तो कभी दूसरे का। उसका मानस अनेक अनुभवों के अम्बार और विभिन्न अर्थों की प्रतीति से भर उठता है। परस्पर विरोधी सत्य प्रकट होते हैं और उनमें संगति ढूंढ़ना कोई बहुत आसान काम नहीं होता। इसके लिए उसे भावुकता से मुक्त होकर वस्तुपरक दृष्टि अर्जित करने की आवश्यकता होती है और यह उसे धीरे-धीरे ही प्राप्त होती है।

पहले अनुभव दौर में लेखिका ने बिना साक्ष्य के नई मां के घर बंटी की विभिन्न स्थितियों के कल्पना चित्र बना डाले थे। वे सब तथ्यपरक न होकर लेखिका की भावुकता मिश्रित कल्पना की उपज ही होंगे। वे उनकी निस्संग दृष्टि के परिचायक नहीं

हो सकते। दूसरे अनुभव दौर में नई मां के सामने बालिका के सहमेपन का साक्षात्कार हुआ तो भावोद्वेलन का अंश कुछ कम हुआ और लेखिका की अन्वेषक दृष्टि अधिक सजग हुई। बंटी के एक जगह से उखड़कर दूसरी जगह न जम पाने की बात पहले उद्वेलन में उनके मन में जन्मी थी, दूसरे अनुभव दौर में उन्होंने उस न जमने का साक्ष्य पा लिया। नई मां के सामने बालिका का सहमापन एक 'दयनीय मुर्झायापन' से जुड़ गया। पर तब भी लेखिका उन दो अनुभवों से कोई अर्थ नहीं निकाल पायी थी। तीसरे अनुभव ने जब उन्हें बंटी के एक नये रूप से परिचित कराया–'बंटी का अपनी मां के शरीर पर लगातार मुक्के मारकर यह पूछना कि तुम कहां गई थीं, किसके साथ गई थीं, क्यों गई थीं ?' तब विभिन्न अनुभव एक संश्लिष्ट बिम्ब का आकार ग्रहण करने लगे। वह बिम्ब सत्यान्वेषण का आभास देने लगा था, पर सत्य पूरी तरह प्रकाशित नहीं हो पाया था। उनका वक्तव्य इस बात का साक्षी है : 'ऐसे न जाने कितने चित्र मेरे मन में उपन्यास के बंटी को एक निश्चित व्यक्तित्व देते रहे हैं। मुझे लगा कि बंटी किन्हीं दो-एक घरों में नहीं, आज के अनेक परिवारों में सांस ले रहा है–अलग-अलग संदर्भों में, अलग-अलग स्थितियों में। कहीं सहमा हुआ तो कहीं उदण्ड। लेकिन एक बात मुझे इन बच्चों में समान लगी और वह यह कि ये सभी फालतू, गैर जरूरी और अपनी जड़ से कटे हुए हैं।' यानी लेखिका की विधायक कल्पना ने विभिन्न अनुभवों के संश्लेषण, परिवर्द्धन और परिष्कार का कार्य कर लिया था। उसके साथ ही तादात्मयता से मुक्त होने और निस्संगता अर्जित करने की प्रक्रिया भी सक्रिय थी। –'बंटी के उन अलग टुकड़ों ने उस समय मुझे करुणा विगलित और उच्छ्वसित ही किया था लेकिन जब सब मिलाकर बंटी मेरे सामने खड़ा हुआ तो मैंने अपने को आतंकित ही अधिक पाया, समाज की दिनोंदिन बढ़ती हुई एक ऐसी ज्वलंत समस्या के रूप में जिसका कोई हल नहीं दिखायी देता।'

जब बंटी एक व्यक्ति न रहकर एक समस्या के रूप में लेखिका के सामने खड़ा हुआ तभी वे भावना के स्तर पर उद्वेलित और विगलित होने से मुक्त हो सकीं और उनकी दृष्टि अनायास ही उसको जन्म देने वाले, बनाने या बिगाड़ने वाले सारे सूत्रों, स्रोतों और संदर्भों की खोज और उनके विश्लेषण की ओर दौड़ पड़ी। यह रचनाकार का वह सौंदर्य-बोध क्षण है जब उसे अपने अनुभवों का अर्थ मिल जाता है। इस बिन्दु पर आकर ही उसका बिम्ब इतना संश्लिष्ट और परिपक्व होता है कि वह रचना का अवतरण कराने में सक्षम हो सके।

इस तरह लेखिका के मानस में अनुभव का जो संश्लिष्ट बिम्ब बना वह पहले उद्दीपक मात्र का प्रतीक न होकर तमाम उद्दीपकों और उनमें निहित अर्थों का प्रतीक था। परिपाक की प्रक्रिया से गुजरने और सगर्भता अवधि पूरी करके ही उन्होंने उसे

अर्जित किया था। वह उनकी किसी एक अनुभूति का परिणाम नहीं, उनकी विभिन्न अनुभूतियों के संवर्धन, संश्लेषण और सामंजस्य द्वारा निर्मित हुआ था। उनके अनुभव-बिम्ब सृजन में पुनः स्मरण, साहचर्य और विधायक कल्पना ने महत्त्वपूर्ण भूमिका निभायी थी। यह बिम्ब उनकी समूचे जीवन की अनुभूतियों, संज्ञान, संस्कारों, प्रत्यक्ष बोधों, विचारधाराओं, आस्थाओं और अन्ततः सौंदर्य-बोध की उपलब्धि था। जिस तरह मां के गर्भ में भ्रूण पोषण पाकर धीरे-धीरे जन्मने योग्य शिशु का रूप धारण करता है उसी प्रकार उपन्यासकार के मानस में गर्भस्थ अनुभूतियां परिपक्व होकर एक संश्लिष्ट और सघन बिम्ब का रूप ग्रहण कर लेती हैं। यह बिम्ब उपन्यासकार के अनुभव और अनुभव के अर्थ को सम्प्रेषित करने वाला होता है।

अवतरण

(अभिव्यक्ति की प्रक्रियाएं)

अंकुरण और अवतरण के अन्तःसम्बन्ध

सृजन-प्रक्रिया की दो स्थितियां रचना के अंकुरण और अवतरण के रूप में दिखलायी अवश्य पड़ती हैं पर दोनों एक-दूसरे से इतनी उलझी और अभिन्न हैं कि हम यह नहीं कह सकते कि यहां तक अंकुरण की स्थिति है और यहां से अवतरण की स्थिति प्रारम्भ हो जाती है। वास्तव में ये दोनों प्रक्रियाएं समानांतर रूप से एक साथ सक्रिय और घटित होती रहती हैं। जिस क्षण उपन्यासकार की सृजनेच्छा उसके चेतन स्तर पर आ जाती है उसी क्षण से रचना-प्रक्रिया का सारा व्यापार उद्देश्य प्रेरित और दिशा निर्देशित हो जाता है और रचना के अस्तित्व का द्वन्द्व भी आरंभ हो जाता है। रचनाशीलता का संस्पर्श होते ही लेखक की अचेतन, अवचेतन सहज मानस प्रक्रियाओं के साथ-साथ उसकी सचेतन-सचेष्ट प्रक्रियाएं भी सक्रिय हो उठती हैं। एक ओर वह अपने अनुभव के अर्थ ढूढ़ने में संलग्न होता है तो दूसरी ओर उन अर्थों को सम्प्रेषित करने की जल्दबाजी उसे रहती है। कई बार तो वह अनुभव को पूरी तरह परिपक्व होने का अवसर दिए बिना झूठे सृजनावेगवश रचना के तदर्थ अवतरण कर बैठता है जैसा कि अमृतलाल नागर ने 'नाच्यौ बहुत गोपाल' और अज्ञेय ने 'अपने-अपने अजनबी' के सन्दर्भ में किये थे। इस तरह के उदाहरण इस बात की पुष्टि करते हैं कि अंकुरण और अवतरण दोनों प्रक्रियाएं अविभाज्य हैं। ये दोनों समानांतर रूप से सक्रिय रहकर एक-दूसरे को सहयोग देती रहती हैं। तदर्थ अवतरणों को खारिज करके उपन्यासकार का फिर से अपने अनुभवों को परिपक्व करने के उद्यमों में लग जाना अंकुरण और अवतरण प्रक्रियाओं के परस्पर आश्रित होने को प्रकट करता हे। अवतरण की तैयारी वाला पक्ष अनुभव को परिपक्व करने के दौरान ही चलता रहता है। बीज-सूत्र मिल जाने के साथ ही उसके सम्प्रेषण का द्वन्द्व भी आरम्भ हो जाता है। उपन्यासकार जब अपनी कच्ची अनुभूतियों को परिपक्व करने की प्रक्रिया से गुजरता है तब विकल्प के रूप में उसके मानस में कुछ सन्दर्भ, कुछ स्थितियां, कुछ घटनायें और उनसे जुड़े चरित्र

भी उभरते हैं। ये विकल्प सही और उपयुक्त स्थितियों, चरित्रों और संदर्भों की तलाश के द्वन्द्व को व्यक्त करते हैं। अमरकान्त का वक्तव्य है कि 'बिम्ब या बीज-सूत्र परिपक्व होकर रूपाकार ग्रहण करने में समय लेता हे। वर्षों पड़ा रहता है और रचनाओं और चरित्रों के एक सुसंबद्ध कथानक के फैलाव में अपनी सार्थकता ढूंढ़ता रहता है।' (अमरकान्त का पत्र)

जहां तक रचना के अवतरण का सम्बन्ध है, उसका अवतरण एकाएक और एकबारगी नहीं होता। इसकी एक स्थिति अनुभव-संभोग के साथ एकदम प्रारम्भिक रूप में दिखलायी पड़ती है, जब उपन्यासकार के विचार संभ्रमपूर्ण अवस्था में रहते हैं। अनुभव का अर्थ ढूढ़ने की प्रक्रिया में उसे कभी कोई एक विचार विचलित करता है तो कभी कोई दूसरा। जब कोई विचार उसे अधिक उत्तेजित कर देता है, तो वह तदर्थ अवतरण करने की जल्दबाजी कर बैठता है। इस प्रकार की सामग्री बहुत कम उपलब्ध होती है। प्रायः उपन्यासकार इसे अपने बचकाने प्रयास समझकर नष्ट कर देता है जबकि यह सामग्री उसकी रचना-प्रक्रिया को समझने के लिए एक महत्त्वपूर्ण स्रोत बन सकती है।

अवतरण की दूसरी अवस्था लेखन-प्रवृत्त होने से पूर्व तैयारी के रूप में प्रकट होती है। ये लेखक के सायास-सचेष्ट प्रयासों और उद्यमों का परिणाम होती है। उपन्यासकार अपनी अन्तर्वस्तु की प्रामाणिकता से सम्बन्धित सामग्री का संचयन करता है और उपन्यास के अनेक बिन्दुओं पर सोच-विचार कर कुछ बातों का निर्धारण करता है। उनमें से कुछ को तो वह अपने मानस में संजोकर रखता है और कुछ को टीपता रहता है। कथाबीज, केन्द्रीय स्थिति, अवस्थितियों, चरित्रों और उपन्यास के पैटर्न सम्बन्धी बातों पर सोच-विचार करना और टांकना लेखन-प्रवृत्त होने से पूर्व की महत्त्वपूर्ण तैयारी है। इसके बाद आरम्भ होती है रचना के अवतरण की वास्तविक स्थिति यानी अनुभव-बिम्ब को कथानक-अन्वेषण द्वारा फैलाने की प्रक्रिया और उपन्यास का पन्नों पर पूर्ण अवतरण। पर पूर्ण अवतरण के बाद भी उपन्यासकार को संतोष नहीं होता और वह संशोधन और पुनर्लेखन करके उपन्यास को संवारने-निखारने के बाद ही उसे पाठकों के हाथ में सौंपता है।

अनुभव को व्यक्त करने का द्वन्द्व

कच्ची अनुभूतियां जब परिपक्व अनुभव बनने लगती हैं और उपन्यास की अन्तर्वस्तु के सूत्र, सन्दर्भ और आयाम जुड़ने लगते हैं तब उनके बीच से ही कथा उभरकर आती है। इस तरह अभिव्यक्ति बिन्दु तक आते-आते उपन्यासकार की दृष्टि काफी कुछ साफ

हो गई होती है। वह जान चुका होता है कि उसका अभिप्रेत क्या है। किसके द्वारा और किस तरह से वह उसे सम्प्रेषित करेगा। इसके लिए उसे काफी संघर्ष करना पड़ता है। उसका अनुभव-बिम्ब उपन्यास की अन्तर्वस्तु और उसके कथ्य को तो समेटे रहता है पर उस अनुभव को सम्प्रेषित करने की सूझ उसके साथ कम ही शामिल रहती है। मानस-बिम्ब को पन्नों पर अवतरित करने का कार्य अत्यंत कठिन ही नहीं, जोखिम भरा भी है। यदि अपने सत्यान्वेषण को सार्थक कथानक में रूपायित करने की क्षमता और कला उपन्यासकार में नहीं है तो सार्थक कथ्य के रहते हुए भी उपन्यास प्रभावहीन हो जाता है। समर्थ से समर्थ उपन्यासकार इस बिन्दु पर आकर कठिनाई का अनुभव करते देखे गए हैं। 'बूंद और समुद्र' की अन्तर्वस्तु और कथ्य स्पष्ट हो जाने के बाद भी उसे रूपायित करने वाला उपयुक्त कथानक अमृतलाल नागर नहीं खोज पा रहे थे, इसका उल्लेख उन्होंने इसके संस्मरण में किया है : 'इस सारे जमाने के इतिहास को किस प्रकार से अपने कथानक की पृष्ठभूमि बनाऊं यह एकाएक समझ नहीं आता था। कभी सोचता चैत से लेकर फागुन तक बारह महीनों तक बारह अध्याय बनाकर कहानी रचूं। कभी जाति विशेष या व्यक्ति या किसी घटना से तात्कालिक रूप से प्रभावित होकर प्लान बनाता, लेकिन यह सब धरे के धरे रह जाते । बात उठती ही न थी। 'भूख' लिखकर बड़ी मुश्किल से जागा हुआ मेरा आत्मविश्वास फिर लड़खड़ाने लग गया...मैं अपने आप से बेहद उलझा और बौराया हुआ था।'

सच ही है इस बिन्दु पर आकर अधिकांश उपन्यासकारों को अटकन और उलझन का सामना करना पड़ता है। बहुत कम ऐसे हैं जो अपने अनुभवों के परिपक्व हो जाने के बाद राहत महसूस करते हैं और उन्हें लगता है कि एक लम्बे तनाव के बाद उनकी पकड़ में सब कुछ आ गया है और अब वे आसानी से अपने अनुभव के अर्थ को सम्प्रेषित कर सकते हैं। पर अधिकांश अपने अनुभव का अर्थ जान लेने के पश्चात् भी तनाव और उलझन से मुक्त नहीं हो पाते। बहुत समय तक उन्हें यह नहीं सूझ पाता कि कैसे कथानक से वे अपना कथ्य निसृत कर सकेंगे। वे कई कथानकों की कल्पना करते हैं, सबमें कथ्य को जांचकर देखते हैं। पात्रों और उनके कार्यकलापों, केन्द्रीय स्थिति और घटना के पैटर्न की कल्पना करते हैं, पर सब कुछ धरा का धरा रह जाता है। कभी-कभी तो कुछ उपन्यासकार कई वर्ष कथानक ढूंढ़ने में ही लगा देते हैं। इस तरह की कठिनाई के अनुभव का जिक्र एल्डस हक्सले ने किया है। उन्होंने बताया : 'लगभग तीन वर्ष पहले मैंने इन विचारों को लेकर एक उपन्यास लिखने की बात तय कर ली थी। किन्तु यह काम बहुत धीमी गति से आगे बढ़ा, क्योंकि मुझे अपना कथानक ढूंढ़ने का संघर्ष करना था। मुझे अपने विचारों के अर्थ-प्रकाशन के लिए एक ढांचा ढूंढ़ना था। मैं अच्छी तरह जानता था कि मैं क्या कहना चाहता हूं पर

समस्या यह थी कि उन विचारों को कैसे साकार किया जाये।' (राइटर्स एट वर्क)। प्रश्न है कि उपन्यासकार को कथानक ढूंढ़ने की जद्दोजहद क्यों उठानी पड़ती है। जिन देखे-भोगे हुए जीवंत व्यक्तियों, स्थितियों, अनुभवों और दबावों से प्रेरित होकर वह किसी सत्य या अर्थ को प्राप्त करता है, क्या वे ही उपादान उसके कथानक के लिए यथेष्ट नहीं हैं। क्या हू-ब-हू प्रस्तुति से अधिक यथार्थ भी कुछ हो सकता है?

वास्तव में, उपन्यासकार देखे-भोगे तथ्यों को व्यवस्थित करके उन्हें कथानक में ज्यों का त्यों प्रस्तुत नहीं कर देता। वह उनसे जीवन के अर्थ प्राप्त करता है और फिर उन अर्थों को तर्क संगति देने के लिए चरित्रों, घटनाओं, जीवन स्थितियों, परिदृश्यों, प्रासंगिक कथाओं, वृतांतों, फैंटेसी और प्रतीकों आदि के द्वारा रूपायित करता है। उसकी प्रक्रिया पुनः सृजन की होती है, छायांकन की नहीं। पश्चिम में तो अठारहवीं शताब्दी में साहित्य के सन्दर्भ में एक उक्ति चल पड़ी थी 'द मिरर एंड द लैम्प'। दर्पण यथावत् प्रतिबिम्ब का प्रतीक बना और दीपक प्रतिसृष्टि का। दर्पण वस्तु के केवल एक कोण को प्रतिबिम्बित करता है जबकि दीपक उसके समस्त आयामों को प्रकाशित करता है। एक ही वस्तु के कितने ही आयाम होते हैं। यदि जीवन दर्पणवत् अंकित किया जाए, तो जीवन का केवल एक ही पक्ष अंकित हो सकता है जबकि सच यह है कि किसी वस्तु को हम दायें-बायें, आगे-पीछे, इधर-उधर जितने भी कोणों से देखते हैं तो हर बार उसके नये रूप से साक्षात्कार होता है। इसलिए आज का उपन्यासकार इस बात के लिए प्रयत्नशील रहता है कि वह दीपकवत् किसी व्यक्ति, घटना या स्थिति के सभी आयामों को प्रकाशित करे। प्रतिसृष्टि की व्यंजना के लिए कलीन्थ ब्रुक्स ने 'प्रिज्म' शब्द का प्रयोग किया है, (कलीन्थ ब्रुक्स : 'द शेपिंगजॉय'), वह इसलिए कि प्रिज्मवत् अंकन साधारण उजाले से सतरंगी इन्द्रधनुषी रंगों की आभा प्रकाशित करने की सामर्थ्य रखता है।

उपन्यासकार वस्तु के विभिन्न आयामों में छिपे सत्यों को उभारने की चेष्टा करता है। जीवन को प्रिज्मवत् प्रकाशित करने के लिए वह जीवन का रूपांतरण और विचलन दोनों अपनाता है। उसकी यह चेष्टा रहती है कि वह जीवन के बहुआयामी रूप का प्रकाशन करे। इसलिए उसका उपन्यास वस्तु सत्य पर आधारित होते हुए भी नई सृष्टि होता है, ठीक वैसे ही जैसे पुत्र पिता की अनुकृति नहीं, उससे जन्मा होता है। जीवन का सघन, संश्लिष्ट, व्यापक और बहुआयामी रूप प्रस्तुत करने के लिए ही लेखक पुनःसृजन की प्रक्रिया अपनाता है। पुनःसृजन के कारण चरित्र, घटनाएं, स्थितियां आदि वैसे नहीं रह जाते जिनके द्वारा उपन्यासकार का अनुभव बिंब बना होता है। उषा प्रियंवदा ने जिक्र किया है कि उन्होंने 'वापसी' कहानी के चरित्र को जिस सदेह व्यक्ति के आधार पर गढ़ा है, वह उस कहानी को पढ़ते समय स्वयं को नहीं पहचान पाया।

उल्टे उसने लेखिका से पूछा, 'यह स्टोरी का आइडिया तुम्हें सूझा कैसे?' (उषा प्रियंवदा : मेरी प्रिय कहानियां, भूमिका)। कथाकार संयोजन, विच्छेदन और पुनःसंयोजन में अत्यंत पटु होता है। वह तथ्यों के अर्थ ही नहीं ढूंढ़ता, उनका समीकरण भी करता है। अपने चेतन-अवचेतन में पड़े तथ्यों को ठोंक-पीटकर वह उन्हें अपने उद्देश्यानुरूप बनाता है। ठोंक-पीटकर दुरुस्त रूप देने की प्रक्रिया यथार्थ को सघन, पारदर्शी और व्यापक बनाती है। इस प्रक्रिया को उपन्यासकार कैसे निभाता है, इसकी जानकारी उपन्यासकारों के संस्मरणों और वक्तव्यों में मिल जाती है।

अमृतलाल नागर ने 'बूंद और समुद्र' के अमर पात्र ताई की रचना अपने मोहल्ले में रहने वाली दो महिलाओं के मिश्रण से की बतायी है, ('बूंद और समुद्र' के संस्मरण)। इस प्रक्रिया के सम्बन्ध में उन्होंने वक्तव्य भी दिया है, 'एक चरित्र अपनी खास विशेषताओं के कारण मेरे ख्यालों से टकराता है। वह चरित्र मैं जस का तस चित्रित नहीं करता। उस मनोवैज्ञानिक पैटर्न के और चरित्रों पर भी नजरें आप ही आप दौड़ने लगती हैं। उन सबको मिलाकर मेरी कहानी का नया चरित्र गढ़ जाता है। जो पाठक को हू-ब-हू प्रत्यक्ष नजर आने लगता है और वह समझता है कि लेखक ने किसी एक व्यक्ति को जस का तस उठाकर अंकित कर दिया है।...वस्तु सत्य और कल्पना जब अपने चरित्रों और परिवेश सहित ईमानदारी से घुलाये-मिलाये जाते हैं तब पाठक-पाठिका के लिए यह कहना कठिन हो जाता है कि अमुक पात्र अथवा परिवेश मैंने जीवन से जस का तस उठा लिया है या उसमें कल्पना के तत्व भी मिलाये हैं।' (अमृतलाल नागर का पत्र)

ऐसी प्रक्रिया प्रायः सभी उपन्यासकारों को अपनानी पड़ती है। तभी वह एक व्यक्ति की गाथा से उठकर बहुतों की गाथा बन पाती है। केवल चरित्र निर्माण में ही उपन्यासकार यह प्रक्रिया अपनाता हो, सो बात नहीं है। उसे घटनाओं और स्थिति निर्माण के लिए भी यही प्रक्रिया अपनानी पड़ती है। श्रीलाल शुक्ल का वक्तव्य है, 'पात्रों को, या घटनाओं को, या स्थितियों को हम ज्यों का त्यों यथावत् उठाकर नहीं रख देते हैं। यदि ऐसा करें, तो वह एक व्यक्ति की कहानी हो जाती है। पात्रों के साथ कुछ समानांतर तरीके से कुछ और आयाम रखने की कोशिश करता हूं।...चरित्र को मैं बहुआयामी रखने की कोशिश करता हूं जिससे वह अनेक का प्रतिनिधित्व कर सके।' (द्रष्टव्य, श्रीलाल शुक्ल का समालाप)

एक-से मनोवैज्ञानिक पैटर्न के जीवंत व्यक्तियों या एक-सी जीवन स्थितियों वाले अनेक व्यक्तियों के मेल से या जीवनानुभवों और कल्पना के मिश्रण द्वारा अत्यंत वास्तविक और जीवंत चरित्र और उनकी जीवन स्थितियों का सृजन कर लेना उपन्यासकार की अद्‌भुत रचनात्मक प्रतिभा को प्रकट करता है। इसी से उपन्यासकार

किसी रचना और उसके पात्रों को व्यापक और कभी-कभी देशातीत बना देता है। ऐसे पात्र एक परिवार, एक स्थान एक दायरे से निकलकर किसी भी स्थान और देश के पाठकों को अपने जैसे लगते हैं और प्रभावित करते हैं। नरेश मेहता के 'यह पथ बन्धु था' उपन्यास की सुदूर तक लोकप्रियता इसी कारण देखने में आई। उनका वक्तव्य है : 'यह पथ बन्धु था' उपन्यास मुझे प्रतिरचना तब लगा जब मिथिला के मधुवनों से लेकर केरल के नारिकेल अरण्यानी तक के सुदूर अंचलों से अज्ञात, अनाम, साधारण पाठकों के सहज मार्मिक पत्र मिले। कितना आश्चर्य हुआ यह देखकर कि इस उपन्यास की नायिका सरस्वती (सरो) अपने मालवी परिवेश से निकलकर जब उत्कल या आन्ध्र परिवेश में बैठकर मुझे आभार पत्र लिखने लगी। इसी प्रकार का एक पत्र किसी पाठिका का मुझे अभी तक स्मरण है। कैसे यह दुखगाथा उनके जीवन के परिवेश को भी समेट ले गई, कह नहीं सकता।' (नरेश मेहता : 'एक रचना की प्रतिरचना : यह पथ बन्धु था,' भीष्म साहनी : आधुनिक हिन्दी उपन्यास)। 'झूठा सच' के पहले भाग के 'धर्मयुग' में प्रकाशित होने पर यशपाल को भी ऐसे ही पत्र मिले थे।

कथाबीज टांकना

उपन्यासकार लेखन-प्रवृत होने से पूर्व अनेक प्रकार की तैयारियां करता है। कथाबीज टांकना उसकी पहली तैयारी होती है। वैसे तो जिस या जिन उद्दीपकों से उद्वेलित होकर उपन्यासकार में सृजनेच्छा जाग्रत होती है उनके सम्बन्ध में टांकना आवश्यक नहीं है क्योंकि वे उत्प्रेरक उपादान तो निरंतर तब तक उसे उद्वेलित किये रहते हैं जब तक कि कृति पूर्ण नहीं हो जाती। पर जब उन उत्प्रेरक उपादानों के साथ उपन्यासकार उनसे उत्प्रेरित होने के कारणों और अर्थों को प्रकट करने वाले विचार-बिन्दुओं जैसा कुछ टांकता है तब उसमें उसका उद्देश्य निहित रहता है। वह अपने अनुभव के अर्थ और उपन्यास के कथ्य को मानस या पन्नों पर संजोकर रखना चाहता है। इस प्रकार की टीपन यदि उपलब्ध हो जाए तो वह उपन्यासकार की रचना अवतरण की प्रक्रिया पर अच्छा प्रकाश डाल सकती है।

अमृतराय को प्रेमचन्द के 'कायाकल्प' उपन्यास की पांडुलिपि की कॉपी के पट्ठों और हाशियों पर कुछ टीपन उपलब्ध हुई थी, इसका जिक्र उन्होंने अपने ग्रन्थ 'कलम का सिपाही' में किया है। इस टीपन से पता लगता है कि प्रेमचन्द जीते-जागते चरित्रों से उद्वेलित होकर रचनाशील होते थे। अमृतराय के इस निष्कर्ष का समर्थन प्रेमचन्द के 'उपन्यास का विषय' नामक दो निबन्धों में व्यक्त विचारों से भी होता है। उन्होंने जिक्र किया है कि 'रंगभूमि' का बीजांकुर हमें एक अन्धे भिखारी से मिला, जो हमारे

गांव में रहता था।' (प्रेमचन्द : कुछ विचार, पृष्ठ 49)। प्रेमचन्द मुख्यतया चरित्रों से ही उद्वेलित हुआ करते थे 'उपन्यासकार को अपनी सामग्री आलों पर रखी हुई पुस्तकों से नहीं, उन मनुष्यों से लेनी चाहिए जो हमें नित्य चारों तरफ मिलते रहते हैं।' (वही, पृष्ठ 52-53)। ये प्रेमचन्द के कोरे वक्तव्य नहीं हैं, उनकी रचना-प्रक्रिया के सूत्र हैं। यथार्थ जगत के जीते-जागते व्यक्तियों से उद्वेलित होकर ही उन्होंने 'कायाकल्प' के पात्रों को गढ़ा है। उपन्यास के लिए टीपी गई सामग्री इसका प्रमाण है :

- विभुदा यज्ञनारायण उपाध्याय है—चालाक, कंजूस, स्वार्थी लेकिन सेवा परायण व्यवहार कुशल।
- विशाल सिंह बेचनलाल हैं—सीधे-सादे, ईमानदार, लेकिन नैतिक साहस से शून्य।
- कल्याणसिंह चन्द्रिका प्रसाद हैं—अपने से बड़े अफसरों के सामने उनकी जी हजूरी में लगा हुआ, गृहप्रबंध नहीं कर सकता।
- चक्रधर डी. प्रसाद है—बहुत संकोची, विद्वान, सिद्धांत का पक्का।
- नई रानी के पिता (अर्थात मनोरमा के पिता हरिसेवक) नाना हैं—सोलहो आना स्वार्थी, बेईमान, शराबी, लड़की के जरिये अपनी किस्मत बनाने की उम्मीद रखते हैं।
- बज्रधर चक्रधर के पिता हैं—चापलूस, नेक उदार, मुलायम, सीधे-सादे।
- पण्डित विभुदा प्रसाद और उनकी पत्नी संगठनकार बन जाते हैं।
- विभुदा फारसीदा आदमी है। बहुत कम संस्कृत जानता है, उसकी बातचीत पढ़े-लिखे मुसलमान जैसी होनी चाहिए।
- चक्रधर सदा आदमी में ईश्वर को खोजता है।

इस टीपन से प्रेमचन्द की रचना-प्रक्रिया की कई बातें उजागर हुई हैं। एक तो यह कि प्रेमचन्द के अनुभव से जो खास चरित्र अपनी खास विशिष्टताओं के कारण टकराते थे, उन्हें वे नाम सहित टांक लिया करते थे। दूसरे उन सजीव चरित्रों को अपने उद्वेश्यानुरूप बनाने के लिए वे उनके व्यक्तित्व की विशेषताओं में कुछ घटा-बढ़ा लिया करते थे और तीसरे वे चीजों को यथावत् प्रस्तुत नहीं कर देते थे वरन् उनमें यथार्थ और कल्पना का समुचित समन्वय करते थे।

विचार तरंगें कभी क्रम से नहीं उठतीं। कई बार लिखते-लिखते कोई बात लेखक को सूझ जाती है। कोई विचार बिन्दु उसके मानस में तैर जाता है और वह उसे अपने उपन्यास के अनुभव-बिम्ब, उसे रूपायित करने वाले तत्वों, चरित्रों के व्यक्तित्व निरूपण और उनके संवाद के लिए उपयुक्त लगता है तो वह उसे इस आशय से टीप लेता है कि यथास्थान उसका उपयोग किया जा सके। 'कायाकल्प' की पाडुंलिपि के

हाशियों पर बीच-बीच में प्रेमचन्द ने टांका था–

- आजमाइशें, मुसीबतें आदमी का चरित्र बनाती हैं। उन्हीं से आदमी में साहस और दृढ़ता आती है।
- शक्ति, प्रभुता मानवता का अभिशाप है। ऊंचे से ऊंचे लोग भी उसके शिकार हो जाते हैं और उनके चरित्र का नाश हो जाता है।
- जीवन के लिए संघर्ष करते हुए चक्रधर का नैतिक पतन हुआ। प्रभुता पाते ही उसका पतन हुआ।

ये प्रेमचन्द के वे विचार-बिन्दु हैं जो उनके अनुभव के अर्थ को प्रकट करते हैं। प्रेमचन्द ने उपन्यास के मुख्य चरित्रों के व्यक्तित्व, उनके आचार-विचारों, आस्थाओं, कार्यकलापों, कमजोरियों और गुणों के अतिरिक्त उन विचार-विन्दुओं और जीवन-बोध सम्बन्धी वक्तव्यों को भी टांक लिया था जिन्हें वे 'कायाकल्प' द्वारा निसृत करना चाहते थे। यही नहीं, उन्होंने 'जीवन के लिए संघर्ष करते हुए चक्रधर का नैतिक पतन हुआ, प्रभुता पाते ही उसका पतन हुआ' विचार-बिन्दु टांक कर उस केन्द्रीय स्थिति के निर्धारण का प्रकाशन कर दिया है जिसे उन्होंने उपन्यास में अन्वेषित किया है। उस केन्द्रीय स्थिति को वे चक्रधर को किन जीवन स्थितियों और संदर्भों में डालकर लायेंगे, इसकी कल्पना शायद उन्होंने पहले से नहीं की होगी। इन संकेतों से अनुमान लगाया जा सकता है कि लेखन-प्रवृत होने से पूर्व प्रेमचन्द के मानस में अपने उपन्यास का एक संश्लिष्ट अनुभव बिंब अवश्य ही रहता होगा। हो सकता है वह आधा-अधूरा और कच्चे रूप में ही रहता हो। इस टीपन से उसके टीपने की क्रम की जानकारी नहीं मिलती। यह टीपन कभी कॉपी के पट्ठों, कभी पांडुलिपि के हाशियों में लिखते समय टांक ली गई थी। इससे ऐसा प्रतीत होता है कि चरित्रों और कथानक को किस ओर गति देनी है, उसे प्रेमचन्द लेखन-क्रम में ही तय करते होंगे। अमृतराय ने 'कायाकल्प' की टीपन का तो विवरण दे दिया है, पर वे यह बताने से चूक गए हैं कि वह टीपन कथा की गति के किस अंश के साथ हाशिये पर अंकित मिली। फिर भी यह सामग्री इस अर्थ में उपयोगी है कि इससे यह प्रकट होता है कि जो जीवन-सत्य और जीवन-बोध प्रेमचन्द अपने उपन्यास से निसृत करना चाहते थे उसकी अन्तर्वस्तु और उसके अनुरूप चरित्रों और कथानक को वे लेखन-प्रवृत होने से पूर्व ही काफी कुछ तय कर लिया करते होंगे। प्रेमचन्द को कथानक का प्रारूप बनाकर लिखने की आदत शायद न हो, पर वे चरित्रों की खास-खास बातें और उपन्यास का कथ्य तय कर लेने के बाद ही लेखन में हाथ लगाते होंगे। उनके एक अन्य वक्तव्य से भी उनकी इस रचना-प्रक्रिया का अनुमोदन होता है। उन्होंने लिखा है : 'कोई उपन्यास शुरू करने के लिए यदि हम उन चरित्रों का एक मानसिक चित्र बना लिया करें, तो फिर उनका

विकास दिखाने में सरलता होगी। यह कहने की भी जरूरत नहीं है, विकास परिस्थिति के अनुसार स्वाभाविक हो।' (कुछ विचार, पृष्ठ 61)।

प्रेमचन्द ने 'कायाकल्प' के चरित्रों को सदेह व्यक्तियों के मनोविज्ञान के आधार पर गढ़ा है पर अपने अभिप्रेत के अनुसार चरित्रों की मनोवृत्तियों के अनुरूप उनका उत्थान-पतन दिखाया है। चरित्रों की जीवन स्थितियों और संघर्ष तो एकदम काल्पनिक है। ठाकुर विशाल सिंह का व्यक्तित्व और जीवन स्थितियां वे नहीं हैं जो उन्होंने सदेह व्यक्ति के साथ टांकी थीं। विशाल सिंह में उन्होंने सदेह व्यक्ति बेचनलाल की मनोवृत्तियां भर डाली हैं। बाकी सब प्रेमचन्द का गढ़ा हुआ है। विशाल सिंह उपन्यास में देसी रियासत के राजा हैं, अनेक रानियां रखते हैं, विलासी और कामुक हैं, जबकि प्रेमचन्द ने उनके सम्बन्ध में इतना भर टांका है कि वे 'सीधे-सादे ईमानदार, लेकिन नैतिक साहस से शून्य' हैं। उपन्यास में विशाल सिंह का नैतिक पतन दिखाने के लिए उन्हें जनता के प्रति निरंकुश और अत्याचारी दिखाया है। इसी तरह चक्रधर का मानसिक कायाकल्प दिखाने के लिए प्रेमचन्द ने उसकी विशेष जीवन स्थितियां गढ़ी हैं। शुरू में वह जनता का हिमायती है, पर राजा का जामाता और सत्ताधारी बनते ही गरीब मन्नासिंह को इतना मारता है कि वह मर ही जाता है। चक्रधर के सम्बन्ध में प्रेमचन्द ने अलग-अलग तीन जगह टांका था-(1) चक्रधर डी. प्रसाद हैं-बहुत संकोची, विद्वान, सिद्धान्त का पक्का। (2) चक्रधर सदा आदमी में ईश्वर खोजता है। (3) जीवन के लिए संघर्ष करते हुए चक्रधर का नैतिक पतन हुआ। प्रभुता पाते ही उसका पतन शुरू हुआ। उपन्यास में प्रेमचन्द ने चक्रधर के प्रारम्भिक जीवन की विशेषताओं को थोड़ा-बहुत सदेह व्यक्ति डी. प्रसाद से लिया है। वह आदमी में ईश्वर खोजने में आस्था रखता है पर बाद में प्रेमचन्द मनोविज्ञान और अपने अनुभवों के आधार पर उसके सत्ताधारी होने पर उसका पतन दिखाते हैं। इस तरह जो विचार उन्होंने पहले ही टांककर रख लिया था-'शक्ति-प्रभुता मानवता का अभिशाप है। ऊंचे से ऊंचे लोग भी इसके शिकार को जाते हैं और उनके चरित्र का नाश हो जाता है। जीवन का संघर्ष करते हुए चक्रधर का नैतिक पतन हुआ...' को घटित दिखाते हैं। धन लिप्सा और सत्ता के मोह के कारण ही विशाल सिंह का पतन होता है, मनोरमा, अहिल्या, रानी देवप्रिया के जीवन की ट्रेजडी का कारण भी यही लिप्सा है। उपन्यास का मुख्य स्वर धन वैभव, ऐश्वर्य लिप्सा के दुष्परिणाम दिखाना है और उसको अधिक से अधिक उभारने के लिए प्रेमचन्द ने निरंकुश शासक और जनता के संघर्ष, जमीदार, किसान संघर्ष, साम्प्रदायिक वैमनस्य की अवान्तर कथाएं अन्वेषित की हैं। पर इस सारे कथावृत की रूपरेखा प्रेमचन्द के मानस में लेखन-प्रवृत होने से पूर्व नहीं रही होगी। इसे उन्होंने लेखन-क्रम के दौरान ही तात्कालिकता में चरित्रों, उनकी जीवन-स्थितियों

और घटनाचक्र के आपसी सरोकार और संघर्ष के अनुरूप अन्वेषित किया होगा।

प्रेमचन्द ने 'कायाकल्प' के जिन बिन्दुओं को टीप रखा था उनसे रचना-प्रक्रिया के सम्बन्ध में कई बातों का उद्घाटन हुआ है। पहली बात तो यह कि लेखन-प्रवृत होने से पूर्व उपन्यासकार अपने अनुभवों का जो बिम्ब अपने मानस में या पन्नों पर संजोकर रखता है, वह संश्लिष्ट भले ही हो, पर उसमें उसके अनुभव का अर्थ सिमटा होता है। दूसरे, इस तरह के विचार बिन्दुओं को टीपने से कथानक-अन्वेषण में सहायता मिलती है। तीसरा यह कि लेखक जो कच्चा प्रारूप चरित्रों, स्थितियों या किसी अन्य बात का बनाता है उसमें लचीलेपन की गुंजाइश रखता है। वह अपने अभिप्रेत को चरित्रों पर हावी नहीं होने देता। मनोविज्ञान और अनुभवों के आधार पर वह आवश्यकतानुसार उनमें परिवर्तन करने से पीछे नहीं छूटता।

अन्तर्वस्तु की तैयारी

जिस अन्तर्वस्तु को उपन्यासकार चुनता है उसके सम्बन्ध में यदि उसे पूरी जानकारी नहीं है या उसकी और अधिक जानकारी अपेक्षित है तो किसी भूल-चूक से बचने के लिए, प्रामाणिकता के ठोस आधार पाने के लिए और अपने अनुभव को विस्तार देने के लिए वह अच्छी तरह होमवर्क करने के बाद ही लेखन-प्रवृत होता है। विषय ही उसके होमवर्क की आवश्यकता निर्धारित करता है। नॉरमेन मेलर ने स्वीकार किया है कि उन्होंने अपने युद्ध-विषयक उपन्यास 'द नेकेड एण्ड द डेड' के लिए पूरी की पूरी फाइल बनाई थी। इनमें से बहुत-कुछ तो उपन्यास में आ भी नहीं पाया।' (राइटर्स एट वर्क, पृष्ठ 235-6)

जो उपन्यासकार ऐतिहासिक या पौराणिक अन्तर्वस्तु को लेकर लिखते हैं उनके लिए इस प्रकार का होमवर्क करना अनिवार्य है। विषय को प्रमाणित बनाने के लिए यशपाल ने 'दिव्या' और 'देशद्रोही' के लिए इतिहास की पुस्तकें और इनसाइक्लोपीडिया पढ़े थे, पठानों से बातचीत करके सामग्री एकत्र की थी। (पद्मसिंह शर्मा 'कमलेश' : 'मैं इनसे मिला' दूसरी किस्त, पृष्ठ 105)। 'झूठा सच' के लिए भी उन्होंने वर्षों होमवर्क किया था। इस प्रकार का होमवर्क करना अमृतलाल नागर की तो रचना-प्रक्रिया का विशेष अंग था। उन्होंने जो उपन्यास स्थल-विशेष, व्यक्ति-विशेष या वर्ग-विशेष को लेकर रचे हैं उनके लिए उन्होंने काफी सामग्री एकत्र करने के बाद ही लेखन में हाथ लगाया था। 'एकदानेमिषारण्ये' के लिए उन्होंने बहुत दिनों तक नेमिसार में रहकर सामग्री एकत्र की थी। 'मानस का हंस' के लिए तुलसी से सम्बन्धित और 'खंजन नयन' के लिए सूर से सम्बन्धित स्थलों और सामग्री का गहराई से अध्ययन किया था

और नोट बुक में टांका था। 'ये कोठे वालियां' के लिए उन्होंने वेश्याओं से और 'नाच्यौ बहुत गोपाल' के लिए मेहतरों से इंटरव्यू लिए थे और बारीकी से उनका अध्ययन किया था। 'बूंद और समुद्र' के लिए उन्होंने लखनऊ शहर के चौक मोहल्ले के जनसमुदाय और गलियों की चहल-पहल और कार्यकलापों आदि का बारीकी से निरीक्षण-अध्ययन किया था। इस प्रकार की टीपन उपन्यासों के चरित्र निर्माण स्थितियों, घटनाओं और दृश्यों के अंकन के लिए महत्त्वपूर्ण होती है। यह लिखने से पहले की वह तैयारी है जो उपन्यास की विषय-वस्तु की प्रामाणिकता के लिए की जाती है।

विशेष दृश्य, बिम्ब, वाक्यों का गठन

कई बार उपन्यासकार कुछ विचित्र ढंग की तैयारियां करते दीखते हैं, पर जब उनके उपयोग से उपन्यास में सौन्दर्य वृद्धि होती है तो वे तैयारियां महत्त्वपूर्ण हो उठती हैं। अज्ञेय ने अनुभव के विस्तार और गहराई को बनाये रखने के लिए सामग्री संचयन की बात कही है। उन्होंने कहा है, 'मैं प्रयत्न करता हूं कि अनुभव के विस्तार और गहराई को बनाए रखूं। इसलिए नोट्स लेता रहता हूं और प्लानिंग करता हूं।...अच्छे कथोपकथन के अंशों, मार्मिक उक्तियों आदि को नोट करता रहता हूं और कौन कहां जायेगा यह अंकित कर देता हूं। कोई अच्छी इमेज सूझती है तो उसे लिख लेता हूं। कभी वाद-विवाद के लिए प्रश्न लिख लेता हूं। इस अच्छे संचय में से उपन्यास लिखते समय अवसर के अनुकूल उद्धृत सामग्री ले लेता हूं या तत्काल पुनः ढ़ाल लेता हूं। (पद्मसिंह शर्मा 'कमलेश' : 'मैं इनसे मिला', दूसरी किस्त, पृष्ठ 173)। अज्ञेय के उपन्यासों में बीच-बीच में जीवन-बोध आदि के सम्बन्ध में जो व्यंजक वाक्य जुड़े मिलते हैं, वे उनके लम्बे और गहरे अध्ययन और चिंतन से निकले हुए हैं। ऐसे वाक्य अभिव्यक्ति के आवेग में नहीं लिखे जा सकते।

रचना-प्रक्रिया के विचित्र, विविध और विशिष्ट ढंगों का कोई अंत नहीं है। जायस केरी की रचना-प्रक्रिया अपने ढंग की निराली थी। उन्हें लेखन-प्रवृत होने से पूर्व 'कुछ खास दृश्यों' को लिख लेने से सुविधा और आत्मविश्वास मिलता था। उनका वक्तव्य है कि 'मैं सबसे पहले अपनी रचना के अर्थ को वहन करने वाले संवेदनात्मक दृश्यों को लिख लेता हूं, जैसाकि मैंने 'प्रिजनर ऑफ ग्रेस' का पहला दृश्य रेलवे स्टेशन वाला लिख लिया था जिसमें निम्मो अपनी पत्नी को विशुद्ध नैतिक दबाववश जाने से रोक लेता है। जब मैं बड़े दृश्यों का रेखांकन कर लेता हूं तब मैं कथानक की युक्ति निकालता हूं जिसमें वे उपयुक्त बैठ सकें। हां, यह सच है कि अक्सर वे कथानक में

नहीं खप पाते। कभी-कभी मैं उन्हें फेंक देता हूं। पर वे मेरी पुस्तक के अर्थ को निरूपित करते हैं और मेरी पुस्तक को रूपबंध देते हैं। अंत में मैं पूरे फलक पर कार्य करता हूं।' (राइटर्स एट वर्क, पृष्ठ 57)

अवस्थितियों और सम्बन्ध स्थितियों का निर्धारण

लेखन-प्रवृत होने से पूर्व की टीपन हमें बहुत कम उपलब्ध हो पाती है। इस सम्बन्ध में अधिकतर हमें उपन्यासकारों के वक्तव्यों पर निर्भर रहना पड़ता है और उन वक्तव्यों में हमें वैविध्य और विरोध दोनों मिलता है। प्रेमचन्द की टीपन अपने चरित्रों के व्यक्तित्व और कथ्य को संप्रेषित करने वाली बातों की रहती थी पर अज्ञेय लेखन-प्रवृत होने से पूर्व अवस्थितियों और सम्बन्ध स्थितियों को स्पष्ट कर लेने में सुविधा महसूस करते हैं। उनका वक्तव्य है 'वास्तव में ऐसा तो नहीं होता कि लेखन-प्रवृत होने से पूर्व कथानक का पूरा प्रारूप बन गया होता है और सामने होता है। केवल कुछ अवस्थितियां या विशेष सम्बन्ध स्थितियां स्पष्ट और आलोकित रूप में रहती हैं। हो सकता है समापन बिन्दु भी इनमें से एक हो।' (अज्ञेय का पत्र)

अज्ञेय ने कथानक को पूरी तरह से नहीं नकारा है। केवल उसकी पूर्ण रूपरेखा के मानस में रहने की बात से इंकार किया है। वे अवस्थितियों और सम्बन्ध स्थितियों के इतने स्पष्ट और आलोकित रूप में वर्तमान रहने की बात करते हैं कि 'समापन बिन्दु' भी उनमें से एक हो सकता है। इससे यह आभास होता है कि उनके मानस में कथानक की अवस्थितियों और सम्बन्ध स्थितियों की रूपरेखा रहती होगी। अज्ञेय के उपन्यासों में कथातत्व अत्यंत क्षीण रहता है। वे बिना कहानी कहे ही चरित्रों की जीवन स्थितियों के प्रतिक्रिया स्वरूप उनके व्यवहार और मनोगत परिदृश्य से उपन्यास में भराव उत्पन्न कर लेते हैं। 'शेखर एक जीवनी' का शेखर अपनी विशेष जीवन स्थितियों के प्रतिक्रिया स्वरूप बचपन से लेकर किशोरावस्था, हॉस्टल और क्रांतिकारी जीवन तथा कारावास आदि की स्थितियों से उद्वेलित होता है और प्रतिक्रिया स्वरूप आचरण करता है। उसकी जीवन स्थितियां ही उसे विशिष्ट जीवन-बोध और जीवन-दर्शन अर्जित कराती हैं। उसकी शैशव की जीवन स्थिति में मां है, पिता है, भाई और बहन हैं। उसके जन्म लेते ही पुरोहित ने, मां ने, पिता ने उसके भविष्य का निर्धारण कर दिया। पुरोहित ने उसे बौद्ध धर्म की दीक्षा देने को कहा, पिता ने इंजीनियर और मां ने बैरिस्टर बनाना चाहा। इस तरह बोध होने से पहले ही बालक का जीवन रूढ़ियों में बंध गया। बहुत से...सुदृढ़ बंधन उसके जीवन में छा गए...' ('शेखर एक जीवनी', पृष्ठ 48)। फिर तीन साल का होते-होते उसकी बाल सुलभ क्रीड़ाओं और

जिज्ञासाओं पर अंकुश और अनुशासन का बोझ डाल दिया जाता है। अहन्ता, भय और सेक्स वृत्तियों के दमन का पाठ पढ़ाया जाता है। अनुशासन और दमन उसमें विरोध की भावना भर देता है। स्वच्छंद मुक्त आचरण पर प्रतिरोध बालक शेखर को वह करने को बाध्य करता है जिसे और नहीं चाहते। पक्षियों की स्वच्छंदता, जंगल की स्वाभाविकता और उसकी उन्मुक्तता उसका वांछित संसार बन जाते हैं। उसकी आत्मा विचरने लगती है वनों में जहां उसका स्वर्ग है।' (वही, पृष्ठ 61-62)। कल्पना का संसार और प्रत्यक्ष संसार उसे कुछ और ही शिक्षा दे रहा था। 'नीच जाति के लोगों के साथ मत खाओ-पीओ, गरीब लोगों के बच्चों को खेलने के लिए खिलौने नहीं चाहिए वे स्वयं खिलौने हैं जिनसे विधि खेलती है। इस तरह शेखर की जीवन स्थितियां उसके व्यक्तित्व का निर्माण करती हैं। पिता के प्रति आदर और मां के प्रति घृणा पनपती है। उसकी और भी स्थितियां हैं जिनमें बहन शांति है, सखी सावित्री, शारदा और शशि हैं। हॉस्टल जीवन, क्रांतिकारी जीवन, जेल जीवन की स्थितियां हैं। ऐसा प्रतीत होता है कि लेखन-प्रवृत होने से पूर्व अज्ञेय के मानस में शेखर के शैशव से लेकर कारावास तक के जीवन की अवस्थितियों का बिम्ब पूर्ण स्पष्ट और आलोकित रूप में वर्तमान रहा होगा और उन्होंने उसे ही अपनी नोटबुक में टीपकर भी रखा होगा। शेखर की जीवन स्थितियों पर ही उपन्यास के कथानक की अवस्थितियां टिकी हैं।

लेखन-प्रवृत होने से पूर्व विशेष दृश्यों, वाक्यों, बिम्बों, संवादों, कथानक की अवस्थितियों आदि की तैयारियां इस प्रकार करने के उद्यमों से यह बात स्पष्ट होती है कि उपन्यासकार जिन बातों से अपने अनुभव के अर्थ को संप्रेषित करना चाहता है, लिखने से पहले उस पर वह अच्छी तरह सोचता-विचारता है और उन्हीं को अपने कथानक-अन्वेषण का भी आधार बनाता है। अनुभव का अर्थ संप्रेषित करना ही उसका मुख्य ध्येय होता है। लेखन-प्रवृत होने से पहले उसे संघर्ष करना होता है और निर्णय करना होता है कि किन उपादानों से वह अपना यह ध्येय पूरा कर सकेगा। उसके लिए वह विभिन्न तत्वों की कल्पना करता है, उन पर सोचता-विचारता है। वह अनुभव का अर्थ संप्रेषित करने की युक्तियां ढूंढ़ता है। घटना, चरित्र, स्थितियों, संवेदनात्मक दृश्य या अन्य जिस भी माध्यम से उसका यह उद्देश्य पूर्ण होता है, उसे वह अपनाता है। ये वे आधारभूत बातें होती हैं जिन पर उसके अनुभव का अर्थ सम्प्रेषण निर्भर करता है और उसके उपन्यास के कथानक की धुरी स्थित रहती है। इसके लिए आवश्यक नहीं कि कथानक की रूपरेखा अथ से इति तक उपन्यासकार के मानस में लेखन-प्रवृत होने से पूर्व हो ही। यदि आधारभूत धुरी उसके हाथ में है तो फिर वह पूरी तरह आश्वस्त हो जाता है कि अब वह लेखन कर्म पूरी तरह निभा ले जायेगा। अज्ञेय के वक्तव्य का एक अंश यह भी है कि, 'लिखने बैठने से पहले ऐसा

नहीं होता कि पूरा दृश्य सामने है, लेकिन इतना अवश्य होता है कि ऐसा बिन्दु आता है जहां अनुभव होने लगे कि दृश्य मेरा देखा हुआ न होने पर भी एक दृष्टि मुझे मिल गई है जिससे मैं निःशंक और निभ्रांत भाव से देख सकूंगा।' (अज्ञेय का पत्र)।

अज्ञेय अपने अनुभव के अर्थ को संप्रेषित करने वाली स्थितियों पर लिखने से पूर्व इतना अधिक विचार कर लेते हैं, उन्हें अपने मानस में इतना अधिक घोंट लेते हैं कि लिखते समय उन्हें शायद ही कभी कोई अटकन का सामना करना पड़ता हो। उन्होंने स्वयं स्वीकार किया है कि वे कागज पर लिखने से पूर्व रचना को कई बार अपने मानस में लिख लेते हैं। (पद्मसिंह शर्मा 'कमलेश' : 'मैं इनसे मिला', दूसरी किस्त, पृष्ठ 173)

कथानक का निर्धारण

खास बिन्दुओं और बातों को टांक लेने के अतिरिक्त कुछ उपन्यासकार उपन्यास का प्रारूप या कथानक की रूपरेखा टांके बिना आश्वस्त नहीं होते हैं। उनका वक्तव्य है कि लेखन-प्रवृत होने से पूर्व वे उपन्यास का कथानक अवश्य टांक लेते हैं, इस गुंजाइश के साथ कि आवश्यकता पड़ने पर उपयुक्तता और तर्क संगति के अनुसार उसमें परिवर्तन किया जा सके। यानी वे एक लचीला प्रारूप बनाने में विश्वास करते हैं। अमृतलाल नागर का वक्तव्य है : 'कथानक का एक प्रारूप जरूर बनाता हूं, लेकिन कभी-कभी लिखते हुए, प्रारूप का रूप बदलना भी आवश्यक अनुभव करता हूं और बदल भी देता हूँ।' (अमृतलाल नागर का पत्र)। हृदयेश ने भी लगभग ऐसा ही वक्तव्य दिया है : 'बीज-सूत्र पूरी तरह पक चुकने पर स्थूल रूप में कथानक का एक खाका तैयार कर लेता हूं...रचना-प्रक्रिया के दौरान कथानक की विश्वसनीयता के दबाव से चरित्रों और स्थितियों में थोड़े-बहुत परिवर्तन होते चलते हैं। किन्तु कथानक की मूल धारा या केन्द्रीय कथानक अपरिवर्तित ही रहता है।' (हृदयेश का पत्र)

ये उपन्यासकार-द्वय शायद इसलिए प्रारूप बनाकर लिखना पसन्द करते हैं कि लेखन के दौरान संगतिपूर्ण कथानक-अन्वेषण की युक्ति निकालने के लिए सोचने-विचारने के कारण अभिव्यक्ति-उन्मेष में व्यवधान का सामना न करना पड़े। जिन्हें लिखित प्रारूप बनाने से परहेज है वे भी अपने दिमाग में उपन्यास के कथानक की मोटी-मोटी रेखाएं संजोकर रखना पसन्द करते हैं। राजेन्द्र यादव का वक्तव्य है कि 'मैं कथानक के लिए कोई प्रारूप नहीं बनाता। दिमाग में मोटी-मोटी रेखाएं होती हैं और उसी के आधार पर कहानी चलती है। जरूरी हो तो रचना-प्रक्रिया के दौरान परिवर्तन भी आते-जाते हैं। जैसी भी स्थिति हो उसी समय अपने हिसाब से हैंडिल करना पड़ता

है।' (राजेन्द्र यादव का पत्र)।

वास्तव में लिखित रूप में और मानस में प्रारूप संजोकर रखने में कोई खास अन्तर नहीं है। अन्तर केवल इन दोनों प्रकार की प्रक्रियाओं में से चुनने के मनोविज्ञान के कारण दिखलायी देता है। जहां लिखित प्रारूप बनाकर लिखने वाले उपन्यासकार इस बात के लिए आश्वस्त हो जाते हैं कि प्रारूप सामने रहने से वे लेखन कर्म निर्विघ्न निभा ले जायेंगे, वहां इससे परहेज करने वाले उपन्यासकारों का मनोविज्ञान शायद यह रहता है कि लिखित प्रारूप लेखन के दौरान हावी हो सकता है और अन्वेषण के सृजनात्मक सुख से वे वंचित हो सकते हैं। श्रीलाल शुक्ल के वक्तव्य से कुछ इसी प्रकार की ध्वनि निकलती दीखती है, 'मुझे ऐसा लगता है कि ऐसा करने से लेखन के क्रम में सृजनात्मक अन्वेषण की थ्रिल खत्म हो जायेगी। वास्तव में एकाध बार जहां मैंने प्रारूप तैयार किया है, वहां उपन्यास पूरा नहीं हो सका है।' (श्रीलाल शुक्ल का पत्र)।

इकहरे चरित्र/विचार से लेखन प्रारम्भ

लेखन-प्रवृत होने से पूर्व के बिम्ब के सम्बन्ध में कुछ उपन्यासकारों के वक्तव्य चौंकाने वाले हैं। ये लेखन-प्रवृत होने से पूर्व किसी ठोस और निश्चित बिम्ब की बात ही नकारते हैं। इनका कहना है कि वे कोई निश्चित बिम्ब लेकर चलते ही नहीं हैं। वे एक बिन्दु से उपन्यास आरम्भ कर देते हैं और कैसे वह बिन्दु फैलकर व्यापक हो जाता है, वे नहीं जानते। नारमेन मेलर ने सुन्दर उपमा द्वारा अपनी बात कही है। उनका वक्तव्य है : 'मैं अपनी इमेज के संबन्ध में यदि ठीक-ठीक बताऊं तो इतना ही कह सकता हूं कि मैं दरख्तों का घर बनाने के विचार से आरंभ करता हूं, पर पूरा होने पर वह लकड़ी का आसमान छूता घर बन जाता है।' ('राइटर्स एट वर्क', पृष्ठ 235)। लगभग इसी प्रकार का वक्तव्य भैरवप्रसाद गुप्त ने दिया है। 'सत्ती मैया का चौरा' के सन्दर्भ में उन्होंने बताया कि, 'जब उपन्यास शुरू किया तब मैं नहीं जानता था कि उपन्यास कैसा बनेगा। उसमें क्या-क्या रहेगा। मेरे सामने तो बस (अपने मित्र) मन्ने का चरित्र था और मैं उसी पर लिखना चाहता था। मैं बिम्ब की बात नहीं जानता। मेरे सामने तो चरित्र ही होता है। चाहे उसे आप बिम्ब कह लें या बिन्दु। किन्तु वह एक बिन्दु फैलकर कैसे इतना व्यापक हो गया मैं नहीं जानता।...कहां से शुरू किया कहां अंत होगा यह सब मैं नहीं सोचता। दिमाग में कुछ फ्लैश किया और वहीं से मैं लिखना आरम्भ कर देता हूं।' (भैरवप्रसाद गुप्त का समालाप)।

विलियम फाकनर भी लगभग ऐसी ही रचना-प्रक्रिया के अभ्यस्त थे। उन्होंने कहा है कि वे अक्सर किसी इकहरे विचार, स्मृति या मानस-चित्र से आरम्भ कर देते हैं।

फिर लेखन क्रम में यह बात स्वयं स्पष्ट हो जाती है कि ऐसा क्यों हुआ या उसके कारण आगे क्या हुआ। रचनाकार विश्वसनीय चरित्रों और स्थितियों द्वारा यह दिखाता है। ('राइटर्स एट वर्क', पृष्ठ 28)

इकहरे विचार, चरित्र, बिम्ब या मात्र बिन्दु के सहारे पूरा का पूरा उपन्यास लिख ले जाना अद्भुत सृजनात्मक क्षमता का परिचायक है। नरेश मेहता भी उनमें से एक हैं। उन्होंने अपने 'यह पथ बंधु था' उपन्यास के सन्दर्भ में बताया कि बस एक धुंधला सा आइडिया था एक बहू और एक आदर्शवादी व्यक्ति का। उस आइडिया से ही उन्होंने 'यह पथ बंधु था' का लेखन आरम्भ कर दिया था। उनका वक्तव्य है कि 'मेरे लिए तो यह एक ऐसी यात्रा है, जिसमें पता नहीं है कि आगे पेड़ पड़ेंगे, पहाड़ पड़ेंगे या कौन-कौन सा गांव आएगा। कुछ मालूम नहीं रहता है...अवचेतन में कुछ रहता हो तो रहता हो।' (नरेश मेहता का समालाप)।

इससे भी अधिक चौंकाने वाला वक्तव्य अल्वर्टो मोराविया का है जिन्होंने यहां तक कहा है कि वे पहले से कुछ सोचते तक नहीं हैं। लेकिन जब वे लिखने बैठ जाते हैं तब उनकी अन्तःप्रेरणा उनसे लिखा लेती है। उससे पहले वे नहीं जानते कि आगे क्या होने जा रहा है। वे अपनी अन्तःप्रेरणा में विश्वास करते हैं। कभी वह आती है, कभी नहीं भी आती। ('राइटर्स एट वर्क', पृष्ठ 195)। कदाचित् यह वह समाधि अवस्था है जिसमें रचनाकार स्वयं को अपने चारों ओर से समेटकर अपनी लेखनी को अपनी प्रज्ञा के भरोसे स्वच्छंद छोड़ देता है और फिर चीजें स्वतः निकलती चली आती हैं।

रचना-प्रक्रिया एक बहुत ही गूढ़ और उलझी हुई प्रक्रिया है। कब कौन किस अद्भुत सामर्थ्य के अधीन होकर लेखन कर्म सम्पन्न करता है, यही भिन्नता एक उपन्यासकार की रचना-प्रक्रिया को दूसरे की रचना-प्रक्रिया से अलग करती है। हमें ऐसे भी उपन्यासकार मिलते हैं जो पहले से मुख्य-मुख्य बातें तय न कर लें तो उपन्यास पूरा ही नहीं कर पाते। ई.एम. फॉस्टर का 'आर्टिक समर' उपन्यास इसीलिए अधूरा रह गया कि उन्होंने उपन्यास की मुख्य-मुख्य बातें तय नहीं की थीं। उनका दृढ़ विश्वास था कि उपन्यास आरम्भ करने से पूर्व उपन्यासकार को तय कर लेना चाहिए कि आगे क्या घटना होगी। वह बात दूसरी है कि वह उस घटना का किसी अधिक उपयुक्त घटना से स्थानापन्न कर दे और उसे करना भी चाहिए, नहीं तो उपन्यास जड़ हो जाये। किन्तु प्रारम्भ में एक ठोस धरातल तो होना ही चाहिए...। ('राइटर्स एट वर्क', पृष्ठ 8)

उपन्यासकारों की इन विभिन्न प्रकार की क्षमताओं, ऊर्जा और उन्मेष का विश्लेषण करें तो हम पाते हैं कि आविष्ट उपन्यासकारों का अवचेतन मानस अधिक सक्रिय रहता है। उनके अवचेतन में ही उपन्यास का बिम्ब रहता होगा। इसकी प्रतीति

उन्हें नहीं होती और उन्हें लगता है कि वे अपनी प्रज्ञा के वशीभूत होकर निर्प्रयास लिखते चले जा रहे हैं। बिना कुछ तय किये, बिना किसी बिम्ब के केवल एक बिन्दु से आरम्भ करके उपन्यास पूरा कर ले जाने की बात में कोई आत्मप्रवंचना और गर्वोक्ति नहीं है। वास्तव में इन उपन्यासकारों के अवचेतन में ही सब कुछ रहता होगा। इन उपन्यासकारों की रचना-प्रक्रिया के इस पक्ष के रहस्य को जानने के लिए हमें कई बिन्दुओं का पुनरावलोकन और विश्लेषण करना होगा। सबसे पहले तो वही बात दुहराने की आवश्यकता है कि उपन्यासकार अभिव्यक्ति बिन्दु पर तभी आता है जब उसकी अनुभूतियां जाने-अनजाने पक चुकी होती हैं, और एक संश्लिष्ट अनुभव-बिम्ब का रूप धारण कर चुकी होती हैं और वह सौंदर्यबोध तथा सत्यान्वेषण कर चुका होता है। मानस में अंकित अनुभव-बिम्ब के कुछ आधार होते हैं। बिम्ब हवा में नहीं बनते, न ही अमूर्त होते हैं। मानस-बिम्ब किन्ही उत्तेजकों से ही बनते हैं। उत्तेजक उपादान, चरित्र, घटना, स्थिति आदि कुछ भी हो सकता है। इन उपादानों के टकराव से ही मानस संवेदनाएं और अनुभूतियां ग्रहण करता है। यह जो अनुभव-बिम्ब बना होता है वही इन उपन्यासकारों के अवचेतन में बैठा अपने सम्प्रेषण की युक्ति, ऊर्जा और उन्मेष देता रहता होगा। इसीलिए इन उपन्यासकारों को लेखन-प्रवृत्त होने से पूर्व खास-खास बातें या कथानक का प्रारूप बनाने की आवश्यकता महसूस नहीं होती। वे अवचेतन में बैठे अपने अनुभव-बिम्ब के सहारे युक्तियुक्त और तर्क संगति से लेखन-कर्म के दौरान तात्कालिकता में अन्वेषण करते चले जाते हैं।

दूसरी बात यह कि जब सत्यान्वेषण के बाद ही उपन्यासकार में सम्प्रेषण की छटपटाहट उत्पन्न होती है तब इतना निश्चित है कि उसे अपना अभिप्रेत मिल चुका होता है। कोई जीवन-बोध, कोई जीवन-सत्य ही उपन्यासकार को अभिव्यक्ति के लिए उकसाता है। भैरवप्रसाद गुप्त बिम्ब की बात नकारते हैं किन्तु उन्होंने स्वीकार किया है कि उपन्यास का मुद्दा उनके सामने था, 'शायद मेरे सामने गांव की जो बहुत सी घटनाएं थीं, गांव का जो इतिहास था–उस सबका जंगल जो मेरे मानस में था, उसने उस मुद्दे–कि आदमी क्या बनना चाहता है और क्या बन जाता है, को जमीन दी। इसलिए जिस बिन्दु से मुद्दा उठाया था, उपन्यास में वही नहीं रह गया। मन्ने का संघर्ष और पतन गांव से जुड़ता चला गया, अमीर-गरीब के संघर्ष से जुड़ता गया, साम्प्रदायिकता के प्रश्न से जुड़ता चला गया। जिसे मैंने चरित्र के बिन्दु से आरम्भ किया था वह पूरे गांव की समस्या से जुड़ गया...।' (भैरवप्रसाद गुप्त का समालाप)। इससे स्पष्ट है कि भैरवप्रसाद गुप्त के मानस में उनका अभिप्रेत और उपन्यास की कथावस्तु स्पष्ट थी। उनके मानस में मन्ने का चरित्र ही नहीं, गांव की अनेक घटनाओं और उसके इतिहास का जंगल भी था–चाहे लेखन आरम्भ करते समय वह सब उनके

अवचेतन में रहा हो। शुरू में वे मन्ने के चरित्रोद्घाटन से यह मुद्दा कि 'आदमी क्या बनना चाहता है और क्या बन जाता है' निसृत करना चाहते थे, पर जब उन्होंने कथानक-अन्वेषण के दौरान गांव की घटनाओं और इतिहास को छू लिया तो उससे नये-नये आयाम खुलते चले गए होंगे और उनका अभिप्रेत व्यापक संदर्भों से जुड़ता चला गया और एक चरित्र की कहानी पूरे गांव की कहानी बन गई। यह कोई असम्भव प्रक्रिया नहीं है। कई बार लेखक एक सीमित परिप्रेक्ष्य में कुछेक चरित्रों को लेकर आरम्भ कर देता है, पर बाद में अन्य-अन्य सरोकारों से जुड़कर बहुत से चरित्र, बहुत सी घटनाएं और स्थितियां अन्वेषित हो जाती हैं और लेखक व्यापक संदर्भों और सरोकारों द्वारा अपने कथ्य को भी व्यापक और प्रभावशाली ढंग से प्रेषित करने में सफल हो जाता है।

पैटर्न का निर्धारण

लेखन-प्रवृत होने से पूर्व उपन्यासकार अपने उपन्यास का पैटर्न भी तय करते पाये जाते हैं। कुछ अपने उपन्यास के पैटर्न को स्वतः प्रवर्तित मानते हैं और कुछ का वक्तव्य है कि इसके लिए उन्हें काफी जूझना और प्रयास करना पड़ता है। अमृतलाल नागर का वक्तव्य है कि जिस क्षण रचना-बीज पड़ जाने से मानस-चक्र चल पड़ता है, उसी क्षण मेरा पैटर्न भी तय हो जाता है। जिस बिन्दु पर सबसे अधिक दबाव पैदा हो, वही बिन्दु तय कर देता है कि किस स्वर में उठाने पर रचना सबसे अधिक प्रभावशाली होगी। (अमृतलाल नागर का समालाप)।

किन्तु इतनी सरलता से सभी को अपने उपन्यास का पैटर्न नहीं सूझ जाता। कुछ रचनाकारों को कम, तो कुछ को अधिक, इसके लिए जूझना ही पड़ता है। एल्डस हक्सले ने अपने 'न्यू बेव वर्ड' उपन्यास के कथानक ढूंढ़ने में वर्षों के संघर्ष की बात कही थी। उन्होंने यह भी बताया था कि उन्हें अपने उपन्यास के प्रस्तुतीकरण स्वर के लिए भी जूझना पड़ा था (राइटर्स एट वर्क)। ऐसी स्थिति बहुत से उपन्यासकारों के साथ होती है। जब कोई उपन्यासकार अपनी अलग पहचान बनाना चाहता है तब वह नया और मौलिक पैटर्न ढूंढ़ने में समय लगा देता है। कभी-कभी वह अनेक देशी-विदेशी उपन्यास पढ़कर नया और सार्थक पैटर्न ढूंढ़ पाता है। अज्ञेय ने 'शेखर एक जीवनी' के पैटर्न के लिए अनेक विदेशी उपन्यासों का अध्ययन किया था और तब रोमा रोला के 'ज्यां क्रिस्तोफ' की प्रक्रिया को अपने उपन्यास के लिए उपयुक्त पाया था, (अज्ञेय : आत्मपरक)। जिस भांति ज्यां क्रिस्तोफ अनवरत आत्मशोध और आत्म-साक्षात्कार करता है वैसे ही शेखर करता है। बस उन्होंने प्रस्तुतीकरण स्वर

बदल दिया है। क्रिस्तोफ अन्यपुरुष में लिखा गया है, 'शेखर एक जीवनी' प्रथम पुरुष में।

कुछ नया प्रस्तुत करने के इरादे से अश्क ने भी 'गिरती दीवारें' के पैटर्न को ढूंढ़ने में वर्षों लगा दिए थे। इसके लिए उन्होंने दूसरों से विचार-विमर्श भी किया था। प्रो. फैयाज अहमद, चन्द्रगुप्त विद्यालंकार और अज्ञेय की राय से उन्होंने तुगर्नेव और रोमा रोला के उपन्यास पढ़े थे। अंत में ज्यां क्रिस्तोफ को पढ़कर उन्हें 'गिरती दीवारें' का पैटर्न मिला था। (उपेन्द्रनाथ अश्क, 'गिरती दीवारें : संस्मरणात्मक टिप्पणी')

पैटर्न का अर्थ मात्र प्रस्तुतीकरण स्वर से नहीं है। उपन्यास की बुनावट आदि की बातें भी इसके अन्तर्गत आती हैं। हृदयेश ने अपने 'हत्या' उपन्यास की बुनावट के पैटर्न को ढूंढ़ने के लिए काफी सोचा-विचारा था और फिर बहुत पहले पढ़े हुए ताराशंकर बंद्योपाध्याय के उपन्यास 'अरण्य' की बुनावट को अपनाना तय किया था। (हृदयेश : 'हत्या' पर लेखकीय वक्तव्य, आधुनिक हिन्दी उपन्यास, पृष्ठ 396-7)

सृजनात्मक अन्वेषण का रोमांच/सुख

जो उपन्यासकार प्रारूप बनाने के बाद लेखन-प्रवृत होते हैं उनमें सृजनात्मक अन्वेषण की क्षमता कम होती है और वे अन्वेषण की थ्रिल से वंचित रहते होंगे यह भ्रम मात्र ही है। अमृतलाल नागर कथानक का एक लचीला प्रारूप बनाकर लिखते थे फिर भी लेखन कर्म के दौरान सृजनात्मक उन्मेष और सुख से विभोर रहते थे। उनका वक्तव्य है : 'बस एक पागलपन, एक उन्मेष हरदम छाया रहता है। रचना में जो सुख मिलता है, वह अपने ढंग का होता है। हर समय लिखने का उन्मेष बना रहता है।' (अमृतलाल नागर का समालाप)। वास्तव में अपने अनुभव के अर्थ को संप्रेषित करने की प्रक्रिया उपन्यासकार के लिए सदैव ही सृजन का सुख और रोमांच उत्पन्न करने वाली होती है, चाहे लेखक पहले से लिखित प्रारूप बनाये या मानस में उसकी मोटी-मोटी रूपरेखा संजोकर रखे। इसके क्षरण की आशंका केवल एक मनोवैज्ञानिक उलझन भर है और लेखकों की अपनी-अपनी आदत, रुचि, क्षमता और पसन्दगी के कारण भिन्न होती है।

फिर भी ऊर्जा उन्मेष और सृजनात्मक सुख से वंचित होने न होने के वक्तव्यों का सूक्ष्मता से विश्लेषण और परीक्षण करने की आवश्यकता है।

ऐसा प्रतीत होता है कि इन उपन्यासकारों ने कथानक की रूपरेखा और कथानक-अन्वेषण (प्लॉट एक्सप्लोरेशन) दोनों को गड्डमड्ड करके वक्तव्य दिए हैं। किन्तु इतना तय है कि इस प्रकार के वक्तव्य उन्होंने भ्रमवश ही दिए हैं। वास्तव में कथानक

उपन्यास का एक अत्यंत व्यापक तत्व है और इसे प्रायः उपन्यास की कहानी, कथावस्तु, कथ्य, शिल्प और रूपबंध सभी के अर्थ में प्रयुक्त कर दिया जाता है। भ्रामक अर्थ में इसका प्रयोग इसलिए कर दिया जाता है कि यह सचमुच ही उपन्यास की कहानी, कथावस्तु, शिल्प और रूपबंध से जुड़ा है। बिना कहानी के कथानक की कल्पना नहीं की जा सकती। कहानी कथानक की प्रकृति है। कहानी के अतिरिक्त कथानक का मुख्य आधार है कथावस्तु। बिना कथावस्तु के कथानक वैसा ही है जैसे अस्थि-मज्जा के बिना काया की कल्पना करना। उपन्यास के शिल्प और रूपबंध की गुणवत्ता भी काफी कुछ कथानक पर निर्भर है। इस सब घालमेल के होते हुए भी कथानक की अपनी पहचान है। कहानी जहां किसी बात के कालक्रमानुसार होने को प्रस्तुत करती है वहां कथानक उस होने के कारणत्व की तर्क संगति से भी जुड़ा है। उपन्यासकार को किसी बात का कारण उजागर करने की जरूरत नहीं है, पर वह उस होने में स्थित अवश्य होना चाहिए। उपन्यास में कारणत्व जितना प्रच्छन्न, सांकेतिक और व्यंजित होगा उसका प्रभाव उतना ही गहरा होता है। कथानक-अन्वेषण (प्लाट एक्सप्लोरेशन) और कथानक विवृति (अन्फोल्डिंग ऑफ प्लाट) इसी कारणत्व पर टिके होते हैं और इन दोनों का तर्कसंगतिपूर्ण निर्वाह उपन्यासकार लेखन क्रम में ही करता है। पहले से तैयार कथानक की रूपरेखा या उपन्यास का प्रारूप कहानी भर होता है। कहानी के रूप में उपन्यासकार के मानस या पन्नों पर अंकित रूपरेखा का अर्थ है आदि से अंत तक कुछ होने का तदर्थ विवरण, कुछ चरित्रों, कुछ स्थितियों, कुछ घटनाओं और उनकी आपसी प्रतिक्रियाओं और सरोकारों की धुंधली या उजली इमेज का होना। इस होने की मोटी-मोटी बातें और कारण ही लेखक के मानस में लिखने से पूर्व रहते हैं। अन्य बातों का उद्घाटन लेखन-क्रम में ही सम्भव है। कहानी के रूप में उपन्यास का जो प्रारूप उपन्यासकार पहले से बना लेता है वह दरअसल एक प्रकार का कच्चा माल है और कथानक उस कच्चे माल से तैयार की गई नई वस्तु। कथानक सामान्यतः लेखन क्रम में वर्णन, संवादों, लेखकीय कथनों, घटनाओं, स्थितियों और चरित्रों की क्रिया-प्रतिक्रिया और सरोकारों से स्वयं उभरता चला जाता है। उपन्यासकार अपने अनुभव के अर्थ को अधिक से अधिक तर्कसंगत और प्रभावपूर्ण बनाने की बात को ध्यान में रखकर अनुभव के सम्प्रेषण की प्रक्रिया संपन्न करता है। वह अपने मानस में पड़े अनगिनत प्रभावों में से चुनाव करता है और फिर देखता है कि अपने अनुभव को किन घटनाओं, स्थितियों और चरित्रों द्वारा अधिक सार्थक रूप में प्रस्तुत कर सकेगा। जिस समय उपन्यासकार लिखने की प्रक्रिया में व्यस्त रहता है, उस समय उसका अचेतन और अवचेतन दोनों ही अपने कार्य में संलग्न रहते हैं। लिखते समय वह अपने मानस को ढीला छोड़ देता है और उसका अवचेतन मानस अपने स्मृतिगृह में पड़ी सामग्री का

तालमेल बैठाते हुए कथानक-अन्वेषण में रत हो जाता है। सारी बातें उसके अवचेतन से निकलकर चेतन स्तर पर आती-जाती हैं। उसकी भूमिगत क्रीड़ा अत्यंत सजग और सक्रिय हो उठती है। जो संस्कार और अनुभव वह बचपन से लेकर तब तक अर्जित कर चुका होता है, उनका अधिकांश उसके अवचेतन और अवचेतन के हवाले हो गया होता है। लेखन-क्रम के दौरान कौन सा चरित्र, स्थिति, घटना जीवंत होकर उसके स्मृतिगृह का दरवाजा खोलकर निकल आए और सार्थक भूमिका निभा ले, यह लेखक पहले से नहीं जानता। वह अपने चरित्रों, उनके कार्यव्यापारों, उनकी प्रतिक्रियाओं में अपने अनुभव बैठाता जाता है और दूसरी ओर उसका सचेतन मानस उसे प्रस्तुत करने की युक्ति (डिवाइस) निकालता जाता है और इस तरह वह कथानक-अन्वेषण में सफल ही नहीं होता, सृजन और आविष्कार के सुख और रोमांच से भी विभोर हो उठता है। इसीलिए कई बार ऐसा भी होता है कि उपन्यासकार अनुभव करने लगता है कि उसने कथानक का जो प्रारूप बनाया था, उससे वह दूर होता जा रहा है, उसने जिस दृश्य या स्थिति को महत्त्वपूर्ण माना था, वह लिखते समय पूरी तरह गायब हो गई है और उसके स्थान पर दूसरी स्थिति अधिक महत्त्वपूर्ण और उपयुक्त हो गई होती है, चरित्र उसके सोचे हुए से अलग मुड़ जाते हैं। इसलिए नये चरित्र, नई स्थितियां या कोई दूसरी तरह की घटना अन्वेषित करनी पड़ जाती है।

कथानक साध्य नहीं साधन है, वह उपन्यासकार के अनुभव के अर्थ को वहन करने वाला, उसके कथ्य को संप्रेषित करने वाला साधन है। उपन्यासकार जिन जीवन-सत्यों का अन्वेषण करता है, उन्हें कथानक द्वारा संप्रेषित करता है। उन सत्यों को निसृत करने के लिए वह चरित्रों, घटनाओं और स्थितियों की सृष्टि करता है। वह चरित्रों, घटनाओं और स्थितियों का अपने जीवनानुभवों और कल्पना के मिश्रण से सृजन करता है। कथानक-अन्वेषण में भी वह अनुभव और कल्पना के सामंजस्य से कार्य कारण सम्बन्धों में तर्कसंगति बैठाता है। कथानक-अन्वेषण के अपने तर्क होते हैं। उपन्यासकार मनमाने ढंग से कथानक-अन्वेषण की छूट नहीं रखता। जहां उसके तर्क असंगतिपूर्ण, अवास्तविक और विरोधाभासपूर्ण हुए वहीं उसका कथ्य भी अविश्वसनीय और अप्रमाणित हो जाता है। इसलिए अपने अनुभवों के आधार पर वह सामाजिक, व्यावहारिक, संस्कारगत और मनोवैज्ञानिक कार्य-कारण सम्बन्धों को कथानक में युक्तियुक्त, विश्वसनीय और प्रामाणिक ढंग से प्रस्तुत करता है। कथानक-अन्वेषण एक तात्कालिक और सतत् प्रक्रिया है, जो उपन्यास आरंभ होने से लेकर उसके अंत तक चलती रहती है। जब चरित्र अपना स्वतंत्र व्यक्तित्व पा लेते हैं, वे नई घटनाओं और परिस्थितियों का कारण बन जाते हैं या घटनाओं और परिस्थितियों के प्रतिक्रिया स्वरूप उनमें परिवर्तन होने लगता है, तब उपन्यासकार को अपना कसाव ढीला छोड़ना

ही पड़ता है अन्यथा वह रचयिता न होकर गढ़िया बन जाता है, जैसा कि उपन्यास विधा के शैशवकाल में होता था। सृजन सुख निर्माण से अधिक रोमांचकारी और आह्लादकारी होता है।

वास्तव में उपन्यासकार की लेखन-कर्म यात्रा कई तरीकों से संपन्न हो सकती है। एक यात्रा ऐसी होती है जो बंधी-बंधाई पगडंडियों से गुजरकर की जाती है। यानी सब कुछ तय करके की जाती है कि कहां से शुरू करना है, कहां-कहां जाना और टिकना है, कहां समेटना और अंत करना है आदि-आदि। यात्रा के इस तरीके को उपन्यासकार कब का छोड़ चुका है। ऐसी यात्रा सुविधाजनक तो हो सकती है, पर रोमांचकारी कतई नहीं। दूसरी यात्रा ऐसी होती हे जिसमें यात्री को अपने लक्ष्य का पता होता है। यात्रा-पथों में पड़ने वाली स्थितियों का भी थोड़ा-बहुत आभास रहता है, पर क्या-क्या कठिनाइयां आ पड़ेंगी, उस स्थिति को उसे कैसे निभाना पड़ेगा, कौन से मोड़ आएंगे, अचानक किससे भेंट हो जाए, कौन सी स्थिति आ पड़े और उससे कैसे जूझना और निबटना पड़ेगा इन सब का बहुत धुंधला अनुमान या आभास ही उसे होता है। प्रायः वह धुंधला अनुमान भी गलत निकल जाता है। स्थिति के अनुसार यात्री को उन सबसे निबटने और आगे बढ़ने की युक्ति तात्कालिकता में आवश्यकतानुसार निकालनी पड़ती है। तीसरे प्रकार की यात्रा इन दोनों से भिन्न और एकदम एडवेंचरस होती है। यात्री एक साहसिक उत्साह से यात्रा के लिए निकल पड़ता है, वह यात्रा-पथों का अन्वेषण करते-करते एक ऐसे स्थान पर पहुंच जाता है जिसकी उसने कल्पना भी नहीं की थी और इस तरह वह अप्रत्याशित खोज के साक्षात्कार से आश्चर्यचकित और रोमांचित हो उठता है। पर इस यात्रा को निभाने के लिए भी उसमें अनुभव, निरीक्षण क्षमता, कल्पना और युक्ति सामर्थ्य का होना आवश्यक है। इस प्रकार की यात्रा के यात्री कम ही होते हैं। कुछ ही उपन्यासकार इसका निर्वाह करते पाये जाते हैं।

अनुभव-बिम्ब को फैलाने की प्रक्रिया

उपन्यासकार जब अनुभूति से अभिव्यक्ति बिन्दु पर आ जाता है तब उस उद्रेक के निष्कासन के लिए कथानक के उपादान और उपकरण विकल्प के रूप में आकर उसके सर्जक मन को घेरने लगते हैं और इस प्रक्रिया में तर्क-संगति द्वारा अनुभव-बिम्ब का फैलाव होता जाता है। अपने अत्यंत लघु और संश्लिष्ट अनुभव-बिम्ब को उपन्यासकार कभी किसी इकहरी स्थिति के विस्तार, कभी अनेक घटनाओं को जोड़कर, कभी किसी एक ही घटना के तर्कपूर्ण विस्तार से और कभी पात्रों की चारित्रिक विशेषताओं से कथानक-अन्वेषण द्वारा फैलाकर रूपायित करता है। मन्नू भण्डारी के 'आपका बंटी'

के उद्‌दीपकों से लेकर संश्लिष्ट अनुभव-बिम्ब सृजन तक का ब्योरा प्राप्त है, इसलिए उसके द्वारा अनुभव-बिम्ब को फैलाने की प्रक्रिया बहुत अच्छी तरह से प्रकाशित हो सकती है।

'आपका बंटी' का बिम्ब इकहरा है और लेखिका ने इसे इकहरी स्थिति के फैलाव से ही कथानक में रूपायित किया है। अनुभव-बिम्ब के सृजन के दौरान लेखिका का अवधान केन्द्र बंटी की विभिन्न स्थितियों के काल्पनिक और प्रत्यक्ष बोधपरक मनोव्यापार और कार्य-व्यापार थे। इन सबमें बंटी के मां और पिता पृष्ठभूमि में ही रहे होंगे, क्योंकि अपने उद्‌दीपकों में लेखिका ने उनका कोई विशेष उल्लेख नहीं किया है। बंटी को लेकर पिता की चिंता, नई मां के सामने बालिका का सहमापन और मां के शरीर पर मुक्के मारकर बालक का यह पूछना कि 'तुम कहां गई थीं, क्यों गईं थीं, किसके साथ गई थीं' कुछ संकेत अवश्य देते हैं। इन कुछेक उद्‌दीपक-उपादानों से ही लेखिका ने उपन्यास के कथानक का ताना-बाना बुना है। उन उद्‌दीपकों और लेखिका के प्रत्यक्ष बोधपरक उद्वेलन, मनोव्यापारों और विचार तरंगों को तैयार उपन्यास के आमने-सामने रखने से रचना-प्रक्रिया के व्यावहारिक पक्ष के बड़े रोचक तथ्य प्रकाशित होते हैं।

इस प्रक्रिया में सबसे पहला ध्यान आकर्षित करने वाली बात यह है कि जिन उद्‌दीपकों से उपन्यासकार उद्वेलित होता है वे तद्‌वत या रूपांतरण या विचलन, किसी न किसी रूप में उपन्यास में अवश्य उपस्थित होते हैं। अर्थात् कथानक-अन्वेषण के दौरान मूल उद्‌दीपक-उपादान निश्चित रूप से उपन्यासकार के सर्जक-मन को आकर घेरते हैं, भले ही स्थिति और घटनाओं के पीछे छिपे अर्थों को व्यंजित करने और कथानक-अन्वेषण को युक्तियुक्त बनाने के लिए रचनाकार उनका रूपांतरण या विचलन कर दे।

'आपका बंटी' में लेखिका को उद्‌दीपक स्थितियों और घटनाओं के रूपान्तरण की आवश्यकता बहुत कम हुई है क्योंकि वे उद्‌दीपक-उपादान स्वयं ही अत्यंत तीखी व्यंजना वाले थे। अलग-अलग व्यक्तियों के साथ घटी घटनाओं और जीवन स्थितियों को उपन्यास के विशेष पात्रों से जोड़ने के लिए लेखिका ने अधिक सार्थक संदर्भों और स्थितियों की कल्पना अवश्य की है। लेखिका ने प्रत्यक्ष बोधपरक अनुभवों के तीन प्रसंग—एक जगह से उखड़कर दूसरी जगह जम नहीं पायेगा, नई मां के सम्मुख बालिका का सहमापन और मां पर से अपने एकाधिकार-हनन होने पर बालक के आक्रोश को उपन्यास में जिन सार्थक स्थितियों और संदर्भों से जोड़कर प्रस्तुत किया है, वह वस्तु के विभिन्न आयामों को प्रस्तुत करने के साथ-साथ ऐसी व्यंजना उपस्थित करते हैं जो आधुनिक शिक्षित दम्पति के वैवाहिक जीवन की दरार और उसके कारण संतान की

विसंगतिपूर्ण स्थिति के सत्य को प्रखरता से उभार सके।

लेखिका का प्रथम उद्‌गार कि 'एक जगह से उखड़कर दूसरी जगह जम नहीं पायेगा', उपन्यास में प्रतीकात्मक रूप में उपस्थित हुआ है और उसने व्यंजना के कारण पति-पत्नी के सम्बन्ध-विच्छेद से उत्पन्न संतान की विसंगति, मनोव्यथा और स्थिति-विद्रूपता को तीखे रूप में उजागर किया है। इस उद्‌गार की अभिव्यक्ति के लिए लेखिका ने उपन्यास में अत्यंत स्वाभाविक स्थिति का अन्वेषण किया है। बंटी की मां विवाह करके नये घर में आ गई है और वह बंटी की उदासी दूर करने के लिए पुराने घर में बंटी द्वारा लगाये पौधे नये घर में लगाने की बात माली से कहती है :

> 'माली अब उससे भी अच्छा बगीचा यहां लगाओ बंटी के लिए...जो गमले और पौधे ज्यों के त्यों आ सकें उन्हें वैसे ही ले आना, बाकी...एकदम नहीं आएंगे पौधे! मेरे बगीचे को हाथ नहीं लगायेगा कोई।...' स्वर में आवेश भी है और आदेश भी। यह उसके अधिकार की सीमा है।
>
> '...बीज और कलम लगा लगाकर बनाओ अपना बगीचा तो पता लगेगा कैसे बनता है बगीचा।'
>
> 'ऐसा ही होता है बहूजी, ऐसा ही होता है। अपने बोये सींचे पौधे से ऐसा ही मोह होता है, बिल्कुल संतान जैसा। जहां एक बार लगाओ, वहां से उखाड़ा नहीं जाता।'

इस अंश से अनुभव-बिम्ब के कथानक में रूपायन-प्रक्रिया की कई बातें उजागर होती हैं। पहली यह कि स्थिति के प्रच्छन्न अर्थों को व्यंजित करने के लिए उपन्यासकार प्रतीक आदि का अवलम्ब लेकर स्थिति को कलात्मक संस्पर्श देता है। दूसरे, वह वस्तु को तद्‌वत् रूप में प्रस्तुत न करके पुनःसृजन करता है। तीसरे, पुनःसृजन की प्रक्रिया में वह प्रयोजन की पूर्ति वाले पात्रों, घटनाओं और संवादों का अन्वेषण करता है।

लेखिका ने अन्य दो उद्‌दीपकों, बालिका का सहमापन और बालक का अपनी मां पर आक्रोश को उपन्यास में बंटी की बदलती जीवन-स्थितियों से जोड़कर बालक के फालतू और दयनीय होते जाने को उजागर किया है। लेखिका ने पहले बंटी की आक्रोश अभिव्यक्ति की स्थिति अन्वेषित की है और बाद में सहमेपन की। इससे दबंग और कुछ सीमा तक उद्‌दण्ड व्यक्तित्व बालक का धीरे-धीरे फालतूपन के एहसास से दयनीय होते जाना, उसकी विसंगत स्थिति को प्रखर रूप में उजागर करता है। अपनी मां के सामने जो बंटी अपने खिलौनों को सौतेले भाई के छूने पर आक्रोश से भर उठा था और उस आक्रोश के गुबार को बन्दूक की ठांय-ठांय से निकालता रहा था, वही बंटी नई मां के घर आकर दूसरे सौतेले भाई द्वारा अपने खिलौने की उठापटक सहमेपन से देखता रह जाता है।

इस प्रक्रिया की दूसरी ध्यानाकर्षित करने वाली बात यह है कि अनुभवों में प्रच्छन्न अर्थों और सत्यान्वेषण को तर्कसंगति देने के लिए उपन्यासकार सार्थक कथानक-अन्वेषण करता है। कथानक-अन्वेषण में उपन्यासकार के सर्जकमन के विकल्प उपादान और उपकरण विशेष भूमिका निभाते हैं। उपादान कथानक के लिए कच्ची सामग्री का काम करते हैं और उपकरण उस कच्ची सामग्री को रूप देने का। उपन्यासकार का सर्जक मन पात्रों, घटनाओं, परिदृश्यों और संवादों आदि उपादानों और भाषा, प्रतीक, मिथक, फैंटेसी आदि उपकरणों से अपने अनुभव-बिम्ब को फैलाकर रूपाकार करता है। उप-कथानक और प्रासंगिक वृतांतों का उपयोग वह वस्तु को उभारने (हाईलाइट) के लिए करता है। कथानक-अन्वेषण की सम्भावनाओं को ध्यान में रखते हुए उपन्यासकार उपन्यास के आरम्भ बिन्दु को एक विशेष स्थिति से उठाता है और उस स्थिति को भोगने वाले सार्थक पात्रों की सृष्टि करना उसका पहला कार्य होता है। 'आपका बंटी' की विसंगत स्थिति को जन्म देने वाले संदर्भों को उपस्थित करने के लिए लेखिका ने शकुन के रूप में एक ऐसी नारी की सृष्टि की है जो शिक्षित, आत्मनिर्भर और आजीविका के साधनों से दीप्त 'अपनी आकांक्षाओं को महत्व देने वाली स्वतंत्र व्यक्तित्व सम्पन्न नारी है।' लेखिका का केन्द्र बिन्दु है पति-पत्नी के सम्बन्ध-विच्छेद के कारण यातना भोगते बंटी की समस्या को उजागर करना। पति-पत्नी अजय और शकुन के तनावपूर्ण सम्बन्धों को उकेरना लेखिका का उद्देश्य नहीं है। इसलिए इस पक्ष को लेखिका ने पृष्ठभूमि में रखा है और उसके केवल उतने ही अंश को उपस्थित किया है जो शकुन को उद्दीप्त कर मानसिक संघर्ष में डाल दे और उसमें स्वतंत्र जीने की चाह उत्पन्न करे और परिणामस्वरूप मां और बेटे के सम्बन्धों में दरार और तनाव उत्पन्न करके बंटी को विसंगत नियति की ओर धकेल सके। उपन्यास में एक ओर शकुन के मां और स्वतंत्र नारी के द्विविध व्यक्तित्व के बीच संघर्ष है तो दूसरी ओर मां के द्विविध व्यक्तित्व से प्रभावित और आंदोलित हृदयान्दोलन और मानसिक व्यापारों को भोगते-झेलते बंटी का संघर्ष है।

उपन्यास का आरम्भ बिन्दु है आत्मनिर्भर, आजीविका के साधनों से दीप्त, रोबीली शकुन के व्यक्तित्व से आतंकित और ममतालु शकुन के व्यवहार से आर्द्र बंटी के द्विविध मनोभावों से जनित मनोव्यापार। शकुन और बंटी के द्विविध मनोभावों को व्यक्त करने के लिए लेखिका ने लोक कथाओं को कलात्मक युक्ति (डिवाइस) के रूप में प्रयुक्त किया है। सोनल रानी की कहानी बंटी के अंतर्मन को छू जाती है :

'उसी कुर्सी पर बैठकर मम्मी का चेहरा अजीब तरह सख्त हो जाया करता है। लगता है, मानो अपने असली चेहरे पर कोई दूसरा चेहरा लगा लिया हो। ममी के पास जरूर एक और चेहरा है। चेहरा ही नहीं, आवाज भी कैसी सख्त हो जाती है। बोलती

हैं तो लगता है जैसे डांट रही हों। बंटी को ममी बहुत कम डांटती हैं। बस प्यार करती हैं इसीलिए यो सख्त चेहरा लिए डांटती, प्रिंसिपल की कुर्सी पर बैठी ममी उसे कभी अच्छी नहीं लगतीं।...कैसे बदल जाता है चेहरा। और तब न जाने कितनी बातें एक साथ दिमाग में घुमड़ने लगती हैं।'

और इस मानसिक घुमड़न में बंटी का फूफी से सोनल रानी की लोककथा फिर से सुनने की जिद करना, उस कथा का बंटी के दिमाग में चिपकते चला जाना, (...बंटी पीछे के आंगन में आया तो झमझम करती सोनल रानी भी साथ आ गई। सतमंजिले महल में रहने वाली सात सौ दास-दासियों से घिरी सोनल रानी। ऐसा रूप कि न लोगों ने देखा न सुना। राजा तो प्राण देते...फिर धीरे-धीरे कहानी की एक पूरी की पूरी दुनिया खुलती चली जाती। भेड़ बनाकर रखे हुए राजकुमार...मैना बनाकर रखी हुई राजकुमारी। ऐसा कुछ होता जरूर है, जिससे आदमी भेष बदल लेता है।...राजा के बीस रानियां थीं। बीस रानियों के सौ बच्चे। सोनल बच्चों के पीछे प्राण देती।...और जब अमावस्या के दिन-रात अंधेरी घुप्प हो जाती तो वह अपने असली रूप में आती...फिर सबको जादू के बस में किया और एक बच्चा हड़प।...सवेरे बच्चे से चिपट-चिपटकर रोती...धीरे-धीरे राजा के सब बच्चे खा गई।...) और उस कथा को ममी के बदलते रूप से जोड़कर, ध्रुव की कथा, राजकुमारों की कथा और कितनी कथाएं वस्तु को उभारने के लिए युक्ति के रूप में संयोजित की गई हैं।

बंटी जिन संदर्भों की उपज है उन संदर्भों की पृष्ठभूमि के बिना वस्तु के विविध आयाम छूना असम्भव है। संदर्भों के ये तमाम अंश लेखिका की कल्पना की उपज हैं। कथानक-अन्वेषण में कल्पना की विशेष भूमिका रहती है। कल्पना बहुत सी अंतवर्ती चीजों को, बहुत सी ऐसी चीजों को जिनकी परतें दबी-ढकी रहती हैं, खोलने का काम करती है। कल्पना से ही लेखक दबी-ढकी पर्तों की तह तक पहुंचता है, पात्रों के कार्यव्यापारों के पीछे निहित मनोभावों तथा स्थितियों, परिस्थिति और संदर्भों की कल्पना करता है। बंटी जिन संदर्भों की उपज है, उन्हें लेखिका ने खूब चटक रंग दिया है। द्रष्टव्य है कि संस्मरण में लेखिका को उद्विग्न किया था पिता के कोण ने। किन्तु उपन्यास मां के कोण से लिखा गया है और यह सार्थक भी सिद्ध हुआ है। इसके कारण तर्क संगतिपूर्ण इकहरी स्थिति विस्तार से कथानक-अन्वेषण का मार्ग खुलता चला गया है और उसी क्रम में बंटी की स्थिति के अधिकाधिक आयाम खुलते चले गए हैं।

शकुन का द्वन्द्व मां और स्वतंत्र व्यक्तित्व नारी के संघर्ष को लेकर है। संस्कारयुक्त नारी पहले मां है, पत्नी है, बाद में कुछ और। तुलनात्मक दृष्टि प्रस्तुत करने के लिए ही लेखिका ने टीटू की मां के रूप में संस्कारयुक्त नारी की झलक

दिखलायी है। किन्तु आधुनिक शिक्षित आत्मनिर्भर नारी पहले अपनी स्वतंत्रता की रक्षा और आकांक्षाओं की पूर्ति चाहती है, मां और पत्नी की भूमिका का निर्वाह बाद में। यही टकराव शकुन को पहले पति से अलग करता है और बाद में पुत्र से। यह तमाम टकराव ही शकुन के अन्तर्द्वन्द्वों और अन्तर्विरोधों के द्वारा कथानक-अन्वेषण की दिशा खोलता चला जाता है। पति-पत्नी के टकराव और एक-दूसरे को हराने के क्रम में दोनों का बंटी को हथियार बनाते जाना, बंटी की विडम्बनापूर्ण नियति को उजागर करता है। शकुन सोचती है, 'बंटी केवल उसका बेटा नहीं है, वह एक हथियार भी है, जिससे वह अजय को टॉरचर कर सकती है, करेगी।' अपने और डॉक्टर जोशी के बीच बंटी का आड़े आना उसे और भी उत्तेजित कर देता है और उस मनःस्थिति में वह निर्णय ले बैठती है कि अगर 'बंटी उसके और अजय के बीच सेतु नहीं बन सका तो वह उसे अपने और डॉक्टर के बीच बाधा भी नहीं बनने देगी। धीरे-धीरे शकुन अपने और बंटी के बीच ही एक दरार उत्पन्न कर लेती है और उसी क्रम में बंटी में उसे अजय का व्यक्तित्व नजर आने लगता है।

पर नारी चाहे कितनी भी आधुनिक हो जाए, मातृत्व से शून्य नहीं हो सकती। डॉक्टर जोशी की ओर बढ़ने से पूर्व शकुन का पूरा ध्यान बंटी पर केन्द्रित था। किन्तु अजय का किसी और से जुड़ जाना, उसके मातृत्व को दबाने का कारण बनता है। (अजय से कुछ न पा सकने का दंश यह नहीं है, बल्कि दंश शायद इस बात का है कि किसी और ने अजय से वह सब कुछ क्यों पाया, जो उसका प्राप्य था...अजय को न हरा पाने की चुभन है यह...। अजय ने तो अपनी स्लेट पर से उसका नाम, अस्तित्व धो-पोंछकर एक नई जिन्दगी शुरू कर दी...शायद बहुत सुखी, बहुत भरी पूरी। पर उसकी स्लेट को तो...और फिर अजय को लेकर मन में ढेर-ढेर कटुता उभर आई।...बंटी को दरार बनना है तो मीरा और अजय के बीच बने..) इसे लेखिका ने बड़ा ही मनोवैज्ञानिक रंग दिया है।

लेखिका के अवधान केन्द्र में बंटी है किन्तु शकुन के अन्तर्द्वन्द्वों और निजी जिन्दगी ने उपन्यास का इतना भाग घेरा है कि बंटी पृष्ठभूमि में चला गया लगता है और शकुन जैसे केन्द्र में आ गई है। खूबी यह है कि उसी ने बंटी के फालतू होते जाने और त्रासदी को उभारा है। शकुन के अन्तर्द्वन्द्व और निजी जिन्दगी ही वे सन्दर्भ हैं जो बंटी की इन स्थितियों को जन्म देते हैं। ममी पर से अपना एकाधिकार समाप्त होते जाने में बंटी का स्वयं को उपेक्षित महसूस करना, फिर उसकी प्रतिक्रियास्वरूप पहले मौन आक्रोश, फिर व्यक्त आक्रोश और अन्त में ममी को दुखी करके संतोष की भावना का पनपना, वे तमाम कारक हैं जो बंटी के उस रूप को जन्म देते हैं, जो लेखिका का अभिप्रेत है।

बंटी वाला कथानक-अन्वेषण शकुन की जीवनधारा से ही निकलता गया है। प्रारम्भ में बंटी ममी और पापा दोनों के प्यार से तृप्त होने की चाह रखता है और इसलिए चाहता है कि दोनों में दोस्ती हो जाये। पर ममी को दुखी देखकर बंटी संकल्प करता है : 'न हों पापा खुश। वह ममी को खुश करेगा। खुश नहीं, सुखी करेगा।' पर इसी बीच ममी का अपनी नई जिन्दगी शुरू करने की कामना से डॉक्टर जोशी की ओर बढ़ना, बंटी को अपने एकाधिकार हनन की प्रतीति कराता है : जब तक डॉक्टर जोशी इस घर में नहीं आए थे ममी का हर काम, इस घर का हर काम बंटी के लिए होता था। अब सब कुछ डॉक्टर जोशी के लिए होने लगा है। वह सब समझता है।' इस तरह बंटी जो तनाव अपने मन पर लाद लेता है उससे उसमें और ममी दोनों में टकराव की स्थिति उत्पन्न हो जाती है। डॉक्टर जोशी और उनके बच्चों के प्रति असभ्य व्यवहार करके बंटी अपना आक्रोश ही नहीं निकालता, ममी को दुखी करके एक प्रकार का संतोष भी अनुभव करता है। बंटी के इस व्यवहार से शकुन के मन में यह भावना पनपती है कि बंटी उसे हर जगह ही गलत सिद्ध कर देता है :

'...और एक अजीब सी बेचैनी शकुन के मन में घुलने लगती है। केवल बेचैनी ही नहीं, एक खीज, एक हल्का-सा आक्रोश। सारी जिन्दगी अजय शकुन को, शकुन के हर काम और बात को, उसके सोचने और हर रवैये को गलत ही तो सिद्ध करता रहा है...और अब यह बंटी...ठीक उसी तरह उसे गलत और अपराधी सिद्ध करने पर तुला हुआ है।'

शकुन के अन्तर्द्वन्द्व और जीवन-प्रवाह का विस्तार लेखिका ने बंटी की स्थिति को उभारने के लिए ही किया है। शकुन के नये जीवन की शुरुआत बंटी के तमाम बाल-सुलभ कार्य-व्यापारों की इति करके (बंटी के बाहर ही नहीं, भीतर का भी जैसे सब कुछ थम गया। थम नहीं गया जैसे सब कुछ सहम गया। जिद, गुस्सा, रोना, चिल्लाना) ममी से बराबरी से टक्कर लेने वाला बना देती है। 'बंटी...चाहता है कि ममी परेशान हों, दुखी हों। यहां आकर जाने कैसे ममी की परेशानी और दुख के साथ उसका संतोष और सुख जुड़ गया है। एक बदला...।' किन्तु शकुन से बदला लेते-लेते ही बंटी ने खुद से ही बदला ले डाला। दूसरी जीवन स्थिति, जिसमें पिता अपना है और मां सौतेली, में पड़कर भी बात वही रहती है, केवल सन्दर्भ बदल जाते हैं।

इकहरी स्थिति से अनुभव-बिम्ब का विस्तार अत्यंत तर्कपूर्ण और स्वाभाविक हुआ है। कथानक-अन्वेषण में कहीं भी सूराख नहीं है। खूबी यह है कि शकुन और बंटी दोनों अपनी-अपनी जगह, अपनी-अपनी मानसिक प्रतिक्रियाओं में सही हैं। अपने लिए सुखी जीवन की चाह यदि शकुन में स्वाभाविक है, तो शकुन के नये जीवन में बंटी का न खप पाना बंटी की मजबूरी है। शकुन और बंटी दोनों में से कोई दोषी नहीं है।

बंटी के फालतू होते जाने में न दोष शकुन का है और न स्वयं बंटी का। यह पति-पत्नी के सम्बन्ध-विच्छेद की विडम्बना है, जिसने दोनों सदर्भों में बंटी को बेमेल बना दिया है।

बहुआयामी बिम्ब को फैलाने की प्रक्रिया

मन्नू भण्डारी की अन्तर्वस्तु इकहरी थी पर जब अन्तर्वस्तु जीवन के विविध पक्ष समेटे हो और अनुभव-बिम्ब बहुआयामी जीवन से सम्बन्धित हो, तब उसे फैलाने की प्रक्रिया क्या रहती है, यदि इसका विश्लेषण करें तो रचना-प्रक्रिया के कुछ अन्य तथ्य उजागर होते हैं। अमृतलाल नागर ने 'बूंद और समुद्र' में जीवन का बहुआयामी चित्र उपस्थित किया है, उसकी प्रक्रिया से इस पर कुछ प्रकाश पड़ सकता है।

अमृतलाल नागर ने मन्नू भण्डारी की भांति अपने संस्मरण में उद्दीपक उपादानों और उनके संदर्भों-प्रसंगों का उल्लेख नहीं किया है। उन्होंने सादृश्य बोध के कारण अपने स्मृति कोष में पड़े बिम्बों के उद्बुद्ध होने और उस क्रम में अपने शहर (लखनऊ) की गलियों, समाज में आए परिवर्तन, मोहल्ले चौक के बदलते दृश्य, विभिन्न जातियों के रीति-रिवाज, खानपान, फेरीवाले, औरतों के द्वारा शुभ अवसरों पर गाये जाने वाले गीतों, जनाने-मर्दाने फैशनों आदि तथा इन्हीं से सम्बन्धित टीपन और फिर सर्वेक्षणनुमा अध्ययन करने का उल्लेख किया है। इससे इनसे सम्बन्धित उद्दीपकों, प्रसंगों, चरित्रों और घटनाओं आदि का अनुमान नहीं होता, जैसा 'आपका बंटी' के संस्मरण से होता है। अतः 'बूंद और समुद्र' में उन सबके पुनर्सृजन की प्रक्रिया में रूपांतरण और विचलन का पता हमें नहीं लगता।

फिर भी 'बूंद और समुद्र' से बहुआयामी अनुभव-बिम्ब को फैलाने की कई प्रक्रियाओं के संकेत मिलते हैं। इस प्रक्रिया में वे सब प्रक्रियाएं भी अवश्य निभायी गई होंगी जिनका निर्वाह 'आपका बंटी' में हुआ है। ताई की चरित्र-सृष्टि लेखक ने अपने मोहल्ले में रहने वाली दो महिलाओं और कल्पना के सम्मिश्रण से हुई बतायी है : 'मैं अब भी यह बखानने की क्षमता नहीं रखता कि भीतर की पर्तों के किस इशारे से प्रेरित होकर मेरे मन में एकाएक उस पात्री की कल्पना लहराती हुई आ गई जिसने 'बूंद और समुद्र' उपन्यास में अपने लिए विशेष ख्याति अर्जित की ही, पर मुझे भी अपना चितेरा होने का बड़ा यश दे गई। मैं ताई की बात कर रहा हूं। यह ताई हमारे गली-मुहल्लों में रहने वाली एक बुआ थी। उन्हें अपने घर से गोकुल द्वारे में नित्य दोनों समय दर्शनार्थ जाने के लिए दो-ढाई घण्टों में एक फर्लांग का सफर तय करना पड़ता था। घर से निकलती नहीं कि आसपास से गली वालों की छेड़खानियां शुरू होतीं– 'बुआ

तुम्हें छू लें?', 'अरे, बुआ कब मरोगी?' बस, बुआ के कोसने शुरू हो जाते थे।...वह एक बहुत बड़े घर की परित्यक्ता पत्नी थीं। बुआ को ताई बनाकर पेश करने के लिए पहले तो जी ललचाया फिर संकोच हुआ। इच्छा हुई कि इसकी जगह किसी और सशक्त व्यक्तित्व की खोज करनी चाहिए...खैर, न जाने किस सिलसिले से घर के तिमंजिले पर गया। वहां खिड़की से पीछे फैली हुई मुहल्लेवालों की चहल-पहल भरी बस्ती झलक रही थी। मन रम गया और एकाएक ही एक दूसरी पात्री का ध्यान आया। यह दूसरी महिला जादू-टोने में बड़ी सरनाम थी, न जाने कितनी बार मारी-पीटी गई, कितने किस्से-कजिये हुए। लोग उससे नफरत करते थे। उसका ख्याल आते ही विचार आया कि बुआ के चरित्र में इस दूसरी महिला की विशेषताएं भी जोड़ दी जायें तो कैसा रहेगा? जैसे-जैसे समन्वय करता गया वैसे ही वैसे आस्था भी बढ़ने लगी। बुआ ताई बन गई...।' (अमृतलाल नागर : 'बूंद और समुद्र के संस्मरण', भीष्म साहनी : आधुनिक हिन्दी उपन्यास) इसके अतिरिक्त किसी सदेह व्यक्ति और प्रत्यक्ष घटना का उल्लेख उन्होंने नहीं किया है। मात्र इतना बताया है कि 'मैं विभिन्न जातियों की बड़ी-बूढ़ियों और पोढ़े-पुराने लोगों से इंटरव्यू लेने के कार्य में सक्रिय हो गया। खत्री, अग्रवाल, कान्यकुब्ज, गौड़, सारस्वत ब्राह्मण, जैन, शिया-सुन्नी मुसलमानों आदि के रीति-रिवाज, बहुत सी मानवीय घटनायें और कहानियां मेरे रजिस्टर में टंकने लगीं।...किसी साहित्यिक गोष्ठी में यह बात उठी कि हमारे उपन्यास में अब वैसे चरित्र नहीं आते जैसे कि प्रेमचन्द पेश किया करते थे...गोष्ठी से लौटते हुए सज्जन महाशय आ धमके। उसके चित्रकार होने के पीछे भी एक कारण था। उस जमाने में उपन्यासों के नायक आम तौर से चित्रकार या कवि हुआ करते थे। मैंने सोचा कि उपन्यासों के उस निकम्मे नायक को ही सकम्मा बनाना चाहिए। चितेरा रंगों से वातावरण चित्रित करता है और कवि या लेखक नये अर्थ की गूंजों से उसमें प्राण प्रतिष्ठा। मुझे लगा कि इन दोनों नायकों को एक साथ ही लूं। सज्जन और महिपाल का चित्रण करते हुए कहीं आड़े-तिरछे, बहाने-बहाने से मेरे अपने व्यक्तित्व के भी दो पक्ष खुलने लगे, तीसरा पक्ष वनकन्या के रूप में प्रस्फुटित हुआ।' (वही) ये सारे सूत्र 'बूंद और समुद्र' के बहुआयामी अनुभव-बिम्ब का काफी कुछ अंश प्रकाशित कर देते हैं।

जिस तरह 'बूंद और समुद' का अनुभव-बिम्ब धीरे-धीरे टुकड़ों-टुकड़ों के जुड़ जाने से बहुआयामी बना था, वैसे ही इसके रूपायन की प्रक्रिया एक चरित्र की सूझ से आरम्भ होकर व्यापक होती चली गई थी। प्रकट में लेखक ने किसी सम्पादक द्वारा पत्रिका के लिए कहानी के आग्रह के कारण ताई के चरित्र को लेकर लेखन आरम्भ किया था, पर जब कहानी बढ़ने लगी और उन्हीं दिनों किसी प्रकाशक द्वारा उपन्यास का आग्रह किया जाने लगा तो लेखक ने उसे ही आगे बढ़ाकर उपन्यास लिख डाला।

अमृतलाल नागर जैसे वक्तव्य अन्य उपन्यासकारों ने भी दिए हैं। राजेन्द्र अवस्थी का वक्तव्य है कि, '...एक कहानी इतनी लम्बी हो गई कि उसने उपन्यास का रूप ले लिया।' (प्रश्नों के घेरे, पृष्ठ 240)। नरेश मेहता ने भी जिक्र किया है कि 'यह पथ बंधु था' की शुरुआत उस लम्बी कहानी से शुरू हुई जो मैंने 1947-48 में लखनऊ प्रवास के दौरान 'बहू का एक दिन' के नाम से 40-50 पृष्ठों में लिखी थी।...इस कहानी में केवल इस बात का वर्णन था कि एक बहू सुबह उठकर रात तक कैसे काम निबटाती है। बहू के अलावा उसमें कोई पात्र नहीं था।...उसके बाद जब मैं नागपुर में था, तब 'लाल मिट्टी वाला मकान' नाम से 20-25 पृष्ठ लिखे। इस 'लाल मिट्टी वाला मकान' में वह बहू भी थी, जो मेरी लखनऊ में लिखी कहानी में थी। पर यह उपन्यास भी आगे नहीं बढ़ पाया। फिर दिल्ली आ गया। मुक्तिबोध को 'लाल मिट्टी वाला मकान' के वे पृष्ठ पढ़कर सुनाए तो उन्होंने कहा इसे पूरा कर डालो। पांच साल दिल्ली रहा, पर इसे पूरा नहीं कर पाया। फिर इलाहाबाद आ गया। यहां भी तीन साल तक मैं इसे नहीं लिख पाया। किन्तु जब 'फ्रीलांसिंग' का निश्चय किया और लिखने का ध्येय ही बना लिया तब मैंने इस उपन्यास को सत्ताईस दिनों में लिख डाला। शायद वह सब इतना पक चुका था, इतने दिनों तक अवचेतन में उसकी मानसिक तैयारी चलती रही थी कि उसे मैंने एक ही ज्वार में लिख लिया।...इसका कथ्य पहले तय नहीं किया था। वह बहू तो दिमाग में थी ही, एक बहुत धुंधला सा आइडिया था कि एक आदर्शवादी व्यक्ति है।' (नरेश मेहता का समालाप)

इस प्रकार के वक्तव्य अनुभव-बिम्ब को बहुआयामी बनाने की प्रक्रिया और उसे परिपक्व करने तथा सगर्भता अवधि पूरी करने के ही परिचायक हैं। रचना-प्रक्रिया अत्यंत उलझी हुई और गूढ़ प्रक्रिया है। उपन्यासकार के अवचेतन में बैठा कलाकार कब और क्यों किसी छोटे से बिंब को फैलाकर व्यापक बना देता है, इस प्रक्रिया को पकड़ना बहुत ही मुश्किल कार्य है। पर उपन्यासकारों के वक्तव्यों के सूत्रों से इतना संकेत अवश्य मिलता है कि अनुभव-बिंब के सृजन में ही नहीं उस बिंब को फैलाने में भी उपन्यासकार के अवचेतन मानस की महत्त्वपूर्ण भूमिका रहती है। जब उपन्यासकार का चेतन-अवचेतन मानस सृजन का संकल्प कर लेता है तब जरूरी नहीं विषैक्य से सम्बन्धित बातें ही उसके सृजन को पूर्णता दें। कई बार कहीं का रोड़ा और कहीं की ईट जुड़कर भी उसके सृजन में सहयोग दे देते हैं। नरेश मेहता के मानस में एक बहू की दिन से लेकर रात तक की दिनचर्या थी। ऐसा प्रतीत होता है कि उस दिनचर्या का कोई कारण उन्हें नहीं सूझा था। इसलिए शायद जब उन्होंने अपनी वह कहानी लखनऊ में लेखक संघ की गोष्ठी में सुनाई तो उन्हें यह सुनना पड़ा था कि 'यह भी कोई कहानी है?' हो सकता है कि जब एक आदर्शवादी व्यक्ति का आइडिया

उनके मानस में आया हो तब उन्होंने उसे उस बहू से जोड़ा हो और उन दोनों के सरोकारों से जुड़कर उनके बिम्ब को पूर्णता मिली हो और फिर एक ज्वार में उन्होंने 'यह पथ बंधु था' उपन्यास लिख डाला हो।

'बूंद और समुद्र' की प्रक्रिया इससे भिन्न रही होगी। लेखक के संस्मरण से स्पष्ट संकेत मिलता है कि उनके मानस में अनुभव-बिम्ब 'बूंद और समुद्र' के लिए ही सघन हो रहा था पर क्योंकि उसी दौरान उनसे कहानी की मांग की गई थी, इसलिए उन्होंने अपने अवचेतन में रांचित और परिपक्व बिम्ब में से ही कुछ लेकर कहानी लिखना आरम्भ कर दिया था, पर जब उनके अनुभव-कोष की खिड़की थोड़ी सी खुल गई, तब उन्हें उन अनुभवों के स्राव को रोकना कठिन हो गया और परिणामतः कहानी फैलकर उपन्यास बन गई। इस तरह के स्राव और स्रोत की अर्थर कोएस्लर ने अपने ग्रन्थ 'एक्ट ऑफ क्रिएशन' (1964) में व्याख्या की है और उसे भूमिगत क्रीड़ा (अंडर ग्राउंड गेम) से परिचालित कहा है। उन्होंने कहा कि भूमिगत क्रीड़ा रचनाकार की मानसिक गति का प्रतिबिंब है। सृजन में चेतन का बहुत कम सहयोग रहता है। सृजन-कर्म में एक ऊर्ध्वगामी प्रवाह होता है जो मानस की अनजान, अज्ञात, उर्वर और भूमिगत सतह से फूटता है। यह निर्प्रयास स्वाभाविक रूप से प्रवाहित होता रहता है। यह मशीनी क्रिया की यांत्रिकता से भिन्न होता है। कोएस्लर ने चेतना के बहुआयामी स्तर से सृजन होने की बात कही। उन्होंने कहा कि जहां सृजन में चेतन असमर्थ हो जाता है वहां चेतना के अन्तर्प्रकोष्ठ से सृजन प्रवाह फूटता है। चेतन-अवचेतन के बीच द्विमार्गीय यातायात प्रवाहित होता रहता है। इसका एक प्रवाह हमेशा अधोगामी दिशा में प्रवाहित होता रहता है। सर्जक नये अनुभवों पर अपने को केन्द्रित करता है, उन अनुभवों को नये रूप में संजोता है, जब नई निरीक्षण पटुता, मांसल निपुणता और मौखिक क्षमता का विकास हो जाता है और निरंतर अभ्यास से इनमें निपुण हो जाता है तब सब कुछ यंत्रवत् होकर अदृश्य और अज्ञात में चला जाता है। इसी संचयन से ऊर्ध्वगामी गति अचेतन द्वारा परिचालित होती है। सृजन-कर्म में विचार अवचेतन की भूमिगत क्रीड़ा द्वारा परिचालित होते हैं। जिस तरह स्वप्न में विचार बिना किसी तर्क और संगति के, बिना किसी उद्देश्य के इधर-उधर दौड़ते हैं उसी भांति परिपाक के समय जब समस्या समाधान का प्रयास अवरुद्ध हो जाता है तब मानस उससे सम्बन्धित विचार स्थगित कर देता है, पर अवचेतन स्तर पर स्वच्छंद पंखों पर विचार का कार्य अनजाने चलता रहता है। उस समय चिंतन में ध्यान का विचलन (शिफ्ट ऑफ अटेंशन) हो जाता है। फिर अवचेतन के हल्के से स्पर्श से ऊर्ध्वगामी यातायात प्रवाह स्फुरित हो जाता है और मानस के गत्यात्मक संतुलन से पुष्ट होकर अनोखा, आकस्मिक सृजनावेग फूट पड़ता है। यह आवेग मानस के समूचे परिदृश्य को

पुनःनिर्माण में प्रवृत करता है। नरेश मेहता और अमृतलाल नागर का सृजनावेग जब फूट पड़ा तो उसे रोकना मुश्किल हो गया होगा। नरेश मेहता ने कुल सत्ताईस दिन में 'यह पथ बंधु था' लिख डाला था और अमृतलाल नागर के अनुसार...'कहानी दौड़ने लगी...हर दिन एक न एक सूझ आती और मैं आगे बढ़ता जाता था। पात्र और पात्रियां अपनी शक्ति से कथानक के अन्तरंग रिश्ते स्वयं ही गढ़ते चले जाते थे और मैं बेबसी से स्फूर्ति पाकर लिखता चला जाता था।' (अमृतलाल नागर : बूंद और समुद्र; संस्मरण)।

लखनऊ के चौक मोहल्ले का सम्पूर्ण समाज 'बूंद और समुद्र' का अनुभव-बिम्ब है और इसे कथानक में रूपायित कर लेखक बूंद में समुद्र की व्यापकता समेटना चाहता है। जाहिर है कि इसके लिए इकहरा घटनाक्रम या स्थिति विस्तार या किसी या किन्ही पात्रों के जीवन-संघर्ष अक्षम होते। बड़े और व्यापक परिवेश को लेकर लिखे उपन्यासों के लिए बहुमुखी कथानक अन्वेषित करना लेखक के लिए अनिवार्यता है और बहुमुखी कथानक अनगिनत चरित्रों और उनके कार्य-व्यापारों तथा घटना-व्यापारों द्वारा ही सम्भव है। किन्तु लिखने की तैयारी के क्रम में उपन्यासकार इन सबकी कल्पना पहले से ही नहीं कर लेता। वास्तव में होता यह है कि किसी स्थिति, परिदृश्य और कुछेक चरित्रों को लेकर उपन्यासकार लेखन-प्रवृत हो जाता है और फिर उन सबके अन्तरंग सरोकार, मनोवैज्ञानिक और सामाजिक नाते से अन्य-अन्य चरित्र, प्रसंग, सन्दर्भ, घटनाएं और स्थितियां अन्वेषित होती चली जाती हैं। इसी क्रम में कथानक-अन्वेषण करता हुआ उपन्यासकार अपने अनुभव-बिम्ब के निकट पहुंचता जाता है। इन सबमें लेखक के अनुभव, निरीक्षण और कल्पनाशक्ति अनजाने अपना कार्य निर्वाह करते रहते हैं। लेखक के स्मृति-कोष और अनुभव-भण्डार से कौन सा चरित्र, कौन सी घटना, कौन से जीवन-प्रसंग दरवाजा खोलकर आ खड़े हो जाते हैं और तर्कसंगति से कथानक की बुनावट और कथानक-अन्वेषण में सहायता पहुंचाते रहते हैं, यह पता ही नहीं चलता। लेखक को लगता है कि वह अपने अभिव्यक्ति-उन्मेष में लिखता चला जा रहा है।

अमृतलाल नागर को मनोवैज्ञानिक और सामाजिक सरोकारों के अन्तरंग रिश्तों के अनुभवों से ही 'बूंद और समुद्र' का कथानक-अन्वेषण सूझता चला गया होगा। उपन्यास का आरम्भ जाड़े की दुपहर में छतों पर फैली मुहल्ले वालों ही चहल-पहल और ताई के चरित्र की झलक से हुआ है। फिर इस मुहल्ले और ताई से सज्जन को जोड़कर लेखक उसके साथ महिपाल, डॉक्टर शीला स्विंग, नगीचन्द उर्फ कर्नल आदि को कथा में ले आने का अवसर पा गया है। इससे मुहल्ले के बाहर और भीतर की दुनिया आपस में जुड़ी है और लेखक निम्न मध्यवर्ग तथा उच्च मध्यवर्ग के कामकाजी,

व्यापारी, बुद्धिजीवी, खानदानी रईस आदि कितने ही स्तर और उप स्तरों की जीवनचर्या, जीवन-शैली, संस्कार-कुसंस्कार, रूढ़ियों-कुंठाओं, संकुचित या स्वस्थ मानसिकता और परिवर्तनों के विविध आयामों को छूने का अवसर पाता चला गया है। इस सबको अभिव्यक्त करने वाले अनगिनत चरित्रों को उनकी जीवन-स्थितियों और मानसिकता के साथ सृष्टि करने की सामर्थ्य लेखक को वर्षों से सघन हो रहे बिम्ब के कारण ही प्राप्त हुई होगी। 'बूंद और समुद्र' में पूरा चौक समाज अपनी तमाम हलचलों, धड़कनों, संस्कारों, अंधविश्वासों, अनाचारों, प्रेम-प्रसंगों, रहन-सहन, भाव-भंगिमाओं, रुचियों, फैशन, खानपान और आचार-विचारों के साथ उपस्थित है। बोलचाल, लबो-लहजे और पात्रानुकूल बोलियों और भाषा ने उपन्यास में चित्रित समाज को जीवंतता देने में विशेष भूमिका निभायी है।

उपन्यास में लेखक मुहल्ले की हलचल, कार्य-व्यापारों और घटना-व्यापारों को उकेरता हुआ कुछ विशेष उपकथाएं और प्रासंगिक वृतांत अन्वेषित कर लेता है। ताई के टोटकों से उद्वेलित अशिक्षित, अर्ध-शिक्षित और शिक्षित समुदाय के प्रतिक्रिया दृश्यों से बिम्ब को फैलाने के क्रम में लेखक ने मास्टर जगदम्बा सहाय की कलंक गाथा के माध्यम से अनेक प्रासंगिक वृतांत और वनकन्या वाला कथानक अन्वेषित कर लिया है। इन सबसे लेखक को समाज-व्यवस्था और राजव्यवस्था के विसंगतिपूर्ण और विशृंखलित कोनों को उजागर करने का अवसर मिला है। जगदम्बा सहाय की भतीजा बहू के जलकर आत्महत्या करने की घटना मुहल्ले के संस्कारी-कुसंस्कारी, व्यापारी, कामकाजी, अशिक्षित और अर्धशिक्षित समुदाय को तमाशबीन ढंग से प्रभावित करती है तो राजव्यवस्था के ठेकेदार मजिस्ट्रेट, पुलिस अफसर, सरकारी डॉक्टर और राजनेता उसे अपने अपने ढंग से भुनाते हैं।

जगदम्बा सहाय की प्रबुद्ध बेटी वनकन्या को अपने पिता की कलंक गाथा और क्रूर भूमिका, समाज और राज्य के ठेकेदारों के अमानवीय अभिप्रेत उद्वेलित करके सज्जन, महिपाल, डॉक्टर शीला स्विंग और नगीचन्द उर्फ कर्नल के वृत में सम्मिलित कर देते हैं और फिर मुहल्ले के भीतर और बाहर दोनों ओर अन्य भी अनेक प्रासंगिक वृतांत और उपकथाएं अन्वेषित होती चली जाती हैं।

अपने बहुआयामी अनुभव-बिम्ब को लेखक ने अनेक प्रासंगिक वृतांतों और उपकथाओं द्वारा फैलाया है। ताई, नंदो, भभूती सुनार और लाले दलाल की पत्नियों के प्रासंगिक वृतांतों द्वारा लेखक ने अशिक्षित फूहड़ स्त्रियों के अंधविश्वासों, मानसिकता, गंगा-स्नान, पूजा-पाठ, कर्मकाण्डों, व्यभिचारों और कुण्ठाओं को रूपायित किया है, तो बड़की, मिसेज लता, तारा आदि के प्रासंगिक वृत्तांतों द्वारा अर्ध-शिक्षित महिलाओं की बातचीत के विषय, रेडियो-सिनेमा, सैर-सपाटे और खानपान की नई रुचियों और

समाज में आए बदलाव को रूपायित किया है। वर्षों से लेखक के मानस में मुहल्ले का जो माहौल बुरी तरह चिपका था, वह सब भी मुहल्ला-चौपाल, खोमचे, विसातियों, हलवाई, वाद-विवाद बातचीत के विषयों, अखबारी और सुनी-सुनाई खबरों पर प्रतिक्रिया-उद्वेलन, लोकगीत, विविध संस्कारों और उत्सवों पर मुहल्ले की चहल-पहल गतिविधियों और बोली आदि में खूब चटक रंग में उभरे हैं। शिक्षा और नई सभ्यता के प्रभाव के बावजूद सभ्य-असभ्य, रईस और मध्यवित्त परिवारों में स्त्री जाति के शोषण, दमन और अपमान को ताई, जगदम्बा सहाय की भतीजा बहू, वनकन्या की मामी, वकील साहब की पगली बहू, बड़की, महिपाल की पत्नी द्वारा अभिव्यक्त किया है।

वेश्यागामी अशिक्षित पति द्वारा बड़की की प्रताड़ना और पिटाई पर साम्यवादी लेखक महिपाल का उत्तेजित होना किन्तु स्वयं अपनी पत्नी की लातों-घूसों से मरम्मत करना, बड़की और विरहेश के प्रेम-सम्बन्धों पर डॉक्टर शीला स्विंग और सज्जन आदि का आक्रोश किन्तु स्वयं ऐसे ही सम्बन्धों का निर्वाह करना व्यक्ति के दुहरे व्यक्तित्व, अंतर्विरोधों और विसंगतियों को उजागर करता है।

यह जरूरी नहीं कि उपन्यासकार सदैव ही अपने अनुभव-बिम्ब को फैलाने के क्रम में कथानक-अन्वेषण का तर्क संगतिपूर्ण निर्वाह कर ही ले जाये। कई बार उसकी कथानक-अन्वेषण की क्षमता चुक जाती है, और कई बार उसके अपने व्यक्तिगत आग्रह और रुचियां उस पर हावी होकर उससे अवांछनीय, अप्रासंगिक, असंगत और बेमेल कथानक-अन्वेषण कराकर उपन्यास की संश्लिष्टता और कलात्कमता को क्षति पहुंचा बैठते हैं। 'बूंद और समुद्र' में बाबा रामजी वाले प्रकरण और प्रसंग लेखक की इसी विवशता को प्रकट करते हैं। यही नहीं, 'बूंद और समुद्र' की व्यापकता दिखाने के लिए वृंदावन के ग्रामीण समाज के चित्र भी सप्रयास कथानक-अन्वेषण के द्योतक हैं।

उन्मेष आवाहन और लेखन-चर्या

उपन्यास एक-दो दिन में लिखकर पूर्ण नहीं हो जाता—वह महीनों और सालों के लेखन परिश्रम का परिणाम होता है। इसलिए लेखन-प्रवृत होने से पूर्व और दौरान दोनों में उपन्यासकार को उन्मेष चेताने की आवश्यकता पड़ती है और उसके लिए कभी-कभी वह बड़े विचित्र और रोचक तरीके अपनाता दीखता है। अर्नेस्ट हेमिंग्वे के सम्बन्ध में मशहूर था कि वे उपन्यास प्रारंभ करने से पूर्व बहुत सारी पेंसिलें तैयार करके रखते थे। नरेश मेहता ने बताया कि जब अगले दिन से वे उपन्यास आरंभ करने का विचार

करते हैं तब उससे पहला दिन वे जासूसी उपन्यास पढ़कर बिताते हैं। अच्छी-अच्छी मनपसन्द चीजें बनवाकर खाना और परिवार के साथ बैठकर गपशप करना भी उस पूर्व संध्या की चर्या में शामिल रहता है। (नरेश मेहता का समालाप)। अमृतलाल नागर भी कुछ ऐसी ही पूर्व संध्या बिताते थे। परिवार वालों और यार-दोस्तों से गपशप, हंसी-मजाक, और हल्का-फुल्का साहित्य पढ़ना वे पसन्द करते थे।

उपन्यास लेखन कुछेक दिनों में समाप्त नहीं हो जाता। यह हफ्तों, महीनों और सालों चलता है। इस लम्बे काल में लेखक की ऊर्जा और उन्मेष का मंद हो जाना, या कभी-कभी समाप्त-प्रायः हो जाना संभव है, इसलिए लेखन के दौरान में उपन्यासकार को उन्मेष चेताने की और भी अधिक आवश्यकता पड़ सकती है। शिलर के सम्बन्ध में प्रसिद्ध था कि वे अपने डेस्क के ड्राअर में पके सेव रखते थे और उन्मेष आवाहन के लिए बीच-बीच में दराज खोलकर उनकी खुशबू अपने फेफड़ों में भर लिया करते थे। (घिसलीन : द क्रिएटिव प्रोसेस, पृष्ठ 185)। चाय, कॉफी, पान, तम्बाकू, अफीम और शराब का सेवन करके लिखने की तरंग में आने की बात तो अक्सर रचनाकार करते हैं। कॉलरिज अफीम की पिनक में लिखते थे। उनका विश्वास था कि अफीम के नशे में साहित्य रचना के लिए अनुभवों की पूरी दुनिया ही हमारे सामने उभर आती है।

इन तमाम वक्तव्यों से हमारे सामने कई तथ्य उभरकर आते हैं। पहली मुख्य बात तो यह कि उन्मेष चेताने के सारे उपाय, चर्या और पिनक उपन्यासकार अपने मानस को तनाव-मुक्त, हल्का बनाने और ऊर्जा प्राप्त करने के लिए अपनाता है। दूसरे, वह अपनी किसी विशिष्ट क्रिया के साथ जब उन्मेष चेताने में सफल हो जाता है, तब उसे लगता है कि वह उसी के कारण चेता था, और फिर वह उस क्रिया का अभ्यस्त हो जाता है। तीसरे, यह कि शराब अफीम जैसी नशीली चीजों के सेवन से उसका अचेतन मानस क्रियाशील हो जाता है और फिर निर्प्रयास, निर्द्वन्द्व, उन्मुक्त होकर वह अभिव्यक्ति-उन्मेष में बहने लगता है।

पर कृत्रिम उपायों से उन्मेष आवाहन करने वाले उपन्यासकारों में कभी-कभी लिखने का उन्मेष जाग्रत नहीं होता। राजेन्द्र यादव ने मन्नू भंडारी और कमलेश्वर के सहज उन्मेष की तुलना में अपने सम्बन्ध में कहा है : 'लिखना किसी के लिए बेहद कष्टकर कार्य भी हो सकता है। सारे दिन सिगरेट फूंकने और कॉफी पीने के बावजूद क्यों मेज पर बैठा आदमी एक भी पंक्ति नहीं लिख पाता, वह उसके लिए अकल्पनीय विषय है।' (मन्नू भण्डारी : श्रेष्ठ कहानियां, 'मेरा हमदम मेरा दोस्त')।

कुछ उपन्यासकारों में सहज अभिव्यक्ति-उन्मेष की ऐसी शक्ति होती है कि वे किसी भी समय, किसी भी परिस्थिति में कहीं भी बैठकर, शोरशराबे के वातावरण में,

आने-जाने वालों से बीच में बातचीत निबटाकर लिखने में मग्न हो जाते हैं। प्रेमचन्द के सम्बन्ध में उनकी पत्नी शिवरानी देवी और पुत्र अमृतराय से जो जानकारी मिलती है उससे पता लगता है कि प्रेमचन्द खुले स्वभाव के बड़े ही सीधे-सादे गंवई व्यक्ति थे। गांव के लोगों में बैठकर बातचीत करना, उनके दुख-सुख सुनना उनकी दिनचर्या में शामिल था। अध्यापकीय उनकी वृत्ति थी और बहुत ही भागमभाग और संघर्ष की जिन्दगी में समय की कमी के रहते वे लिखने का समय निकाल लिया करते थे। मुंह अंधेरे उठकर, नित्यकर्मों से निवृत होकर, लिखने बैठ जाते थे। लिखने की तड़प हर समय उनके मन में रहती थी। बच्चों को पास बैठाकर और पढ़ने का काम सौंपकर, मिलने-जुलने वालों से बीच-बीच में निबटकर, वे तुंरत लिखने में डूब जाते थे। बाहरी वातावरण और शोरशराबे का उन पर कोई प्रभाव नहीं पड़ता था। अमृतलाल नागर ने एक समालाप में इस बात का उल्लेख किया है कि प्रेमचन्द से ही उन्होंने मन को अनुशासित करने का गुण सीखा है। उन्हें भी लिखने की तरंग का अनुभव हर समय रहता है। लेखन के लिए मूड जमाने और उन्मेष जगाने की आवश्यकता उन्हें नहीं होती।

उपन्यासकारों की चर्या, व्यक्तित्व और लेखन-कर्म आदि की जानकारी प्राप्त कर जब हम उनका सम्बन्ध उनकी रचनाओं से जोड़ते हैं तो बहुत रोचक तथ्य सामने आते हैं। प्रेमचन्द के उपन्यासों के सीधे-सरल खुले कथानक, प्रस्तुतिकरण में सहजता और चौपाल में बैठकर कहानी सुनाने का किस्सापन, थोड़े में बहुत कुछ कह देने की कला, हर बात के कारणों की खोज और पाठकों को विश्वास में ले लेने की विशेषताएं उनकी दिनचर्या, लेखन-चर्या और व्यक्तिव की परछाई को व्यक्त करती है।

थैकरे के सम्बन्ध में समीक्षकों की राय थी कि उनके उपन्यास और कहानियों को पढ़कर ऐसा लगता है जैसे थैकरे आरामकुर्सी पर बैठकर कहानी सुना रहे हैं। उनकी रचनाओं में कोई केन्द्रीय बिम्ब नहीं उभरता और उनके कथानकों में बिखराव है। कुछ समीक्षकों ने जब थैकरे की रचना-प्रक्रिया और लेखन-चर्या के सम्बन्ध में जानकारी प्राप्त की तो पता लगा कि उनके उपन्यासों की इस विशेषता का बहुत कुछ कारण उनका घर की बजाय होटल या क्लब में बैठकर लिखना था और यह कि वे बड़े ही अलमस्त व्यक्ति थे।

जब लेखन महीनों-सालों चलता है तब प्रायः उपन्यासकार एक विशेष प्रकार की चर्या, समय और स्थान आदि के अभ्यस्त हो जाते हैं और फिर उसी स्थिति में उन्मेष-आवाहन कर पाते हैं। अमृतराय ने बताया कि वे अपने कमरे के किसी विशेष कोने में ही नहीं, वरन कमरे का दरवाजा बंद करने के बाद ही उन्मेष चेता पाते हैं, (अमृतराय का समालाप)। उन्मेष आवाहन के लिए कुछ लेखक कृत्रिम उपाय अपनाते हुए भी देखे गए हैं। बालजाक के सम्बन्ध में प्रसिद्ध है कि वे संन्यासियों के कपड़े

पहनकर लिखा करते थे। टॉल्स्टॉय के सम्बन्ध में उनके जीवनीकार प्रोफेसर सीमन ने लिखा है कि 'पूरा परिवार नाश्ते के लिए एकत्र होता और घर का मुखिया अपनी मजेदार बातों और चुटकुलों से पूरे परिवार को हंसाता, फिर यह कहते हुए उठता कि अब काम का समय हो गया है और एक गिलास गाढ़ी चाय लेकर अपने अध्ययन कक्ष में घुस जाता। फिर कोई उसे तंग न करता।'

उपन्यास को अन्तिम रूप देने की प्रक्रिया : संशोधन और पुनर्लेखन

रचना-प्रक्रिया का एक महत्त्वपूर्ण पक्ष रचना को अंतिम रूप देने का है। समझा जाता है उपन्यास पूर्ण हो जाने के बाद लेखक को संतोष, आत्म-तृप्ति और आनन्दानुभूति होती है। होनी ही चाहिए क्योंकि जो अनुष्ठान उसने उठाया होता है वह पूर्ण हो गया होता है, उसने रचना को जन्म दे दिया होता है। सृजन का जो सुख और रोमांच है वह उसे विभोर कर देता है। उसका द्वन्द्व और तनाव समाप्त हो गया होता है। पर क्या सभी को ये अनुभूतियां होती हैं? कइयों को उसे संवराने-निखारने की चिंता कुछ दिनों बाद ही होने लगती है। आखिर क्यों? अभिव्यक्तिकरण की प्रक्रियाओं का अन्तर उन कारणों की तह तक पहुंचा सकता है।

कुछ ही उपन्यासकारों में ऐसी विलक्षण प्रतिभा होती है कि वे पहले ही लेखन में उपन्यास को अंतिम रूप दे देते हैं। जिनकी स्मृति-शक्ति तीव्र होती है, जो अपने अभिव्यक्ति आवेग पर अंकुश रखना जानते हैं, जो चीजों को वस्तुपरक दृष्टि से देखने के अभ्यस्त होते हैं, जिन्हें अभिव्यक्ति-उन्मेष में भी अभिव्यंजना और भाषा पर अधिकार बना रहता है, उनकी पांडुलिपि में केवल व्याकरणगत और भाषागत संशोधन देखने को मिलते हैं। उनका संशोधन विराम-चिह्न, अर्धविराम, वाक्य-संरचना में सुधार या पात्रों के नाम, आयु की गलती का सुधार जैसा मात्र रहता है। भैरवप्रसाद गुप्त की 'सत्ती मैया का चौरा' की पांडुलिपि देखने पर ऐसे ही संशोधन मात्र मिले।

इसके अलावा जो उपन्यासकार थोड़ा-थोड़ा करके लिखते हैं, एक-एक पृष्ठ और परिच्छेद को लिखने के दौरान ही सुधारते-संवारते जाते हैं, लेखन-प्रवृत होने से पूर्व अच्छी उक्तियां, गम्भीर चिंतन से निकले विचार-बिन्दु आदि को टांक लेते हैं, वे भी पुनर्लेखन की आवश्यकता कम महसूस करते हैं। यह बात स्वयं कुछ उपन्यासकारों ने स्वीकार की है। नरेश मेहता का वक्तव्य है : 'पुनर्लेखन मैं नहीं करता। आरम्भ में ही इतना पुनर्लेखन कर लेता हूं कि पूरा होने पर अंतिम रूप देने के लिए पुनर्लेखन की आवश्यकता मुझे नहीं पड़ती। अगर लिखते-लिखते कोई एक शब्द भी बदलना पड़े तो मैं पूरे पृष्ठ को फिर से लिखता हूं।' (नरेश मेहता का समालाप)।

एन्गस विल्सन ने भी पहले ही लेखन को पूर्ण सतर्क होकर लिखने की बात कही है। उनका कहना है कि वे जैसे-जैसे आगे बढ़ते जाते हैं, उसे ठीक करते जाते हैं। उनका संशोधन छांटने का ही अधिक होता है। बहुत कम बार वे कोई नया पैराग्राफ जोड़ते हैं। जैसे अपने 'हेमलोक' उपन्यास में उन्होंने पाया कि रोन की मां का कोई जिक्र नहीं आया है तो उन्होंने उसके बारे में पैरा बढ़ा दिया। (राइटर्स एट वर्क)

कुछ को पुनर्लेखन एक उबाऊ और तनावभरा कार्य लगता है। ये एक बार लिखकर चुक जाते हैं और फिर अपनी रचना को छूने का मन नहीं करता। उषा प्रियंवदा का वक्तव्य है : 'एक बार लिखकर मैं ऐसे चुक जाती हूं कि फिर उसे छूने का मन नहीं करता।' (उषा प्रियंवदा 'प्रिय कहानियां', पृष्ठ 10)। ऐसा प्रतीत होता है कि कुछ लेखकों का पहला लेखन ही इतना यातनापूर्ण होता है कि पुनर्लेखन के दौरान फिर से उस यातना के दौर से गुजरने की आशंका से वे खौफ खाते हैं। कभी-कभी इस खौफ का दूसरा पहलू भी होता है।

कुछ उपन्यासकारों को अपने अभिव्यक्ति-आवेग से जन्मी रचना से संतान की भांति लगाव हो जाता है। पुनर्लेखन में उसकी कांट-छांट उनके लिए वैसा ही कष्टकर होता है जैसे अपनी संतान के किसी अंग को कटता देखना। टॉमस बुल्फ ने कुछ-कुछ ऐसा ही वक्तव्य दिया है। उन्होंने अपने 'द अक्टूबर फेअर' उपन्यास को अभिव्यक्ति के उन्मेष में बारह गुना बड़ा या 'वार एंड पीस' से दुगना लिख लिया था, इसलिए प्रकाशन के योग्य और पाठकों को ऊब से बचाने के लिए उन्हें उसे काटना-छांटना ही था। किन्तु वह सब उनके लिए कितना कष्टकर था, यह उनके इस कथन से स्पष्ट है : 'काट-छांट करना मेरे लेखन का सर्वाधिक कठिन तथा स्वादहीन अंश रहा है।... ज्वालामुखी के जलते लावे की तरह जब कोई रचना किसी व्यक्ति के भीतर पांच वर्षों तक निकलती रही हो, जब वह अपनी रचनात्मक ऊर्जा को सफेद गर्मी से, उसकी सामग्री को (भले ही उसमें बहुत कुछ फालतू हो) भावावेश की आग दे चुका हो, तब अचानक ठण्डी चीरफाड़ और निर्मम असम्पृक्ति का रूप अपनाना बहुत मुश्किल हो जाता है।...इस खूनी काम के विचार से ही मेरी आत्मा कांप उठी।' (टॉमस बुल्फ : 'द स्टोरी आफ ए नॉवल', ब्रेब्सटर घीसलीन : 'द क्रिएटिव प्रोसेस' पृष्ठ 197)।

पर इस प्रकार की अनुभूतियां कम ही उपन्यासकारों को होती हैं। अधिकांश को पुनर्लेखन द्वारा काटना-छांटना, संवारना-मांजना उसी भांति आनन्दानुभूति से सराबोर करता है जिस भांति एक माली को बगीचे के झाड़-झंखाड़ की कांट-छांटकर उसे कलात्मक सज्जा देने का कार्य या कि मूर्तिकार को मूर्ति के नाक-नक्श और हाव-भाव उभारने का कार्य आनन्दानुभूति देता है।

पुनर्लेखन का उद्देश्य रचना को अधिक से अधिक प्रभावपूर्ण, कलात्मक, विश्वसनीय

और प्रभावशाली बनाना है। यह महत्वाकांक्षा जिस उपन्यासकार में जितनी अधिक होगी वह उतने ही अधिक पुनर्लेखन द्वारा अपनी रचना को निखारने की चेष्टा करता है। ऐसे प्रमाण मिलते हैं कि समर्थ से समर्थ उपन्यासकार भी अपने उपन्यासों को अंतिम रूप देने के लिए कठिन परिश्रम करते हैं। कहते हैं टॉल्सटाय ने अपने विश्वविख्यात उपन्यास 'वार एंड पीस' को नौ बार लिखा था। सोमरसेट मॉम ने इस बात का उल्लेख किया है कि टॉल्सटाय की हस्तलिपि बहुत खराब थी। टॉल्स्टॉय की पत्नी सोनिया ने 'वार एंड पीस' की सात बार नकल की थी। (सोमरसेट मॉम : द आर्ट ऑफ फिक्शन)। इसलिए विश्वास करना पड़ता है कि टॉल्स्टॉय ने सचमुच ही यह उपन्यास नौ बार लिखा होगा।

पुनर्लेखन कुछ तो उपन्यासकार की निजी रचना-प्रक्रिया का अंग है और कुछ अत्यंत सजग सचेत रचनाकार की पहचान। अर्नेस्ट हेमिंग्वे का तो विचार था कि लेखक जितनी बार अपनी रचना पढ़ता है, इस बात की पहचान करता है कि कहां से और रस निकल सकता है। उन्होंने बताया कि रोज वे जहां छोड़ते हैं, उसे दूसरे दिन पढ़कर फिर से लिखते हैं फिर भी अंतिम रूप देने के लिए अनेक पुनर्लेखन करते हैं। उन्होंने बताया कि अपने 'फेयरवेल टु आर्म्स' उपन्यास का अंतिम भाग उन्होंने उनतालीस बार लिखा था...जितनी बार पुनर्लेखन किया जाए उतनी बार रस निकलता चला जाता है। (राइटर्स एट वर्क)।

इसलिए पुनर्लेखन न तो मामूली कर्म है और न ही उपन्यासकार के आत्मविश्वास की कमी का द्योतक। पुनर्लेखन करना न करना उपन्यासकार की क्षमताओं या अक्षमताओं पर प्रश्नचिह्न लगाता हो, सो बात भी नहीं है। वास्तव में यह भिन्नता उपन्यासकारों की अपनी-अपनी रचना-प्रक्रिया की विशिष्टता की पहचान है।

अधिकांश उपन्यासकार पुनर्लेखन में अपनी रचना को संवारने-निखारने का कार्य करते हैं। पहले लेखन में इन उपन्यासकारों की रचना की पुख्ता नींव पड़ चुकी होती है और उसका एक आकार निकल आया होता है। पुनःर्लेखन में इनका कार्य उसके रूप निखारने और नक्काशी करने भर का रह जाता है। अमरकान्त की रचना-प्रक्रिया लगभग ऐसी ही होती है। उन्होंने अपने प्रसंग में पुनर्लेखन की बात बार-बार दुहराई है और बिम्बों के माध्यम से अपनी इस रचना-प्रक्रिया को व्यक्त किया है। उनका वक्तव्य है : 'वास्तव में हम लिखने के आवेग में लिख तो डालते हैं पर उस आवेग में कभी-कभी चीजों को सही रूप में नहीं रख पाते। प्रायः सीधे-सीधे कहते चले जाते हैं। उससे कहने में कोई कलात्मकता नहीं आ पाती। असल में कलात्मकता और प्रभाव तो कटाई-छंटाई के बाद ही आता है। समझिए, दूसरे ड्राफ्टों में कहानी या उपन्यास का कंस्ट्रक्शन का काम होता है। पहले में बस नींव पड़ती है, दीवारें खड़ी होती हैं,

खिड़कियां-दरवाजे निकलते हैं। दूसरे और बाद में पलस्तर, रंगाई, पुताई साज-संवार का काम करता हूं। यानी मकान के रूप को निखारता हूं। दूसरे ड्राफ्टों में मुहावरे और भाषा की खोज का काम मूलतः करता हूं।' (अमरकान्त का समालाप)

अमरकान्त के उपन्यास का पहला ड्राफ्ट कैसा होता होगा, उसमें क्या रहता है और क्या नहीं, इसका कोई साक्ष्य पांडुलिपि या उपन्यास के संस्मरण जैसा उपलब्ध नहीं है। इसलिए उनके वक्तव्यों पर हमें निर्भर करना पड़ता है। उनके वक्तव्यों से यह अनुमान होता है कि वे अपने पहले लेखन में अपने अनुभव को सीधे-सीधे रूप में प्रस्तुत करते हैं : 'मेरा पहला ड्राफ्ट मूलतः विवरणात्मक होता है। मैं चीजों को सीधे-सीधे ढंग से क्रम से रख देता हूं।' (वही)। यानी जो कुछ उन्हें कहना होता है, जो उनका अनुभव होता है, उससे उन्होंने जो अर्थ निकाला होता है, वह अपने पूर्ण रूप में पहले आलेख में प्रस्तुत हो जाता है। अगले ड्राफ्टों में वे उसे प्रस्तुत करने का ढंग बदलते हैं। 'अगले ड्राफ्टों में मैं उसका फॉर्म बदलता हूं। जैसे प्रायः उसे कथोपकथनों और नाटकीय रूप में प्रस्तुत करने का काम करता हूं...' (वही)। शायद अमरकान्त का मुख्य कार्य पुनर्लेखन द्वारा रचना के रूप को निखारने और कथ्य को धारदार बनाने का होता है। कथानक-अन्वेषण के निरर्थक अंशों की काट-छांट, जोड़ना-घटाना भी उसमें शामिल रहता ही होगा। अमरकान्त रचना के रूप निखार के लिए काफी मेहनत करते हैं। उनका यह परिश्रम कभी व्यर्थ नहीं जाता। भाषा को सहज बोधगम्य, पारदर्शी, बिम्बात्मक, संश्लिष्ट और लाक्षणिक बनाने के लिए भी वे प्रयत्नशील रहते हैं। जाहिर है, इस सबके लिए वे कड़ी मेहनत करते हैं। उनका पहला ड्राफ्ट उनके लिए यातना और तनाव भरा जरूर रहता है : 'मेरे लिए कहानी या उपन्यास का पहला ड्राफ्ट लिखना ही कठिन होता है। वह मेरे लिए बड़ा कष्ट और यातनापूर्ण होता है।' (वही) जहां तक मेहनत का सवाल है पहले ड्राफ्ट में वे मेहनत नहीं करते। मेहनत वे पुनर्लेखन के समय ही करते हैं इसीलिए उपन्यास को अंतिम रूप देने में लगभग दो-ढाई वर्ष का समय उन्हें लग जाता है। उन्होंने स्वीकार किया है : 'सूखा पत्ता' का पहला ड्राफ्ट सन् 1956 में दो महीने में लिख लिया था...उसको अंतिम रूप देने में दो या ढाई वर्ष लगे।' (अमरकान्त का पत्र)।

पुनर्लेखन उपन्यासकार की रचना-प्रक्रिया का अंतिम पड़ाव ही नहीं, उसकी अभिव्यक्ति की प्रक्रिया का महत्त्वपूर्ण पक्ष भी है। माना जाता है कि रचना दो बार जन्म लेती है। पहली बार लेखक के मानस में बनती है और दूसरी बार लिखते समय पन्नों पर। मानस में बनने वाली रचना की प्रक्रिया से अल्पांश में ही परिचित हुआ जा सकता है पर पन्ने पर बनने वाली रचना के विभिन्न पांडुलिपि रूपांतरण अपने बनने का रहस्य स्वयं ही खोल देते हैं। यदि किसी उपन्यास के पुनर्लेखन की समस्त सामग्री

उपलब्ध हो जाए तो उन विभिन्न रूपांतरणों के तुलनात्मक विश्लेषण से उद्घाटित किया जा सकता है कि उस उपन्यास ने किन परिवर्तनों और संशोधनों के द्वारा अंतिम रूप प्राप्त किया, उन संशोधनों से उपन्यास के कथ्य को कितनी व्यापकता, प्रामाणिकता और विश्वसनीयता मिली, उपन्यास की संरचना में क्या खूबियां और सौन्दर्य उत्पन्न हुआ आदि-आदि। पुनर्लेखन रचना-प्रक्रिया का सबसे अधिक प्रमाणित साक्ष्य है। वह उपन्यासकार की रचना-प्रक्रिया के उन रहस्यों को भी खोल देता है जिनका अनुमान तैयार उपन्यास से कतई नहीं लगाया जा सकता। तैयार उपन्यास लेखक के अत्यंत समर्थ सक्षम रूप को ही हमारे सामने प्रस्तुत करता है। उस तक वह कैसे पहुंचा, इसका ज्ञान हमें उसके पुनर्लेखन से ही मिल पाता है। प्रत्येक लेखक के पुनर्लेखन के अपने कारण और तरीके होते हैं और वे ही उसकी रचना-प्रक्रिया की विशिष्ट पहचान बन जाते हैं। कोई अपने प्रथम आलेख में सब कुछ कच्चे रूप में सीधे-सीधे प्रस्तुत करता जाता है और फिर अगले आलेखों में उसे सजाने-संवारने और कथ्य को तीव्र करने का कार्य करता है। ठीक उसी प्रकार जिस तरह एक मूर्तिकार मिट्टी के लोंदे से पहले एक स्थूल काया स्थापित करता है और फिर तराशकर उसके हाव-भाव, मुख-मुद्रा, नयन-नख्श आदि उभारता है। कोई दूसरा अपने प्रथम आलेख में वस्तुस्थिति और अनुभूतियों-संवेदनाओं को निर्बाध फैलने देता है और पुनर्लेखन में माली की भांति काट-छांट कर सुरम्य कलात्मक पौधे का रूप देता है। और भी अनेक प्रक्रियाएं पुनर्लेखनों में दिखलायी पड़ती हैं।

संशोधन और पुनर्लेखन की प्रक्रिया का विश्लेषण दो आधारों पर सम्भव है—एक तो किसी उपन्यास के विभिन्न रूपांतरित लेखन की तुलनात्मक व्याख्या द्वारा और दूसरे, इस प्रक्रिया पर दिए उपन्यासकारों के वक्तव्यों द्वारा। पहले का महत्व जहां साक्ष्यों की प्रामाणिकता के कारण अधिक है, वहां दूसरे का महत्व इस कारण से है कि वक्तव्यों द्वारा इस बात की पड़ताल होती है कि उपन्यासकार संशोधन और पुनर्लेखन की आवश्यकता क्यों महसूस करता है और इसमें उसकी प्रक्रिया क्या रहती है। वक्तव्यों पर हमें निर्भर इसलिए रहना पड़ता है कि ये आसानी से उपलब्ध हो जाते हैं जबकि रूपांतरित आलेखों की पांडुलिपियों की उपलब्धता सीमित है और उन्हें बहुत कम उपन्यासकार सुरक्षित रखते हैं। कुछ की तो आधी-अधूरी ही मिलती है। यहां चर्चा और विश्लेषण वक्तव्यों पर आधारित है।

कुछ उपन्यासकारों के वक्तव्यों से ध्वनित होता है कि वे पुनर्लेखन अपने अभिप्रेत को व्यापक और व्यंजित करने के उद्देश्य से करते हैं। भीष्म साहनी का वक्तव्य लगभग इन्हीं उद्देश्यों की ओर इशारा करता दीखता है। वे कहते हैं: '...शायद इसी को लेखक का संघर्ष कहते हैं कि जो बात वह कहना चाह रहा है वह कह नहीं पा रहा (बिम्बों,

घटनाओं, पात्रों, घात-प्रतिघात के माध्यम से)। यह संघर्ष आखिरी पन्ने तक एक तरह से चलता रहता है। इसके लिए अदला-बदली भी होती है। बहुत कुछ दो-दो, तीन-तीन बार भी लिखा जाता है...लेखक उस समय तक जुटा रहता है जब तक वह इस सीमा तक आश्वस्त न हो जाए कि मैं अपनी बात कुछ हद तक जरूर कह पाया हूं।' (भीष्म साहनी का पत्र)

इस वक्तव्य में भीष्म साहनी ने पुनर्लेखन की आवश्यकता और प्रक्रिया दोनों की ओर इशारा कर दिया है। पुनर्लेखन की आवश्यकता उपन्यासकार को तभी होती है जब उसे लगता है कि पहले आलेख में वह अपने अभिप्रेत को ठीक तरह से सम्प्रेषित नहीं कर पाया है। अब यह ठीक तरह से न हो पाना अनुभवों और उसके अर्थ की पकड़ के अभाव के कारण भी हो सकता है और उस अनुभव के अर्थ को व्यापक करने वाली सार्थक युक्तियों (डिवाइसेज) के अभाव के कारण भी। अपने सन्दर्भ में भीष्म साहनी ने बात केवल युक्तियों की अदला-बदली करने की कही है जबकि सच तो यह है कि पुनर्लेखन की आवश्यकता इन दोनों के अभाव के कारण होती है। यह सही है कि लेखक तब तक पुनर्लेखन में जुटा रहता है जब तक वह अपने अभिप्रेत को सही और प्रभावशाली ढंग से संप्रेषित करने के प्रति आश्वस्त न हो जाये। बड़े से बड़े लेखक इसके लिए कड़ी मेहनत करते हैं। विलियम फॉकनर ने अपने 'एज आई ले डाइंग' को अंतिम रूप देने के लिए छः हफ्तों तक बारह-बारह घंटे मेहनतकश परिश्रम किया था। 'द साउण्ड एण्ड द क्यूरी' को उन्होंने विभिन्न समय में पांच बार लिखा था। इसको प्रभावशाली बनाने के लिए उन्होंने बार-बार प्रस्तुति स्वर बदलकर लिखा था...।' (राइटर्स एट वर्क, पृष्ठ 23-5)।

पुनर्लेखन की आवश्यकता लेखक को अपने पहले आलेख की किन कमियों के कारण महसूस होती है, उन्हें दूर करने के लिए वह क्या करता है, अगले आलेखों में वह जो युक्तियां इस्तेमाल करता है उनसे उपन्यास के कथ्य और संरचना में क्या प्रभाव और सौंदर्य उत्पन्न हो जाता है इसे किसी उपन्यास की उपलब्ध उपयुक्त सामग्री के परिप्रेक्ष्य में ही जाना जा सकता है। भीष्म साहनी ने 'तमस' उपन्यास के संस्मरण में और उनकी लेखन-प्रक्रिया की साक्षी उनकी मित्र कृष्णा सोबती ने 'भीष्म साहनी : आधी रोशनी, आधे अंधेरे से अलग और आगे' लेख में इसके विश्लेषण के लिए काफी सूत्र उपलब्ध करा दिए हैं।

कृष्णा सोबती ने लिखा है : 'भीष्म ने 'तमस' को पहली बार गर्मी की छुट्टियों में तरतीब दी। दिल पुरानी यादों में भटकता था। पुराने वतन और वतन की हवा में जीने के लिए जो जहन में आता रहा, आंखों के आगे घूमता रहा। भीष्म उसे पन्नों पर उतारते रहे।...अगली छुट्टियों में भीष्म इस पर जमकर बैठे। कहानी को दोहराया और

काट-छांट की।' (भीष्म साहनी : 'व्यक्ति और रचना', पृष्ठ 62)। अगली छुट्टियों में जब भीष्म साहनी ने 'तमस' पर काम किया तब उनकी प्रक्रिया क्या रही, क्या जोड़ा, घटाया यह 'तमस' के संस्मरण से पता लगता है। उन्होंने लिखा है, 'उपन्यास पर मैंने तीन बार काम किया। पहले केवल मन को व्याकुल करने वाले कुछ प्रसंग, कुछ व्यक्ति और खून-खराबे का भयावह माहौल था। पहले पुलथे में कथा दो मित्रों रघुनाथ और शहनवाज के सम्बन्धों का रूप ले रही थी, पर यह अपने आप ही पीछे छूट गई और उपन्यास मे नये-नये लोग आने लगे।' (आधुनिक हिन्दी उपन्यास, पृष्ठ 430)।

कृष्णा सोबती और स्वयं भीष्म साहनी के वक्तव्यों 'जो जहन में आता रहा आंखों के आगे घूमता रहा भीष्म उसे पन्नों पर उतारते रहे,' 'केवल मन को व्याकुल करने वाले कुछ प्रसंग, कुछ व्यक्ति और खून-खराबे का भयावह माहौल था' से प्रकट होता है कि पहले लेखन में लेखक ने अपने अनुभवों और अनुभूतियों को ज्यों का त्यों प्रस्तुत कर दिया होगा। स्पष्ट ही उस समय तक भीष्म साहनी तद्नूभूति से असम्पृक्तता तक की दूरी नहीं नाप पाये होंगे और शायद उन अनुभवों के पीछे छिपे अर्थ को भी ठीक तरह से पहचान नहीं पाये हों। सारांश यह कि लेखक ने परिपाक का चक्र पूरा किये बिना ही तादात्म्यीकरण की अवस्था में उपन्यास के अवतरण का प्रयास कर डाला होगा। तादात्म्यीकारण के कारण उत्पन्न भावावेश को ही वे भ्रमवश सृजनावेग समझकर लेखन-प्रवृत हो गए होंगे। इसलिए भावुकतावश वे हिन्दू-मुस्लिम दो मित्रों के सम्बन्धों को ही कहानी में ढाल पाये थे और उन घटनाओं और अनुभवों के संकुचित आयाम और अर्थ मात्र ही छू सके थे।

पुनर्लेखन केवल अनुभव के अर्थ को संप्रेषित करने वाली उपयुक्त विकल्पात्मक युक्तियों के इस्तेमाल के लिए नहीं किया जाता। वास्तविकता तो यह है कि यदि पहले लेखन तक लेखक का मानस परिपाक का चक्र पूरा नहीं कर पाता तो उसका पहले का लिखा लगभग निरर्थक ही हो जाता है। पहले लेखन में न तो वह वस्तुस्थितियों को असम्पृक्त दृष्टि से प्रस्तुत कर सका होता है और न ही उन्हें व्यापक संदर्भों और अर्थों से जोड़ सका होता है। अनुभव के अर्थ को विकल्पात्मक युक्तियों द्वारा अधिक से अधिक प्रभावशाली बनाने की बात तो इसके बाद ही आती है।

भीष्म साहनी के पुनर्लेखन में लगभग एक वर्ष का अन्तराल आया था। निश्चय ही यह समय उनके मानस ने परिपाक का चक्र पूरा करने में लगाया होगा। अगली छुट्टियों तक का इंतजार यानी व्यस्तता से मुक्त होने वाला भौतिक कारण तो एक बहाना मात्र ही रहा होगा। परिपाक चक्र के पूरा होने पर जब वस्तुस्थिति में छिपे अर्थ से वे अच्छी तरह परिचित हो गए होंगे और असम्पृक्त दृष्टि उन्होंने अर्जित कर ली होगी तब अपने पहले लेखन में उन्हें अनेक सूराख नजर आए होंगे। उन कारणों ने

ही पुनर्लेखन के लिए उन्हें उकसाया होगा। अपने पुनर्लेखनों में ही वे बंटवारे की उस खौफनाक घटना को व्यापक संदर्भों और उनके अर्थों से जोड़ पाये होंगे। कदाचित् सूअर मारने की प्रतीकात्मकता को भी उन्होंने पुनर्लेखन में जोड़ा होगा। पुनर्लेखन में कभी-कभी रचना का स्वर और व्यंजना व्यापकतर हो जाते हैं और लेखक का श्रम कभी व्यर्थ नहीं जाता। 'तमस' में सूअर मारने की घटना दुहरा अर्थ रखती है। यह एक ओर उपन्यास के पूरे घटनाचक्र को सक्रिय करने का कारण बनी है तो दूसरी ओर यह मनुष्य के अमानवीकृत (डी-ह्यूमेनाइजेशन) होते जाने को प्रतीकात्मक भंगिमा में उभारती है। इस अंश के अन्वेषण के प्रति लेखक पूर्ण सचेत और सतर्क है। भीष्म साहनी के शब्दों में, 'इसे लिखने का मंशा कहानी के लिए भावात्मक माहौल तैयार करना था–यह घटना उतनी उस भयावह माहौल में से फूटकर निकली है जितनी इंसान को मारने की प्रक्रिया। वह पाशविक घिनौना काम भी टिमटिमाती रोशनी और उसमें नाचते सायों के बीच हुआ है।' (आधुनिक हिन्दी उपन्यास, पृष्ठ 431)

भीष्म साहनी ने इस प्रसंग के प्रतीकात्मक तन्तुओं की बुनावट के लिए पुनर्लेखन की प्रक्रिया शायद बार-बार दुहरायी होगी। नत्थू द्वारा सूअर मरवाकर मस्जिद की सीढ़ियों पर फिंकवा देना साम्प्रदायिक भावना को भड़काने के षड्यंत्र को सफल करने का माध्यम बनने के कारण परिस्थितिजन्य कार्य-कलापों का अंग तो बना ही है मनुष्य की अमानवीयता का पर्याय भी बन गया है। उपन्यास में आगे की स्थितियों और घटनाओं का अन्वेषण सूअर मारने की इस समूची क्रिया में निहित प्रतीकात्मकता के कारण जो अर्थ संकेत देता है, वह लेखक के पुनर्लेखन की विशेष उपलब्धि है। जानवर को घेरकर मारें तो वह अपनी प्राण-रक्षा के लिए अंत तक संघर्ष करता है। वह वार करने वालों के छक्के छुड़ा देता है। पर मनुष्य को खुले में भी गाजर-मूली की तरह काटकर फेंक दिया जाता है। सूअर मारने का क्रियात्मक फलक और बाद में एक किशोर द्वारा मनुष्य को मारने का क्रियात्मक फलक साथ-साथ रखने पर जो अर्थ संकेत देते हैं, उससे इस अंश की प्रतीकात्मक व्यंजना बहुत बढ़ गई है। 'सूअर पर नत्थू ने कितने ही वार किये। कितनी ही बार वह सूअर के पेट में और कन्धों पर छुरा घोंप चुका था। छुरा निकलता तो कुछ बूंदें खून की फर्श पर गिरतीं पर जख्म की जगह एक छोटी सी लीक, छोटा सा धब्बा भर रह जाता जो सूअर की चर्बी में नजर नहीं आता था। और सूअर गुर्राता हुआ या तो नत्थू की टांगों को अपनी थूथनी का निशाना बनाता था...एक बार सूअर गुर्राया भी जैसे वह नत्थू पर झपटने जा रहा हो...।' (तमस, पृष्ठ 10-13)

बाद में दूसरा दृश्य नरसंहार का है : 'सहसा इन्द्र लपका और उसने पैंतरा मारा। इत्रफरोश को लगा जैसे उसके बायें हाथ में कोई चीज जोर से हिली है...लड़का पीछे

की ओर भागा जा रहा था...इत्रफरोश इतना घबरा गया कि उसके मुंह से बोल नहीं फूट रहा था। वह कमर में लगे जख्म से इतना नहीं मर रहा था जितना त्रास और भय से और भोले बालक द्वारा किये गए हमले से।' (वही, पृष्ठ 149)

सूअर मारने की प्रतीकात्मकता सम्पूर्ण उपन्यास में व्याप्त है। साम्प्रदायिकता और धर्मान्धता की झोंक में एक जानवर की जान का बदला सैकड़ों, हजारों मनुष्यों को मारकर लिया जाता है। उस खौफनाक घटना के षड्यंत्र और नर-संहार को शह देने वाले डिप्टी कमिश्नर का अपनी पत्नी लिजा के सामने 'जानवरों की देखभाल और रक्षा के लिए' संस्था खोलने का प्रस्ताव करना अन्तर्विरोधी मानसिकता पर जो विद्रूप करता है, वह सूअर मारने की घटना की प्रतीकात्मकता के कारण अनेक स्तरों पर अमानवीयता को दर्शाने में समर्थ हुआ है।

पुनर्लेखन में प्रायः कथ्य नहीं बदलता, उसे व्यापक और व्यंजित करने की चेष्टा अवश्य रहती है। यह सम्भव है कि पहले लेखन में लेखक स्थिति या घटनाओं में निहित व्यापक अर्थों को देखने से चूक जाये। पुनर्लेखन करते समय उसे एकाएक सूझ जाए जैसा कि भीष्म साहनी को 'तमस' में सूअर मारने की प्रतीकात्मकता की बात सूझी होगी। विलियम फॉकनर ने भी कहा है कि उन्हें 'द साउंड एंड फ्यूरी' की प्रतीकात्मकता बाद में सूझी थी। ('राइटर्स एट वर्क', पृष्ठ 24)

पुनर्लेखन : अभिव्यक्ति प्रक्रिया की पहचान

पुनर्लेखन की प्रक्रिया रचना-प्रक्रिया की ढकी-छिपी पर्तों को प्रतिबिम्बित कर देती है। अक्सर पहले ही ड्राफ्ट में उपन्यास को अंतिम रूप देने वाले उपन्यासकारों के वक्तव्यों पर अविश्वास किया जाता है। पर भीष्म साहनी और भैरवप्रसाद गुप्त की रचना-प्रक्रिया को आमने-सामने रखने से यह तथ्य उजागर होता है कि जो उपन्यासकार लेखन-प्रवृत होने से पूर्व अपनी अनुभूतियों को पूरी तरह पका चुके होते हैं, जो परिपाक का चक्र पूरा कर चुके होते हैं, असम्पृक्तता अर्जित कर चुके होते हैं, अपने अनुभवों के अर्थ को पूरी तरह पहचान चुके होते हैं, जिन्हें अभिव्यक्ति आवेग पर नियंत्रण करना आता है, जिन्हें पहली ही बार में अपने अनुभव को अर्थ देने वाली युक्तियां सूझ जाती हैं, भाषा और अभिव्यंजना पर अधिकार होता है, उन्हें पुनर्लेखन की आवश्यकता न होना कोई असम्भव बात नहीं है। भैरवप्रसाद गुप्त न तो पहले से कोई प्रारूप बनाते हैं और न ही पुनर्लेखन की आवश्यकता महसूस करते हैं। उनका कहना है : 'कथानक का कोई प्रारूप नहीं बनाता। पात्र और समस्या महीनों-सालों दिमाग में पकती रहती हैं और जब पूरी तरह पक जाती हैं तो वह स्वयं अभिव्यक्ति में फूट पड़ती हैं। फिर कोई

रुकावट नहीं आती लिखने में। जैसे नदी गिरी और अपना रास्ता बना लेती है, समुद्र में गिरने के लिए। वैसे ही मेरा उपन्यास चलता है। शुरू किया तो रुकता नहीं हूं...। रचना जब अस्तित्व में आ जाती है, तब वह स्वयं रचनाकार को डिक्टेट करती है कि अभिप्रेत स्वयं ऐसे नहीं ऐसे व्यक्त होगा...बस इसी से कथानक अपना रास्ता बनाता चलता है। सामाजिक क्रिया-कलापों में कारण निहित रहता है। उपन्यासकार को समाज और मनोविज्ञान की पैठ होनी चाहिए। कारणत्व तो अपने आप निकलता चला जाता है।' (भैरवप्रसाद गुप्त का समालाप)।

वास्तव में एक उपन्यासकार से दूसरे उपन्यासकार की रचना कर्म प्रक्रिया उसकी प्रतिभा, क्षमता, आदत और रुचि के कारण ही भिन्न होती है। कुछ में दुहरे-तिहरे कार्य एक साथ सम्पन्न करने की प्रतिभा और क्षमता होती है और कुछ एक समय में केवल एक प्रकार का कार्य करना पसन्द करते हैं। शायद यह उनकी सीमा भी होती है। ऐसे उपन्यासकार अपने पहले लेखन में सिर्फ अपने अनुभव को सीधे-सीधे संप्रेषित करने का कार्य ही कर पाते हैं। अधिक से अधिक उस अनुभव को अर्थ देने वाले कुछ तन्तुओं का उभरना भी उसमें शामिल रहता है। अनुभव और उसके अर्थ को तीव्र और प्रभावशाली बनाने और उपन्यास को संरचनात्मक सौंदर्य प्रदान करने का कार्य वे अगले लेखन के लिए छोड़ देते हैं।

उपन्यासकार का प्राथमिक कार्य है अपने अनुभव और उसके अर्थ को संप्रेषित करने का जिसे वह कथानक-अन्वेषण द्वारा सम्पन्न करता है। कथानक-अन्वेषण के उपादान हैं चरित्र, उनके संवाद और मनोविज्ञान, घटनाएं, जीवन-स्थितियां और उनके घात-प्रतिघात आदि। इसके अलावा यदि उपन्यासकार किसी जीवन-स्थिति या वस्तुस्थिति को व्यापकता, समग्रता, विविधता और विषमता में प्रस्तुत करना चाहता है तब वह उपकथाएं और प्रासंगिक वृत्तांतों का भी अन्वेषण करता है। उपन्यासकार का जो दूसरा कार्य है अपने अनुभव और उसके अर्थ को अधिक से अधिक उभारने, धारदार बनाने और व्यंजित करने का, इसे वह भाषा की अभिव्यंजना, बिम्बों, प्रतीकों, मिथकों और कभी-कभी फैंटेसी द्वारा सम्पन्न करता है। ये सब उसकी अभिव्यक्ति और अभिव्यंजना की युक्तियां (डिवाइसेज) हैं। कथानक-अन्वेषण के उपादान और अभिव्यक्ति तथा अभिव्यंजना की युक्तियों के विकल्प ही उपन्यासकार के सर्जक मानस को पुनर्लेखन के लिए उकसाते हैं। इनकी अदला-बदली से वह रचना को बेहतर बनाने की कोशिश करता है। पिछले लेखन में आई कमियों को दूर करने तथा कथानक-अन्वेषण को विश्वसनीयता और प्रामाणिकता प्रदान करने का उद्यम करना भी उसी का अंग है।

रचना-प्रसंग

(उपन्यासकारों के पत्रों और समालापों में)

प्रश्नावली

- आपको अपने उपन्यासों की प्रेरणा किससे मिलती है? अर्थात् उनका बीज किससे मिलता है? घटना से, चरित्र से या किसी अन्य से?
- वह बीज-सूत्र आपके मन-मस्तिष्क में कितने दिनों तक पड़ा रहता है? क्या कभी-कभी ऐसा भी होता है कि वह कथा-बीज आपके मन-मस्तिष्क में महीनों, सालों घूमता रहता है, आपको परेशान करता रहता है और आप अलग-अलग सन्दर्भों, अलग-अलग स्थितियों में, यहां तक कि अलग-अलग चरित्रों में उसे ही तलाशते रहते हैं?
- और जब यह कथा-बीज पूरी तरह पक जाता है, तब क्या आप लेखन में प्रवृत्त होने से पूर्व अपने कथानक का एक प्रारूप बनाकर रखते हैं?
- फिर क्या आप उसी प्रारूप को बनाये रखने का प्रयत्न रचना में करते हैं या रचना-प्रक्रिया के दौरान उसमें परिवर्तन भी करते चलते हैं? क्या उस परिवर्तन में आप पाते हैं कि लिखने से पूर्व आपके मन में जो इमेज थी, जो विम्ब था, उससे भिन्न रचना में उतरा है?
- कभी-कभी क्या आपको ऐसा नहीं लगता कि अपने उपन्यास का जो कथानक आपने गढ़ा है, वह आपके अभिप्रेत को (जो आप व्यक्त करना चाहते थे) व्यक्त नहीं कर पाया है और उससे भिन्न अभिप्रेत रचना में उभरा है।
- आपके उपन्यासों के कथानक-निर्माण की प्रक्रिया क्या रहती है? कथानक के लिए आप परिदृश्यों, स्थितियों, सन्दर्भों और अन्य-अन्य उपकरणों की तलाश अपने आसपास के देखे सुने जीवनानुभवों से करते हैं, या कि अधिकांश कल्पना से जुटाते हैं?
- अपने उपन्यासों के चरित्रों और घटनाओं की सृष्टि आप किस भांति करते हैं? अनेक जीवंत चरित्रों और जीवंत घटनाओं के मेल से या कि एक अंश

अनुभव का और दूसरा अंश कल्पना का मिलाकर? इसका तालमेल कैसे बैठाते हैं?

- आरम्भ में आप कुछ चरित्रों और एकाध घटना को लेकर चलते होंगे और फिर कथ्य की आवश्कतानुसार अन्य चरित्रों, घटनाओं और स्थितियों आदि का अन्वेषण करते होंगे? आपकी यह प्रक्रिया कैसी और क्या रहती है?
- उपन्यास का शीर्षक आप पहले ही सोच लेते हैं या उपन्यास समाप्त करने के बाद? या कि बीच में एकाएक सूझ जाता है?
- आप अपना उपन्यास एक ही लेखन में समाप्त कर देते हैं या कि कई पुनर्लेखनों की आवयकता होती है? यदि पुनर्लेखनों के बाद उपन्यासों को अन्तिम रूप देते हैं तो संशोधन की प्रक्रिया क्या रहती है? केवल भाषा और व्याकरण की भूलें सुधारते हैं या कि घटनाओं और स्थितियां भी बदल देते हैं?
- आपके लेखन की दिनचर्या क्या रहती है? उस समय कैसा वातावरण पसन्द करते हैं?

इन प्रश्नोत्तरों के अतिरिक्त अपने उपन्यासों के कथानक-संघटन की रचना-प्रक्रिया के सम्बन्ध में, जो कुछ आप कहना चाहते हैं, तो वह भी अपेक्षित है।

साथ ही, उत्तरों में आपके उपन्यासों से उदाहरण अपेक्षित हैं।

अज्ञेय

सच्चिदानन्द वात्स्यायन
कैवेंटर्स ईस्ट, कैवेंटर लेन,
सरदार पटेल मार्ग, नई दिल्ली-110021
दिसम्बर 6, 1985

महोदया

सादर नमस्कार !

अभी इलाहाबाद में आपने जो प्रश्न-पत्र मुझे दिया था, मैं नहीं जानता कि उसका क्या उत्तर दे सकता हूं या मेरे दिए हुए किसी उत्तर की क्या उपयोगिता हो सकती है। बल्कि ऐसे प्रश्नों में एक कठिनाई यह रहती है कि कोई भी उत्तर सही नहीं हो सकता, क्योंकि प्रश्नकर्ता उत्तरों को कोटियों में रखना चाहता है जब कि रचनाकार का मस्तिष्क ऐसी बंधी लीकों पर नहीं चलता और हर प्रश्न का उत्तर यही रूप लेता है कि 'यह भी वह भी!' फिर भी भरसक आपके प्रश्नों का उत्तर दे रहा हूं।

- उपन्यासों की प्रेरणा सभी स्रोतों से मिली है–घटनाओं से, चरित्रों से, अपने अनुभव से और कभी चर्चा में उठने वाली समस्याओं से। यह भी जरूरी नहीं है कि किसी एक उपन्यास का कोई एक ही प्रेरणा-स्रोत रहा हो। 'शेखर' में कुछ अंशों का आधार आत्मघटित है लेकिन इनमें भी फिर जो चरित्र हैं वे सीधे-सीधे जीवन से लिए हुए चरित्र नहीं हैं बल्कि जैसे घटना एकाधिक वास्तविक अनुभवों में से जोड़-घटा कर गढ़ी गई है उसी तरह से चरित्र भी संश्लिष्ट हैं–एकाधिक वास्तविक चरित्रों में से विशेषताएं लेकर (और कल्पना से कुछ जोड़कर) औपन्यासिक आवश्यकता के अनुसार गढ़े गए हैं। दूसरी ओर 'अपने-अपने अजनबी' में रचनात्मक जिज्ञासा की एक धारा इस प्रश्न से आरम्भ हुई थी कि मृत्यु को सामने पाकर जिस चरम एकान्त और एकान्त साक्षात्कार का बोध होता है उसमें जिजीविषा कैसे काम करती है? कह सकते हैं कि यह जिज्ञासा 'शेखर' की परिस्थिति से भी जुड़ जाती है। यह भी तथ्य है कि 'अपने-अपने अजनबी' का पहला मसविदा एक तीन अंकों के नाटक के रूप में लिखना मैंने जेल में आरम्भ किया था–अर्थात् उन्हीं दिनों जब 'शेखर' का दूसरा मसविदा लिख रहा था। (शेखर का पहला मसविदा तो उससे पहले जेल में पहुंचते ही लिख डाला गया था।) जिज्ञासा की दूसरी धारा रचनाकर्म के दौरान उठने वाली समस्याओं से प्रकट हुई थी। 'अपने-अपने अजनबी' का वह पहला मसविदा अधूरा रह गया–नाटक का प्रवेश और पहला अंक लिखने के बाद मैंने उसे छोड़ दिया। (क्यों छोड़ दिया, इसकी विस्तार से यहां चर्चा प्रासंगिक नहीं है, इतना ही कह दूं कि मैंने अनुभव किया कि उसे आगे बढ़ाने के लिए अनुभव का और जानकारी का जो वैविध्य अपेक्षित है वह मुझमें नहीं है।)

जेल से छूटने के बाद मैंने कोयला खदानों की यात्रा भी इस उद्देश्य से की थी कि जिस चरम साक्षात्कार की स्थिति मैं लाना चाहता हूं वह अगर कोयला की खदान की दुर्घटना के कारण आए तो उसका रूप क्या होगा? अनन्तर मैंने उरा रिथति की अपेक्षा बर्फ के नीचे दब जाने वाली स्थिति को ही अधिक उर्वर पाया। उसका कारण एक हद तक यह भी था कि बर्फिस्तान में खो जाने का कुछ अनुभव मुझे भी रहा। इसके अलावा 'अपने-अपने अजनबी' के पहले खंड जैसी स्थिति की एक घटना भी मुझे सुनने को मिली (जिसका उल्लेख मैंने 'एक बूंद सहसा उछली' के स्वीडेन वाले लेख में किया भी है)। उपन्यास फिर भी लिखा नहीं गया, क्योंकि लिखने के लिए भीतर जिस तरह की पूर्णता के दबाव का अनुभव होना चाहिए वह अभी नहीं हुआ था। दूसरे खंड में बाढ़ के कारण आने वाली चरम स्थिति का वर्णन है। बाढ़ के संकटों के कुछ

अनुभव मेरे अपने रहे।

लेकिन उपन्यास के एकाएक वैसी सम्पूर्णता के बिन्दु तक पहुंच जाने का कारण हुआ बाढ़ की एक दूसरी घटना का वृतान्त जो श्री रघुवीर सहाय से सुनने को मिला। गोमती की एक बाढ़ में टूटे हुए पुल पर एक बुढ़िया के फंस जाने की घटना उन्होंने ही मुझे सुनाई थी। इसका उल्लेख भी मैं पहले कर चुका हूं।

- कथा-बीज मन में बहुत दिनों तक पड़ा रह सकता है, या तत्काल भी अंकुरित हो सकता है। 'अपने-अपने अजनबी' का बुनियादी प्रश्न मन में तब उठा था जब जेल में था अर्थात् 1931-32 में, और उपन्यास लिखा गया इसके 36-37 वर्ष के बाद। इस बीच दो बार इसे लिखने का प्रयत्न किया था और बीच में छोड़ दिया था। दूसरी बार तो 1955-57 के बीच। फिर जब वह वास्तव में लिखा गया—बल्कि लिखा दिया गया—उन दिनों उसे लिखने का कोई प्रकट संकल्प मेरे सामने नहीं था। संयोग ही ऐसा बना कि उपन्यास लिखने बैठ गया और तीन दिन में पहले दो खंड लिखा दिए। फिर एक सप्ताह के अन्तराल के बाद, इन दो खंडों की टंकित प्रति एक बार पढ़कर, तीसरा खंड भी एक बैठक में लिखा दिया। (स्वीडेन वाले यात्रा-संस्मरण में कुछ प्रसंग ऐसे दिए गए हैं जिन्होंने उपन्यास के कथा-बीज को पल्लवित होने में सहारा दिया।)
- वास्तव में ऐसा तो नहीं होता कि लेखन में प्रवृत होने के पूर्व कथानक का पूरा प्रारूप बन गया होता है और सामने होता है। केवल कुछ अवस्थितियां या विशेष सम्बन्ध-स्थितियां स्पष्ट और आलोकित रूप में सामने होती हैं। हो सकता है कि समापन का बिन्दु भी इनमें से एक हो। बाकी कथानक की यात्रा इन अवस्थितियों को एक सुसंगत और प्रत्यय देने वाली शृंखला में जोड़ने की यात्रा होती है। कह लीजिए इस यात्रा का मानचित्र यात्रा के दौरान ही बनता चलता है, पहले से बना हुआ नहीं होता। मेरे लिए तो रचना-प्रक्रिया इन पड़ावों को जोड़ने वाली यात्रा ही है। और मुझे स्वयं उसी में रचना और आविष्कार का सन्तोष मिलता है। इस प्रकार रचना स्वयं मेरे लिए भी नई होती है। यह मैं जानता हूं कि एक दूसरी पद्धति भी हो सकती है। और ऐसा भी नहीं है कि उस पर एक दिए हुए कथानक को लेकर उपन्यास न बना सकता होऊं लेकिन मेरी दृष्टि में यह उपन्यास 'गढ़ना' होगा 'रचना' नहीं। ऐसी गढ़न को भी पाठक के लिए रोचक बना दे सकता हूं, ऐसा मुझे विश्वास है लेकिन स्वयं मेरे लिए वह दूसरी कोटि की ही वस्तु रहेगी और वह तृप्ति नहीं देगी जो सर्जना से मिलनी चाहिए। वह गहरी तृप्ति भी नहीं देगी जो

सर्जक के लिए आगे की प्रेरणा और उत्तेजना का आधार बनती है, वह केवल अतीत में पूरा कर दिए गए एक दिए हुए काम का सन्तोष दे सकती है।

- आपके चौथे प्रश्न के उत्तर का अधिकांश तो प्रश्न-3 के उत्तर में आ गया है। प्रारूप में परिवर्तन की बात तो तभी उठती है जब प्रारूप उतना स्पष्ट हो। मेरे साथ वैसी स्थिति नहीं होती। एक अंतिम लक्ष्य और राह के दो-चार पड़ाव–इतना स्पष्ट हो जाने के बाद यात्रा-पथ और मानचित्र अपना आविष्कार स्वयं बनाता है। यह बात 'परिवर्तन' की नहीं होती, आविष्कार उन्मेष की होती है। इतना अवश्य है कि कुछ एक सम्बन्ध-स्थितियों के सामने होने के बावजूद उस मानसिक स्थिति की प्रतीक्षा रहती है जिसमें अपने को ऐसा लगे कि अब मैं यात्रा के लिए तैयार हूं और लक्ष्य तक पहुंच जाऊंगा। वह केवल सम्बन्ध-स्थितियों के सामने आ जाने से ही नहीं होता, और दूसरी ओर उसके लिए पूरे यात्रा-पथ का मानचित्र भी अपेक्षित नहीं है। रचना-यात्रा में रचयिता को भी लगातार आविष्कार और उन्मेष का बोध होना चाहिए और उससे मिलने वाली स्फूर्ति मिलनी चाहिए।

यों भी कह सकते हैं कि लिखने बैठने से पहले ऐसा नहीं होता कि पूरा परिदृश्य सामने है लेकिन इतना अवश्य है कि एक बिन्दु ऐसा आता है जहां अनुभव होने लगता है कि दृश्य मेरा देखा हुआ न होने पर भी एक दृष्टि मुझे मिल गई है जिससे मैं उसे निःशंक और निभ्रांत भाव से देख सकूंगा।

- ऐसा हो तो सकता है कि रचना पूरी हो जाने के बाद ऐसा लगे कि उसका अभिप्रेत कुछ दूसरा है और मैंने पहले कुछ और सोचा था। ऐसा हो तो दो बातें हो सकती हैं। एक तो यह कि ऐसा मेरी असफलता हो और उस असफलता का बोध मुझे हो। ऐसा हुआ भी है। लेकिन जब हुआ है, या लिखते हुए जिस स्थल पर हुआ है, मैंने उपन्यास को वहीं छोड़ दिया है। या तो फिर उस पूरे विचार को ही छोड़ दिया है या अगर उससे पूरी तरह उबर नहीं सका हूं, कह लीजिए कि उसकी रचनात्मक सम्भावनाओं की चुनौती बनी रह गई है तो मैंने उसे फिर से आरम्भ से लिखा है और मनोनुकूल परिणति तक पहुंचाया है। यह तो एक बात हुई। दूसरी बात यह है कि स्पष्ट अभिप्रेत वाली यह कठिनाई इस रूप में तभी उठती है जब उपन्यासकार ने कथानक का इतना स्पष्ट ढांचा अपने सामने पहले ही रख लिया हो। उस स्थिति में चरित्र फिर कथा के दौरान अपने को नहीं रचते, अपने को आविष्कृत नहीं करते, उनका आविर्भाव या अवतरण नहीं होता। वे केवल कथानक की घटना के आवेष्टन हो जाते हैं–घटनाओं की पहनायी गई एक पोशाक। ऐसे उपन्यास

भी हो सकते हैं और हैं। लेकिन मैंने ऐसे उपन्यास नहीं लिखे और उन्हें लिखने का कोई उत्साह भी नहीं होता। दो-एक कहानियां अवश्य ऐसी हैं जिनका आधार कोई विचार या तार्किक चिंता है और उसी के आधार पर इमारत खड़ी की गई है—एक बौद्धिक जिज्ञासा को मूर्त रूप दिया गया है और मूर्त परिणति तक पहुंचाया गया है। (मेरी कहानी से उदाहरण 'कलाकार की मुक्ति' या श्री जैनेन्द्र कुमार के उपन्यासों से उदाहरण 'सुनीता') यह नहीं भूलना चाहिए कि वास्तव में रचनाकार भी रचना के माध्यम से ही पहचानता है कि उसका वास्तविक अभिप्रेत क्या था। उपन्यासकार पहले से जाने हुए परिणाम को पोशाक पहना रहा हो ऐसा नहीं होता। वह चरित्रों को रचता चलता है और चरित्रों की जीवंतता की मात्रा में ही इस कौतूहल का सामना भी करता चलता है कि ये चरित्र अब आगे क्या करेंगे। जितने ही वे जीवंत हैं, उतने ही वे अप्रत्याशित या अपूर्वानुमय भी हो सकते हैं। लेकिन उनका ऐसा होना भी एकदम आधार रहित नहीं होता, शून्य में से पैदा हुआ नहीं होता। वह तर्क के नियमों से बनता हुआ नहीं होता अथवा कल्पना के नियमों के चौखटे में फिर भी बना रहता है—प्रतीत्य होता है।

- कथानक-निर्माण की प्रक्रिया में जिन बातों को महत्व देता हूं वे ऊपर के उत्तरों में आ गई हैं। बाकी ऐसा नहीं है कि उसके लिए कोई एक विधि अपनाता हूं या किसी एक पद्धति को महत्व देता हूं। महत्व की बात पर्यवेक्षण और सूक्ष्म संग्राहिता है, फिर उसका लक्ष्य चाहे एक-एक कोटि का गोचर अनुभव हो चाहे एक-एक क्रिया, चाहे सूक्ष्म वैचारिक अथवा भावना-मूलक आन्दोलन और गतियां हों चाहे प्रकट सामाजिक आचरण और कर्म। 'सामाजिक आचरण' में समाज-जीवी मनुष्य के सभी तरह के क्रियाकलाप शामिल कर रहा हूं—राजनीतिक आचरण भी और उसकी प्रेरणाएं भी।

पर्यवेक्षण पर बल देने का महत्व यह भी है कि मैं अपने आसपास के लोगों के आचरण को भी बारीकी से देखता हूं और उनकी कर्म-प्रेरणाओं को उनके सन्दर्भों के साथ जोड़ता रहता हूं। अपने उपन्यासों में मैं अपने आसपास के लोगों को ज्यों का त्यों नहीं लाता, न लाना चाहता हूं, न ऐसा करना आवश्यक या उचित भी समझता हूं। लेकिन यह बिल्कुल सम्भव है कि उपन्यासों के चरित्र अपने सामाजिक अनुभव में जाने-पहचाने गए लोगों के चरित्रों पर आधारित संश्लिष्ट चरित्र हों। मेरे उपन्यासों में है भी। 'शेखर' के (विशेष रूप से जेल के सम्पर्क के) कई चरित्र ऐसे हैं, 'नदी के द्वीप' में भी कुछ चरित्र ऐसे हैं यानी कुछ अधिक मात्रा में ऐसे हैं, कुछ कम मात्रा में। ऐसे चरित्रों में ऐसा भी हो सकता है कि दो या अधिक वास्तविक चरित्रों का संश्लेषण किया

गया हो और ऐसा भी हो सकता है कि संश्लेषण में एक अंश कल्पना का हो और एक अंश वास्तविकता का। कहने की जरूरत नहीं कि 'औपन्यासिक यथार्थ' वास्तविक यथार्थ से अधिक प्रतीत्य और 'सच्चा' होता है, क्योंकि वह अधिक सघनता और सूक्ष्मता के साथ देखा हुआ यथार्थ होता है, उसमें वास्तविक जीवन के देखने का बिखराव नहीं होता। बिखराव और दिग्भ्रम की सहज प्रवृत्तियों के बीच यों अवधान को एकाग्र करके कुछ दिखा देना ही साहित्य का वह शक्तिशाली प्रभाव है जो मानवीय चेतना के विकास में योग देता है। नहीं तो मनोरंजन के दूसरे अनेक साधन उपलब्ध हैं।

- मेरे लेखन की कोई व्यवस्थित दिनचर्या नहीं रही है। इधर जरूर यत्न करता हूं कि पूर्वा में अपना काम कर लूं, लेकिन उसके कारण प्रवृत्तिगत नहीं हैं, परिस्थितिगत हैं। दिन में व्याघात बहुत होते हैं और लेखक के सामाजिक जीवन का दबाव बढ़ता गया है।

लिखते समय शान्ति और एकान्त चाहता हूं लेकिन वह न भी मिले तो काम करता रह सकता हूं। बल्कि लिखने बैठने से तुरंत पहले अवधान केन्द्रित करने के लिए उसकी उपयोगिता अधिक होती है। लेकिन मैंने बसों, रेलगाड़ियों में भी काफी लिखा है। भीड़ या जन-संकुल के बीच होने पर लिखने लायक एकान्त गढ़ने के लिए अलग से थोड़ी ऊर्जा व्यय करनी होती है। वैसा एकान्त गढ़ तो लेता हूं, लेकिन वही ऊर्जा अगर 'आत्मरक्षा' के लिए न खर्च करनी पड़ती और काम में लगायी जा सकती तो अधिक अच्छा होता। पहले मैं दिन-रात के किसी भी समय लिखने बैठ सकता था और लिखता था। अब वैसा नहीं करता तो उसका कारण शरीर की सीमाएं और आंखों का कष्ट है।

आपके अनुमान की पुष्ट करने वाली दलील तो मैं नहीं दे सकता। इतना अवश्य है कि ऐसी जगह बैठकर काम करना अच्छा लगता है जहां से कुछ पेड़-पौधे, खुला आकाश दीखता रह सके। आजकल तो परिस्थितिवश यह घर पर ही सुलभ है, नहीं तो पहले इसके लिए कहीं यात्रा पर भी निकल गया हूं।

उपन्यास जो मैंने लिखे हैं उनका लिखा जाना बड़ी तेजी से और बहुत कम समय में हुआ है। यह दूसरी बात है कि एक बैठक और दूसरी बैठक के बीच लम्बा अन्तराल हो गया हो। 'नदी के द्वीप' मुख्यतः दो किस्तों में लिखा गया था। एक बार जून में 8-10 दिन लिखने बैठा था और दूसरी बार नवम्बर के उतरार्द्ध में। जून में दक्षिण भारत की शिवराय शृंखला के छोटे से पर्यटन स्थल यरकाड के एक होटल में, नवम्बर में श्रीनगर की एक बिल्कुल खाली कोठी में जिसमें रहने की सुविधा मेरे लिए यों हो गई थी कि जो सरकारी ऑफिसर पहले उसमें रहते थे उनका तबादला हो गया था

और वे कोठी खाली करके चले गए थे, जिन दूसरे अधिकारी को वह कोठी दी गई थी वह तत्काल उसमें आना नहीं चाहते थे क्योंकि उससे पहले कोठी की मरम्मत और नई पुताई कराना चाहते थे। यह अधिकारी मेरे मित्र थे और इन्हें ही मैंने ठहरने की व्यवस्था करने को कहा था। उनके लिए आसान और मेरे लिए अत्यन्त सुविधा का उपाय यही निकला कि मैं उस कोठी में जा रहूं। झेलम के किनारे की इस सरकारी कोठी में बगीचा भी था। ढाई मंजिल की इमारत में 17-18 कमरे थे जो सब खाली थे और बन्द रहते थे। मुझे बिल्कुल ऊपर का कमरा अपने लिए ठीक जान पड़ा। उसमें हवा और रोशनी काफी थी, छत में भी एक बड़ा रोशनदान और खिड़कियों से एक तरफ झेलम का तो दूसरी तरफ शंकराचार्य शिखर का दृश्य दीख पड़ता था। मैं यहां बिल्कुल अकेला रहा। दिन का भोजन मेरे मित्र का नौकर टिफिन कैरियर में नीचे ही छोड़ जाता था। मैं केवल शाम को नदी के किनारे घूमने निकलता था और फिर अपने मित्र के यहां भोजन करता हुआ लौट आता था। उस समय उनका नौकर द्वार तक पहुंचाने आता था और टिफिन कैरियर वापस ले जाता था। लिखने के लिए मुझे ऐसी स्थिति ही आदर्श जान पड़ती है और उन दिनों मैं दूसरा कुछ नहीं पढ़ता, अखबार भी नहीं देखता, डाक में कोई चिट्ठी आए तो उसे भी नहीं खोलता। ऐसे 15 दिन मुझे मिल जाएं, इतना एक उपन्यास के लिए काफी है। अब एक साथ 15 दिन कभी नहीं मिल पाते और उपन्यास भी नहीं लिखा जाता।

आशा है ये उत्तर आपके लिए उपयोगी होंगे। चिट्ठी की पहुंच जरूर दें, आजकल डाकघर का भरोसा नहीं है।

आपका

सच्चिदानन्द वात्स्यायन

अमरकान्त

प्रिय कुसुम जी,

आपके प्रश्नों के उत्तर भेज रहा हूं।

- लेखक की रचनात्मक दृष्टि मुख्य चीज होती है। यह दृष्टि वाद-विवाद बाहर की उस दुनिया से टकराती है, जिसमें निरन्तर घटनाओं के घात-प्रतिघात व विभिन्न चरित्रों के कार्य-कलाप होते रहते हैं तथा अनेक विचारों की लहरें उठती-गिरती हैं। इस टकराहट से लेखक जो बिम्ब ग्रहण करता है, वही फैलकर कभी कविता, कभी कहानी और कभी उपन्यास का रूप ग्रहण कर लेता है।

- बिम्ब या बीज-सूत्र, जो भी कहें, परिपक्व होकर रूपाकार ग्रहण करने में समय लेता है। वर्षों पड़ा रहता है और घटनाओं और चरित्रों के एक सुसम्बद्ध कथानक के फैलाव में अपनी सार्थकता ढूंढ़ता रहता है।
- एक प्रारूप बनाना पड़ता है।
- बिम्ब वह मजबूत धुरी है, जिस पर पूरी रचना टिकी रहती है, इसलिए रचना-प्रक्रिया के दौरान जब बिम्ब बदलता है तो इसका मतलब यह होता है कि सार्थक बिम्ब ग्रहण नहीं किया गया है, बल्कि वह बिम्ब का छलावा मात्र है। अस्पष्ट व कमजोर बिम्ब कमजोर रचनाओं को जन्म देता है। पर बिम्ब को रचना में रूपान्तरित करना एक बहुत ही जटिल व परिश्रमसाध्य प्रक्रिया है, बिम्ब को प्रामाणिक बनाकर रचना का रूप देना, जिससे वह दूसरों तक सहज सम्प्रेषित हो सके, एक ऐसा निरन्तर संघर्ष है, जिसमें भाषा, फॉर्म तथा अन्य डिटेल्स में परिवर्तन हो सकते हैं और अवश्य होते हैं।
- ऐसा होता है और मेरे साथ हुआ भी है। यह उसी समय होता है, जब रचना जल्दबाजी में लिखी जाती है और उसके साथ वह परिश्रम नहीं किया जाता है, जो होना चाहिए। आर्थिक या अन्य तरह की मजबूरियों अथवा लापरवाही व आलस्य के साथ लिखी रचनाओं के अच्छे-अच्छे बिम्ब चौपट हो जाते हैं।
- कोरी कल्पना के आधार पर उपन्यास लेखन नहीं हो सकता। उपन्यास लेखन कोई मानसिक विलास नहीं है, इसलिए उसे वस्तुजगत से काटकर नहीं देखा जा सकता। उसके लिए जीवन का बहुत व्यापक व गहरा अनुभव होना चाहिए।

जो कुछ मैं ऊपर कह चुका हूं, वह मेरे उपन्यासों के बारे में भी सही है। मेरे उपन्यास 'सूखा पत्ता' का कथानक तलाशने में कई वर्ष लगे। उसका पहला ड्राफ्ट सन् 1956 में दो महीने में लिख लिया गया, पर वह उसका अन्तिम रूप नहीं था।

उसको अन्तिम रूप देने में दो या ढाई वर्ष लगे। इस बीच वह बार-बार लिखा गया और तब सन् 1959 में पहली बार छपा। इस उपन्यास में कुछ अपने अनुभव हैं, कुछ दूसरों के अनुभव हैं, पर उसके मूल में एक जीवन-दृष्टि है, जो अपनी कीमियागिरी से उसको एक रचनात्मक आभास देती है।

समालाप : (दिनांक : 19-1-86; स्थान : अमरकान्त का आवास; अपराह्न 3 बजे)

- यह सही है कि कहानियों के द्वारा हिन्दी-कहानी के क्षेत्र में मैंने अपनी विशेष स्थिति बनाई थी, उससे मुझे आत्मविश्वास और उत्साह भी मिला था। किन्तु 'सूखा पत्ता' मैंने उपन्यास विधा में लिखने का ही निश्चय करके उठाया था।

वास्तव में विषय से सम्बन्धित कैनवस ही उसकी विधा तय कर देता है। जाहिर है, इतना बड़ा कैनवस कहानी में समेटना मुमकिन नहीं था। 'सूखा पत्ता' के रूप में उपन्यास लेखन के क्षेत्र में मेरा पहला प्रयास है, वैसे मूलतः मैं अपने को कहानीकार ही मानता हूं। पर मैंने इसके बाद उपन्यास लिखे; 'ग्राम सेविका', 'आकाश पक्षी', 'काले उजले दिन', 'बीच की दीवार', 'सुखजीवी' (पहले इसका नाम 'पराई डाल का पंछी' था)। आजकल 'सुन्नर पांडेय की पतोहू' पर काम कर रहा हूं।

- अतः विधा विषय का कैनवस ही निर्धारित करता है। बाहर की जिन्दगी से टकराकर मानस एक बिम्ब प्राप्त करता है। वही मूल है। उस बिम्ब को मैं अलग-अलग विधा में फैलाकर देखता हूं। अगर व्यापक है तो वह उपन्यास विधा में उतरता है और यदि सीमित है तो कहानी विधा में।
- शीर्षक अमूमन पहले ही रख लेता हूं। उपन्यास का तो पहले ही रखता हूं। हां, कहानी का बाद में भी रख सकता हूं।
- नहीं, लिखित प्रारूप तो नहीं बनाता। दिमागी प्रारूप अवश्य रहता है। वास्तव में मेरे लिए कहानी या उपन्यास का पहला ड्राफ्ट लिखना ही कठिन होता है। वह मेरे लिए बड़ा कष्टकर और यातनापूर्ण होता है। पहले ड्राफ्ट में एक चीज कंट्रोल में लानी होती है। उसके बाद दूसरे-तीसरे या कभी-कभी चौथे पांचवें ड्राफ्ट में मैं तराशने का काम करता हूं। यह प्रक्रिया मेरे लिए आनन्दानुभूति देती है, क्योंकि यही चीज को निखारती है। तब कहानी या उपन्यास का जो रूप उभरता है, उससे आनन्द मिलता है, सुख मिलता है।
- अगले ड्राफ्टों में मैं कथा को चुस्त-दुरुस्त करने का काम करता हूं। मेरा पहला ड्राफ्ट मूलतः विवरणात्मक होता है। मैं चीजों को सीधे-सीधे ढंग से, क्रम से रखता हूं। अगले ड्राफ्ट में मैं उसका फॉर्म बदलता हूं। जैसे प्रायः उसे कथोपकथनों और नाटकीय रूप में प्रस्तुत करने का काम करता हूं...। जैसे 'दोपहर का भोजन' मैंने एक 'सिटिंग' में लिख ली थी। किन्तु बाद में मैंने उसका फॉर्म बदलने का काम किया। 'डिप्टी कलेक्टर' मैंने 20-25 दिन में धीरे-धीरे लिखी, 'जिन्दगी और जोंक' भी लगभग 20-25 रोज में लिखी गई। मैं बहुत धीरे-धीरे लिखता हूं। कुछ पृष्ठ लिख दिए, नहीं जमा तो फिर लिखा। इस तरह कई बार लिखता हूं। 'दोपहर का भोजन' में मुझे अधिक मेहनत नहीं करनी पड़ी, यह दूसरे ड्राफ्ट में ही तैयार हो गई थी।
- वास्तव में हम लिखने के आवेग में लिख तो डालते हैं, पर उस आवेग में कभी-कभी चीजों को सही रूप में नहीं लिख पाते। प्रायः कभी सीधे-सीधे

कहते चले जाते हैं। इससे कहने में कोई कलात्मकता नहीं आ पाती। असल में कलात्मकता और प्रभाव तो कटाई-छंटाई के बाद ही आता है। समझिए दूसरे ड्राफ्टों से कहानी या उपन्यास के कंस्ट्रक्शन का काम होता है। पहले में बस नींव पड़ती है...दीवारें खड़ी होती हैं, खिड़कियां-दरवाजे निकलते हैं, दूसरे और बाद के में पलस्तर, रंगाई-पुताई, साज-संवार का काम करता हूं। यानी मकान के रूप को निखारता हूं। दूसरे ड्राफ्टों में मुहावरे और भाषा की खोज का काम मूलतः करता हूं। लेकिन फिर भी सन्तुष्ट नहीं हो पाता। छपने चली जाती है, या छपकर आती है, तब भी लगता है कि इसमें यह- यह चीज गलत चली गई।

- चरित्रों की सृष्टि में मिश्रण प्रक्रिया ही रहती है। किसी एक को हू-ब-हू उठाकर नहीं रखा जा सकता। वह सीमित हो जाता है। वास्तव में अनेक चरित्रों के बीच से एक 'टाइप' ढूंढ़ना पड़ता है जो सब जगह मिलता हो। एक तरह के मनोवैज्ञानिक धरातल में मिश्रण से कोई एक चरित्र निर्मित हो जाता है—इस मिश्रण में कई जीवंत व्यक्ति भी हो सकते हैं या फिर उसमें कल्पना का योग भी हो सकता है। जैसे 'डिप्टी कलेक्टर' के पिता के निर्माण में मेरे अपने पिता का बिम्ब रहा। पर मैंने अपने पिता को ज्यों का त्यों उठाकर नहीं रख दिया। अपने पिता, भाई, घर के वातावरण, उनके आपसी सरोकारों से प्रेरणा अवश्य ली, पर केवल उतनी ही, कि पुत्र की असफलता में भी पिता का पुत्र के प्रति 'अटैचमेंट' क्या रहता है। पुत्र असफल हो जाता है, तब भी वह पुत्र के बारे में सोचता है। यह पिता का जो टाइप उभरकर आया, वह कई पिताओं में मुझे मिला। इस सामान्यता से ही 'डिप्टी कलेक्टर' के पिता की सृष्टि हुई है।
- रेगुलर लिखने वालों में मैं नहीं हूं। कोई लेने आ ही जाए, आग्रह करे, तो लिख देता हूं। पर अपने हिसाब से मैं जब लिखता हूं तब बहुत थोड़ा-थोड़ा और धीमे-धीमे लिखता हूं। रात में प्रायः अवश्य लिखता हूं, पर यह भी अटल नियम नहीं है। कभी-कभी थोड़ा-बहुत सुबह ऑफिस जाने से पहले भी लिखता हूं।
- भारतीयों में प्रेमचन्द, जैनेन्द्र, अज्ञेय, रेणु, रवीन्द्रनाथ टैगोर और शरतचन्द से विशेष रूप से प्रभावित हुआ हूं। पाश्चात्य में टॉल्स्टॉय, हेमिंग्वे, डास्टवस्की, मोपासा, ओ. हेनरी, स्टीफन ज्यूख से। प्रेमचन्द और टॉल्स्टॉय की मानवतावादी दृष्टि ने बहुत प्रभावित किया; टैगोर की छोटी कहानी की कसावट ने। जैनेन्द्र के भी 'त्यागपत्र' की कसावट के कारण प्रभावित हुआ। शरत की कहानी कहने की कला—एक बात को उठाकर कितनी दूर तक ले जाते हैं—ने बहुत

प्रभावित किया। उपन्यास शिल्प पर शरत का प्रभाव स्वीकार करता हूं और कहानी शिल्प पर रवीन्द्रनाथ टैगोर का। रवीन्द्र की 'हाउस कमिंग' कहानी से बहुत ही प्रभावित हुआ। मोपासा, हेमिंग्वे, स्टीफन ज्यूख ने भी कहने के ढंग को प्रभावित किया।

अमृतलाल नागर

दूरभाष : 82350, चौक,
लखनऊ - 226 003
20-9-85

प्रिय सौ. कुसुम,

तुम्हारा 11 सितम्बर का पत्र मिला। प्रश्नपत्र फिर भेजे, उपकार किया। पहले तुम्हारे पत्र में लिखे गए प्रश्नों के उत्तर भेज रहा हूं, फिर 'साइक्लोस्टाइल्ड' प्रश्नों के उत्तर :-

- 'अमृत और विष' उपन्यास लिखने की सूझ अनोखे ढंग से आई। उन दिनों भारतीय स्वतंत्रता की ताजगी में अनेक कथित और तथाकथित महापुरुषों की षष्ठिपूर्तियों के अभिनन्दन ग्रन्थ निकल रहे थे। अभिनन्दन ग्रन्थों के लिए लेखों के इतने फर्माइशी पत्र उन दिनों आते थे कि एक दिन झुंझलाकर किसी सामने बैठे हुए व्यक्ति से कह दिया कि सब महान बन गए। सब लल्लू जगधरों के सठियावन समारोह हो रहे हैं पर निगोड़ी बीसवीं सदी की महत्ता को कोई भी नहीं याद कर रहा जो अब दो-तीन महीनों में अपने 70 बरस पूरे करने वाली है। झुंझलाहट में निकली बात फिर गम्भीरतापूर्वक सोच का विषय बन गई और मेरा नायक एक ऐसा उपन्यास लेखक बना जिसने उपन्यास के आरम्भ में ही अपनी षष्ठिपूर्ति का दिन मनाया।

यों प्रसंगवश यह भी लिख दूं कि आजकल जिस उपन्यास का ढांचा बना रहा हूं वह भी बीसवीं सदी की कहानी ही है। किन्तु इसका नायक उपन्यास लेखक नहीं होगा। उस समय देशकर्मी उपन्यास लेखक ही नायक क्यों बना, यह बात जरूर सोचने के काबिल है। शायद मेरी मनोदशा उस समय ऐसी ही रही होगी कि बीसवीं सदी की 70 वर्षीय जीवनी को एक उपन्यास लेखक की जीवनी बनाकर देख लिया।

- तुम्हारे दूसरे प्रश्न का उत्तर देने में मुझे इस समय कठिनाई अनुभव हो रही है। तुमने अपने प्रश्न में वह पृष्ठ संख्या नहीं लिखी जहां तुम्हें मेरा यह वाक्य '...और कथानक...की चिन्ता मुझे नहीं है', मिला था। उपन्यास लिखे भी अब

इतने वर्ष बीत चुके हैं कि उसकी हर बात दिमाग में अपने सही सन्दर्भ में ठीक-ठीक याद में नहीं आती। विशेष रूप से 'बा' मेरे मन का काफी हिस्सा अपने साथ ले गई है इसलिए पिछले चार महीनों से बाकी बचे-खुचे मन में उन्हीं की स्मृतियां अधिक समायी हैं। यदि उपन्यास से उपर्युक्त वाक्य की पृष्ठ संख्या लिख दोगी तो किताब पढ़कर तुम्हें माकूल उत्तर दे सकूंगा। वैसे, कथा और कथानक में अन्तर मानता हूं। कथा को 'कूट' शब्द समझो और कथानक को कथात्मक तत्वों का विकास। मूल रूप से मेरा सोचने का तरीका यह है कि सूझ में कोई बात जब आती है तो बात को रूप देने वाले एक या दो पात्र-पात्रियां भी नजर आते हैं। मैं उनके मनोवैज्ञानिक नाते से आगे का कथानक बढ़ाता हूं। यह रिश्ते आपसी सम्बन्धों से कहानी को नियोजित करके आगे बढ़ाते रहते हैं। शायद इसी उद्देश्य से मैंने 'अमृत और विष' का वह वाक्य लिखा होगा। मेरे लिए शुरू में हमेशा कोई करेक्टर या कोई बात ही प्रेरकशक्ति बनती है, फिर उसके मनोवैज्ञानिक नाते अपने आप कहानी गढ़ते चले जाते हैं। कहानी का नियोजन-संयोजन इसके बाद वाली श्रृंखला में होता है।

- एक चरित्र जो अपनी किसी खास विशेषता के कारण मेरे खयालों से टकराता है वह चरित्र मैं जस का तस रंजित नहीं करता। उस मनोवैज्ञानिक 'पैटर्न' के और चरित्रों पर भी नजरें आप ही आप दौड़ने लगती हैं। उन सबसे मिलकर मेरी कहानी का नया चरित्र गढ़ जाता है। जो पाठक को हूबहू प्रत्यक्ष नजर आने लगते हैं और वह समझता है कि लेखक ने किसी एक व्यक्ति को जस का तस उठाकर अंकित कर दिया है। परन्तु हे डॉ. कुसुम वार्ष्णेय, यह देखो कि उस सत्य में मेरी कल्पना किस तरह से घुली है। वस्तुसत्य और कल्पना जब अपने चरित्रों और परिवेश सहित ईमानदारी से घुलाये-मिलाये जाते हैं तब पाठक, पाठिका के लिए यह कहना कठिन हो जाता है कि अमुक पात्र अथवा उसका परिवेश मैंने जीवन से जस का तस उठा लिया है या उसमें कल्पना के तत्व भी मिलाये गए हैं। यही कला है। कला में झूठा सच (कल्पना) भी विशुद्ध सच के रंग में रंगकर तुम्हारी दृष्टि में 'हू-ब-हूपन' पैदा करता है। कला का 'झूठ' भी सच के प्रकाशाणुओं से भरपूर होता है।

अब तुम्हारे साइक्लोस्टाइल्ड प्रश्नपत्रों के उत्तर लिखता हूं–

- तुम्हारे प्रश्न में पूछी गई तीनों बातों को अपने उत्तर में भी 'हां' कहकर दोहराता हूं।
- तुम्हारे इस प्रश्न की दोनों बातें सही हैं। कभी कोई बात, दृश्य या घटना तत्काल ही कागज, कलम उठाने को मजबूर कर देती हैं। कभी यह भी होता

है कि एक बात, दृश्य या घटना स्मृति के भण्डारघर में सुरक्षित हो जाती है, फिर कभी किसी सम्पादक के आग्रह से या स्वयं अपनी ही नियमित लिखने की आदत के कारण कागज पर उतर आती है। कभी-कभी बात सालों दिमाग में रहती है और अपने लिए काम करने का उकसावा बराबर देती रहती है। इसकी मिसाल में तुम्हें 'एकदानैमिषारण्ये' उपन्यास की पृष्ठभूमि बतलाता हूं। सन् 45 में स्व. नटराज उदय शंकर जी तथा भारत कोकिला एम.एस. सुबुलक्ष्मी जी की दो फिल्में लिखने के वास्ते स्व. 'बा' के साथ मद्रास गया था। एक दिन संध्या के समय कपालीश्वर मन्दिर में हम लोग दर्शनार्थ गए थे। वहां कथा-मण्डप में पन्द्रह-बीस श्रोताओं को कथा सुनाते कथावाचक जी से 'एकदानैमिषारण्यकतिलरिन्द' सुनते ही चौंककर यह विचार आया कि यह सारी कथायें नैमिषारण्य में ही क्यों गढ़ी गईं? इसके पहले भी सन् 41 में महाराष्ट्र के कोल्हापुर में, पुणे और बम्बई में भी प्रत्येक पूर्णमासी के दिन कहीं न कहीं 'श्री सत्यानारायण की महापूजा' का सूचना पट्ट अवश्य ही देखता था। अहमदाबाद (गुजरात) में भी एक मित्र के घर 'श्री सत्यनरायण की कथा में नैमिषारण्य का नाम सुन चुका था। उत्तर प्रदेश, गुजरात, महाराष्ट्र से कानों में टकराते-टकराते जब मद्रास में नैमिषारण्य नाम टकराया तो उपर्युक्त प्रश्न मेरे मन में उठना स्वाभाविक ही था। नीमसारमिसरिख (नैमिषारण्य-मिश्रित तीर्थ) मेरे शहर से 50-60 किलोमीटर दूर है। पड़ोसी के नाम ने विचारों के कण्डों में यदि चिनगारी रख दी तो इसमें आश्चर्य की कोई बात न थी। नैमिषारण्य में 87 हजार ऋषि क्यों इकट्ठा हुए? गंगा, यमुना तट पर बसे काशी, हरिद्वार, मथुरा आदि में यह अभूतपूर्व ऋषि-मुनि महासम्मेलन क्यों न हुआ? हमारी गोमती तट पर कोने में बसे 'नैमिष के लतपेड़वा' जंगल ही में यह महासम्मेलन क्यों हुआ, कब हुआ और कैसे हुआ? यह सारी बातें मन को बार-बार कचोटती रहीं और पढ़ने से प्राचीन इतिहास सम्बन्धी कुछ न कुछ सूचनाएं मन में इकट्ठा होती ही रहीं। यह उपन्यास मैंने लगभग 66 या 67 के लगभग लिखना आरम्भ किया था।

सद्यः प्रकाशित 'करवट' उपन्यास की सामग्री सन् 48-49 में बटोरी गई थी जिसकी चिन्तन-प्रक्रिया का प्रथम दर्शन 'बूंद और समुद्र' में, द्वितीय दर्शन 'अमृत और विष' में, तृतीय दर्शन 'नाच्यौ बहुत गोपाल' में हुआ और तब बात एकाएक पूरी तौर पर खुलकर सन् 83 के अन्त में 'करवट' उपन्यास की शक्ल में आनी शुरू हुई।

रचना-प्रक्रिया विषय-वस्तु के चिन्तन क्रम से ही आरम्भ हो जाती है। कभी उनका प्रतिफल तत्काल ही मिल जाता है, कभी समय भी लगता है।

- कथानक का प्रारूप जरूर बनाता हूं, लेकिन कभी-कभी लिखते हुए उस प्रारूप का रूप बदलना भी आवश्यक अनुभव करता हूं और बदल भी देता हूं।
- तुम्हारे प्रश्न-4 का उत्तर इसलिए नहीं दे रहा कि पिछले प्रश्नों के उत्तर में तुम्हारे इस प्रश्न का जवाब तरह-तरह से आ ही गया।
- हां, कभी-कभी यह अनुभव करता हूं कि एक बात जिस तरह मन में उतरी थी वैसी कागज पर नहीं उतरी। उसे दोबारा, कभी-कभी तिबारा भी लिखकर अपने संतोष लायक बनाता हूं। तुम्हारे प्रश्न नं. 5 का भी उत्तर कमोबेश पहले के जवाबों में दे दिया है, इसलिए इस प्रश्न का उत्तर देने की आवश्यकता भी नहीं अनुभव करता ।

आशा है सपरिवार सानंद सकुशल होगी।

मंगलाकांक्षी

अमृतलाल नागर

समालाप : (26-12-85; स्थान : अमृतलाल नागर का आवास; समय : सायं 4 बजे)

- मेरी रचना-प्रक्रिया की जब मशीन खुलती है और मस्तिष्क जब चिन्तन के चक्र में चल पड़ता है तब उसे रोकना मुश्किल हो जाता है। कोई पात्र मेरे दिमाग में आता है। उसकी विशेषताओं के साथ एक बिम्ब भी मेरे मानस में आता है। चरित्र का ध्यान आते ही बात बन जाती है, यही हमारा चिन्तन आरम्भ कर देता है। पात्र में हम सारे अनुभव बैठाते हैं।
- जब एक बिम्ब बन जाता है, तब रचनात्मक मन उसे फैलाता है। बिम्ब को फैलाने का अपना एक तर्क होता है। उसे बहुआयामी और व्यापक बनाने में ही लेखक की रचनात्मक क्षमता की पहचान है।
- आज का लिख चुका होता हूं तब भी अपने दिमाग की मशीन बन्द नहीं होती। सोने के पहले हिसाब-किताब करता हूं कि कल क्या लिखना है। घटना प्रसंग क्या रहेंगे। बस एक पागलपन, एक उन्मेष हरदम छाया रहता है। रचना में जो सुख मिलता है, वह अपने ढंग का होता है। हर समय लिखने का उन्मेष बना रहता है।
- रोजाना सुबह 'डिक्टेट' करता हूं। 'डिक्टेट' करने में मुझे सुख मिलता है। 'डिक्टेट' करते-करते पात्र सामने आ जाते हैं, दृश्य सामने रहता है, नजर सामने रहती है, चित्र-टेलीवीजन के स्क्रीन पर की तरह फैल जाता है। हर चीज की 'मल्टी इमेज' होती है। वे सब स्क्रीन पर दीख जाती हैं और 'माइंड' 'प्ले' करता रहता है, तन्मय होकर। बोलकर लिखाने से कथानक का सारा

परिदृश्य जैसे स्क्रीन पर अपनी सम्पूर्णता में सामने होता है और उसे मैं समग्रता में अंकित कर लेता हूं।

- लिखने के उन्मेष में ही 'प्लाट' साथ-साथ बनता जाता है। उसके लिए मुझे सोचना नहीं पड़ता। आरम्भ-बिन्दु सोचता हूं और बहुत सोचता हूं। पर सोचने से 'आरम्भ' नहीं मिलता। वह मुझे एकाएक सूझ जाता है; और फिर मेरी गाड़ी चल पड़ती है।
- एक समय में एक ही उपन्यास पर काम करता हूं। जिन दिनों लिख रहा होता हूं, उन दिनों कुछ नहीं पढ़ता। अखबार तक नहीं पढ़ता। पर लिखने से पहले खूब पढ़ता हूं। प्रमाण इकट्ठे करने के लिए यात्राएं भी करता हूं, उस परिवेश का, उस चीज की खूब छानबीन करता हूं जिस पर मुझे लिखना है। लेकिन लिखते समय वह सब टीपन सामने रखकर नहीं 'डिक्टेट' करता।
- शीर्षक कभी पहले रख ही नहीं पाता। बाद में रखने पर भी दिक्कत होती है। 'शीर्षक' के लिए घर के बच्चों से पूछता हूं। इन अपने मित्र ज्ञानचन्द जैन से पूछता हूं। बड़ी मुश्किल से तय होता है शीर्षक। राम-राम, कितनी दिक्कत उठानी पड़ती है शीर्षक के लिए।
- कल से अगर कोई उपन्यास शुरू करना है तो मन की बात कहने की तरकीब आज रात तक खूब अच्छी तरह सोच लेता हूं। 'मैटर' जो बिखरा पड़ा है उसका बौद्धिक चिन्तन करता हूं, आलोचना करता हूं, तर्क-वितर्क करता हूं। फिर लिपिक से रजिस्टर में कुछ पात्रों, स्थानों के नाम और खास-खास चीजें नोट कराता हूं जिससे किसी बात में गलती हो जाय तो वह मुझे बता दे लिखते समय। 'करवट' में एक जगह नाम बदल गया है, दूसरे संस्करण में ठीक करूंगा।
- हम जगद्गुरु की मुद्रा में बैठकर नहीं लिखते। हम द्रष्टा और स्रष्टा होते हैं, तानाशाह नहीं। पात्रों में प्राण फूंक देने के बाद लेखक अलग हो जाता है, फिर वह पात्रों को अपने ढंग से काम करने देता है।
- रचना-प्रक्रिया बड़ी अद्भुत प्रक्रिया है। दिमाग क्रीड़ा करता है। वह खेलता कैसे है, बताना बड़ा मुश्किल है। निरन्तर वह अपनी 'एप्रोच' छलकाता रहता है। मैं स्वयं क्रीड़ा करता हूं। घटनाएं आएंगी, घटनाएं बनाई जाएंगी। ऐसी बनेंगी कि घुलमिल जाएं। विचार भावना का 'कंट्रोलर' है। घटना से आघात लगा, उसने मानस चक्र दौड़ाया। घटना, स्थितियों में अनुभव, स्मृति, संस्कार जाग उठते हैं। कार्य-कारण की सीढ़ी लगानी पड़ती है। जीवन के विभिन्न पहलुओं को जोड़ने की आदत डालनी पड़ती है। कहीं का रोड़ा, कहीं की ईंट

का इस्तेमाल चीज को 'शेप' देने के लिए करना होता है।

- कथा स्वर का निर्धारण अपने आप हो जाता है। मन की बात जिस रूप में सबसे अधिक कहने की क्षमता जगाती है, उसी क्षण यह निर्धारित हो जाता है कि कथानक का स्वर क्या होगा। जिस क्षण रचना-बीज पड़ जाने से मानस चक्र चल पड़ता है, उसी क्षण मेरा 'पैटर्न' भी तय हो जाता है। जिस बिन्दु पर सबसे अधिक दबाव पैदा हो, वही बिन्दु तय कर देता है कि किस स्वर में उठाने पर रचना सबसे अधिक प्रभावशाली होगी।
- मैं, भगवती बाबू और कोई भांग के नशे में 'डिसकस' करते चले आ रहे थे कि जिधर देखो षष्ठिपूर्तियां हो रही हैं, निगोड़ी बीसवीं सदी की षष्ठिपूर्ति कोई नहीं मनाता। उन दिनों राजेन्द्र यादव वगैरा नये लेखकों ने रचना-प्रक्रिया को लेकर बड़ा शोर मचा रखा था। सो, उसी को लेकर मैंने उपन्यास लिख डाला...'अमृत और विष'। अनुभव और कल्पना के मेल से कैसे लेखक तालमेल बैठाता है यही सब है उपन्यास में।
- हां, पहले लिखने के लिए एक अलग कमरा ले रखा था। शांत वातावरण के लिए नहीं, मिलने-जुलने वालों से बचने के लिए। अब वह छोड़ दिया है। लिखने के लिए एकान्त की जरूरत मुझे नहीं पड़ती। लोग आते-जाते रहते हैं, बातचीत होती है, चले जाते हैं और मैं अपने लेखन में डूब जाता हूं। रचनाकार के मन को, अपने मन को अनुशासित करने का गुण मैंने प्रेमचन्द से सीखा है। प्रेमचन्द में यह बड़ा भारी गुण था। वे अपने मन को, अपने 'मूड' को वश में करना, अनुशासित करना जानते थे। यह तो निकम्मापन है कि जब हमारा मूड आएगा, तरंग उठेगी तभी लिखेंगे। और रचनाकार का मन तो यह है, इसे सिद्ध कर लो तो काम देगा, नहीं तो तुम्हें खा जाएगा। 'क्रिएटिव टेलेंट' अगर जागृत नहीं रखा तो वह तुम्हें खा जाएगा।
- प्रेमचन्द से पहली बार तब मिला था, जब वे लखनऊ में झण्डे वाले पार्क के पास रहते थे। समानधर्मा साहित्यकारों का साथ बहुत बड़ी चीज है। मेरे साथी उठ गए। यशपाल जी गए, भगवती बाबू गए। झगड़े भी हम लोगों में होते थे। पर भगवती बाबू बड़े सरल व्यक्ति थे। दूसरे दिन आकर खड़े हो जाते। असल में भगवती बाबू कभी कोई चीज ज्यादा देर तक नहीं ओढ़ पाते थे। वे सोचने-विचारने से भी जी चुराने वाले थे।
- 'रिवीजन' जरूर करता हूं। प्रकाशक जल्दी मचाये तब भी करता हूं।
- कविता लिखी जरूर। लिखने की शुरुआत वहीं से हुई। फिर रुचि बदल गई। कहानी की तरफ चल पड़ा दिमाग। पहला उपन्यास 'महाकाल' लिखा, बंगाल

के अकाल पर। वैसे पहला उपन्यास देवदास की एक पैरोडी था, जो कहीं खो गया है। उसकी पांडुलिपि खोज रहा हूं। शायद मिल जाय।

- भगवती बाबू बड़े मस्तमौला जीव थे। बादशाही प्रकृति पायी थी उन्होंने। गप्पी और मसखरे...सोचने से जी चुराने वाले...

अमृतराय

समालाप : (1-2-85; स्थान : अमृतराय का आवास; समय : सायं 4 बजे)

प्रेमचन्द के बारे में

- मुश्किल प्रेमचन्द के साथ यह है कि वे इस तरह के खोजी आदमी के लिए रत्ती भर सहयोग नहीं करते। उनमें रखरखाव की प्रवृत्ति थी ही नहीं। समय नहीं था, सुविधाएं भी नहीं थीं और सबसे बड़ी बात कि स्वभाव ही नहीं था। इस तरह की कुछ सामग्री वे छोड़ ही नहीं गए जिससे अनुमान लगाया जा सके। मैंने जो कुछ 'कायाकल्प' के सम्बन्ध में लिखा है वह छिटपुट और बिखरी सामग्री के आधार पर लिखा है। पूरा मसविदा मुझे 'कायाकल्प' का मिला ही नहीं। काफी पन्ने फटे हैं। उसी कॉपी के पुट्ठे पर, आगे-पीछे कुछ नोट किया मिल गया, उसी से मैंने निष्कर्ष निकालने की चेष्टा की है। पर वे निष्कर्ष 'कायाकल्प' तक सीमित हैं, उन्हें कहां तक सामान्यीकृत किया जा सकता है, यह भी नहीं कह सकता। उनके कथा-बीज टंके मिलते हैं। जीते-जागते व्यक्तियों के नाम मिलते हैं, उनके नाम उपन्यास में क्या होंगे, यह भी मिलता है। उनकी विशेषताएं टंकित मिलती हैं। छह-सात सौ पन्नों के उपन्यास को एकाध-दो पन्नों में टांक लिया, बाकी सब मस्तिष्क में ही रहता होगा। 'चेप्टरिंग' कैसी होगी, हर अध्याय का विकास कैसे करेंगे, यह मन में रहता होगा। ज्यादा व्यवस्थित ढंग से टंकित नहीं करते होंगे।
- उपन्यास को अन्तिम रूप देने के लिए दो लेखन तो अवश्य करते थे। ज्यादा के लिए समय नहीं मिलता था। एक रफ, दूसरा फेअर। उसी में थोड़ा-बहुत रद्दोबदल कर लेते हों, तो कर लेते हों।
- पढ़कर तो कभी किसी समानधर्मा साहित्यकार को नहीं सुनाते थे। हां, जहां से आदमी उठाते थे, जो चीज उठाते थे, उस व्यक्ति को, उस परिवेश को समझने के लिए सब करते थे। पढ़कर कभी किसी को नहीं सुनाते थे छपने से पहले।

- नामकरण पहले ही कर लेते थे। कभी बदल भी देते थे। यानी बाद में कथानक ने नया मोड़ लिया तो उसके अनुसार बदल भी देते थे। 'कायाकल्प' का पहले 'नाकाम' नाम रखा था, बाद में बदलकर 'बेकाम'।

अपने बारे में

- कोई चीज दिमाग में अटक गई तो कचोटती है, दिमाग में पड़ी रहती है, तंग किये रहती है। लेखक उसको अर्धचेतन और अचेतन स्तर पर ही पकाता है। सचेतन में तो बात तब आती है, जब वह लेखन-क्रम में आती है। कोई चीज 'स्ट्राइक' करना बहुत जरूरी है।
- संक्षिप्त सा प्रारूप मेरा भी होता है। आरम्भ, विकास और अन्त में जो कुछ कहने जा रहा हूं, वह भी टांक लेता हूं। किन पात्रों के माध्यम से क्या कहना चाहता हूं, उसका प्रारूप बना लेता हूं।
- मेरी लगभग सभी रचनाएं कई ड्राफ्टिंग में पूरी होती हैं। वर्षों से, लगभग 36-37 वर्षों से मैं टाइपराइटर पर लिख रहा हूं। खूब 'मार्जिन' देकर टाइप करता हूं। उस पर इतनी 'वाइड मार्जिन' छोड़ता हूं कि उसी पर ढंग से काम किया जा सके। सब काम उसी पर होता है और फिर जब उसे साफ ढंग से टाइप करता हूं तो वह मेरा अन्तिम 'ड्राफ्ट' होता है। मेरी कम ही चीजें हैं जिनके तीन 'ड्राफ्ट' हों और एक भी नहीं है जिसका एक 'ड्राफ्ट' हो।
- हां, 'नागफनी का देश' में मुझे भी लगा कि कुछ रह गया है। जो चीज मैं कहना चाह रहा था, उसे उतने सही ढंग से नहीं कह सका। असल में पति की स्थिति ने मुझे 'पिंच' किया था। उसी की अभिव्यक्ति के लिए मैंने लिख दिया। प्रेम के त्रिकोण में 'बेचारा' पति मुझे टीसता था। कुछ देखा-समझा, जाना-सुना, अनुभव किया, उसे वैसे ही रख दिया। और क्योंकि मेरी संवेदना पति के प्रति थी, सो वही उपन्यास में उभरी है।
- नामकरण कभी पहले सूझ जाता है, कभी बीच में या कभी अंत में। इस सम्बन्ध में निश्चित नहीं है। 'जंगल' उपन्यास मैंने, हमारे समाज में जो विसंगतियां हैं, उनको लेकर लिखा है। मैंने बात हास्य-व्यंग्य के रूप में रखी है। किन्तु 'जंगल' भारी नाम है, गम्भीर उपन्यास की व्यंजना देता है। यह नाम रखने में मुझे धोखा हो गया। अगले संस्करण में इसका नाम बदलूंगा। 'धूर्तोपाख्यान' जैसा नाम रखूंगा। नाम ऐसा हो जो पहले ही बता दे कि इसमें क्या ढूंढ़ने और क्या मिलने वाला है।
- उपन्यास के 'स्ट्रक्चर' पर, मुझे जैसा अधिकार होना चाहिए, वैसा अधिकार

नहीं है इसलिए कहीं कुछ रहता है। 'स्ट्रक्चर' मेरा तगड़ा नहीं होता जैसा और लोगों का होता है, जैसा प्रेमचन्द का था।

- विधा कथ्य ही 'सजेस्ट' करती है।
- कभी-कभी बीच-बीच में विराम आ जाता है और कई कारणों से आता है। आलोचनात्मक लेखन के बाद सृजनात्मक लेखन में आने में भी समय लग जाता है। उस दौरान होता यह है कि कहना बहुत कुछ चाह रहा हूं, पर कह नहीं पाता। अभिव्यक्त करने में कठिनाई होती है। एक बार में आलोचनात्मक काम में लगा रहा था, सृजनात्मक लेखन चाहने पर भी नहीं कर पाया।
- मैं अपने एक विशेष कमरे के विशेष कोने में दरवाजा बंद करके ही लिखने का उन्मेष चेता पाता हूं। मैं कहीं भी यहां-वहां बैठकर नहीं लिख सकता।

अश्क

समालाप : (14-1-86 ; अश्क का निवास स्थान; सायं 5 बजे)

(अमरकान्त के घर से लौट रही थी। रास्ते में उपेन्द्रनाथ अश्क का घर पड़ा। सोचा उनसे इंटरव्यू का समय और तारीख ले लूं। बड़े उत्साह से मिले और कहने लगे अभी इंटरव्यू ले लो। मेरी कोई तैयारी नहीं थी। जो प्रश्न-पत्र था वह अमरकान्त को दे दिया था। मानसिक तैयारी के लिए अपने हाथ में लगा कागज और डायरी उलटने-पुलटने लगी कि अश्क जी ने मेरे हाथ से कागज ले लिया। उसमें उपन्यासकारों की हिन्दी वर्णमाला के अनुसार एक क्रमवार सूची थी जिनके पत्र मिल चुके थे, और साक्षात्कार ले चुकी थी उन पर टिक मार्क लगा था। अश्क जी की निगाह उस पर पड़ी तो भड़क उठे। कहने लगे, क्रम में तो मेरा नाम पहले आना चाहिए, सच्चिदानन्द वात्सायन अज्ञेय का बाद में। मेरा नाम है उपेन्द्रनाथ अश्क। वर्णमाला के अनुसार 'उ' पहले आएगा कि 'स'। और अपनी भड़ास निकालने लगे–हिन्दी में मैंने लिखा, अपनी मातृभाषा पंजाबी छोड़कर, पर हिन्दी वालों ने मेरी इज्जत नहीं की। बाहर के देशों में मेरे ऊपर रिसर्च हो रही है, काम हो रहा है, आपके विभाग में कुछ काम हुआ मेरे ऊपर। वैसे मित्र बनते हैं रामस्वरूप चतुर्वेदी, जगदीश गुप्त, रघुवंश, दूधनाथ सिंह...किसी ने काम कराया मेरे ऊपर। अपनी भड़ास निकालकर वे शांत हो गए पर मेरा मूड इंटरव्यू लेने से उचट गया। डर भी लगा कि यदि उनसे घिसे-पिटे प्रश्न पूछे कि आपको किससे प्रेरणा मिलती है...तो शायद कहेंगे आपने मेरे उपन्यासों की भूमिकाएं नहीं पढ़ीं... आदि-आदि। सो कुछ प्रश्न गायब ही कर दिए और सोचा कि जो वह कहे सुनूं,

व्यवधान न डालूं। और सचमुच मेरी यह सूझ कारगर रही। बहुत कुछ बताया उन्होंने उस दिन। बीच-बीच में गर्वोक्तियां भी सुनने को मिलीं। जैसे–आपको पता है हिन्दी पर मुझे कितना अधिकार है, कोई विषय दे दो, तब भी लिख सकता हूं आदि-आदि। खैर समालाप की मुख्य बातें हैं–)

- मेरी अनुभूतियां ही मेरे लिए प्रेरक रही हैं। सेकेंड हैंड अनुभवों पर मैंने कम ही लिखा है। मुझे दूसरों के ऊपर लिखने की जरूरत नहीं होती। मेरे उपन्यास की प्रेरणा घटनाएं, स्थितियां या चरित्र की कोई बेबसी, पीड़ा या द्वन्द होता है।
- लेखन-प्रवृत होने से पहले मैं कथानक का कोई विशेष लिखित प्रारूप तो नहीं बनाता। हां, कथानक का आधारभूत विचार मानस में साफ होता है। मैं उपन्यास की थीम पर बहुत गहरे से विचार करने के बाद ही लेखन-प्रवृत होता हूं। कथानक की सारी अवस्थितियां मेरे सामने स्पष्ट नहीं होतीं। उपन्यास का आरम्भ प्रायः स्पष्ट होता है, अन्त नहीं। कई बार अन्तिम परिणति साफ होती है पर आरम्भ नहीं। लिखते समय पहले सोचा हुआ और अन्त भिन्न हो जाता है। मेरे पात्र मेरे कथानक को अग्रसर करते हैं। मैं पात्रों के अनुरूप घटनाओं को गढ़ता हूं और पात्र उसके प्रतिक्रियास्वरूप कथानक में मोड़ लाते हैं या उसे अग्रसर करते हैं। मैं पात्र और घटनायें जिन्दगी से लेता हूं। कल्पना का रंग इनमें कम ही रहता है। कल्पना का उपयोग इस तरह होता है कि मैं दूसरों के साथ घटी घटनाओं को अपने पात्रों के साथ जोड़ देता हूं।
- मेरे उपन्यासों में रूढ़िबद्ध ढंग का कथानक होता ही नहीं है।
- मेरे पुनर्लेखन में आपको दो बातें मिलेंगी। मेरा जो संशोधन होता है वह उपन्यास के मूल कथ्य, उपन्यास के आधारभूत विचार और मुख्य पात्रों के व्यक्तित्व के बदलाव के लिए नहीं होता। मैं प्रायः पात्रों की भाषा और उनके संवाद, स्थितियों की स्वाभाविकता और प्रभावान्विति के लिए संशोधन करता हूं। इसलिए लिखने के बाद मैं उपन्यास को उठाकर रख देता हूं।

(अश्क जी ने मुझे से. रा. यात्री द्वारा लिए गए इंटरव्यू की प्रति दी, जिसके लिए मुझे काफी जद्दोजहद उठानी पड़ी। उन्होंने एक स्लिप अपने पौत्र सेतु को लिखी।)

प्रिय सेतु,

श्रीमती कुसुम वार्ष्णेय एक थीसिस लिख रही हैं। उसके लिए उन्हें यात्री के इंटरव्यू की जरूरत है। मेरे पास बेटे उसकी कोई प्रति फालतू नहीं है, इसलिए मैं उन्हें

नहीं दे सकता। वे इस इंटरव्यू से दस पृष्ठ चाहती हैं। उनसे रुपये ले लेना और कल मुझसे यात्री का इंटरव्यू लेकर उनको वे पृष्ठ जीरॉक्स कराकर दे देना और पुनः पृष्ठों को स्ट्रेप्लर से नत्थी करके मुझे लौटा देना।

–उपेन्द्रनाथ अश्क

(गनीमत है कि अश्क जी ने मुझसे इंटरव्यू के पैसे नहीं लिए, हालांकि उन्होंने कहा था कि आपके जवाब देने के लिए मैं वक्त क्यों जाया करूं। लेखन मेरी रोजी-रोटी है। आपके साथ वक्त बरबाद करूं तो क्या देंगी अपने सवालों के जवाब में। और यह कि इसने लिखा है, उसने लिखा है...फलां-फलां ने अच्छा लिखा है। आप यहीं बैठकर पढ़ लो। दूंगा नहीं कुछ...विश्वास नहीं...अच्छा से. रा. यात्री का इंटरव्यू 41 पेज का, यहीं बैठकर पढ़ लो। जीरॉक्स करा लो...पैसे दे दो खर्चे के।

समालाप में तो अश्क जी ने कोई नई बात नहीं कही। पर उनका जो सतरंगी व्यक्तित्व तल्खी और आक्रोश से भरी मुंहफट बातें, साथ ही स्निग्ध व्यवहार, आतिथ्य और चलते समय भेंटस्वरूप 'आप कहो, हम कहें' पुस्तक पर लिखी पंक्तियों ने उनके प्रच्छन्न व्यक्तित्व से परिचय कराया था। वैसे अनुभव किसी अन्य साक्षात्कार में नहीं हुए थे। वह केवल समालाप ही नहीं एक साक्षात्कार भी था, उस विवादास्पद व्यक्तित्व से जो उचित सम्मान न मिलने के कारण बना था या बना दिया गया था।)

कामतानाथ

44, उस्मान एन्क्लेव,
अलीगंज, लखनऊ 20
6-2-1986

प्रिय कुसुम जी,

आपका पत्र मिला। कुछ अन्य व्यस्तताओं के कारण उत्तर देने में इतनी देर हुई। प्रश्नावली के उत्तर क्रमबद्ध संलग्न हैं।

आपका
कामतानाथ

● अपने उपन्यासों की प्रेरणा मुझे अपने चारों ओर बिखरे जीवन से ही मिली है। उसमें घटना और चरित्र सभी शामिल हैं। उपन्यासों में आए कतिपय पात्रों को छोड़कर प्रायः सभी पात्र वास्तविक चरित्रों पर आधारित रहे हैं जिनका जुड़ाव या तो मेरे जीवन से रहा है या फिर उन्हें काफी निकटता से देखने

का अवसर मिला है।

- उपन्यासों के बीज सूत्र तो महीनों और कभी-कभी बरसों मस्तिष्क में पड़े रहे हैं, वहीं अंकुरित होकर उन्होंने रूप और आधार ग्रहण किया। और तब समय मिलने पर–क्योंकि योजनाबद्ध लेखन मेरा कभी नहीं रहा–उन्हें कागज पर उतारने की प्रक्रिया आरम्भ हुई।
- छोटे उपन्यासों के लिए कथानक का प्रारूप बनाने की आवश्यकता मैंने कभी अनुभव नहीं की। बस दिमाग में बने खाके से काम चल गया। हां, बड़े उपन्यास के लिए प्रारूप बनाना मैं जरूरी समझता हूं।
- रचना की गतिशीलता के अपने नियम होते हैं। अपने ही दबाव के अन्तर्गत वह आगे बढ़ती है और रूप ग्रहण करती है। इसीलिए ऐसा होना अस्वाभाविक नहीं है कि रचना और विशेषकर पात्रों अथवा चरित्रों का पहले से सोचा हुआ स्वरूप रचना-कर्म के दौरान काफी कुछ बदल जाए। चरित्रों के अपने आन्तरिक Compulsions होते हैं। उनका विकास उन्हीं के अनुसार होता है। इसलिए रचना-प्रक्रिया के दौरान लेखक के मन में बनी हुई इमेज में कुछ न कुछ परिवर्तन आना स्वाभाविक है।
- ऐसा मेरे साथ नहीं हुआ। कथानक अथवा चरित्रों में थोड़ा-बहुत परिवर्तन होने के बावाजूद अभिप्रेत वही रहा जो मैं व्यक्त करना चाहता था।
- मूलस्थितियां, पात्र आदि प्रायः जीवन अनुभवों से ही मिलते रहे परन्तु उन्हें गढ़ने, अन्तिम रूप अथवा फिनिश देने में कल्पना का महत्त्वपूर्ण योगदान रहा।
- नामकरण मेरे लिए कोई समस्या नहीं रही। प्रायः उपन्यास पूरे करने के बाद ही उन्हें नाम दिए। हां, कभी-कभी नाम की तलाश रचना कर्म के दौरान भी रही।
- अन्तिम रूप कई पुनर्लेखनों के बाद ही हो पाता है। इन्हीं पुनर्लेखनों के दौरान संशोधन आदि होते रहते हैं। वे संशोधन कभी किसी स्थिति को और उजागर करने के लिए होते हैं तो कभी बाद के कथानक में आगे किसी प्रकरण के कारण।
- प्रकाशन से पूर्व किसी को सुनाने की आवश्यकता मैंने कभी नहीं समझी।
- प्रेमचन्द्र, ताल्सताय, हेमिंग्वे मेरे प्रिय लेखक हैं।
- मेरा जन्म एक निम्न मध्यवर्गीय परिवार में हुआ था। घर का माहौल काफी धार्मिक था। पूजा पाठ व्रत आदि। पिता हाईस्कूल तक पढ़े थे। मां को कभी लिखते पढ़ते नहीं देखा।

मेरी शिक्षा एम.ए. (अंग्रेजी साहित्य-लखनऊ विश्वविद्यालय) तक हुई। घोर धार्मिक संस्कारों के बावजूद मैं नास्तिक हूं।

कृष्ण बलदेव वैद

निराला सृजनपीठ जावक क्रमांक-572
भारत भवन, शामला हिल्स दिनांक 19-1-86
भोपाल-462002
टेलीफोन-76163, 73954 तार-न्यास

प्रिय डॉ. वार्ष्णेय,

पत्र के लिए धन्यवाद। आपके प्रश्नों के उत्तर संलग्न हैं।

शुभकामनाओं सहित,

आपका
कृष्ण बलदेव वैद
(निदेशक)

प्रति,

सुश्री वार्ष्णेय, 13/27,
महात्मा गांधी मार्ग, इलाहाबाद

- मात्र घटना से तो अभी तक किसी उपन्यास की प्रेरणा मुझे नहीं मिली। चरित्र में से 'विमल उर्फ जाएं तो जाएं कहां', की शुरुआत जरूर हुई थी। 'उसका बचपन' और 'गुजरा हुआ ज़माना' का बीज मेरी अनुभूति और स्मृति में था। और उस अनुभूति और स्मृति में घटनाएं भी थीं, चरित्र भी थे, अनेक अभाव और भय भी थे और व्यामोह No-stalgia का पुट भी था। बाकी के तीनों उपन्यासों–'नसरीन', 'दूसरा न कोई', 'दर्द ला दवा' की प्रेरणा मुझे विदेश में रहने के कारण अपने आन्तरिक एकान्त और दुख में से मिली, इसी लिए उनमें घटनाएं और चरित्र कम हैं, मौन और क्रन्दन और आलाप-प्रलाप अधिक हैं।
- हर 'बीज' की उम्र एक नहीं। लेकिन मेरे हर 'बीज' की उम्र महीनों से तो अधिक है ही, कुछ की अनेक सालों तक भी रही है। 'विमल उर्फ जाएं तो जाएं कहां' अपने अन्तिम रूप में बीज पड़ने के दस-ग्यारह वर्ष बाद पूरा

हुआ। उससे पहले मैंने तीन कहानियां 'विमल' को लेकर लिखीं जो, आपके शब्दों में, उस अन्तिम कृति की 'तलाश' में से ही निकलीं। इसी तरह 'गुजरा हुआ जमाना' का ख्याल बीस बरस मेरे मन के कोने में बैठा मेरे संकल्प की प्रतीक्षा करता रहा। दूसरे उपन्यास भी काफी-काफी देर तक अंधेरे में पकते-पनपते रहे।

- कथानक का प्रारूप भी मैंने अपने सब उपन्यासों के लिए नहीं बनाया था। सिर्फ 'विमल उर्फ जाएं तो जाएं कहां' के कथानक का धुंधला सा प्रारूप पहले बनाया था। दूसरे उपन्यासों में पारम्परिक कथानक यूं तो हैं ही नहीं, लेकिन उन्हें लिखने से पहले और लिखने के दौरान कई प्रकार के नोट्स जरूर लेता रहा था।
- रचना-प्रक्रिया के दौरान हर प्रकार के परिवर्तन करने के लिए मैं अपने आपको पूर्ण स्वतत्रता देता हूं, क्योंकि मैं नहीं मानता कि उपन्यास के अन्तिम रूप से पहले के किसी भी प्रारूप या पूर्व निश्चित योजना या धारणा को अन्तिम जाना जा सकता है। वास्तव में लिखते समय अवचेतन की भूमिका पर मैं नियन्त्रण नहीं रखना चहता। लिखते-लिखते ही मुझे पता चलता है कि मैं क्या लिखना चाहता हूं।
- अभिप्रेत, जैसा कि मैंने ऊपर कहा, मुझ पर लिखने की प्रक्रिया में ही उतरता है। और अक्सर जो लिखा जाता है, आखिरकार वह हमेशा उस अभिप्रेत से कुछ कम या अधिक, इधर या उधर ही होता है जो मेरे चेतन मन में था।
- कल्पना और जीवन में, जीवनानुभव और कल्पनानुभव में, मैं कोई ऐसा दुराव नहीं देखता। कल्पना के बगैर कोई अनुभव किसी कलाकृति में अनूदित हो ही नहीं सकता। सो कथानक, जिस सीमा तक मैं कथानक का प्रयोग करता हूं, की संयोजना में मेरी कल्पना अपेक्षाकृत अधिक रहती है। वैसे मेरे उपन्यास कथानक प्रधान नहीं, चरित्र प्रधान हैं या वातावरण प्रधान या भाषा प्रधान या संवेदना प्रधान अधिक हैं।
- मेरे हर उपन्यास के अनेक ड्राफ्ट हैं–कुछ अधूरे, कुछ पूरे। उपन्यास पूरा हो जाने से पहले भी मैं उसके भिन्न-भिन्न अंशों को अनेक बार लिखता हूं, उनमें अनेक संशोधन करता हूं। ड्राफ्टों की गिनती देना मेरे लिए सम्भव नहीं।
- कभी पहले, कभी बाद में। 'उसका बचपन' का नाम करीब-करीब पहले से ही तय था...शुरू-शुरू में उसका नाम 'बीरू का बचपन' था। 'विमल उर्फ जाएं तो जाएं कहां' का नाम मुझे लिखते-लिखते सूझा था। 'गुजरा हुआ जमाना' नाम भी उपन्यास आरम्भ कर लेने के बाद सूझा था। अन्य उपन्यासों

के नाम भी लिखने के दौरान ही तय हुए थे। वैसे किसी नाम के बगैर मैं कभी कोई कृति (उपन्यास या कहानी) शुरू कर ही नहीं सकता। वे नाम अक्सर अन्तिम नहीं होते, इसमें कई प्रकार के परिवर्तन होते रहते हैं।

- कोशिश यह रहती है कि रोज बैठूं लिखने के लिए, फिर कुछ लिख जाए या न लिखा जाए। और जब काम बह रहा होता है तो रोज ही बैठता हूं। सुबह छह या सात से लेकर दस या ग्यारह तक। एकान्त मेरे लिए अत्यंत आवश्यक है। शान्ति भी। और वही मेज, वही कलम, वही कागज, वही रोशनी का मैं आदी हूं। दूसरे शब्दों में मैं कहीं भी, किसी भी समय, किसी भी वातावरण में नहीं लिख सकता।
- जन्म एक निम्नवर्गीय परिवार में हुआ जो निर्धन तो था ही दुखी भी था–दूसरे कई कारणों से। बचपन और लड़कपन उसी परिवार की पीड़ाओं के बीच कटा। जवानी भी कम कठिन नहीं थी। शादी के बाद के दो साल बहुत भयंकर थे, लेकिन लिखने की असली और सार्थक शुरुआत भी उन्हीं दो वर्षों में हुई। भाषा में रस लेना पिता और स्कूल के कुछ अध्यापकों के प्रभाव में हुआ। शिक्षा अच्छी ही रही। एम.ए. (अंग्रेजी) भारत में किया। पी.एच-डी. (अंग्रजी में ही) हार्वर्ड यूनिवर्सिटी से की। तीन बेटियां हैं, एक पत्नी। पारिवारिक जीवन सुखी है।
- भारतीय उपन्यासकारों में जैनेन्द्र कुमार और रेणु का नाम ले सकता हूं, पाश्चात्य उपन्यासकारों में हेनरी जेम्ज, जेम्ज जायस, बैकेट, काफ्का और कामू का।
- हां, कभी-कभी कुछ अंश अपनी पत्नी और अपने कुछ दोस्तों को पढ़कर सुनाता हूं, लेकिन सुझाव न सुनता हूं न स्वीकार करता हूं, बल्कि सुनाता ही इसी शर्त पर हूं कि सुझाव न दिया जाए , अगर दिया जाए तो यह मानकर कि वह स्वीकृत नहीं होगा।

गिरिराज किशोर

गिरिराज किशोर
अध्यक्ष
रचनात्मक लेखन एवं प्रकाशन केन्द्र
पी.ए.बी.एक्स. : 40066/204 एवं 206
आई.आई.टी. पोस्ट ऑफिस, कानपुर-208016

फोन : निवास : 43101
कार्यालय : 46410
तार : टेक्नॉलॉजी
टेलेक्स : 0325-296

24-7-1985; नं. 275

प्रिय कुसुम जी,

आपका 22 जुलाई 85 का पत्र मिला। मैं प्रश्नोत्तरी के उत्तर लिखकर भेज रहा हूं। आशा है आपको ठीक लगेंगे।

- प्रेरणा का स्रोत तो लेखक की अपनी जिजीविषा और अकुलाहट होती है। जहां तक घटना या चरित्रों से प्रेरणा मिलने की बात है, लेखक की मानसिकता सतत ग्रहणशील होती है। जैसे ही किसी अनुभव का अंश उसकी उस मानसिकता का अंश बनता है वैसे ही रचना-प्रक्रिया का व्यावहारिक पक्ष सक्रिय हो जाता है। माध्यम घटना भी हो सकती है, चरित्र भी, लेखक स्वयं भी, सुनी हुई बात या देखा या भोगा हुआ अनुभव भी। जो भी स्रोत रचनात्मकता को क्रियाशील करने की सामर्थ्य रखता है वही लेखक के लिए प्रभावी साबित होता है।
- दरअसल मनुष्य मात्र की, लेखक भी उसी में आता है, उपचेतना अनुभवों का असीम भंडार होता है। जो वह देखता है, सुनता है, महसूस करता है, कल्पना करता है सब उसी उपचेतना का हिस्सा बन जाता है। जब भी कोई ऐसी स्थिति आती है जो उस अनुभव से समानता रखती हो, तत्काल वे सब अनुभव, जो उस अनुभव-विशेष से मेल खाते हैं, एक-एक करके सामने आने लगते हैं। उपचेतना कम्प्यूटर से बड़ा स्मृति-भंडार होती है। इसलिए कई बार ऐसा होता है कि किसी भी अनुभवांश से तादात्म्य हो जाता है और स्मृति भंडार का खजाना तत्काल खुल जाता है। उससे मिलते-जुलते सब अनुभव एकत्र होते जाते हैं और रचना-प्रक्रिया का क्रम चालू हो जाता है। कई बार अनुभव सूत्र उपचेतना में लम्बे समय तक पड़े रहते हैं और उन्हें पकने में समय लग जाता है।
- लेखन के बारे में कोई निश्चित सिद्धान्त नहीं होता। कई बार इतना प्रवाह होता है कि लेखक बिना लिखे रह नहीं पाता। यह अनुभव और अभिव्यक्ति के एक 'वेव-लेंन्थ' यानी रचनात्मक बिन्दु पर आ जाने पर ही होता है। उस हालत में लिखने के साथ-साथ नई-नई रचनात्मक स्थितियां बनती जाती हैं और चरित्रों का विकास होता है। इसमें भी उपचेतना का वही स्मृति-भंडार काम करता है। प्रारूप तैयार करके मैं कभी उपन्यास नहीं लिखता। जो भी तैयारी होती है वह मानसिक रूप से ही होती है।
- रचना क्रम के दौरान चीजें स्वतः रूप लेती जाती हैं। कई बार सोचा हुआ पूरा ढांचा ही बदल जाता है। 'लोग' मेरा पहला उपन्यास था। लेकिन उसका अन्त जो मैंने सोचा था उससे भिन्न हुआ। उपचेतना, एक स्थिति का दूसरी स्थिति

के साथ 'सब्सटीट्यूशन' का काम स्वयं करती रहती है। 'लोग' और 'जुगलबन्दी' में इस तरह के 'सब्सटीट्यूशन' बहुत हुए हैं। इसका कारण था उपचेतना के स्मृति-भंडार में तत्सम्बन्धी संदर्भों का होना और उनका उपयुक्तता के अनुसार चेतना द्वारा कांट-छांट करते जाना। इसलिए जिस परिकल्पना के साथ लेखन शुरू होता है तैयार रचना अक्सर उससे भिन्न होती है।

- ऐसा कम होता है कि जब अभिप्रेत भिन्न हो। अभिप्रेत धीरे-धीरे लेखक के संस्कार का अंश बन जाता है। सामान्यतः मेरे साथ तो ऐसा ही होता है। सामाजिक सरोकार भी उसके पीछे रहता है। वह सभी रचनाओं में रहता है। स्थितियों में अलबत्ता अन्तर हो जाता है।
- कथानक पर सोचता तो हूं पर उसका औपचारिक निर्माण करके मैं कभी लिखना शुरू नहीं करता। अनुभव या स्थिति मूलतः उद्वेलित करती है। उसके पीछे बेचैन करने वाला कोई न कोई मुद्दा होता है। चाहे वह पात्र के माध्यम से हो या अनुभव अथवा घटना के माध्यम से। पात्र और स्थितियां स्वतः निर्माण होते चले जाते हैं। 'परिशिष्ट' उपन्यास में केवल दो वस्तुएं थीं जो उद्वेलित कर रही थीं–एक हरिजन छात्र द्वारा कई वर्ष पहले की गई आत्महत्या और उसके चार वर्ष बाद की एक जांच रिपोर्ट। उसके अलावा उन छात्रों के साथ होने वाली विभिन्न घटनाओं का अन्तर्मन में छुपा जखीरा रहा होगा जो बराबर अपने को ताजा करता रहा था। जब लिखने की स्थिति आई तो सब चीजें एक के बाद एक जुड़ती चली गईं। स्थितियां और जीवनानुभव तो मुख्य हैं। दूसरों के जीवनानुभव भी हों तो वे भी नितांत अपने की तरह हो जाते हैं। तभी लेखन के अंश बनते हैं। कल्पना तो होती ही है। बिम्ब उसी कल्पना की देन होता है। यही 'यथा प्रस्तावित' उपन्यास के साथ भी हुआ। उसमें भी सामाजिक दबावों के कारण, मस्तिष्क की दृष्टि से असंतुलित कर्मचारी था, जो बार-बार अपनी जाति के कारण प्रताड़ित होता था लेकिन अपने अंसतुलित होने के बावजूद उसमें जीने की जिजिविषा थी। लेकिन निर्णय लेने वाले उसे पहचानने में असमर्थ थे। उसके बारे में कुछ अनुभव और परिदृश्य सजीव थे। एक मेरे प्रोफेसर मित्र उसकी इस त्रासदी से जुड़े भी रहे थे। स्मृति सूत्र अनुभव से जुड़ता चला गया और 'यथा प्रस्तावित' लिखा गया।

इन सब चीजों के बारे में कोई नियम नहीं है। यह तो एक रचना-प्रक्रिया है जो पूर्व निश्चय के आधार पर कभी सक्रिय नहीं होती। फल पकने की बात है। लेखन में

फल तत्काल भी पक सकता है और अकल्पनीय समय भी ले सकता है। पकना और मीठापन दोनों एक-दूसरे के पूरक हैं।

जैनेन्द्र कुमार

समालाप : (जैनेन्द्र जी का आवास; दिल्ली, 16-9-86; प्रातः 8 बजे)

(15-9-86 की संध्या को मैंने जैनेन्द्र जी के यहां फोन किया–दर्शन और समालाप के लिए समय लेने को। पौत्री ने पूछकर जवाब दिया–कल सुबह 10 बजे आ जाइये। मैं दुविधा में पड़ी। इससे पूर्व 'अज्ञेय' जी से भेंट का समय लिया था तो उन्होंने भी सोलह की सुबह 10 बजे का समय दिया था। वे पुस्तक मेला में भाग लेने जा रहे थे, इसलिए सोचा उनसे समय में परिवर्तन कराना उचित नहीं है। समस्या बतायी और कहा कि अगर सुबह 8 बजे आ जाऊं तो असुविधा तो नहीं होगी। उत्तर मिला–हां ठीक हैं।

सोलह को सीढ़ियों से चढ़कर ऊपर गई। पुत्रवधू ने देख लिया। बैठक की ओर इशारा किया। बैठक खाली थी। सामने मां का बड़ा सा चित्र और उस पर मोटी सी माला! धक्का लगा। अभी पिछले वर्ष विभाग की हीरक जयन्ती पर पति समेत इलाहाबाद आई थी। साथ काफी रहीं। बातचीत की थी। सौम्य, मृदु, अत्यन्त सहज। स्वस्थ भी थीं। यह एकाएक कैसे हो गया! इन्हीं विचारों में खोई थी कि जैनेन्द्र जी आ गए। समझ गए...बातचीत वहीं से शुरू हुई। बताने लगे...गई...एकाएक बिना तकलीफ दिए...और एक लम्बी बातचीत मां की स्मृति में खिंचती चली गई।.. फिर स्वयं ही विषयान्तर किया–कब आना हुआ, कैसी हो, पत्र का उत्तर न दे सका। आदत नहीं है लिखने की...आदि-आदि।)

फिर समालाप का सिलसिला जारी हुआ।

- बात उठी आरम्भ बिन्दु की...प्रेरक बिन्दु की। कहने लगे 'परख' उपन्यास और 'वातायन' कहानी संग्रह के अतिरिक्त कुछ भी अपने आप नहीं लिखा। 'सुनीता' की शुरुआत हुई ऋषभचरण जैन के अनुरोध पर। वे एक साप्ताहिक निकालते थे 'चित्रपट'। बोले, उसके लिए कुछ लिखो–बस 'सुनीता' शुरू कर दी। जब एक अध्याय लिख दिया तो फिर अन्य अध्याय भी इसलिए लिखता चला गया कि उन्हें धारावाहिक छापना है।
- वैसे कोई भाव-बिन्दु या विचार-बिन्दु रहता है। रवीन्द्रनाथ ठाकुर का 'घरे बाहरे' पढ़ा था। इसके प्रेम के त्रिकोण से, मूल विचार से, सहमत नहीं था। मुझे लगा कि प्रेम के त्रिकोण का उपचार भी प्रेम में ही है। तो यह विचार बिन्दु मानस में अवश्य था लिखते समय। यह जानता था कि समाधान अहिंसा

से आना चाहिए। इस बिन्दु तक जाना है–यह अवश्य जानता था किन्तु कैसे जाना है, यह नहीं जानता था।

● सुनीता के हरिप्रसन्न के सम्बन्ध में अज्ञेय को भ्रम हो गया था कि मैंने उन्हें चित्रित किया है। मुझसे पूछा था उन्होंने। मैंने बड़ी मुश्किल से उनका यह भ्रम दूर किया था।

● पात्रों की सृष्टि मैं प्रायः जीवंत व्यक्तियों से ही करता हूं। कल्याणी की नायिका डॉक्टर की सृष्टि जीवंत पात्री से हुई। वे उत्कल की रहने वाली थीं। उनके जीवन की भी वही ट्रेजडी थी जो उपन्यास में दिखलायी है। सुखदा स्वामी ब्रह्मानन्द की बेटी वेद कुमारी की पुत्री थीं सत्यवती। पति नेता थे, नाम था बलभद्र। सत्यवती कांग्रेस-नेता थीं।...उन्हें क्षय रोग हो गया था।

● कल्पना तो आवश्यक है ही। जीवंत व्यक्ति की जीवंतता को कल्पना के माध्यम से ही पाया जा सकता है।

भगवतीचरण वर्मा

फोन : 24482
चित्रलेखा, महानगर,
लखनऊ, 22-3-63

प्रिय कुसुम,

तुम्हारा पत्र मुझे कल मिला।

तुम्हारा अनुमान ठीक है कि मुझे तुम्हारा डॉ. मोतीचन्द्र के द्वारा भेजा पत्र नहीं मिला। वह मेरे बम्बई पहुंचने के एक सप्ताह बाद ही बम्बई से बाहर चल गए थे, एक लम्बे समय के लिए। बहुत सम्भव है, वह उस पत्र को बम्बई लौटने पर redirect करें।

मैं सम्भवतः अप्रैल के प्रथम सप्ताह में इलाहाबाद आऊं, तब मैं तुमसे मिलूंगा। 'चित्रलेखा' के सम्बन्ध में तुमने दो प्रश्न किये हैं, उनका उत्तर दे दूं।

● 'चित्रलेखा' में मैंने ऐतिहासिक पृष्ठभूमि इसलिए दी कि जो कुछ मैं लिखना चाहता था उसके लिए वर्तमान सामाजिक पृष्ठभूमि सर्वथा अनुपयुक्त रहती। वर्तमान समाज को हम कठोर यथार्थवाद का अंचल ही बना सकते हैं, कवित्वमय कल्पना उसमें सम्भव नहीं। मैं शायद तुम्हें पहले बतला चुका हूं, 'चित्रलेखा' उपन्यास होने के साथ कविता भी है। वैसे 'चित्रलेखा' में इतिहास नहीं है, वह वर्तमान मनोविज्ञान को साथ लेकर चलता है, उसमें जो तर्क है,

जो कविता है, जो रूमानी धारा है वह वर्तमान के आधार पर है, केवल सामाजिक पृष्ठभूमि बदली हुई है, और इसी में उसकी सफलता है।

- तुमने जिस अलौकिक घटना का जिक्र किया है, वह मुझे भी कभी-कभी खटकी है। लेकिन हिमालय के सम्बन्ध में कुछ अजीब किंवदन्तियां प्रचलित हैं, वे किंवदन्तियां ही हैं, मैं जानता हूं। तो एक मौलिक गप अगर एक उठता हुआ कलाकार उन किंवदन्तियों को लेकर हांक दे तो उसमें आश्चर्य की कोई बात नहीं। मैं यह जानता हूं कि उस घटना की उपयोगिता सिवाय कौतूहल के कुछ नहीं है, लेकिन हमारा सारा कथा-साहित्य कौतूहल के आधार पर ही तो चलता है।

यह तो तुम्हारे प्रश्नों का उत्तर है। यहां एक सुझाव मैं तुम्हें दे दूं। 'चित्रलेखा' और 'सामर्थ्य और सीमा' का तुलनात्मक मूल्यांकन साहित्य के लिए बड़ा रुचिकर रहेगा। जहां चित्रलेखा में Poetry of Romance and life है, वहां 'सामर्थ्य और सीमा' में Poetry of death & Destruction है। तुम्हें इसके लिए 'सामर्थ्य और सीमा' एक बार फिर से ध्यानपूर्वक पढ़नी पड़ेगी। Poetry of death & Destruction में एक तरह का Weird effort होता है, उसको ग्रहण करने के लिए एक प्रकार का Mood होता है।

यह तो मेरा मत है, बहुत सम्भव है कि मेरा मत गलत ही हो। फिर भी उस उपन्यास को मेरे अन्य उपन्यासों को भूलकर एक दफे फिर से पढ़ना सम्भव है तो उसके व्यक्तित्व को तुम ठीक तरह से पा सको।

अनेक-अनेक आशीर्वाद।

तुम्हारा
भगवतीचरण वर्मा

समालाप : (15-3-1963; स्थान : डॉ. कुसुम वार्ष्णेय का घर; 13/27 महात्मा गांधी मार्ग, इलाहाबाद; प्रात : 9 बजे)

(प्रेमचन्द के बाद शहरी और ग्रामीण जीवन के वाह्य एवम अन्तरंग का विशाल खाका खींचने वाले कथाकारों में श्री भगवतीचरण वर्मा अग्रणी हैं। प्रेमचन्द की रचनाओं की भांति ही उनकी रचनाएं सर्वग्राह्य तथा रुचिकर हैं। इस मूर्धन्य लेखक से जब मुझे परिचय प्राप्त करने का अवसर मिला, तो मैंने अपने भाग्य को सराहा। और जब वर्माजी ने मेरे घर आने का निमन्त्रण स्वीकार कर लिया, तब मेरी प्रसन्नता का पारावार नहीं रहा। मन में यह बात भी उठी कि इतने बड़े लेखक से बातचीत क्या की जायेगी। साधारण बातों में कदाचित उन्हें दिलचस्पी न हो। इसलिए मैंने अपना

आलोचक वाला रूप टटोला और एकाएक निश्चय कर बैठी कि लगे हाथ वर्मा जी के साहित्यिक व्यक्तित्व का इंटरव्यू ले लिया जाये। वर्मा जी के साहित्य का मैंने पहले ही बड़ी सूक्ष्मता से अध्ययन कर रखा था, इसलिए इंटरव्यू के लिए प्रश्न बनाने में मुझे कोई असुविधा नहीं हुई।

वर्मा जी के आने पर; औपचारिक कार्यक्रम के बाद, जब मैंने वर्मा जी को हल्के मूड में पाया, तो मेरा उत्साह बढ़ा। मैं कह उठी : "वर्मा जी! आपके साहित्यिक व्यक्तित्व के सम्बन्ध में मैं कुछ पूछना चाहती हूं, अगर आपको असुविधा न हो, तो उत्तर दें। हालांकि मैं जानती हूं कि इसकी तैयारी के लिए मुझे आपको पहले से सूचित करना चाहिए था।"

एक क्षण के लिए वर्मा जी चौंके—कदाचित् इस अनायास आए निमन्त्रण को सुन! लेकिन मैंने समझा कि शायद वर्मा जी इसके लिए समय मांगना चाहते हैं। मैंने झिझककर क्षमा मांगते हुए कहा : "रहने दीजिए! आप तो इलाहाबाद आते ही रहते हैं, फिर कभी देखा जायेगा।" इस बार वर्मा जी जोर से खिलखिला उठे, "अरे! समय देने की कोई बात नहीं है। मैं कोई काम पहले से तैयार होकर नहीं करता। आप अपने प्रश्न निकालिए, मैं तैयार हूं।" और मेरे नोटबुक निकालने पर, उन्होंने हाथ बढ़ाकर मुझसे नोटबुक ले ली। एक सरसरी निगाह प्रश्नों पर डाल, नोटबुक मेरे हाथ में थमाकर बोले, "हां, शुरू करिए अपने प्रश्न।")

मैं अपने समालोचक वाले रूप की मनःस्थिति में आ गई और मैंने आरम्भ किया : "वर्मा जी! आपकी समस्त रचनाएं मैंने बड़े ध्यान से पढ़ी हैं और इससे मैं इस निष्कर्ष पर पहुंची हूं कि आपकी समस्त रचनाएं सोद्देश्य हैं। मुझे ऐसा प्रतीत होता है कि किसी जीवन-सत्य को प्रकट करने की बात पहले आपके मन में आती है, उसके लिए आप अच्छा सा कथानक सोचते हैं और फिर कथानक के अनुरूप पात्रों का चुनाव कर, कथानक और पात्रों के संघर्ष द्वारा अपने लक्ष्य की ओर बढ़ते हैं। मेरी समझ में यही आपकी रचना-प्रक्रिया है।"

- वर्मा जी ने एक झटके के साथ सिर हिलाया और बोले, "नहीं, ऐसा नहीं है। मेरी रचना-प्रक्रिया यह होती है कि मैं 'थीम' बनाकर उस पर काफी दिन तक सोचता हूं। कभी-कभी दो-तीन साल से अधिक भी लग जाते हैं, उस पर विचार करते। इस तरह पहले मेरे दिमाग में 'थीम' आती है, जो प्रायः किसी या किन्हीं घटनाओं से सम्बन्धित होती है। और फिर लिखते समय 'थीम' और घटनाओं के साथ पात्र स्वतः आते जाते हैं।"

फिर कुछ रुककर बोले, "जहां तक उद्देश्य का सवाल है, उपन्यास, कहानी लिखते समय मेरा उद्देश्य केवल कहानी लिखने का है। प्रत्येक मनुष्य में 'कॉम्पलेक्स'

होती है। फलतः और बातें भी आप ही आ जाती हैं। कलाकार के साथ जो बात आती है, वह है व्यक्तित्व का आना। यह प्रमुख है। अपनी रचनाओं में मैं मौजूद हूं। बिना अहम् के कोई सर्जनात्मक साहित्य नहीं लिख सकता। मैंने अहम् को रचनाओं में सजाया है, उससे रचनाओं का सौन्दर्य बिगड़ने नहीं दिया।''

- मैंने देखा कि जब अहम् पर बात आ ही गई है, तो क्यों न लगे हाथ उस प्रश्न को पकड़ लिया जाए, जिसे प्रायः वर्मा जी का प्रत्येक पाठक और आलोचक उठाता है। मैंने पूछा, ''वर्मा जी, आप परिस्थितियों को क्यों इतना महत्व देते हैं? क्या मनुष्य के जीवन में उसकी स्वेच्छा का कोई मूल्य नहीं है?''

इस प्रश्न को सुनकर वर्मा जी विश्लेषण पर उतर आए। कहने लगे, ''स्वेच्छा स्वयम् परिस्थिति का एक भाग है; और उसे परिस्थिति का भाग मानकर स्वेच्छा पर मुझे विश्वास है। कर्म का स्रोत मनुष्य की आन्तरिक प्रवृत्ति पर निर्भर है और कर्म का रूप परिस्थिति पर। परिस्थिति और आन्तरिक प्रवृत्ति में सामंजस्य की अवस्था का नाम ही सुख और उसके विरोध की अवस्था का नाम दुख है। स्वेच्छा उस आन्तरिक प्रवृत्ति का ही नाम है। लेकिन जब हम आन्तरिक प्रवृत्ति का विश्लेषण करते हैं, तो हम पाते हैं कि आन्तरिक प्रवृत्ति को 'मोल्ड' नहीं कर पाते। 'क्रिमिनल माइण्ड' के दो रूप हैं-एक परिस्थितिजन्य और दूसरा स्वभावजन्य। स्वेच्छा को मैं वहां तक स्वीकार करता हूं, जहां परिस्थिति से उसके संघर्ष का प्रश्न है। लेकिन उससे ऊपर उठकर जब हम देखते हैं कि इस इच्छा का स्रोत कहां है, उस समय हमें मालूम होता है कि यह इच्छा लेकर तो हम पैदा हुए थे।''

मैंने देखा कि वर्मा जी में विश्लेषण की अद्भुत क्षमता है। उनकी धारणाएं स्पष्ट और मौलिक हैं। धीरे-धीरे विषय मनोविज्ञान और दर्शन की ओर मुड़ रहा था। इसलिए मैं पूछ बैठी, ''वर्मा जी! क्या आप बता सकते हैं कि आप में अनास्था का भाव इतना अधिक क्यों है?''

- इसका उत्तर वर्मा जी ने बड़ा सटीक दिया–''आस्था के दो रूप हैं–अन्धी आस्था और अच्छाई में आस्था 'फेथ इन गुड'। मेरी आस्था अन्धी नहीं है। मैं उस ईश्वर पर विश्वास नहीं करता, जो हमें दुख देता है। ईश्वर को 'गुड' का प्रतीक माना है। मेरी इसी ईश्वर पर आस्था है।''

वर्मा जी के कृतित्व के विषय को लेकर काफी बातचीत हो चुकी थी, इसलिए अब मैंने उनके कृतित्व के कलापक्ष की बात छेड़ देना उचित समझा। मैंने पूछा, ''वर्मा जी, आपकी रचनाओं में पर्याप्त मनोविज्ञान है और मानव जीवन को देखने-परखने की आप में सूक्ष्म अन्तर्दृष्टि है। किन्तु आपने आधुनिक कथाकारों की भांति मनोविश्लेषणात्मक रचनाएं नहीं लिखीं। क्या इसका कारण आप मुझे बता सकते हैं?''

- इसका उत्तर वर्मा जी ने स्पष्ट शब्दों में दिया, "मैं जानबूझकर इस प्रकार के विश्लेषण से बचता आया हूं, क्योंकि मेरी निश्चित धारणा है कि उपन्यास या कहानी में मनोविज्ञान को प्राथमिकता देने से उसका कलात्मक सौन्दर्य समाप्त हो जाता है। मैं उपन्यास और कहानी में कहानी तत्व को प्राथमिकता देता हूं। इसी तरह दर्शन और वाद-विवाद की बोझिलता भी कृति के कलात्मक सौन्दर्य को नष्ट कर देती है।"

अब बातचीत मैंने वर्मा जी के साहित्यिक जीवन के विभिन्न मोड़ों की ओर घुमा दी। मैंने पूछा, "वर्मा जी! आपके साहित्यिक जीवन का आरम्भ कविता से हुआ, किन्तु एकाएक आपने वह क्षेत्र क्यों छोड़ दिया?"

- उत्तर में वर्मा जी ने अपने अतीत की ओर झांका, "पहली बार मुझे लगा कि मैं अच्छा कहानीकार हूं, बनिस्बत गीतकार के। प्रारम्भ में मैं अपने कहानीकार वाले रूप को पहचान नहीं पाया था। दूसरे, कहानीकार के लिए प्रौढ़ता की आवश्यकता होती है। कविता क्योंकि भावुकता से सम्बन्धित है; अतएव, उसमें प्रौढ़ता की उतनी आवश्यकता नहीं होती। जैसे-जैसे मुझमें प्रौढ़ता आती गई, मेरा कथाकार वाला रूप निखरता गया। दूसरे, आजीविका का सवाल भी मेरे सामने आया। यह कथा की ओर का रुझान कदाचित् उतना अधिक नहीं होता, यदि जीविका का सवाल मेरे सम्मुख न होता।"

गम्भीर विषयों पर काफी बातचीत हो चुकी थी। मैंने अपनी नोटबुक बन्द कर दी। वर्मा जी भी आराम से बैठ गए। मैं अपने सहज मूड में आकर इधर-उधर की बातें करने लगी। वर्मा जी ने अपने नवीनतम उपन्यास 'सामर्थ्य और सीमा' के कुछ जीवन्त संस्मरण सुनाए। मेरे यह पूछने पर कि आजकल आप क्या लिख रहे हैं, उन्होंने बताया कि एक अच्छा 'प्लॉट' उनके दिमाग में है और आजकल उसे लेकर वे एक रोचक उपन्यास लिख रहे हैं।

भीष्म साहनी

9-10-85

प्रिय कुसुम वार्ष्णेय जी,

उपन्यास-रचना सम्बन्धी आपके प्रश्नों के उत्तर भेज रहा हूं।

आशा है, स्वस्थ तथा प्रसन्न होंगी।

सस्नेह,

भीष्म साहनी

- उपन्यास की प्रेरणा मूलतः जीवन से ही मिलती है। कोई निजी अनुभव, कोई बाहर की घटना, कोई प्रभावित करने वाला चरित्र जिसमें कोई विशिष्टता हो या सनक हो, या उसके चरित्र की विसंगति आदि। कभी-कभी किसी शहर या कस्बे का माहौल भी उपन्यास के लिए प्रेरणा का स्रोत हो सकता है, जब लेखक उस माहौल को पकड़ने, उसे पन्नों पर उतारने के लिए बाध्य हो जाए, उसके वाह्य रूप से आकृष्ट होकर ही नहीं, बल्कि उसके भीतरी जीवन से आकृष्ट होकर आदि आदि। कोई नपा-तुला नियम यहां काम नहीं करता, पर आधार जीवन ही होता है, कोरी कल्पना नहीं।
- इसमें नपा-तुला नियम नहीं है। मैंने साम्प्रदायिकता के विषय को लेकर 'तमस' उपन्यास लिखा था। जिन घटनाओं का उसमें उल्लेख हुआ है उसमें से अधिकांश मेरे सामने घटी थीं 1946-47 में, पर मैंने उपन्यास 1973 में लिखना आरम्भ किया था। जाहिर है वर्षों तक मेरे मस्तिष्क में वे घटनाएं घुमड़ती रहीं। पर एक और उपन्यास 'बसन्ती' नाम से, एक चरित्र से प्रभावित होने के कुछ ही देर बाद लिखने लगा था। लेकिन अक्सर 'बीज' रूप मे कोई प्रेरणा कुछ देर के लिए जरूर ही मस्तिष्क पर छायी रहती है और कोई-न-कोई रूप ग्रहण करने के लिए कसमसाती रहती है।
- मैं प्रारूप बनाकर नहीं लिखता, लिखते हुए ही धीरे-धीरे उसका प्रारूप बनता जाता है। कई बार, मालूम नहीं होता कि आगे क्या होगा और घटनाक्रम क्या रुख पकड़ेगा।
- आम तौर पर, जो धुंधला का 'प्रारूप' लिखने से पहले मन में रहा हो, वह लिखते समय बहुत कुछ बदल जाता है। लिखने के पहले उपन्यास लेखक के मस्तिष्क की उपज होता है। लिखते समय कथा के सूत्र पात्रों के हाथ में चले जाते हैं। पात्रों की मूल परिकल्पना तो लेखक के मन में रहती है, लेकिन पन्नों पर उतरने पर पात्र अक्सर अपना, बहुत कुछ स्वतन्त्र अस्तित्व ग्रहण कर लेते हैं। वे लेखक के हाथ की कठपुतली नहीं रहते। इसलिए कथानक बदल जाता है। क्योंकि कथानक पात्रों के स्वभावानुसार उनकी इच्छाशक्ति और कार्यकलाप के अनुसार ही ढलने लगता है।
- मैं अपने अभिप्रेत को व्यक्त नहीं कर पा रहा हूं, इसका बोध लिखते समय ही होने लगता है। शायद इसी को लेखक का संघर्ष कहते हैं, कि जो बात वह कहना चाहता है वह कह नहीं पा रहा (बिम्बों, घटनाओं, पात्रों, घात-प्रतिघात आदि के माध्यम से)। यह संघर्ष आखिरी पन्ने तक, एक तरह से चलता रहता है। इसके लिए अदला-बदली भी होती है, बहुत कुछ दो-दो, तीन-तीन बार

भी लिखा जाता है। लेकिन लेखक उस समय तक जुटा रहता है जब तक वह इस सीमा तक आश्वस्त न हो जाए कि मैं अपनी बात कुछ हद तक तो जरूर ही कह पाया हूं। पर इसके बावजूद रचना में से कोई दूसरा अभिप्रेत ही उभरे तो जाहिर है, लेखक अपनी बात कहने में असमर्थ रहा है। आम तौर पर कथानक तो बदलता रहता है लेकिन अभिप्रेत नहीं बदलता, क्योंकि उसके पीछे लेखक की जीवन-दृष्टि होती है। पर कहीं-कहीं वह भी बदल सकता है जब जीवन से साक्षात्कार करते हुए या उसमें गहरा उतरते हुए आप पायें कि आपकी दृष्टि में दोष था या कि उसकी पकड़ अधूरी थी।

- कथानक का मूल आधार, मेरे अनुभवानुसार, जीवन ही होता है, मतलब कि हम कथानक के 'बीज' को जीवन से ही उठाते हैं, पर उसका विकास हमारी कल्पना करती है। जितनी सर्जनात्मक हमारी कल्पना होगी, उतना ही हमारी रचना के विकास में निखार आएगा। कई बार, आपने देखा होगा, कोई लेखक, जीवन के साथ-साथ चलते हुए, सहसा एक उड़ान भर जाता है, ऊंचा उठ जाता है, उसके लेखन में बुलन्दी आ जाती है। उसका जीवन से नाता तो नहीं टूटता पर उसकी कल्पना उसके कथानक को एक सुन्दर कलात्मक रूप दे जाती है।

पर सृजन में मात्र लेखक की कल्पना ही सक्रिय हो, ऐसा नहीं है, गहरी भावनात्मकता, संवेदन, रूप सौष्ठव, कल्पना, रागात्मकता आदि सभी सक्रिय होता है, यहां तक कि विवेक भी।

भैरव प्रसाद गुप्त

समालाप : (20-9-85; स्थान : कुसुम वार्ष्णेय का आवास, 13/27 महात्मा गांधी मार्ग, इलाहाबाद; सायं 4-30 बजे)

- मैं करीब-करीब जिन पात्रों को लेता हूं वे मेरे बहुत परिचित होते हैं किन्तु मैं जब उन्हें उपन्यासों में लाता हूं तो उनका रूप, उनका चरित्र, उनका व्यवहार, उनका स्वभाव या उनका शील वही नहीं रह जाता। अगर हू-ब-हू वही रहता है तो जाहिर है उनके माध्यम से जैसा चरित्र मैं प्रस्तुत करना चाहता हूं, या जो कहना चाहता हूं, वह मैं नहीं कर सकता। कला और शिल्प का यह तकाजा है कि आधार हम यथार्थ से लेते हैं, अपने सच्चे अनुभवों से लेते हैं किन्तु व्यापक और प्रभावशाली बनाने के लिए हमें कल्पना का योग जरूर लेना पड़ता है। आवश्यकता यह महसूस होती है कि जितना मैं चरित्र

के बारे में जानता हूं, क्या वह बस उतना ही है या कि और भी कुछ है, जो दीखता नहीं है। यही बात हमें उसके अनेक अन्तरंग और बहिरंग आयाम उद्घाटित करने की दृष्टि देती है।

- किसी अपने बहुत नजदीक के परिचित को लेकर लिखना दूसरों के लिए कठिन और दुविधापूर्ण होता होगा, मेरे लिए नहीं है। 'सत्ती मैया का चौरा' का नायक मन्ने मेरा बहुत गहरा दोस्त है। बचपन से लेकर युवा होने तक हम बहुत करीब रहे। उससे मेरा सम्बन्ध-विच्छेद तब हुआ जब मैं नौकरी के सिलसिले में शहर आकर जम गया और वह वहीं गांव में रह गया। लेकिन मन्ने मेरे भीतर से कभी नहीं गया। जब तक मैं उसके साथ रहा मैंने कभी सोचा भी नहीं था कि मैं उस पर लिखूंगा। किन्तु जब मैं उससे दूर हुआ, जीवन के चक्र ने हमें अलग-अलग कर दिया और उसके बारे में कभी किसी गांव वाले से, कभी पटवारी से पता लगता रहता, तो उसका जीवन, उसका संघर्ष, उसकी असफलताएं मुझे कोंचने लगतीं। वह जमींदार घराने का था। विद्यार्थी जीवन में उसके स्वप्न, उसके आदर्श बहुत ऊंचे थे। वह जमींदाराना रहन-सहन से दूर सादगी से रहता था। वह बहुत अच्छा वक्ता था, वह बहुत अच्छा लेखक था। वह बहुत अच्छा राजनीतिज्ञ बन सकता था, बहुत अच्छा साहित्यिक बन सकता था, उसका स्वप्न भी यही था। वह जमींदारी से कुछ सम्बन्ध न रखने की बात कहता था। किन्तु उसके पिता की मृत्यु बहुत जल्दी हो गई और उसके ऊपर घर की जिम्मेदारियां आ गईं। उसके कई बहनें थीं, विधवा मां थी, और इन सबमें फंसकर वह गांव का होकर रह गया। अपने स्वप्नों के टूटने से उसमें परिवर्तन आया और वह फिर अनेक कमजोरियों का, अनेक कुण्ठाओं का शिकार होता गया। उसने रिश्वत भी ली, वह काम-कुंठाओं से भी ग्रस्त हुआ।
- इसी बात ने, मन्ने की असफलताओं ने मुझे मुद्दा दिया कि आदमी क्या बनना चाहता है, और क्या बन जाता है। यही बात मुझे कचोटती रही और मैंने उपन्यास लिखना शुरू कर दिया।
- मैं बिम्ब की बात नहीं जानता। मेरे सामने तो चरित्र ही होता है। 'सत्ती मैया का चौरा' में शायद मेरे सामने गांव की जो बहुत-सी घटनाएं थीं, गांव का जो इतिहास था उस सबका जंगल जो मेरे मानस में था, उसने उस मुद्दे कि आदमी क्या बनना चाहता है और क्या बन जाता है, को जमीन दी। इसलिए जिस बिन्दु से मुद्दा उठाया था, उपन्यास में वही नहीं रह गया। मन्ने का संघर्ष और पतन गांव से जुड़ता चला गया, अमीर-गरीब के संघर्ष से जुड़ता

गया, साम्प्रदायिकता के प्रश्न से भी जुड़ता चला गया। जिसे मैंने चरित्र के बिन्दु से शुरू किया था वह पूरे गांव की समस्या से जुड़ गया। आपको यह भी बता दूं कि 'सत्ती मैया का चौरा' का किस्सा सच्चा है। उसका मुकदमा भी सच्चा है।

- जब उपन्यास शुरू किया तब मैं नहीं जानता था कि उपन्यास कैसा बनेगा। उसमें क्या-क्या रहेगा। मेरे सामने तो बस (अपने मित्र) मन्ने का चरित्र था और मैं उसी पर लिखना चाहता था। मैं बिम्ब की बात नहीं जानता। मेरे सामने तो चरित्र ही होता है। चाहे उसे आप बिम्ब कह लें या बिन्दु। किन्तु वह एक बिन्दु फैलकर कैसे इतना व्यापक हो गया कि वह एक चरित्र की गाथा न रहकर, गांव की गाथा बन गया, मैं नहीं जानता। रचना-प्रक्रिया उलझी हुई प्रक्रिया है। कहां से शुरू किया और कहां अन्त होगा, यह सब मैं नहीं सोचता। दिमाग में कुछ फ्लैश किया और वहीं से मैं लिखना आरम्भ कर देता हूं।
- नहीं, मेरा मित्र नाराज नहीं हुआ। आपको आश्चर्य होगा कि वह प्रसन्न ही हुआ। वह कहने लगा कि मैं तो अपनी कमजोरियों को, कमजोरियों के कारणों को जानता भी नहीं था। सबसे बड़ी बात यह कि उसकी बीवी-बच्चे जो उससे उसकी कमजोरियों, उसकी कुण्ठाओं के कारण नाराज रहते थे, उपन्यास पढ़ने के बाद उसे इज्जत देने लगे।
- कथानक का कोई प्रारूप नहीं बनाता। पात्र और समस्या महीनों-सालों दिमाग में पकती रहती है और जब पूरी पक जाती हैं तो वह स्वयं अभिव्यक्ति में फूट पड़ती है। फिर कोई रुकावट नहीं आती लिखने में। जैसे नदी गिरी और अपना रास्ता बना लेती है, समुद्र में गिरने के लिए। वैसे ही मेरा उपन्यास चलता है। शुरू किया तो रुकता नहीं हूं। अगर रुक गया तो समझिए छोड़ ही दिया। ऐसे कई उपन्यास अधूरे पड़े हैं।
- कथानक के लिए कोई जोड़-तोड़ नहीं करता। सहज-स्वाभाविक रूप से जो कथानक बन जाता है, बन जाता है। कथानक घटनाओं से नहीं बनता, न केवल चरित्रों से बनता है और न ही गढ़ा जाता है। रचना जब अस्तित्व में आ जाती है, तब वह स्वयं रचनाकार को डिक्टेट करती है कि अभिप्रेत ऐसे नहीं ऐसे व्यक्त होगा, बस उसी से कथानक अपना रास्ता बनाता चलता है। सामाजिक क्रियाकलापों में कारण निहित रहता है। उपन्यासकार को समाज और मनोविज्ञान की पैठ होनी चाहिए। कारणत्व तो अपने आप निकलता जाता है।

- रचना-प्रक्रिया उलझी हुई प्रक्रिया है। कहां से शुरू किया और कहां अन्त होगा, यह सब मैं नहीं सोचता। दिमाग में कुछ फ्लैश किया और वहीं से मैं लिखना आरम्भ कर देता हूं। कोई ठोस 'इमेज' नहीं रहती। केवल एक बिन्दु होता है। आरम्भ करने के पूर्व बीच में पात्रों के नाम आदि अवश्य नोट करता हूं...उनकी उम्र और नाम आदि। मेरी याददाश्त इस मामले में कमजोर है इसलिए।
- पुनर्लेखन मैं नहीं करता। पहला ही ड्राफ्ट अन्तिम होता है। बस व्याकरण की भूलें या फिर इसी प्रकार की गलतियों में सुधार करता हूं।
- दो उपन्यासकारों से विशेष रूप से प्रभावित हुआ हूं। एक बंगाली उपन्यासकार थे, नाम उनका इस समय याद नहीं आ रहा, सेना में अफसर थे, तभी उन्होंने एक उपन्यास लिखा था 'रंगरूट', वह काफी लोकप्रिय हुआ। फिर उन्होंने कोई उपन्यास लिखा या नहीं, पता नहीं। किन्तु उस उपन्यास ने बेहद प्रभावित किया। दूसरे गोर्की ने प्रभावित किया। उनके लेखन में जो शक्ति है, जो पौरुष है, सामाजिक यथार्थ है, उससे बहुत प्रभावित हूं।

मन्नू भण्डारी

103, हौज खास फ्लैट्स, दिनांक : 18-9-85
नई दिल्ली–110 016

प्रिय कुसुम जी,

आपके दोनों पत्र मात्र एक दिन के अन्तराल से ही मिले थे लेकिन मैं हूं कि इतनी देर से उत्तर दे रही हूं। इस बार देरी का कारण मात्र आलस्य ही नहीं है वरन् कुछ ऐसी परेशानियां हैं जिन्होंने मानसिक रूप से व्यस्त और त्रस्त कर रखा है। खैर, वह सब अलग, इस समय तो इतना ही कि देरी के लिए शर्मिन्दा हूं...आप उसे गलत नही समझेंगी। आपके प्रश्नों के उत्तर दे रही हूं।

- उपन्यास की प्रेरणा कहां से मिलती है इसका कोई बंधा-बंधाया नियम नहीं है और न हो ही सकता है। पात्र, घटना, स्थिति या विचार कोई भी आपको लिखने के लिए प्रेरित कर सकता है। बीज-रूप में इनमें से भले ही कोई एक आपको लिखने के लिए प्रेरित करे लेकिन रचना के दौरान ये सभी कुछ ऐसे घुलमिल जाते हैं कि इनको अलगाना भी कठिन हो जाता है। फिर हर

उपन्यास के अपने रचना-स्रोत भिन्न होते हैं, अपने सरोकार भिन्न होते हैं और उसी के अनुरूप शिल्प भी भिन्न होता है। इसलिए कोई सामान्य नियम न तो बनाया जा सकता है न उस पर चला जा सकता है।

- बीज-रूप में उभरी बात को रचना तक पहुंचाने की अवधि का भी कोई नियम नहीं होता है। 'आपका बंटी' का विचार जिस एक छोटी-सी घटना से मन में कौंधा था...वह शायद चार-पांच साल तक अलग-अलग सन्दर्भों से, स्थितियों से और घटनाओं से पुष्ट होता रहा, एक से हटकर अनेक के साथ जुड़ता चला गया। अपने अलग-अलग शेड्स और अलग-अलग रूपों के साथ। रचनात्मक बिन्दु तक पहुंचते-पहुंचते बंटी व्यक्ति से अधिक एक समस्या बन गया था...अपने को जन्म देने वाले सारे सन्दर्भों के साथ। कोई भी व्यक्ति विशेष या घटना जब तक व्यापक धरातल के साथ नहीं जुड़ती, तब तक वह रचनात्मक दबाव पैदा नहीं होता जो उपन्यास को जन्म दे सके। कम से कम अपने बारे में तो मैं ऐसा कह ही सकती हूं।
- जहां तक प्रारम्भिक प्रारूप का प्रश्न है कोई चुस्त-दुरुस्त प्रारूप तो बनाया भी नहीं जा सकता है और जो थोड़ा-बहुत बनता भी है वह लिखने के दौरान कहां मिल जाता है, पुनर्सृजन की इस प्रक्रिया में सुविधा के लिए बनाए गए प्रारूप बहुत दूर तक साथ नहीं दे पाते। स्थितियां और पात्र किस तरह अपने आप आधार लेते चलते हैं...यह बताने-समझने से ज्यादा सिर्फ महसूस करने की चीज है। ऐसे परिवर्तनों पर आप खुद कभी-कभी विस्मित-चमत्कृत होते हैं। आप केवल लिखते ही नहीं, निरन्तर नई-नई स्थितियां, चरित्रों के नये आयाम और समस्याओं के अनुसार पहलू Explore भी करने लगते हैं और शायद रचना करने का वही सबसे अधिक सुखद पहलू भी होता है।

कल्पना का पुट रचना में अवश्य होता है बल्कि कहूं कि अनिवार्य होता है। कल्पना-शक्ति और कलात्मक क्षमता के सहारे ही कोई सर्जक अपने या दूसरे के जीवनानुभव को रचना के स्तर तक उठा ले जाता है। हां, इतना जरूर है कि कल्पना यथार्थ की भूमि पर टिकी हो।

मैं सोचती हूं, इतनी सी बात से आपकी शंकाओं का या प्रश्नों का समाधान हो जाएगा।

शेष फिर। कभी दिल्ली आना हो तो मिलिएगा।

सस्नेह

मन्नू भण्डारी

मालती जोशी

दि. 27.2.86

एफ-3, कलियासोत कांलनी,

शास्त्रीनगर, भोपाल

महोदया,

डेढ़ महीने के प्रदीर्घ प्रवास के बाद लौटी हूं। इसीलिए आपके पत्रोत्तर में विलम्ब हुआ। उत्तरपर्णी संलग्न है। आशा है, आपका समाधान हो जायेगा।

सधन्यवाद।

- यह प्रश्न अक्सर पूछा जाता रहा है। इसका उत्तर यही है कि कहानी किसी एक घटना, व्यक्ति या अनुभव पर आधारित नहीं होती, वह तो इन सबका एक मिला-जुला समन्वय होता है।
- अक्सर ही कथानक दिमाग में घूमता रहता है। मन ही मन में पूरा खाका बना लेती हूं। समय का कोई बन्धन नहीं है। कभी-कभी कोई कथा आकार पाने में छह महीने ले लेती है। उसके बाद ही उसे कागज पर उतारती हूं।
- एक बार Outline पूरी हो जाने के बाद मैं उसे कागज पर उतारती हूं। पहले रफ में–यानी कि अपनी डायरी में। बाद में फुलस्केप कागज पर–भेजने के लिए। इन दोनों प्रक्रियाओं के बीच भी कभी-कभी लम्बा अन्तराल खिंच जाता है।
- रचना जो 'रफस्केच' में होती है, fair करते समय अक्सर ही परिवर्धित होती है। कई बार भाषा या प्रसंग बदल जाते हैं। पर कथा की मूल भावना में कोई अन्तर नहीं आता। बल्कि, उस भावना को निखारने के लिए ही ये परिवर्तन किये जाते हैं।
- अक्सर मैं अपने कथ्य के प्रति ईमानदार और दृढ़ रहती हूं।
- कोई भी रचना केवल कल्पना या केवल सत्य पर आधारित नहीं होती। यह तो यथार्थ में कल्पना का सुन्दर संयोजन है जो अच्छी रचना की सृष्टि करता है। मैं भी अपने कथा बीज अपने आसपास से ही बटोरती हूं, पर अपने पात्रों का मेकअप ऐसा करती हूं कि सहज ही में पहचाने न जा सकें।
- कोई नियम नहीं है। कभी नाम कथानक की प्रेरणा बनता है। कभी कथानक नाम का बोध कराता है।
- घरेलू व्यस्तताओं के कारण एक बैठक में लिखना कभी सम्भव ही नहीं होता। जब भी दोबारा बैठती हूं, पिछले एक-दो पेज फाड़ने के बाद ही गाड़ी आगे बढ़ती है। कथानक के अन्त को मर्मस्पर्शी और अनूठा बनाने के लिए दो-दो

दिन तक अन्तिम पेज मुल्तवी रखती हूं। कई बार अन्तिम पेज फाड़कर पुनः लिखती हूं।

- लिखते समय मैं किसी विशेष जानकारी के लिए लोगों से बात कर लेती हूं पर अपना लिखा किसी को सुनाना कभी अच्छा नहीं लगा। न घर में किसी ने कभी वैसा जिक्र किया।
- मैं शरत बाबू की ऋणी हूं कि उन्होंने मुझे पात्रों के लिए एक अन्तर्दृष्टि दी।
- घर-गृहस्थी से जो समय बचता है उसी में लिखती हूं। घर में मेहमान हों तो कभी नहीं लिखती। दोपहर के दो-तीन घंटे ही मुझे मिलते हैं। शाम को सबके साथ मिल-बैठकर गप्पें मारना अच्छा लगता है। अक्सर लोग आते ही रहते हैं। रचना-प्रक्रिया कई बार थम जाती हैं जिसका कोई उपाय नहीं है।
- महाराष्ट्रीयन ब्राह्मण परिवार है। बहुत आधुनिक भी नहीं है। एकदम रूढ़िवादी भी नहीं है, पर अपनी संस्कृति से प्यार है। उसे सहेजने का मन है। दोनों ओर का ही परिवार बहुत बड़ा है। सबसे बड़ा स्नेह मिला हुआ है। शिक्षा–एम.ए. हिन्दी में किया है। आजकल मराठी में भी लिख रही हूं। लोग पसन्द कर रहे हैं।
- सन् 77 में पहली पुस्तक छपी। तब से 12-13 छपी हैं। सन् याद नहीं हैं।

मंजुल भगत

14, रामकिशोर रोड,
सिविल लाइंस,
दिल्ली–110 054

- प्रेरणा अधिकतर चरित्र से। मैं चरित्र और व्यक्तित्व को घटनाओं से बड़ा समझती हूं। एक ही घटना अलग-अलग चरित्र को विभिन्न रूप से प्रभावित करती है।
- कुछ बीज-सूत्र मन-मस्तिष्क में कुछ ही हफ्ते कुलबुलाकर कागज पर उतर जाता है। पर कुछ प्रसंग-सूत्र, अनुभव-अनुभूतियां ऐसी भी हैं जो उस जीवन का हिस्सा हैं जो लिखना शुरू करने के बहुत पूर्व जी लिया गया। लेखन शुरू किया 1970 से और जन्म 1936 का। इस बीच खूब पढ़ा, गुना-मना पर लिखा नहीं। अब लिखते-लिखते पिछला बहुत कुछ उभर-उबर आता है कागज पर।

- मैं प्रारूप कभी नहीं बनाती। सीधा लिखना शुरू कर देती हूं। उसमें सब कुछ पहले से सोचा या तय किया हुआ नहीं होता।
- रचना सोचे हुए से अक्सर आगे निकल जाती है।
- अक्सर सोचे हुए से कुछ बेहतर ही रचना में आ जाता है। कभी-कभी लिखते-लिखते भावातिरेक में बह भी जाते हैं—तब रचना काल्पनिक-सी होकर आदर्शवादी होने लगती है। मेरे उपन्यास 'टूटा हुआ इन्द्रधनुष' में ऐसा ही हो गया है।
- मेरे अधिकतर उपन्यासों में बहुत नजदीक से देखा गया यथार्थ ही है—अपना भुगता, सहा हुआ भी है और दूसरों का भी। कल्पना कुछ न कुछ तो रहती ही है पर पूरी तौर से नहीं। उपन्यास का नामकरण अक्सर पहले ही करती हूं—फिर अंत में उसे बदल भी देती हूं कभी-कभी। घर की जिम्मेदारी, पति व बच्चों का साथ व मांगें हरदम लेखन के साथ-साथ चलती हैं। चाहे रचनात्मक क्षणों की कितनी भी उत्कट मांग हो, घर की जिम्मेदारी से मुक्ति का प्रश्न ही नहीं उठता। जल्दी-जल्दी घर का काम समेटकर सवेरे नौ बजे लिखना शुरू करके बीच-बीच में भी उठती रहती हूं—बच्चों का, पति का, स्वयं का खाना परोसना, टेलीफोन सुनना, सब्जी वाला, प्रेसवाली, छुट्टा काम करने वाली पड़ोसन, सबकी आवाजाही, बतियाना आदि चलता रहता है।
- लेखन में एक बार रफ और दूसरी बार फेयर, इसके अतिरिक्त संशोधन व पुनर्लेखन नहीं के बराबर। पर कुछ नुक्ते, कुछ अच्छे से जुमले जो अनायास ही बैठे-बैठे सूझ जाते हैं- उन्हें किसी डायरी में दर्ज कर लेती हूं। कभी-कभी कोई घटना किसी चरित्र अथवा चरित्रों को लेकर जो दिमाग में घूमती रहती है, यूं ही मित्रों व सम्बंधियों को किस्सागोई या गपशप के अंदाज में सुना बैठती हूं। सुनाते समय कथानक गढ़ता-सा चला जाता है, सुनने वाले उठ चुके होते हैं तब भी मन-मस्तिष्क में कथानक चलता रहता है और फिर कागज-कलम का साथ बन जाता है। कभी तीन-तीन कहानियां एक साथ सूझ जाती हैं, दिमाग पागल-सा होने लगता है, क्रियाओं में हड़बड़ी रहती है, नींद गायब हो जाती है पर आधी रात को उठकर कभी लिखती नहीं, केवल सोचती हूं। सुबह होते ही घर, पति, बच्चों व खुद से निबटकर लिखने को जल्दी मची रहती है। कभी-कभी लेखन में अन्तराल आ जाता है—दिमाग कुरेदने पर भी ठस्स बना रहता है। तब इधर-उधर, घूमना-फिरना, मिलना-मिलाना, मीटिंग-सभा आदि में जाना और थोड़ा-बहुत पढ़ते रहना कर लेना होता है। या फिर घर की दिनचर्या कुछ अधिक सम्भल जाती है,

और फिर अचानक लिखना शुरू हो जाता है।

- विदेशी साहित्य में पसन्द है :
  टैनीसी विल्चम के नाटक, सौल बे लो के उपन्यास, स्टीनबैक के उपन्यास, सार्त्र की कहानियां, सिमोन बोबुआ के उपन्यास, ग्राब्रियल गार्शिया मार्केज के उपन्यास; कामू के उपन्यास, हैनरी जेम्स की कहानियां।
- भारतीय लेखक जिनकी पुस्तकें पसन्द हैं :
  विष्णु प्रभाकर, अमृतलाल नागर, राजेन्द्र यादव, उषा प्रियंवदा, कृष्णा सोबती, मृदुला गर्ग, रांगेय राघव, जगदम्बा प्रसाद दीक्षित, धर्मवीर भारती, मन्नू भण्डारी आदि। इस्मत चुगतई। सब किताबें किसी भी एक लेखक की पसन्द नहीं। मसलन, अमृतलाल नागर का 'मानस का हंस' बहुत पसन्द आया पर उनका 'नाच्यौ बहुत गोपाल' अच्छा नहीं लगा।

पुनश्च : चरित्र व कथ्य मैं समाज के हर स्तर से उठा लेती हूं। किसी वर्ग विशेष के लिए पूर्वाग्रह नहीं है।

मृदुला गर्ग

मृदुला गर्ग
सी-1/9, सफदरजंग विकास क्षेत्र,
नई दिल्ली - 16

- अधिकतर चरित्र से।
- हां, दो-तीन साल से लेकर बीस साल तक।
- नहीं, मैं कथानक का प्रारूप नहीं बनाती।
- लिखने से पूर्व मन में जो इमेज होती है वह लिखते-लिखते भिन्न हो जाती है क्योंकि पात्र अपने तर्क से जीना शुरू कर देता है और मैं भी उसके साथ-साथ जीती-सोचती चली जाती हूं। अन्ततः जिस रूप में पूरा कथानक चलता है, उसमें वह चरित्र अधिक विचलित होकर आता है। मेरे अपने पूर्वाग्रह समाप्त हो जाते हैं और चरित्र अधिक सहज और स्वाभाविक विकास ले लेता है।
- अधिकतर ऐसा होने पर उपन्यास पूरा नहीं हो पाता। दरअसल मैं अभिप्रेत को बहुत जकड़न भरा नहीं बनाती, लचीला छोड़ देती हूं, इसलिए कथानक के साथ अभिप्रेत भी व्यापक होता चला जाता है। हां,

कभी-कभी अभिप्रेत को व्यक्त करने लायक कथानक बन नहीं पाता इसलिए उपन्यास अनलिखा रह जाता है या लिख चुकने पर भी यह महसूस होता है कि इसी अभिप्रेत को दूसरे ढंग से प्रस्तुत करना पड़ेगा। यही कारण है कि उसी बीज से कई कहानियां प्रस्फुटित कर लेने पर उसी आधार पर उपन्यास लिखा जाता है।

'चितकोबरा' उपन्यास लिखने से पहले कहानियां—होना, भूलती कुर्सी, संज्ञा लिखी गई थी।

- आसपास के देखे-सुने जीवनानुभव से, पर उनमें कल्पना का स्पर्श रहता ही है। दरअसल अनुभव जब भी हयास बन जाता है तो लेखक के लिए यह तय करना कठिन होता है कि क्या देखा-सुना अनुभव है और क्या कल्पनाजनित अनुभूति।
- प्रश्न 6 का उत्तर यहां भी लागू होता है। अनित्य के सभी पात्रों से मैं मिल चुकी थी, बचपन में। पर 30-40 साल गुजर जाने पर, मेरे बाद के अनुभवों ने उन्हें एक विकास तर्क दे दिया। नायक अविजित जीवन में देखे चरित्र से सबसे ज्यादा अलग जा पड़ा—क्योंकि उसने भारत की नव महाजनी सभ्यता या Bourgeosie के पतन के हर कोण से अपने में सोख लिया। मैंने उपन्यास का आरम्भ उसकी बेचैनी से किया था और उस समय मैं उसे काफी उदार चरित्र के रूप में देखती थी। पर कथानक के प्रवाह में वह उसी तरह की कमजोरियों और दुविधा से घिरता चला गया। जिसके बाद का हमारा रंग घिरा था।
- समाप्त करने पर।
- एक बार पुनर्लेखन करती हूं। पर उसमें भाषा का सुधार ही अधिक होता है और कभी-कभी कुछ अंशों में काट-छांट।
- प्रकाशित होने से पहले एक बार पांडुलिपि दिखलाई जरूर है पर कुछ छोटी-मोटी बातों को छोड़कर कोई व्यापक परिवर्तन नहीं किया। हां, प्रतिक्रिया मैं सुनती गौर से हूं और उसकी रोशनी में दुबारा उपन्यास पढ़ती जरूर हूं।
- विवाहित हूं। पति और दो बेटे हैं परिवार में। शिक्षा-एम.ए. (अर्थशस्त्र)।
- सुबह लिखती हूं। गृहस्थी का मतलब है, लिखते समय इतना एकाग्रचित होना कि शोरगुल और हर सम्भव परेशानी के बावजूद लिख लेना क्योंकि लिखना ही है। पता नहीं संघर्ष से रचनात्मक ऊर्जा बढ़ती है या

घटती है रह-रहकर दोनों ही बातें मन में आती हैं।

- पढ़ा सब उपन्यासकारों को है पर किसी से प्रभावित होकर नहीं लिखती। मेरा शिल्प बहुत सहज रूप से कथ्य में से आता है। समीक्षक-आलोचक उसमें किसी का प्रभाव देखें तो ठीक है, देख सकते हैं, परोक्ष रूप से प्रभाव हो भी सकता है। पर अपनी समझ में या प्रत्यक्ष रूप से किसी का प्रभाव मानकर शिल्प नहीं रचती।

नरेश मेहता

समालाप : (दिनांक 2-1-86; स्थान : कुसुम वार्ष्णेय का आवास 13/27 महात्मा गांधी मार्ग, इलाहाबाद; समय : सायं 5 बजे)

- प्रेरणा कभी एक तरह से नहीं मिलती। कभी कोई नितांत मामूली चीज भी प्रेरणा दे सकती है। किसी आदमी का आपके सामने से गुजरना भी प्रेरणा का कारण हो सकता है, कभी बड़ी से बड़ी दुर्दान्त घटना भी हो सकती है। मनुष्य की 'टू डाइमेंशन पर्सेनेलिटी' होती है। आपको बताऊं मेरे पिता की जब मृत्यु हुई, उस समय मेरे ऊपर बाल बराबर प्रभाव नहीं पड़ा। किन्तु कई वर्षों बाद जब एक मित्र से बात कर रहा था, सूर्यास्त हो रहा था, और न जाने कैसे सन्दर्भ आ गया और मुझे वह घटना याद आ गई, फिर मैं इतना विचलित हुआ कि क्या बताऊं। तो कोई बात दो तरह से मनुष्य के मन पर प्रभाव डालती है। एक प्रभाव तात्कालिक होता है, दूसरा प्रभाव दीर्घकालिक होता है। दीर्घकालिक प्रभाव की बहुत लम्बी प्रक्रिया है। मेरे रचनाकार के साथ दीर्घकालिक प्रक्रिया होती है। जब तक मैं किसी परिवेश में रहता हूं तब तक उसके सम्बन्ध में कुछ नहीं लिख पाता...'यह पथ बन्धु था' मैंने मालवा छूटने के बाद लिखा। जब तक मैं मालवा में रहा उसका परिवेश, उसकी माटी, उसके लोग रचनाशीलता को नहीं उकसा पाये, पर जब मैं वहां से दूर चला आया, तब मेरे रचनात्मक मनस् में मेरी कृष्णा माटी की, मेरे मालवा की बास जीवंत होकर बस गई। अब मैं प्रयाग से दूर उज्जैन में रह रहा हूं तो मेरे मन में प्रयाग की रसगंध बसी रहती है। शायद किसी दिन किसी रचना में यह अभिव्यक्ति पा ले...कभी यह भी रचना में फूट पड़े जैसे 'यह पथ बन्धु था' में मालवा फूट पड़ा था।
- वस्तुतः रचनाकार अवचेतन में छिपा बैठा रहता है। वह न जाने कहां-कहां

से क्या-क्या बटोरकर रख लेता है, जैसा आपने कहा कम्प्यूटर की भांति। आज आपके इस घर में मैं बैठा हूं। यह वातावरण, यह परिवेश, कमरे की एक-एक चीजें, आपके उस चित्र के दो कुत्ते सभी कुछ पता नहीं किस रचना के किसी प्रसंग में, कब कहां ज्यों-के-त्यों जीवंत हो उठें, मैं नहीं कह सकता।

- 'यह पथ बन्धु था' की शुरुआत उस लम्बी कहानी से शुरू हुई जो मैंने 1947-48 में लखनऊ प्रवास के दौरान 'बहू का एक दिन' के नाम से 40-50 पृष्ठों में लिखी थी। वहां एक 'लेखक-संघ' था, जिसमें यशपाल जी, भगवतीबाबू और नागर जी भी थे। इस कहानी में केवल इस बात का वर्णन था कि एक बहू सुबह उठकर रात तक कैसे काम निबटाती है। बहू के अलावा उसमें कोई पात्र नहीं था। उस 'लेखक-संघ' में मैंने वह कहानी पढ़कर सुनाई, तो खूब आलोचना हुई और कहा गया कि यह भी कोई कहानी है। वह कहानी कहीं खो गई। उसके बाद जब मैं नागपुर में था, तब 'लाल मिट्टी वाला मकान' नाम से पच्चीस-तीस पृष्ठ लिखे। इस 'लाल मिट्टी वाला मकान' में वह बहू भी थी, जो मेरी लखनऊ में लिखी कहानी में थी। पर यह उपन्यास भी आगे नहीं बढ़ पाया। फिर दिल्ली आ गया। मुक्तिबोध को 'लाल मिट्टी वाला मकान' के वे पृष्ठ पढ़कर सुनाए, तो उन्होंने कहा कि इसे पूरा कर डालो। पांच साल दिल्ली रहा, पर मैं इसे पूरा नहीं कर पाया। फिर इलाहाबाद आ गया। यहां भी तीन साल तक मैं इसे नहीं लिख पाया। किन्तु जब 'फ्री लांसिंग' का निश्चय किया और लिखने का ध्येय ही बना लिया तब मैंने इस उपन्यास को सत्ताईस दिनों में लिख डाला। शायद वह सब इतना पक चुका था, इतने दिनों तक अवचेतन में उसकी मानसिक तैयारी चलती रही थी कि उसे मैंने एक ही ज्वार में लिख लिया।
- इसका कथ्य पहले तय नहीं था। वह बहू तो दिमाग में थी ही, एक बहुत धुंधला सा आइडिया था कि एक आदर्शवादी व्यक्ति है। बस इस बिम्ब को लेकर मैंने आरम्भ कर दिया। मेरे लिए यह एक ऐसी यात्रा है, जिसमें पता नहीं है कि आगे पेड़ पड़ेंगे कि पहाड़ पड़ेंगे, या कौन-सा गांव आएगा। कुछ नहीं मालूम रहता मुझे। मैं कभी प्रारूप नहीं बनाता। अवचेतन में कुछ रहता हो, तो रहता हो।
- कथानक मेरा कारणत्व के जरिये आगे रहता है। आचरण का कारणत्व उसमें प्रमुख है। आपको बताऊं मेरा एक उपन्यास है 'उत्तरकथा'। इसके एक पात्र शिवशंकर आचार्य ने मुझे बरसों तंग किया। यह पात्र एक बारात में जाता है। वहां उसे एक साधु की कुटिया दीखती है। वह अन्दर चला जाता है और तय

कर लेता है कि मैं साधु बनूंगा। पर मैं उससे कहता हूं कि मैं तुम्हें साधु नहीं बनने दूंगा। आप विश्वास मानें कुसुम जी, यहां आकर यह उपन्यास दो वर्षों तक पड़ा रहा। अन्त में हम दोनों में एक समझौता हुआ कि शिवशंकर संन्यासी नहीं बनेगा किन्तु संन्यासीवत् आचरण अपनायेगा जीवनपर्यन्त। और तब उपन्यास आगे बढ़ा।

- किसी भी रचना के प्रारम्भ करने में दिक्कत होती है मुझे। कभी-कभी तो मैं सौ-सौ, पचास-पचास बार ड्राफ्टिंग करता हूं आरम्भ की। यदि कोई आ जाए, जरा-सा व्यवधान पड़ा नहीं कि पहले लिखा फेंककर फिर से लिखता हूं। किन्तु जब आरम्भ जम जाता है, तब चाहे कोई आए-जाए, बातचीत करने के बाद फिर लिखने में जुट जाता हूं, तब कोई व्यवधान नहीं पड़ता।
- कभी स्थिति इतनी अधिक फैला दी कि उसे समेटना पड़े, ऐसा छोटे उपन्यासों में तो नहीं होता। बड़े उपन्यासों में ऐसा ढीला पैटर्न आपको मिल जायेगा।
- पुनर्लेखन मैं नहीं करता। आरम्भ में ही इतना अधिक पुनर्लेखन कर लेता हूं कि पूरा होने पर अन्तिम रूप देने के लिए पुनर्लेखनों की आवश्यकता मुझे नहीं पड़ती। यदि लिखते-लिखते कोई एक शब्द भी बदलना पड़े, तो मैं पूरा पृष्ठ फिर से लिखता हूं।
- शीर्षक मैं उपन्यास लिखने के बाद ही सोचकर रखता हूं। वैसे नाम रखना मेरे लिए समस्या है। 'डूबते मस्तूल' का नाम मैंने पहले रख लिया था 'मार्च का एक दिन'। यह मेरा पहला उपन्यास है। पर अन्त में इसका नाम मैंने बदल दिया।
- लेखन आरम्भ किया मैंने कविता से। वस्तुतः सारी तैयारी मेरी कवि की तैयारी थी। सोचा नहीं था कि कभी उपन्यास लिखूंगा। लेकिन यह नहीं कि मेरे भीतर उपन्यासकार नहीं बैठा था। बचपन तक की घटनाएं मुझे आज तक याद हैं। किसी महिला को जैसे बाल झाड़ते देखा, तो वह वैसी ही मेरे मन में बैठी है- तो यह निशानी है उपन्यास की। जब मैंने फ्री-लांसिंग की बात सोची और लेखन को ध्येय बनाया, तब मैंने उपन्यास लिखने की सोची।
- पहले मैं लिखने से पूर्व कोई तैयारी नहीं करता था–पात्रों के नाम तक की नहीं। किन्तु जब से 'यह पथ बन्धु था' में मालिनी बाद में भूलवश मालती बन गई, या एक बार एक मृत्यु प्राप्त पात्र को जीवित समझकर काफी आगे बढ़ गया और इनके (पत्नी की ओर इशारा) बताने पर भूल ठीक की तब से पात्रों और उनके आपसी सम्बन्धों तथा उनकी आयु आदि का एक वंशवृक्ष बनाकर दीवार पर टांग देता हूं। पर सब पात्रों को पहले से अंकित नहीं कर लेता। जैसे–जैसे आते जाते हैं, दीवार पर उन्हें बढ़ाता जाता हूं और जिनकी मृत्यु

होती जाती है उन्हें काटता जाता हूं।

- ...तैयारी...तैयारी क्या करता हूं...दूसरे दिन से अगर मुझे उपन्यास लिखना है तो पूर्व सन्ध्या अच्छी-अच्छी चीजें बनवाकर खाता हूं...बच्चों, पत्नी को बैठाकर गप-शप करता हूं, जासूसी उपन्यास पढ़ता हूं (इस उत्तर में पत्नी का स्वर शामिल था...बोलीं, असल में ये कहते हैं कि और तरह का तो मैं लिख लेता हूं, जासूसी उपन्यास नहीं लिख सकता। इसीलिए इन्हें जासूसी उपन्यास पढ़ने अच्छे लगते हैं...खूब मिर्च वाली चटपटी पकौड़ी बनवाकर खाते हैं...)।

योगेश गुप्त

प्रिय कुसुम जी,

आपके प्रश्नों के उत्तर भेज रहा हूं। यथाशक्ति। इससे अधिक मेरे बस की बात नहीं है। अपने विषय में लिखना बहुत कठिन होता है।

आपका

योगेश गुप्त

- साहित्य की प्रेरणा तो जीवन, उसकी विडम्बनाएं और त्रासदियां ही होती हैं। कोई घटना, कोई चरित्र या कोई विचार आपको कुछ लिखने को बाध्य करता है। कहीं कोई महत्त्वपूर्ण होता है तो कहीं कोई।
- मन-मस्तिष्क में किसी सूत्र के रहने और पनपकर साहित्य बन सकने की कोई निश्चित अवधि नहीं होती। कोई कहानी तत्काल पक जाती है तो किसी को पकने में दस-बीस साल लग सकते हैं। सन्दर्भ और अलग-अलग आयाम बिना किसी प्रयास के कथ्य में जुड़ते रहते हैं—अर्थ खोजने की प्रक्रिया में।
- प्रारूप बनाकर मैं बिल्कुल नहीं लिख सकता। मेरे लिए यह सबसे गतिशील प्रक्रिया है। अन्त तक बदलती रहने वाली।
- लेखन दरअसल किसी पूर्व-निर्धारित 'इमेज' तक पहुंचना नहीं है, सहज रूप से अपने पात्रों और स्थितियों के साथ यात्रा करना है। कहां पहुंचना है यह भी सब मिल-जुलकर तय करते हैं। लेखक उनमें से एक होता है। मेरे साथ यही है।
- मैं उपन्यास का कोई ढांचा नहीं गढ़ता। मोटे तौर पर कुछ बातें होती हैं जो अन्त तक पहुंचते-पहुंचते सब बदल जाती हैं।

- लेखन यथार्थ या जीवनानुभव तथा उसके विस्तार (Extension) की प्रक्रिया है। Extension के लिए कल्पना का प्रयोग होता है। पर यह यथार्थ निरपेक्ष कल्पना नहीं होती। दूसरी ओर इसके Extension बिना लिखना पत्रकारिता है। मैं Static Reality को यथार्थ का अपरूप मानता हूं। यथार्थ को साहित्य के आधार के रूप में Dynamic होना ही होता है।
- नाम बाद में।
- मुझे पुनर्लेखन की कभी आवश्यकता नहीं पड़ी। Revision में विराम, अर्धविराम या कुछ छूटे हुए शब्द ही भरे जाते हैं। दरअसल मैं अपना लिखा दोबारा नहीं पढ़ पाता, कम से कम तत्काल। मैं उससे मुक्त हो चुका होता हूं। काफी दिनों बाद उसको किसी और के लेखन की तरह पढ़ सकता हूं। फिर किसी और के लेखन में मैं संशोधन क्यों करूंगा।
- दॉस्तावस्की, काफ्का और वैकेट बहुत अच्छे लगते हैं। अंग्रेजी कम जानता हूं इसलिए पढ़ने में बहुत मेहनत पड़ती है पर जितना समझा हूं, मैं इनसे प्रभावित हूं। किशोरावस्था में जैनेन्द्र, शरत, रवीन्द्र पढ़े थे, तब मुग्ध था उन लोगों पर। पर आज कहना जरा कठिन है। भारतीय भाषाओं की कुछ कहानियां बहुत अच्छी हैं।
- मैं बहुत जिद्दी आदमी हूं। छपने के बाद ही आलोचना लेता हूं। उसे गम्भीरता से स्वीकार करता हूं पर किसी के कहने से किसी परिवर्तन की स्थिति अभी तक तो नहीं आई।
- कोई निश्चित समय नहीं है लिखने का। सालों नहीं लिखता, कई-कई दिन तक लगातार लिखा है। एक उपन्यास रेस्त्रां में बैठकर लिखा था। घर के सदस्यों की आपाधापी, शोर-शराबे के बीच बैठकर मजे से लिख लेता हूं। यानी मन हो तो कोई disturb नहीं कर सकता।
- मेरी एक पत्नी है और छह बच्चे। एक लड़की, पांच लड़के। पिता कट्टर आर्यसमाजी थे। बचपन घोर अनुशासन में बिताया। बाद की सारी उम्र एक निरंकुश व्यक्ति की तरह काट दी। कभी नौकरी की, कभी छोड़ दी। इसलिए दिन आर्थिक अभाव में ही कटे। शिक्षा केवल दसवीं तक 1947 में। शेष क्या।

राजी सेठ

एम-16, साकेत
नई दिल्ली-110 017
दिनांक : 7-2-86

प्रिय कुसुम जी,

आपके पत्र का आभार। जो प्रश्नावली आपने भेजी थी वह भरकर भेज रही हूं। बहुत सी बातों के प्रति सजगता तो उत्तर देने के दबाव में से पैदा होती लगती है।

आपका विषय रोचक है और एक अनुभवी ट्रीटमेंट मांगता है। यह अपेक्षा आपसे निश्चय ही पूरी हो सकेगी क्योंकि प्रकाशन तक पुस्तक को पहुंचाने की प्रौढ़ता की आपको पहचान है। कई पुस्तकें छप चुकी हैं।

कभी इलाहाबाद आना हुआ तो आपसे मिलना होगा।

शोधकार्य में आपकी अप्रतिम सफलता की कामना में।

शुभाकांक्षी
राजी सेठ

- आपकी प्रश्नावली कुछ इस प्रकार की है कि लगता है उपन्यास लेखन के वैज्ञानिक पद्धतियों की तरह कुछ सामान्य नियम हैं, पर ऐसा नहीं है। अलग-अलग पुस्तक का आधार अलग-अलग कारकों और सूत्रों में हो सकता है। रचना-प्रक्रिया बहुत ही लचीली होती है तथा भिन्न-भिन्न समय पर भिन्न-भिन्न सूत्रों से प्रभावित हो सकती है। इसके कुछ तयशुदा लक्षण नहीं हैं। बहुत कुछ इस बात पर आधारित है कि हाथ में लिया कथावृत मन में किन जीवन-स्थितियों और किन पात्रों की सहायता से पूरा होता लगता है। इसमें संवेदना की चयनधर्मिता भी शामिल है।

मेरे लिए उपन्यास पात्रों के माध्यम से किसी विशिष्ट थीम का प्रकाशन है। मुख्यतः तो थीम ही मेरे दिमाग पर दबाव देती है अपनी पूरी सामाजिक और मनोवैज्ञानिक सम्भावनाओं के साथ। थीम के प्रति वैसा स्फुरण पात्रों को देखकर आता है क्योंकि वही थीम को धारण करने का माध्यम होते हैं। ऐसी ही अनुभूति कभी-कभी किन्हीं जीवन-स्थितियों को लेकर होती है। इसका कोई निश्चित नियम नहीं है। उपन्यास में घटनाओं की रचना फिर उस थीम को प्रकाशित करने के लिए होती है। यह घटनाएं स्मृतिजन्य भी हो सकती हैं, तात्कालिक सच भी, कल्पना भी और दोनों का मिश्रण भी।

- मेरे मन में वह बीज-सूत्र वर्षों तक पड़ता रहता है इसमें संदेह नहीं। अलग-अलग स्थितियों और संदर्भों के बीच बार-बार वह मेरे द्वारा जांचा-पड़ताला

भी जाता है। एक अचेत-सी सन्दर्भवत्ता मन में बनी रहती है जो स्थितियों को उसी कांटे पर तौलती रहती है, शायद अधिक से अधिक वस्तुपरक हो सकने के लिए, या मन में स्थित दूसरे आयामों के सन्दर्भ में उसे देख सकने के लिए। पर इस समय यह सब बातें आपकी जवाबतलबी के कारण सोची जा रही हैं।

- बीज-सूत्र के पक जाने का एहसास होने के बाद भी उपन्यास का प्रारूप बनाने की जरूरत समझ में नहीं आतीं। वह मन में एक केन्द्रीय दबाव बनकर रहता है। प्रारूप बना लेने से प्रारूप का ढांचा ही अपने पर हावी हो सकता है या अपना ही विचार जड़ हो सकता है, जबकि लिखने के दौरान उपन्यास का ढांचा अपनी शर्तों पर और इंवाल्वमेंट की अपनी गहराई में से विकसित होता है।
- मैंने ऊपर कहा है चूंकि मेरे दिमाग में उपन्यास की एक सुचिंतित थीम होती है इसलिए उपन्यास की संरचना कुछ-कुछ उन्हीं घटनाओं या स्थितियों के आसपास घूमती रहती है जो उनको उद्घाटित कर सके। इस कारण से निर्धारित रूपरेखा में तब्दीली होती है तो होने देती हूं। यह सब मानसिक रूप से चलता रहता है। मुझे लगता है इंवाल्वमेंट की गहरी अवस्था में रचनात्मक मानसिकता अपने कथ्य की रचना स्वयं करने लगती है। अपनी इस क्षमता का अपने को ठीक से भान भी नहीं होता। अन्ततः सोची हुई 'इमेज' के नजदीक जाना तो होता है पर वह ठीक वैसी ही हो, जरूरी नहीं है। गहराई में उतरने पर घटना स्थितियों को लेकर बहुत से विकल्प मन को घेरते हैं।
- मुझे अभी तक तो ऐसी अनूभूति नहीं हुई है कि जो मेरा–अभिप्रेत था वह मेरे हाथ में न रहा हो। यह जरूर समझ में आता है कि अपने अभिप्रेत और उसकी प्रासंगिकता का आग्रह रखने पर मुझे उपन्यास समाप्त करने में अधिक समय लगता है क्योंकि एक प्रकार की स्थितियों से अभिप्रेत को छू सकने का काम न निकलने पर दूसरे प्रकार की स्थितियों की रचना करनी पड़ सकती है। इन वैकल्पिक स्थितियों के प्रभाव की जांच-पड़ताल भी करनी पड़ती है परन्तु अंततः तो अपने अभिप्रेत के निकटतम पहुंचना होता ही है।
- कथानक के विकास के लिए जीवनानुभवों के पास जाना ही मुझे सबसे आसान स्थिति लगती है। कहे, सुने, देखे, पढ़े–अपने-पराये सारे के सारे संचित अनुभव काम आते हैं। उन्हें यथार्थ की स्मृति के अनुभव कहती हूं जो आवश्यकता के अनुसार आवश्यक क्रम में जुड़ते जाते हैं।
- इस बारे में कोई बंधा नियम नहीं है। ज्यादातर शीर्षक (कहानियों के भी) मैं

बाद में ही रखती हूं और यह मुझे खासा श्रमसाध्य काम लगता है क्योंकि शीर्षक से मैं जो काम लेना चाहती हूं वह खासा सघन है। मुझे लगता है, शीर्षक ऐसा हो थीम की प्रासंगिकता का ही नहीं, उसके अर्थ का भी विस्तार कर सके और केन्द्र के बाहर पड़ी परिधि की तलाश खासी यातनादेह है। इसमें समय और विचार की जरूरत पड़ती है। पर कभी-कभी मन में आते ही शीर्षक मन में कौंध जाता है, जैसे मेरा अगला उपन्यास। जबकि पिछले उपन्यास 'तत्सम' का शीर्षक पुस्तक के उत्तरार्द्ध से जूझते कई दूसरे विकल्पों को रौंदता हुआ मन में आया था।

- उपन्यास को एक ही बार में अंतिम रूप दे देना कैसे सम्भव है। उसका लेखन खंड-खंड में होता है। उसी तरह उसमें सुधार भी होता है। उसी के अनुसार उसका पुनर्लेखन भी। जितना भाग संतोषजनक होता जाता है, दरकिनार कर दिया जाता है और आगे के भाग पर काम होता है। उसी भाग का पुनर्लेखन होता है जो अंतिम नहीं हो जाता।
- मैं किसी को भी पढ़कर सुनाना पसन्द नहीं करती। यह काम भी अपने और अपनी रचना के बीच दूरी कायम करके अपने से लेना चाहती हूं। ड्राफ्ट कर लेने के बाद मैं अपने लिखे को परे कर देती हूं और जब लगता है कि विषयीगत होने की स्थिति धूमिल पड़ गई है तो उस पर विचार करती हूं। प्रभाव की लीक पर चलते दोष तभी समझ में आने लग जाते हैं। यूं मैंने देखा है कि छिछले ध्यान में की गई रचना अधिक दोषयुक्त होती है। सघनता बहुत से दोषों से अपनी रक्षा खुद कर लेती है।

मुझे यह झिझक भी रहती है कि हो सकता है कि दूसरों के सुझाए सुधार मुझे मान्य न भी लगें क्योंकि मेरे मन में कथानक का जिस रंग-रूप का बहाव है वह दूसरे के मन में क्योंकर होगा। इसलिए भी उससे बचती हूं। यह तर्क कि अंततः तो पाठकीय प्रतिक्रिया ही सर्वोपरि और महत्त्वपूर्ण है, तो लगता है रचना के उतनी फिनिश्ड स्थिति तक आ लेने में तो लेखक स्वयं काफी हद तक वैसी वस्तुपरक प्रतिक्रिया के समर्थ हो जाता है।

- मेरी लेखनचर्या मेरे वश में नहीं। घर-गृहस्थी के तथा सामाजिक दबावों के अधीन है। लिखना मैंने खूब देर से शुरू किया, 1974 से। तब तक एक संसार के बीच मेरी सम्बद्धता स्थापित हो चुकी थी। उस सबमें से अपने आपको खींचना चाहना–लेखनकर्म के पक्ष में–मेरे लिए बहुत बड़ा संघर्ष है। मैं अक्सर अपनी रचना को इसलिए हाथ नहीं लगा पाती कि दोनों संसारों में एक साथ अस्तित्वमान हो सकना मेरे लिए सम्भव नहीं। लेखन को मैं गहरे

दायित्व और इंवाल्वमेंट का कर्म समझती हूं। हाथ में लगे समय की गुणवत्ता से उसका बहुत गहरा सम्बन्ध है। मैं उसी समय रचना को हाथ में ले पाती हूं जब घर-गृहस्थी के दबावों की ओर से कम से कम हस्तक्षेप की मुझे आशा होती है, इसीलिए महीनों-सालों मेरा काम स्थगित होता रहता है जैसे कि मेरे आगामी उपन्यास का लेखन। मेरा विश्वास है कि एक बार आधे-अधूरे प्रारूप के असंगत रूप से बन जाने पर उसी अधूरेपन के बीच रचना स्थिति हो जाती है। लेखक स्वयं अपने शब्दों का कैदी हो जाता है, इसलिए, मेरे विचार से, काम को तभी स्पर्श करना चाहिए जब वह रचना की गुणवत्ता की सिद्धि का आधार बन सके। ऐसे में परिधि और परिवेश के तनाव बोझ लगते हैं। रचनात्मक ऊर्जा के क्षय की चिंता भी होती है क्योंकि यह बेहूदी घड़ी बार-बार सामने आती है कि समय है और लिख नहीं पा रहे हैं। तब यह विचार सांत्वना नहीं दे पाता कि कभी ऐसा भी तो होता है कि समय नहीं है पर उर्वरता के तनाव से सिर फटा जा रहा है।

- इस या उस प्रभाव की बात कह सकना मेरे लिए बहुत कठिन है। इन प्रभावों को वह नोटिस कर सकता है जो बाहर से पूरा देखता है। पूरे जीवन-काल में कब, क्या, कितना, कहां से संचित होता है, कोई नहीं कह सकता। मेरा पढ़ना-लिखना इतने व्यवस्थित तरीके से नहीं हो पाता कि मैं इन धाराओं को स्पष्ट कर सकूं। किसी रचना में से बार-बार गुजरने और उससे बेहतर जुड़ा महसूस करने का पैशन मेरे भीतर नहीं है, अपनी रचना को भी लेकर नहीं। ज्यादा से ज्यादा यह कह सकती हूं कि गहरी, चिन्तन प्रधान, आभ्यांतरिक रूप से मनस को उघाड़ने वाली पुस्तकों से मेरा जुड़ाव अधिक है, वह फिर जहां कहीं भी उपलब्ध हों। कुछ लेखक इन्हीं आधारों पर प्रिय-अप्रिय बनते हैं।
- शिक्षा एम.ए. अंग्रेजी साहित्य में। विधिवत अध्ययन मैंने दर्शनशास्त्र और तुलनात्मक धर्मों का भी किया है। पंजाबी मेरी मातृभाषा है पर हिन्दी से मेरा अटूट प्रेम। साहित्यिक संवेदना की ग्राह्यता के स्तर पर हर भाषा को मैं आदर योग्य समझती हूं, बाधा तो भाषा का अजनबीपन बनता है।

माता-पिता दोनों चिन्तनशील प्रकृति के थे। दोनों ओर के परिवारों में मात्र मैं ही लेखनवृत्ति में हूं, हालांकि भाई-बहनों में इस प्रकार की संवेदना की पहचान दुर्लभ नहीं। पति-परिवार में लेखन की स्वीकृति, सहयोग की सुलभता हालांकि यहां का ढांचा सम्बन्धों के स्तर पर बहुत लगावयुक्त और परस्पराश्रित है जिसमें आत्मसम्पन्नता की सुविधा अवरुद्ध भी होती है, उस समृद्ध एकान्त की सुविधा नहीं मिलती जो रचना का कारक होता है।

पढ़ने-लिखने का संस्कार बचपन से। धार्मिकता से अधिक आध्यात्मिकता में विश्वास। आत्मसम्पन्नता एक आवश्यक मूल्य। संस्कारशीलता में आस्था। जिन संस्कारों की अवनति मन में स्पष्ट होती जा रही है वह लेखन में आए हैं, आगे भी आएंगे, उन्हें पहचान पाना कठिन न होगा।

राजेन्द्र यादव

टेलीफोन : 270377
अक्षर प्रकाशन प्राइवेट लिमि.
2/36, अंसारी रोड, दरियागंज,
नई दिल्ली–110 002

प्रिय कुसुम जी,

आपका पत्र मिला। बहुत से पत्र अभी भी शक्तिनगर पहुंच जाते हैं और वहां से मकान-मालिक किसी से रि-डायरेक्ट कराने की सुविधा पाते ही भेज देते हैं। वरना उनकी स्थिति 'नेकी कर नदी में डाल' की होती है। इसलिए उत्तर न देने को मेरा चरित्र न समझें। लेकिन प्रश्नावली के उत्तर उतने आसान नहीं। फिर भी संक्षेप में इसलिए कुछ लिख रहा हूं कि विस्तार से लिखने के पक्के निश्चय के बावजूद, हमेशा ही चीज टलती जाती है।

- अपने या किसी दूसरे निहायत अपने का कोई भी अनुभव जो मन और मस्तिष्क को आक्रांत कर ले या अपने अनुभव की तरह ही हमेशा भीतर घटता-बढ़ता रहे। 'सारा आकाश' मेरे अपने जीवन पर नहीं है, लेकिन जिस मित्र के जीवन पर है उसके साथ साधारणीकरण जैसी ही स्थिति थी। फिर मुझे यह भी लगा कि वह सब मेरे अपने प्रवेश में भी घटित हो सकता था। यहीं से लिखने का दबाव या आत्मविश्वास आया।
- कोई सूत्र कितने समय तक मन और मस्तिष्क में रहे उसका कोई नियम नहीं है। फिर भी छह-सात महीने से लेकर 20 साल तक का समय भी लग सकता है। मेरी योजना में जिस उपन्यास को लिखना है उसको लेकर मैं लगभग 15-20 वर्षों से मानसिक जुगाली कर रहा हूं। कभी ऐसा भी होता है कि अनजाने पड़े हुए कोई सूत्र अचानक जाग्रत हो जाते हैं। मैं अपना बड़ा उपन्यास लिखने कसौली गया हुआ था। सोचा कि लम्बे काम में लगने से पहले कलम को रवां करने के लिए कुछ छोटी चीज लिख डाली जाए और मैंने 6-7 दिन में (या अधिक से अधिक 10 दिन में) 'मंत्रविद्ध' उपन्यास लिख

डाला। वह बड़े साहब अभी भी पड़े हुए सिसक रहे हैं।

- मैं कथानक के लिए कभी कोई प्रारूप नहीं बनाता। दिमाग में मोटी रेखाएं होती हैं और उसी के आधार पर सारी कहानी चलती है। जरूरत हो तो रचना-प्रक्रिया के दौरान परिवर्तन भी आते-जाते हैं। अक्सर तो ऐसा नहीं हुआ है कि जो बात मुझे कहनी हो, सम्पूर्ण होने पर रचना उससे बहुत दूर जा पड़ी हो।
- प्रायः मैं कथानक गढ़ता नहीं हूं। कुछ मोटे इम्प्रेसंस दिमाग में रहते हैं और उसी के आधार पर सारी चीजें विकसित होती जाती हैं। इसके लिए मुझे न नोट्स लेने पड़ते हैं और न ब्लू प्रिंट बनाने की जरूरत होती है। पहले ही, दिमाग में कुछ बातें साफ होती हैं। हां, लिखने या अन्य कामों के दौरान बीच-बीच में कभी-कभी कुछ वाक्य जरूर उछल आते हैं, जिन्हें उस समय टांक लेना जरूरी लगता है। मगर स्थिति वही होती है जो मेरे बोलने के समय प्रायः रहती है। किसी विषय पर जब बोलना होता है तो जो कुछ मैंने पहले सोचा होता है वह दिमाग से एकदम गायब हो जाता है और सहारे के लिए जो कुछ पंक्तियां लिखी होती हैं उन्हें देखने की फुरसत ही नहीं मिलती। यानी जैसी भी स्थिति हो उसे उसी समय अपने हिसाब से हैंडिल करना पड़ता है। यह कुछ-कुछ गाड़ी चलाने जैसा है। आपके पास तो सिर्फ गाड़ी चलाने का अभ्यास और गंतव्य होते हैं, रास्ते की स्थितियों को आपको खुद ही तात्कालिकता में तय करना पड़ता है, हां, कहां से होकर जायेंगे, लगभग यह भी साफ होता है। कौन सी सड़क कहां किस जगह जाकर मिलेगी, इस मामले में मेरी इंस्टिंक्ट 70-80 प्रतिशत सही होती है।

मैं समझता हूं कि आपके प्रश्नों के उत्तर मैंने काफी कुछ दे दिए हैं। कथानक की दृष्टि से मैं अपने उपन्यासों को किसी हद तक जटिल और संयोजित मानता हूं। 'शह और मात' तथा 'मंत्रविद्ध'। लेकिन उनकी भी मैंने कोई रूप-रेखा नहीं बनाई थी। कागज पर लगभग उसी तरह विकसित हुए हैं जैसे छपकर आए हैं। आपसे कभी मिलना हुआ तो 'मंत्रविद्ध' की मूल प्रति दिखाऊंगा। यही स्थिति 'अनदेखे अनजान पुल' की है। हां, शुरू में जरूर कुछ जगहों पर गड़बड़ा जाता हूं। इसलिए कुछ रचनाओं में 10-20 पृष्ठ प्रायः बदल देने पड़ते हैं। फिर गाड़ी चल निकलती है। 'एक इंच मुस्कान' तो बिना किसी योजना के ही लिखा गया था। वैसे उसकी मोटी रूप-रेखा सामने थी। मन्नू ने तो अपने प्रारंभिक रूप में रफ ढंग से लिख ही डाला था, मेरी शिकायत यह थी कि पुरुष पात्रों को तुमने प्रामाणिक ढंग से नहीं लिया है, अगर उन हिस्सों को मैं लिखूं तो ज्यादा सही ढंग से लिखूंगा। संयोग से यही बात 'ज्ञानोदय' में

बन गई। चालाकी मैंने यह की कि पहले चैप्टर में ही पूरा कथानक ही ढंग से बांध दिया।

सो यह स्थिति है। मुझे विश्वास है कि इन उत्तरों से आपका काम चल जायेगा। कोई विशेष बात हो तो कृपया मुझे निस्संकोच लिखें।

आपका

राजेन्द्र यादव

श्रीलाल शुक्ल

फोन : 75301

बी-2251, इन्दिरा नगर, लखनऊ-226 016

दिनांक : 30 नवम्बर, 1985

प्रिय कुसुम जी,

आपका 22 नवम्बर, 1985 का पत्र मिला। इसके पहले वाला पत्र मुझे नहीं मिला है।

जो प्रश्न आपने भेजे हैं उनका उत्तर मैं संलग्न कर रहा हूं।

सौभाग्य से मैं जून 1983 के बाद से सेवानिवृत हो गया हूं और अब मेरे इन दो व्यवसायों में टकराहट की स्थिति नहीं है।

मेरी रचना-प्रक्रिया और लेखन की पृष्ठभूमि के विषय में मेरे दो लेख 'यह घर मेरा नहीं' नामक संग्रह में उपलब्ध है। यह संग्रह सम्भावना प्रकाशन, हापुड़ से छपा है और कदाचित लोक भारती में उपलब्ध होगा। यदि आपको वहां न मिल सके तो आप कृपया मुझे लिख दीजिएगा। संग्रह की कुछ प्रतियां मेरे पास आने वाली हैं और उस स्थिति में मैं एक प्रति भेज दूंगा। मैं समझता हूं कि आपके अनेक प्रश्नों के उत्तर इन दो लेखों में आपको काफी विस्तार से मिल जाएंगे।

लखनऊ आना हो तो अवश्य दर्शन दें। पर पहले फोन अवश्य कर दें क्योंकि दिसम्बर में 2-3 सप्ताह तक मैं संभवतः लखनऊ के बाहर रहूंगा।

आशा है कुशल से हैं।

- अब तक मैंने जो उपन्यास लिखे हैं ('सूनी घाटी का सूरज,' 'अज्ञातवास' 'रागदरबारी' 'सीमाएं टूटती हैं' और 'मकान') उनकी प्रेरणा मुझे किसी वास्तविक या काल्पनिक चरित्र अथवा घटना से उतनी नहीं मिली है जितनी कि बीज-रूप में किसी विशिष्ट मानवीय स्थिति से। यह सही है कि यह

स्थितियां भी छोटी-छोटी घटनाओं का समाहार हो सकती हैं पर ऐसा बहुत कम हुआ है कि किसी बड़ी घटना ने, चाहे वह वास्तविक हो या काल्पनिक, मुझे उपन्यास के लिए प्रेरित किया हो।

- यह सही है कि उपन्यास का बीज-सूत्र काफी दिनों तक मेरे मन में रहता है और मूल स्थिति के इर्द-गिर्द घूमने वाली घटनाएं और पात्र अपने स्वरूप और प्रकृति में बदलते रहते हैं। फिर भी, जहां एक ओर मानवीय स्थितियां वास्तविक जीवन और यथार्थ से जुड़ी होती हैं, कथा-सूत्र प्रायः काल्पनिक होता है।
- उपन्यास लेखन के पहले उपन्यास का पूरा कथ्य या कथानक का प्रारूप मैं तैयार नहीं करता हूं। मुझे लगता है कि ऐसा करने से लेखन के क्रम में सृजनात्मक अन्वेषण की thrill खत्म हो जाएगी। वास्तव में एकाध बार जहां मैंने प्रारूप तैयार किया है वहां उपन्यास पूरा नहीं हो सका है।
- रचना-प्रक्रिया के दौरान अनेक परिवर्तन होते रहते हैं। वास्तव में पहले पूरे उपन्यास का पहला ड्राफ्ट लिख लेता हूं और फिर उसे दुबारा लिखता हूं। सामान्यतः मेरा उपन्यास तीन या चार पुनर्लेखों के बाद समाप्त हो पाता है। कुछ अंश तीन-चार बार से भी अधिक संख्या में पुनर्लेखन की प्रक्रिया में आते हैं। इस प्रक्रिया में पूरी उपकथाओं के कहने और जुड़ने का क्रम भी जारी रहता है। सम्पूर्ण होने पर कुछ समय यह सन्तोष रहता है कि उपन्यास का मूल कथ्य कहा जा चुका है। पर उसके बाद उसे सन्तोषजनक ढंग से कह सकने के विषय में या कभी-कभी मूल कथ्य की ही validity के विषय मे शंका होती रहती है।

यही कारण है कि चाहे छोटा हो या बड़ा, एक उपन्यास पूरा करने में मुझे 3-4 वर्ष लगते हैं।

- उपन्यास के विषय में चूंकि विशिष्ट मानवीय स्थितियां ही मेरा अभिप्रेत होती हैं इसलिए रचना के बाद यह सम्भावना भी कम रहती है कि मन में उन स्थितियों से भिन्न कोई दूसरी स्थिति अधिक प्रबल हो जाय। किन्तु, जैसा कि ऊपर उल्लेख किया है, यह अवश्य होता है कि जिस पैनेपन से किसी स्थिति के विषय में मैंने आरम्भ में अनुभव किया था उसके विषय में बाद में मैं स्वयं शंका करने लगूं कि वह स्थिति उतनी पैनी संवेदना या प्रतिक्रिया की अधिकारिणी नहीं थी।
- उपन्यास के कथानक निर्माण में मैं स्वयं अपने अनुभूत या देखे-सुने जीवन-अनुभवों से ही प्रेरणा लेता हूं पर जो पात्र और घटनाएं उपन्यास में

व्यक्त होते हैं वह उन अनुभवों का पूरा-पूरा सहारा लेते हुए भी प्रायः काल्पनिक होते हैं। वास्तव में, सत्य रूप से घटी हुई घटनाएं या वास्तविक पात्र अपने आप में मुझे समाजशास्त्रीय अध्ययन और विश्लेषण के लिए बराबर प्रेरित करते हैं और उससे उत्पन्न होने वाली प्रतिक्रिया ही मुझे प्रायः उसी भावभूमि पर आधारित काल्पनिक पात्रों और घटनाओं की परिकल्पना की राह सुझाती हैं।

- इसका उत्तर मुख्यतः आपने मेरे संग्रह 'यह घर मेरा नहीं' के 'लेखनी-विलास उर्फ लिखने की मजबूरी' में विस्तार से मिल जाएगा। सरकारी सेवा करते हुए अपने सारे उपन्यास मैंने प्रायः लम्बे अवकाश लेकर घर से बाहर एकान्त में ही लिखे हैं। कम से कम उपन्यास का पहला ड्राफ्ट इसी प्रकार लिखा गया है। उसके पुनर्लेखन का कार्य बाद में घर पर भी सम्भव हो सका है। पर उपन्यास लेखन के दौरान मैं सरकारी सेवा और घरेलू कार्यों के भार से अपने को प्रायः मुक्त रखता रहा हूं। लेखन का कार्य प्रायः सवेरे होता रहा है पर लेखन-प्रक्रिया पूरे दिन और कभी-कभी देर रात तक भी चलती रही है।

'राग दरबारी' इसका अपवाद है क्योंकि उपन्यास की संज्ञा पाने पर भी वह मुख्यतः अलग-अलग घटनाओं और कथाओं का सम्मिश्रण (collage) जैसा है। इसलिए पांच वर्ष की अवधि के दौरान उसे धीरे-धीरे छोटे-छोटे अवकाश के दिनों में भी लिखा जा सका है।

समालाप : (दिनांक 28-12-85; स्थान : कुसुम वार्ष्णेय का आवास
समय : अपराह्न 3 बजे)

- कोई स्थिति, घटना, मानवीय अनुभूति कचोटती है। उस पर बीज-रूप में सोचता तो अवश्य हूं। जैसे मेरे उपन्यास 'मकान' और 'सीमाएं टूटती हैं'। थीम की मेरी परिकल्पना स्पष्ट होती है कि मुझे क्या कहना है, यह मैं जानता हूं। किन्तु उसे कथानक के ताने-बाने से कैसे रूपायित करूंगा, यह स्पष्ट नहीं रहता। आपको बताऊं 'मकान' उपन्यास मैंने तब शुरू किया था जब मैं कानपुर से लखनऊ तबादला होकर गया था। उस समय मैं ऐसे काम पर लगा था कि मेरे पास समय ही समय था। लखनऊ में कार्लटन होटल के पीछे के लॉन के लॉज में बैठकर मैंने करीब चालीस-पचास पन्नों के कुछ नोट बनाये और मुझे लगा कि यह तो कोई चीज निकलती आ रही है इस पर तो उपन्यास लिखा जा सकता है। 'मकान' उपन्यास मैंने लिखा तो पांच वर्षों में, पर उसकी शुरुआत यहीं से हुई थी।

- मैं कोई बहुत ज्यादा प्लानिंग करके नहीं लिखता। मुझे लगता है कि यदि मैंनें ऐसा कर लिया तो मेरी 'इंवेंटिव स्प्रिट' समाप्त हो जायेगी। मेरे दिमाग में थीम तो स्पष्ट रहती है, पर उसके लिए पात्रों, स्थितियों और घटनाओं का मैं अन्वेषण करता हूं।
- पुनर्लेखन में रिजेक्शन, छांटना, घटाना-जोड़ना तो चाहता हूं पर कथ्य नहीं बदलता। पुनर्लेखन पर मैं काफी मेहनत करता हूं। पहले मैं लिखता हूं, जिस तरफ थीम मुझे ले जाती है। अर्थात उसमें मैं पूरी तरह थीम पर छोड़ देता हूं। दूसरे में 'रिजेक्शन-डिजेक्शन' का काम करता हूं। अर्थात फिनिश देता हूं, किसी उपकथा की संगति नहीं बैठ रही है, तो उसे बदलता हूं। कभी-कभी शैली भी बदल देता हूं जब मुझे लगता है कि यह कथानक स्वर ठीक नहीं है तब ज्यादा परिवर्तन की आवश्यकता पड़ती है।
- पात्रों को या घटनाओं या स्थितियों को हम ज्यों का त्यों यथावत् उठाकर नहीं रख देते हैं। यदि ऐसा करें तो वह एक व्यक्ति की कहानी हो जाती है। पात्रों के साथ कुछ समानान्तर तरीके से कुछ और आयाम रखने की कोशिश करता हूं। जैसे मेरा 'मकान' उपन्यास है। इसमें नायक निकलता है मकान की तलाश में, पर वह तलाश की प्रक्रिया धीरे-धीरे उसकी अपने साक्षात्कार की यात्रा हो जाती है। अन्त में जब उसे मकान मिल भी जाता है तब उसे लगता है कि उसे मकान की जरूरत ही नहीं है। चरित्र को मैं बहुआयामी रखने की कोशिश करता हूं, जिससे वह अनेक का प्रतिनिधित्व कर सके।
- 'राग दरबारी' में 'कोलाज' हैं। एक ही वातावरण की ग्रामीण कथाएं हैं। वातावरण की एकसूत्रता है। 'पिक पिक पेपर्स' में भी स्केचेज अलग-अलग हैं। 'राग दरबारी' में मैंने चारों ओर फैली जिन्दगी को एक गांव में ढालकर बृहतर परिवेश में उसे लागू करने की कोशिश की है। मुझे चरित्र को, कथा को, घटना को विकास देने वाला कथानक तंत्र कभी आकर्षित नहीं कर सका। प्रत्येक उपन्यास में इस दृष्टि से मैंने प्रयोग किये हैं। 'राग दरबारी' में हल्के ढंग से, हास्य-व्यंग्यात्मक तरीके से लिखा है। इसमें मुझे कथ्य महत्त्वपूर्ण लगता है। 'मकान' में व्यंग्य और ट्रैजिक स्थिति का संश्लेष है।
- अपने औपन्यासिक पात्रों को मैं किन आधारों पर निर्मित करता हूं, इस पर सोचता हूं तो मैं उलझन में पड़ जाता हूं। मेरे पात्रों के बाह्य व्यक्तित्व पर किसी न किसी जीवंत व्यक्ति की छाया अवश्य रहती है। जैसे एक प्रशासक थे मिस्टर बागची। वे संस्कृत के प्रकांड पण्डित थे। उनके ऑफिस की मेज के शीशे के नीचे नीले कागज पर संस्कृत की कविताएं लिखी रहती थीं। कमरा

निहायत साफ-सुथरा सजा हुआ रहता था। अब मैंने एक चरित्र का निर्माण किया है, जिसकी एक बेटी है। वह हिन्दी और भूगोल में कमजोर है। तो मेरा यह पात्र क्लिष्ट हिन्दी में भूगोल का ज्ञान अपने पत्रों द्वारा बेटी को देता है, जिससे पत्रों के माध्यम से वह हिन्दी और भूगोल में होशियार हो जाए। अब यह पत्र वाली बात मेरे अवचेतन में शायद नेहरू द्वारा इंदिरा गांधी को लिखे पत्रों से आई होगी। इस तरह कब कौन सा चरित्र, कौन सी स्थिति, घटना कहीं का रोड़ा, कहीं की ईंट लेकर निर्मित हो जाय, नहीं कहा जा सकता।

हृदयेश

136-2 बक्सरियां,
शाहजहांपुर–242 001
जनवरी 15, 1986

बहन कुसुम जी,

आपका 10 जनवरी का पत्र कल मिला। आपके सभी प्रश्नों का उत्तर दे रहा हूं। ये उत्तर संक्षिप्त हैं किन्तु अपनी बात कह देते हैं। आशा है कि आपका इनसे काम चल जाएगा।

मेरी रचना-प्रक्रिया को भी आपने अपने शोध-प्रबंध के लिए चुना, यह मेरे लिए एक सुखद स्थिति है। सानन्द होंगी।

- उपन्यासों के सृजन की प्रेरणा प्रायः घटनाओं से ही मिलती है। किन्तु ये घटनायें मात्र घटनाएं ही नहीं होती हैं, ये विचारों और दृष्टियों से जुड़ी होती है। हां, अपने उपन्यास 'सांड़' की प्रेरणा हड़ताल पर बैठे एक अध्यापक चरित्र से मिली थी।
- हां, बीज-सूत्र मन-मस्तिष्क में महीनों-सालों पड़ा रह कर पकता और परिष्कृत होता रहता है। ऐसी स्थिति में उसे रचना के माध्यम से बाहर लाने की छटपटाहट स्वाभाविक रहती है। सही संदर्भों, स्थितियों और चरित्रों की तलाश इसी के साथ जुड़ जाती है।
- बीज-सूत्र पूरी तरह पक चुकने पर स्थूल रूप में कथानक का एक खाका तैयार कर लेता हूं।
- रचना-प्रक्रिया के दौरान कथानक की विश्वसनीयता के दबाव से चरित्रों और स्थितियों में थोड़े-बहुत परिवर्तन होते चलते हैं, किन्तु कथानक की मूल धारा या केन्द्रीय कथानक अपरिवर्तित ही रहता है।

- 'एक कहानी अंतहीन' उपन्यास के साथ कुछ ऐसा ही हुआ। मैं जो कुछ कहना चाहता था। वह पाठकों पर उसी रूप में सम्प्रेषित नहीं हो सका। उस उपन्यास को लिखते समय मेरे मन में यह कहने को था कि अन्याय और शोषण के विरोध में सदैव कोई न कोई खड़ा रहता है। विरोध का झंडा पकड़े हुए एक हाथ गिरता है तो दूसरा हाथ उस झंडे को तुरन्त थाम लेता है और दूसरे के गिरने के बाद तीसरा हाथ थाम लेता है। किन्तु यह स्वर तो वहां दब गया और अन्य चरित्रों के जाल से वह एक गली में रहने वाले तमाम चरित्रों की गाथा होकर ही रह गया। किन्तु अन्य उपन्यासों के साथ ऐसी कोई बात नहीं हुई।
- कथानक निर्माण के दौरान जीवनानुभव ही कच्ची सामग्री बनते हैं। कल्पना के सहारे वे एक गन्तव्य दिशा की ओर बढ़ते हैं।
- घटनाओं की सृष्टि में जीवनानुभवों का प्रतिशत 80 रहता है तो कल्पना का 20। कल्पना जीवनानुभवों को एक इच्छित मोड़ देती है या एक वांछित अन्विति और स्वर।
- उपन्यास 'सांड़' का नामकरण पहले से हो गया था किन्तु अन्य उपन्यासों का या तो रचना-प्रक्रिया के बीच हुआ या पूरा उपन्यास लिख जाने के बाद।
- हावर्ड फास्ट के उपन्यास 'आदि विद्रोही' और 'समरगाथा' ने बेहद असर किया। भारतीय उपन्यासकारों में से आनन्दमूर्ति, ताराशंकर बंधोपाध्याय, चाणक्यसेन ने किया। कुछ के नाम स्मृति में इस समय आ नहीं रहे हैं। यशपाल और अमृतलाल नागर के कुछ उपन्यासों से भी प्रभावित हुआ हूं। राही मासूम रजा का 'आधा गांव' भी काफी अच्छा लगा था। फणीश्वरनाथ रेणु के उपन्यास काफी पहले पढ़े थे। प्रेमचन्द के उपन्यास फिर से पढ़ना चाहता हूं।
- उपन्यास का लेखन टुकड़ों में महीनों और वर्षों चलता रहता है। यह प्रथम आलेख होता है। इसको टाइप कर कथानक की दृष्टि से इसमें संशोधन परिमार्जन करता हूं और इस प्रक्रिया में कुछ प्रसंग कट जाते हैं और कुछ नये जुड़ जाते हैं और कथानक को सुगठित किया जाता है। तब दूसरा आलेख बनता है। फिर उसे भाषा की दृष्टि से मांजा जाता है। और तब तीसरा और अन्तिम आलेख बनता है।
- मैं ऊपर कह चुका हूं कि उपन्यास का बीज-सूत्र पक चुकने पर मैं मोटे रूप में कथानक का खाका तैयार कर लेता हूं, यहां तक कि किस अध्याय में क्या कहना है यह भी तय कर लेता हूं। किन्तु लिखने के दौरान थोड़े-बहुत

परिवर्तन होते रहते हैं। उपन्यास का कलेवर पुष्ट उसके लिखने के दौरान ही होता है।

- जब उपन्यास लिखना प्रारम्भ कर देता हूं तो फिर जो भी खाली समय मिलता है, उसमें लिखता हूं। हां, बहुत देर जागकर नहीं लिखता हूं। अब तक जो लेखन किया है वह परिवार में रहकर ही। उसके लिए अलग से कोई एकान्त नहीं खोजा। लिखने के दौरान दिमाग में एक चिड़चिड़ाहट जरूर रहती है, शिकार के समय शिकारी जैसी स्थिति।

रचना-प्रकरण

(विचारकों और रचनाकारों के वक्तव्यों में)

रचना-प्रक्रिया के क्षण

- कालिदास जब विधाता की रचना-प्रक्रिया के बारे में कहते हैं तो वस्तुतः वे कलाकार की रचना-प्रक्रिया के बारे में कहते हैं। कालिदास नाटक के नायक के मुख से कहलवाते हैं कि ब्रह्मा ने सबसे पहले शकुन्तला की मानस-कल्पना की होगी। उस समय उनके चित्त में रूप का उफान रहा होगा। उन्होंने अपने चित्त को सत्वस्थ और समाहित किया होगा। फिर उन्होंने पुराने चौदह रत्नों से भिन्न (और शायद उत्तम भी) यह स्त्री रत्न बनाया होगा–ऐसा मुझे लग रहा है।

  (चित्ते निवेश्य परिकल्पित सत्वयोगा
  रूप्योच्चयेन मनसा विधि ना कृता तु।
  स्त्री रत्न सृष्टिर परा प्रतिभाति सा मे
  धातुर्विभुत्व भनु चिन्तय वपुश्च तस्याः।।
  –अभिज्ञान शाकुन्तलम् 2,9)

कलाकार की रचना-प्रक्रिया के बारे में यह कालिदास का बहुत स्पष्ट मत है। कलाकार पहले मानसी सृष्टि करता है, फिर समाहित और सत्वस्थ चित्त से उसे अभिव्यक्ति देता है।

–हजारी प्रसाद द्विवेदी (हजारी प्रसाद द्विवेदी ग्रन्थावली, खंड-आठ)

- ऐसा प्रतीत होता है कि सृजन के दो क्षण हैं, एक उसके समुचित सृजन का क्षण जबकि कलावस्तु का विचार कलाकार के मानस में जन्म लेता है और दूसरा वह जब कलाकार अपनी मानसी सृष्टि का सम्प्रेषणीय और सक्षम रूपायन करता है। ये दोनों क्षण कृतित्र रूप से ही पृथक हैं।

  हेराल्ड आस्ब्रोन : 'एस्थेटिक्स एंड क्रिटिसिज्म'

- कला के तीन क्षण होते है...कला का पहला क्षण है जीवन का उत्कट, तीव्र

अनुभव-क्षण। दूसरा क्षण है इस अनुभव का अपने कसकते-दुखते हुए मूल्यों से पृथक हो जाना और एक ऐसी फैण्टेसी का रूप धारण कर लेना, मानो वह फैण्टेसी अपनी आंखों के सामने खड़ी हो। तीसरा और अंतिम क्षण है इस फैण्टेसी के शब्द-बद्ध होने की प्रक्रिया का आरम्भ और उस प्रक्रिया की परिपूर्णावस्था तक की गतिमानता।

–गजानंद मुक्तिबोध (मुक्तिबोध रचनावली : चार)

- कथा-संरचना के चार चरण दीखते हैं। पहला कहानी का बीजारोपण, फिर उसके सचेतन चिंतन का काल, तत्पश्चात् उसका पहला प्रारूप और अंतिम उसका पुनर्लेखन।

–माल्कम काउली (राइटर्स एट वर्क)

रचना-प्रक्रिया रचना-क्षणों तक ही सीमित नहीं रहती

- रचना-प्रक्रिया रचना के क्षणों तक ही सीमित रहती हो, सो बात नहीं। जीवन के सामान्य क्षणों में भी रचनाकार भावगत और अभिव्यक्तिगत रचना-प्रक्रिया मे संलग्न रहता है। यह क्रिया दीखती नहीं है। इसकी परिणति लिखते और दुहराते समय होती है। किन्तु क्रिया बहुत पहले ही आरम्भ हो चुकी होती है। खिंचाव-लगाव, हिलगन, मिलन, भाव-रति, रस-निष्पत्ति, आद्यान-धारण और रचना का जन्म- यह क्रम कुछ वैसा है जैसा उर्वर भूमि-सन्तान प्रसू नारी के सम्बन्ध में घटित होता है।

–नरेन्द्र शर्मा (रणवीर रांग्रा : साहित्यिक साक्षात्कार)

- मैं अपनी रचना-प्रक्रिया का केवल सचेतन आगमन ही जानता हूं जो कि वास्तविक रचना-प्रक्रिया पथ से काफी दूरी रखना होगा।

–ऐमी लावेल : 'द प्रोसेस ऑफ मेकिंग पोइट्री'

- मां के गर्भ में होने वाली शिशु सृजन प्रक्रिया द्वारा रचना-प्रक्रिया का अचेतन वाला पक्ष बहुत अच्छी तरह व्यंजित हो जाता है। यह तुलना बहुत ही उपयुक्त है क्योंकि यह इस तथ्य की ओर संकेत करती है कि यह समूची प्रक्रिया निर्प्रयास, अत्यंत सहज और स्वाभाविक रूप से रचना करती है। किन्तु यह समूची प्रक्रिया पूर्णतः अचेतन मानस की प्रक्रिया नहीं हैं। वास्तव में सृजन का बहुत सा अंश चेतन स्तर पर भी घटित होता है।

–ब्रेब्सटर घिसलिन : द क्रिएटिव प्रोसेस, पृष्ठ 21

उपन्यास का सम्भावित फलक और उद्देश्य

- एक उपन्यासकार को हास्य से सजीव और करुणा से सुमधुर सामान्य जीवन चित्र प्रस्तुत करना चाहिए। ध्यानाकर्षण करने वाला मूल्यवान चित्र उपस्थित करने के लिए वास्तविक प्रतिकृतियों से भरपूर कैनवास होना चाहिए, न कि उन व्यक्तियों से जो मात्र जगत और लेखक के परिचित हैं। परिचित चरित्रों की विशेषताओं से लेखक अपने चरित्रों के व्यक्तित्व के गर्भाधान का ही कार्य ले सकता है।

  –एंटनी ट्रालप : ऑटोबॉयग्राफी

- मैं उपन्यास को मानव चरित्र का चित्र समझता हूं। मानव चरित्र पर प्रकाश डालना और उसके रहस्यों को खोलना ही उपन्यास का मूल तत्व है।

  –प्रेमचन्द : 'कुछ विचार', उपन्यास, निबंध

- उपन्यास जीवन का अंकन है न कि उसका तर्कपूर्ण समाधान।

  –थामस हार्डी : प्रिफेस टु टेस ऑफ द डी उरवेबिल्स

- घटना वर्तमान कहानी या उपन्यास का मुख्य अंग नहीं है। उपन्यासों में पात्रों का केवल वाह्य रूप देखकर हम संतुष्ट नहीं होते। हम केवल इतने से ही संतुष्ट नहीं होते कि अमुक व्यक्ति ने अमुक काम किया। हम देखना चाहते हैं कि किन मनोभावों से प्रेरित होकर उसने यह काम किया। अतएव मानसिक द्वन्द्व वर्तमान उपन्यास का खास अंग है। यों कहना चाहिए कि वर्तमान आख्यायिका या उपन्यास का आधार ही मनोविज्ञान है। घटनायें और पात्र तो उसी मनोवैज्ञानिक सत्य को स्थिर करने के निमित्त लाये जाते हैं। उनका स्थान बिलकुल गौण है।

  –प्रेमचन्द, कुछ विचार (कहानी कला- 3, निबंध)

- आज का यथार्थवादी लेखक अपने प्रगतिशील मनोवैज्ञानिक अस्त्र से अपने नायक के अन्तर्मन में दबी सभी विकृतियों को अत्यंत निर्ममता से चीरकर उसका यथार्थ रूप सारे संसार के आगे रखकर यह दिखाना चाहता है कि ऐसे भ्रष्ट व्यक्तियों के प्रति भावुकतापूर्ण करुणा बरसाने से न उनका सुधार होगा न समाज का कोई कल्याण। उनके उद्धार और उनकी आत्मा के परिमार्जन का एकमात्र उपाय यही है कि उनके भीतर छिपी हुई भारी गन्दगी उनके भीतर से खोदकर उनके आगे तथा संसार के सम्मुख रख दी जाय।

  –इलाचन्द्र जोशी : विवेचना

उपन्यासकार वस्तुजगत में प्रच्छन्न सत्य/अर्थ का उद्घाटन करता है

- उपन्यासकार जो यह दावा करता है कि वह हमें जीवन की हू-ब-हू छवि दिखा रहा है उसे अपवाद स्वरूप दिखलायी देने वाली घटनाओं की सावधानीपूर्वक उपेक्षा करनी चाहिए। उसका ध्येय कहानी कहना, हमें आश्चर्यचकित करना, हमें आंदोलित करना न होकर घटनाओं में गहरे ढंके और प्रच्छन्न अर्थ को समझने और विचार करने को विवश करना होना चाहिए। उसने (जीवन को) देखा और प्रतिबिम्बित किया होता है। उसने संसार, घटनाओं, क्रियाकलापों और चरित्रों को विशेष ढंग में देखा होता है, जो उसके लिए भी अनोखे होते हैं पर वे उसके सूक्ष्म और सावधानीपूर्वक निरीक्षण से उत्पन्न होते हैं। वह उसकी संसार को देखने की वैयक्तिक दृष्टि होती है जिसे वह युक्तियुक्त रूप में हमारे लिए अन्वेषित करता है और उसका अपनी रचना में पुनःसृजन करता है।

  –मोपासा : प्रिफेस टु पेरिट्रजिंस

- अनुभूतियां अनन्त और कभी न सामाप्त होने वाली होती हैं, ये अनन्त संवेदनशीलता की परिचायक हैं। ये मकड़ी के रेशमी तन्तुओं की तरह (रचनाकार के) चेतना-प्रकोष्ठ में सूक्ष्म भावनाओं को ग्रहण करने में संलग्न रहती हैं। रचनाकार अपनी कल्पना-शक्ति के संस्पर्श से उन अनुभूतियों में जीवनाभूतियों, जीवन की धड़कन की दीप्ति प्राप्त कर लेता है। दृश्य से अदृश्य का अनुमान वस्तु में प्रच्छन्न आशय-संकेत और सत्य को आंकने की उसमें अद्भुत क्षमता होती है।

  –हेनरी जेम्स : प्रिफेस टु 'द स्पायल ऑफ पॉयंटन'

मौलिक सृजन सदैव स्थापित के विरोध में होता है

- सृजनात्मक विधान, जो कि जीवन का विस्तार ही है, स्थापित का विस्तार नहीं होता वरन् वह स्थापित से परे की क्रिया है या फिर कम से कम उसका पुनर्गठन है, जिसमें प्रचलित तथ्यों का समावेश नहीं होता। इसलिए पहली आवश्यकता पुराने विधान को बदलने की होती है। किसी नये विधान को निरूपित करने से पूर्व हमें स्थापित की समस्त प्रबल जकड़न, जिसे हम जानते हैं, को तोड़ना चाहिए। नयाजीवन सदैव बाहरी जगत से आता है, जिस रूप से सामान्यतः हम उसे गर्भस्थ करते हैं।

  –ब्रेब्सटर घिसलिन : 'द क्रिएटिव प्रोसेस'

- असंतुलन अन्तर्निहित और अव्यक्त है। कोई व्यक्ति अपने पूर्ण सामंजस्य में नहीं होता, न ही कभी पर्यावरण के साथ सुरसंगति रख पाता है। सारे अनुभव असंतुलित होते हैं। पर सब कलाकार भी नहीं होते। इसलिए असंतुलन प्रत्यक्ष में सृजनोत्मुख नहीं होता। वह हो भी नहीं सकता। यह विघटन का सिद्धांत है। होता यह है कि विघटन हमारे संवेदन को उत्तेजित करता है, हमारे अन्वेषण को तीव्र करता है। यह हमें संतुलन की अनुपस्थिति और उसकी उत्कट आवश्यकता के प्रति सचेत करता है, और इस तरह सृजन में सहायक होता है। यह प्रतीति संदेह के बीच कार्य करके सृजन कराती है। संदेह प्रतीति की आवश्यकता उत्पन्न करता है और यह जब उत्पन्न हो जाता है तब संदेह के अवांछनीय तत्त्वों को नष्ट कर देता है और उन्हीं से पोषित और समृद्ध होता है। हमें इन दोनों से किंचित भी भ्रमित नहीं होना चाहिए, यद्यपि ये दोनों एक-दूसरे के निकट देखे जाते हैं।

सृजन असंतुलन से ही उत्पन्न होता है, निस्संदेह संतुलन और लालित्य के असमंजस से...

–रवीन्द्रनाथ ठाकुर

उपन्यासकार के गुण और दायित्व

- हालांकि ऐसा लगता है कि अच्छी तरह लिखना उपन्यासकार के उपकरण का मुख्य अंश नहीं है और सौष्ठव, मार्मिकता, कल्पना, सृजनात्मक आवेग, निरीक्षण-उत्सुकता, मानव-स्वभाव की पैठ और उसमें रुचि तथा सहानुभूति, उर्वरता और बैद्धिक चातुर्य अधिक महत्त्वपूर्ण है।...वास्तव में महान उपन्यासकार में केवल सृजनात्मकता ही नहीं अनेक गुणों की जरूरत है। क्षिप्र बोध, सतर्क दृष्टि, अनुभव से लाभ उठाने की क्षमता और इन सबसे ऊपर मानव स्वभाव को आत्मसात करने में रुचि आवश्यक है। इन सबके उपयुक्त संयोजन से ही उपन्यासकार की पहचान बनती है।

  –सोमरसेट माम : 'द आर्ट ऑफ फिक्शन'

- साहित्यकार का काम केवल पाठकों का मन बहलाना नहीं है। यह तो भाटों और मदारियों, विदूषकों और मसखरों का काम है। साहित्यकार का पद उससे ऊंचा है। वह हमारा पथ प्रदर्शक होता है। वह हमारे मनुष्यत्व को जगाता है। हममें सद्भावों का संचार करता है। हमारी दृष्टि को फैलाता है।

  –प्रेमचन्द, कुछ विचार : उपन्यास निबन्ध

उपन्यासकार को निरंतर निरीक्षण में संलग्न रहना चाहिए

- अगर लेखक निरीक्षण करना छोड़ दे, तो वह समाप्त हो जायेगा। पर उसे सचेत होकर निरीक्षण नहीं करना चाहिए और न ही यह सोचना चाहिए कि उसका उपयोग वह कैसे करेगा। शायद प्रारंभ में यह सही होता हो। पर बाद में जो कुछ भी वह देखता है, वह सब उसके जाने और देखे संचय-कोष में चला जाता है। यदि जानने समझने का कोई लाभ है तो मैं हमेशा आइसबर्ग के सिद्धांत पर लिखने की चेष्टा करता हूं। जो हमें दिखलायी पड़ता है उसका 7/8 हिस्सा पानी के नीचे रहता है। जो कुछ आप जानते हैं, उसी का आप निष्कासन कर सकते हैं। वह आपके आइसबर्ग को केवल मजबूत करता है। यह वह हिस्सा है जो दिखलायी नहीं पड़ता।

–अर्नेस्ट हेमिंग्वे ('राइटर्स एट वर्क)

उपन्यासकार में संयोजन की क्षमता होनी चाहिए

- यदि कोई प्रतिभा एक उपन्यासकार को दूसरे से विशिष्ट बनाती है तो वह है उसके संयोजन की क्षमता यानी संश्लिष्ट बिम्ब (सिंगल विजन)। किन्हीं श्रेष्ठ कृतियों की सफलता उनके त्रुटिमुक्त होने में अधिक नहीं है, (उनमें हम बड़ी से बड़ी गलती सहन कर सकते हैं) वरन् मानस की अपरिमित प्रत्ययकारिता में निहित है जिसके कारण वह (उपन्यासकार) समस्त परिप्रेक्ष्य पर आधिपत्य प्राप्त करता है।

–वर्जिनिया वुल्फ : द नॉवल ऑफ ई.एम. फॉस्टर

उपन्यासकार को चुंबकीय मानस का धनी होना चाहिए

- वह सामर्थ्य जो किसी उर्वरशील विचार को पहचानती है और उसकी घेराबन्दी करती है, एक अलग ही वस्तु है।...इसी के कारण हम उपन्यासकार की दृष्टि की पकड़ को उसकी विशेष प्रतिभा मानते हैं।

–पर्सी लब्बोक : 'द क्राफ्ट आफ फिक्शन'

उपन्यासकार को तटस्थ दृष्टि अर्जित करना आवश्यक है

- मैं सोच भी नहीं सकता कि कोई उपन्यासकार इस संसार की वस्तुओं के बारे में अपने व्यक्तिगत विचार प्रकट करने की कुछ भी छूट रखता है। वह उसे अभिव्यक्त तो कर सकता है पर मुझे उसका ऐसा करना पसन्द नहीं है। (यह मेरी काव्य-कला का अंग तो हो सकता है।) अगर ऐसा करूं तो मैं स्वयं को सीमित कर लेता हूं और चीजों के संबन्ध में घोषणा कर देता हूं कि वे मुझे ऐसी दिखलायी पड़ रही हैं और उनमें यह सच मुझे दीख रहा है।...

–गुस्तव फ्लावर्ट्

उपन्यासकार में कल्पना शक्ति की प्रखरता अनिवार्य है

- उपन्यासकार का प्रधान गुण उसकी सृजन शक्ति है। अगर उसमें इसका अभाव है तो वह अपने काम में कभी सफल नहीं हो सकता। उसमें और चाहे कितने अभाव हों, पर कल्पना शक्ति की प्रखरता अनिवार्य है। अगर उसमें यह शक्ति मौजूद है तो वह ऐसे कितने ही दृश्यों, दशाओं और मनोभावों का चित्रण कर सकता है जिनका उसे प्रत्यक्ष अनुभव नहीं है। अगर इस शक्ति की कमी है तो चाहे उसने कितना देशाटन क्यों न किया हो, वह कितना ही विद्वान क्यों न हो, उसके अनुभव का क्षेत्र कितना ही विस्तृत क्यों न हो उसकी रचना में सरसता नहीं आ सकती। ऐसे कितने ही लेखक हैं जिनमें मानव-चरित्र के रहस्यों को बहुत मनोरंजक सूक्ष्म और प्रभाव डालने वाली शैली में बयान करने की शक्ति मौजूद है, लेकिन कल्पना की कमी के कारण वे अपने चरित्रों में जीवन का संचार नहीं कर सकते। जीती जागती तस्वीरें नही खींच सकते। उनकी रचनाओं को पढ़कर हमें यह ख्याल नहीं होता कि हम कोई सच्ची घटना देख रहे हैं।

–प्रेमचन्द : 'कुछ विचार' (उपन्यास निबंध)

उपन्यासकार में आलोचना-विवेक आवश्यक है

- सृजन में आलोचना गर्भित हुआ चलता है। इसलिए सृजन कोई सहज प्रक्रिया नहीं है। बड़ा कष्टदायक अनुष्ठान है। कष्ट मुख्यतया इसी दांतेदार आलोचना से होता है जो आरे की तरह तुमको बराबर काटती रहती है। जो बात ध्यान

देने की है और जिसे मैं बड़े महत्व की मानता हूं वह यह कि आलोचना अन्तर्मन और अन्त:विवेक से आती है। बाहर से आई हुई कुछ भी प्रतीति उसके लिए सहायक नहीं हो पाती।

–जैनेन्द्र : 'कहानी : अनुभव और शिल्प'

- रहस्य यह है कि हम सब कहानी-उपन्यास लेखक पेशेवर झूठे गवाह की तरह हैं और हमें मंजे हुए झूठे गवाह होना चाहिए। हम कहानी-उपन्यास लेखक भी अपने विचारों या संकल्पों की अभिव्यक्ति के लिए अथवा पाठकों के मनोरंजन के लिए कल्पना से कथानक के रूप गढ़ते हैं। कल्पना से ऐसा झूठ गढ़ते समय हमें नहीं भूल जाना चाहिए कि समझदार पाठक जज बनकर हमारी कहानी सुन रहे हैं और आलोचक प्रतिपक्षी वकील हैं जो हमारे बयानों में अन्तर्विरोध खोजकर हमें उखाड़ देने का यत्न करेंगे। मेरा तो ख्याल है यदि किसी भी कहानी या उपन्यास को पढ़कर एक भी पाठक या आलोचक ने कह दिया बकवास है, ऐसा कैसे हो सकता है, विश्वास नहीं जमा तो मैं उस कहानी-उपन्यास को असफल कहूंगा। कल्पना के सत्य को तथ्य की तरह विश्वास योग्य और कलात्मक झूठ को सच बना सकना ही कहानी-कला है। अपनी इसी सफलता के दंभ में मैंने अपने सबसे बड़े उपन्यास का नाम 'झूठा सच' रखा। रहस्य बता दूं कि इस 1250 पृष्ठ के उपन्यास में कोई भी घटना मेरी निजी या आंखों देखा अनुभव नहीं है। मैं अपने चारों ओर जिस यथार्थ का निरन्तर अनुभव करता रहा हूं उसी के आधार पर यह काल्पनिक ढांचा गढ़ा गया है।

–यशपाल : 'मैं क्यों लिखता हूं'

रचना द्वारा उपन्यासकार आत्मान्वेषण करता है

- साहित्यिक कृति सर्वदा तो नहीं किन्तु बहुधा आत्मान्वेषण अथवा आत्माविष्कार का साधन होती है। रचना-प्रक्रिया में ही रचयिता स्वयं अपने को नये अथवा सही रूप में पहचानता है। इस प्रकार कृति जितनी कृतिकार द्वारा रची जाती है उतनी स्वयं कृतिकार को रचती भी है। कोई भी रचयिता रचना करने से पूर्व और पश्चात् वही का वही नहीं रहता। मेरा विश्वास है सभी कृतिकार इस बात की पुष्टि करेंगे।

–सच्चिदानंद हीरानंद वात्स्यायन (रणवीर रांग्रा : 'साहित्यिक साक्षात्कार)

उपन्यासकार की अन्तर्दृष्टि और काव्यात्मक बोध

- कलाकार की अन्तर्लीन शक्ति भावों के अतिरेक तथा भावनाओं के ज्वार-भाटों को नया रूप एवं नया अर्थ प्रदान करती है। किन्तु ये भावना स्मृति, इच्छा आदि आन्तरिक धर्म आत्मातिरिक्त किसी दूसरे सन्दर्भ का सम्पर्क पाकर ही उन्मीलित होते हैं। फूलों में सुगंध सोई हुई है किन्तु बिकस्वर बनाने वाले प्रकाश के संस्पर्श से ही उसका जागरण होता है। इन्द्रियों के जरिये मानव की अन्तश्चेतना में प्रकृति अपने वास्तविक रूप को 'प्रोजेक्ट' कर देती है। ठीक इसी तरह मानव की भावनाओं का प्रकृति की ओर भी 'प्रोजेक्शन' होता है। पहली प्रतिक्रिया में केवल वस्तु-सत्य का दर्शन होता है। दूसरी में भावना भक्ति विशिष्ट रूप एवं विशिष्ट अर्थ के साथ-साथ कवि हृदय का निजी सिग्नेचर भी परिलक्षित होता है। दियासलाई की तीली में जो ज्वाला उद्धृत होती है वह उसी तीली में व्याप्त होती है और उसी में प्रज्जवलित होती है। अन्तर्मन की निगूढ़ता में कभी-कभी ऐसे ही कुछ भावों का आकस्मिक स्फुरण भी होता है। चाहे तो आप इन्हें क्षण-प्रभ या क्षण सुन्दर कह सकते हैं।

  –जी.शंकर. कुरूप (रणवीर रांग्रा : 'साहित्यिक साक्षात्कार')

- यह एक रोचक सत्य है कि एक हल्का सा स्पर्श, विचरण करता शब्द, हल्की सी गूंज का स्पर्श उपन्यासकार की कल्पना को वैसे ही छेड़ देता है जैसे कोई नुकीला बिन्दु छिद गया हो। उसकी विशिष्टता सुई सदृश्य चुभन में निहित रहती है, छेदन की सूक्ष्म से सूक्ष्मतर शक्ति में। यही वह तीक्ष्णता है जो किसी विशिष्टता को सम्प्रेषित करने को उत्प्रेरित करती है। उस किंचित संकेत से अधिक का होना सारे व्यापार को नष्ट कर देता है। किसी का विषय नन्हे से दाने में रहता है, सत्य की, सौंदर्य की, वास्तविकता की कनी जो सामान्य व्यक्ति की आंखों को मुश्किल से दिखलायी देती है।

  –हेनरी जेम्स : 'प्रिफेस टु द स्पायल ऑफ पायटन'

- अपने आसपास के जीवन में घटी कोई बात मन को चुभ जाती है और कहीं मन को उद्वेलित करती रहती है। कहीं कोई मामूली सी बात मन में अटक जाती है। कभी उसमें जीवन की कोई विडम्बना की झलक मिलती है, कहीं जीवन का सत्य झलकता है। बीज-रूप में कहानी वहीं से शुरू होती है।

  –भीष्म साहनी : व्यक्तित्व और रचना

- एक उपन्यास के लिए अच्छा (उपयुक्त) विषय वह है जो समग्र और इकहरे प्रवाहावेग में प्रकट होता है। यह वह मूल प्रत्यय (मदर आइडिया) है जिससे शेष प्रवाहित होता है। कोई इस या उस विषय पर लिखने को स्वंतत्र नहीं है,

न ही कोई किसी के लिए विषय चुनता है। यह बात जनता और आलोचक की समझ में नहीं आती। श्रेष्ठ कृति के जन्म का रहस्य विषय और लेखक के व्यक्तित्व के साम्य में ही तो निहित है।

–फ्लॉवर्ट्

- यह स्पष्ट है कि सृजनात्मक मानस किसी विशेष वस्तु की ओर ही आकर्षित होता है। सृजन प्रेरणा सिर्फ विलक्षण की चाह नहीं है, यह नितांत चयनशील होती है। उसका चयन ही उसके अन्तर्निहित ध्येय का प्रमाण है। फिर भी संवेदन का स्वभाव एकमात्र संकेत सूत्र है। यह पानी की ऊपरी सतह की हलचल है जो उसके तल की गतिविधि को सूचित करती है।

–ब्रेब्स्टर घिसलिन : 'द क्रिएटिव प्रोसेस'

- एक तथ्य अथवा घटना से अनेक कहानियां बन सकती हैं क्योंकि प्रत्येक घटना की परिस्थितियों अथवा परिवेशों में जीवन के अनेक पहलुओं के यथार्थ रहते हैं। घटना से क्या और कैसी कहानियां बनती हैं, यह इस बात पर निर्भर करेगा कि घटना के सम्बन्ध में लेखक अथवा कलाकार की अनुभूति और दृष्टिकोण क्या है और कैसी है और घटना ने लेखक अथवा कलाकार में किस भाव को सम्पादित किया है।

–यशपाल : 'मैं क्यों लिखता हूं'

अनुभव-सगर्भता की अवधि

- कभी अन्वेषण बिना किसी प्रारम्भिक तैयारी के दिखलायी दे सकता है। कभी हलका-सा संकेत मिलने से वह झलक उठता है, कभी बीज सदृश होता है जिसे विकसित करने की आवश्यकता होती है। कभी समग्र का अंश मात्र होता है। चाहे अल्पविकसित हो और उसे आकार देने की जरूरत हो या पहले से ही अपने अंतिम रूप में हो या मूल रूप पूर्ण हो फिर भी उसको विकसित करने, उसका सत्यापन करने या फिर कुछ ऐसा ही करने की आवश्यकता होती है।

–ब्रेब्स्टर घिसलिन : 'द क्रिएटिव प्रोसेस'

- अनुभव के सम्बन्ध में यह खास अर्थपूर्ण बात है कि अनुभव क्षण में आप व्यवहार में कुछ अन्य करने में रुचि नहीं रखते। जिस समय आप किसी युवती से प्यार कर रहे होते हैं, तब क्या आप उसके सम्बन्ध में लिखना चाहेंगे? निश्चय ही नहीं। अनुभव के दौरान आप विशेष रूप से शब्दों में रुचि

नहीं रखते क्योंकि अनुभव शब्दों के परे है और शब्दों की शैली में नितांत अकथनीय। इसलिए जो कुछ घटित हो रहा है उसके प्रत्ययीकरण या 'मूर्तिकरण' का सारा का सारा विचार मूर्खतापूर्ण दीखता है। मुझे लगता है कि घटित होने के बाद घटना अधिक सहायक हो सकती है। लोग अपने चारों ओर के संसार को बहुत अलग ढंग से देखते हैं और संभवतः वही उसके बारे में कुछ लिखने को प्ररित करे।

–एल्डस हक्सले (राइटर्स एट वर्क)

- मेरा यह सिद्धांत है कि जो अनुभव आज प्राप्त किया जाता है, उस पर आज ही नहीं लिखना चाहिए। अनुभव और सृजन में एक दूरी होनी ही चाहिए, तभी लेखक अपने अनुभव को ठीक परिप्रेक्ष्य में रखकर देखता है और तभी रचना बेहतर होती है।

–उपेन्द्रनाथ 'अश्क' : (अश्क अपने सामने)

- अनेक शर्तों के अलावा अन्वेषक को धैर्य की आवश्यकता को स्वीकार करना चाहिए। इच्छित विकास की प्रतीक्षा करनी ही चाहिए, भले ही चरित्र कितने ही स्पष्ट रूप से जाने-पहचाने हों। पहली सूझ, जोकि पूर्वाभास होती है, के बाद एक लम्बी सगर्भता अपेक्षित है।

–ब्रेब्स्टर घिसलिन : 'द क्रिएटिव प्रोसेस'

- कथानक का एक अंश हमारे दिमाग में किसी मित्र द्वारा या घटी हुई समस्याओं के परिपार्श्व मे प्रवेश करता है और बहुत दिनों तक कभी-कभी बरसों तक तैरता रहता है। जैसे पोस्ट बॉक्स में बिना खुले पत्र पड़े रहते हैं उसी तरह से वह दिमाग में पड़ा रहता है। हम कोई जल्दबाजी न कर उसे पकने देते हैं। जब लिखने बैठते हैं तो उसे हम नया रूप देते हैं।

–नागार्जुन (रणवीर रांग्रा : साहित्यिक साक्षात्कार)

- लिखने से पूर्व (अनुभव की) सगर्भता अवधि मेरे लिए बहुत ही महत्त्वपूर्ण है। यह वह है जब मैं स्वयं को उस सत्य के प्रति आश्वस्त करता हूं जिसे मैं सम्प्रेषित करना चाहता हूं। मैं नहीं समझता कि स्वयं को पहले आश्वस्त किये बिना मैं अपने पाठकों को आश्वस्त कर सकता हूं।

–एंगस विल्सन (राइटर्स एट वर्क)

- इस सम्बन्ध में समय की अपेक्षा स्थान की दूरी अधिक महत्त्वपूर्ण है। मैं आपको अपने 'पेसेज टु इंडिया' के सम्बन्ध में बताऊं। मुझे इस उपन्यास के सम्बन्ध में बहुत अधिक कठिनाई का सामना करना पड़ा था। मुझे लगा कि मैं इसे कभी पूरा नहीं कर पाऊंगा। मैंने इसे 1912 में आरम्भ किया था और

तभी युद्ध शुरू हो गया।...जब मैं 1921 में भारत लौटा तो इसे अपने साथ ले गया और तब मुझे लगा कि भारत वैसा नहीं है जैसा मैंने लिखा था। (जो मैंने लिखा था) वह वैसा ही था जैसे किसी चित्र के ऊपर कोई तस्वीर चिपका दी गई हो। जो भी हो जब तक मैं भारत में रहा, मैं इसे लिख न सका। जब मैं वहां से दूर चला आया, तभी इसे पूरा कर सका।

–ई.एम. फॉस्टर (राइटर्स एट वर्क)

- यह अनुभव पर निर्भर है। जो आप देखते हैं उसका एक हिस्सा प्रारंभ से ही पूर्णतः असम्पृक्त होता है और दूसरा हिस्सा संपृक्तता से अत्यंत आवेष्टित। मैं समझता हूं कि इसका कोई नियम नहीं बनाया जा सकता कि किसी को उसके (अनुभव के) बारे में कितनी जल्दी लिखना आरंभ कर देना चाहिए। यह इस बात पर निर्भर है कि वह उससे कितनी अच्छी तरह सामंजस्य कर लेता है। और यह व्यक्ति पर और उसके या उसकी पुष्टिकरण की सामर्थ्य पर निर्भर करता है।

–अर्नेस्ट हेमिंग्वे (राइटर्स एट वर्क)

- हम कथाकार तो उस धरती की तरह हैं जो सूरज से खंडित हुई और लाखों बरस उसमें आग जलती रही, उसमें से गैसें निकलती रही, पानी बरसा, फिर धीरे-धीरे उसकी पहली पर्त ठंडी हुई, तब उसमें जीवन आया।

–अमृतलाल नागर (रणवीर रांग्रा : साहित्यिक साक्षात्कार)

- जिसे हम अचेतन रूप से हुआ विकास कहते हैं, वह बिना हमारी जानकारी के स्वयं पूर्ण होता है और दूसरी तरह की स्वतः प्रवर्तित क्रियाएं जो बिना दूरदर्शिता के पूर्णतया चेतन द्वारा प्रेरित और संकेन्द्रित होती हैं उस सामग्री का विकास या उसके जिस क्षेत्र पर प्रकाश डालना होता है, उस पर गहन चेतन परिश्रम करना पड़ता है। यद्यपि सचेतन संघर्ष का तनाव मानसिक क्रिया के अति निर्धारित होने के कारण उसे सीमित और स्थिर कर देता है (फिर भी) इस प्रकार का तनाव अचेतन गतिविधि को प्रोत्साहन और निर्देश देता है और वे तब भी अग्रसरित होती रहती है जब तनाव रिस गया होता है। प्रायः इच्छित विकास कुछ समय के लिए रुक जाता है। उस दौरान अनुगागतः परिपाक (इंक्यूवेशन) जैसी प्रक्रिया सक्रिय रहती है और अवधान किसी दूसरी वस्तु पर केन्द्रित होने पर भी लाभदायक होता है। तब बिना किसी पूर्व सूचना के हल सूझ जाता है या अन्तर्दृष्टि का अकुंरण दिखलाई पड़ जाता है।

–ब्रेब्सटर घिसलिन : 'द क्रिएटिव प्रोसेस'

अनुभव को अभिव्यक्त करने की बाध्यता

- यह मेरा विश्वास है कि लेखक जब अपने उपन्यास को आरंभ करने के लिए लिखने बैठता है तब वह ऐसा इसलिए नहीं करता कि उसे कोई कहानी कहनी है वरन् इसलिए करता है कि उसके पास कहने को एक कहानी होती है। उपन्यासकार का पहला उपन्यास सामान्यतः किसी खास कारण से अवतरित हो पड़ता है। कुछ घटना शृंखलाएं, कुछ चरित्रों के विकास अपने आप उसकी कल्पना में उपस्थित हो गए होते हैं और इनका अनुभव वह इतनी तीव्रता से करता है कि उसे लगता है वह दूसरों के लिए अपने चित्र को सशक्त और रुचिकर भाषा में प्रस्तुत कर सकता है। वह लिखने बैठता है और अपनी कहानी इसलिए कहता है कि उसके पास कहने को एक कहानी होती है। ठीक वैसे ही मेरे दोस्त, जब तुम कोई बात सुनते हो और वह एकाएक तुम्हारी कल्पना (फैंसी) को उद्बुद्ध कर देती है या तुम्हारी करुणा को उद्वेलित कर देती है, तब तुम्हें पहले व्यक्ति को उसे सुनाने की बेसब्री रहती है।

  –एंटनी ट्रालप : ऑटोबायोग्राफी

- रचना जिससे बनती है वे महत्त्वपूर्ण नहीं होते, वह आग महत्त्वपूर्ण होती है जो एक रचना उगलती है।

  –गोविन्द मिश्र : 'वह अपना चेहरा' संस्मरण

- रचनाकार को उस दर्द को तब तक बिना उफ किये वहन करना पड़ता है जब तक कि वह इतना न पक जाए कि बर्दाश्त के बाहर हो जाये। अनुभव का बर्दाश्त से बाहर होना ही रचनाकार की अभिव्यक्ति का बिन्दु होता है।

  –गिरिराज किशोर : संवाद सेतु

अनुभव सत्य/अर्थ के अभिव्यक्ति का द्वन्द्व

- मैंने तीन वर्ष पूर्व इन विचारों को उपन्यास में लेखन-बद्ध करने की चेष्टा की। पर वह सब बहुत मंद गति से चला क्योंकि मुझे ऐसी कथा के लिए संघर्ष करना था जो कि उद्घाटन पक्ष को वहन कर सके। मुझे काफी हद तक मालूम था कि मैं क्या कहना चाहता हूं। समस्या यह थी कि मैं (उन) विचारों को मूर्त कैसे करूं।

  –एल्डस हक्सले : (राइटर्स एट वर्क)

- उपन्यास की अर्थवत्ता 'यथार्थ' में नहीं उसे समेटने की प्रक्रिया, उसके उद्‌घाटन की अंदरूनी चालक जीवन-शक्ति में निहित है। तभी किसी विधा के भीतर एक विशिष्ट फॉर्म का आविर्भाव होता है, जो समेटने की हर लय, स्तर और स्पंदन को अनुशासित करती है, ऐसे 'स्पेस' का उद्‌घाटन करती है, जहां अनुभव औपन्यासिक जीवन शुरू होता है। 'फॉर्म' का निर्माण नहीं सृजन होता है।

  –निर्मल वर्मा : 'संस्कृति समय और भारतीय उपन्यास, निबंध'

- आपका रूप-विधान आपके अर्थ को सम्प्रेषित करता है और आपका अर्थ ही रूप विधान को निर्देश देता है। पर जिस वास्तविकता को आप संप्रेषित करने की कोशिश करते हैं, वह वास्तविक जगत के तथ्य और अनुभूतियों के संयोग से पूर्ण संश्लिष्ट अनुभव होता है। यदि (इसे) आप योजनाबद्ध ढंग से व्यक्त करने की योजना बनाते हैं तो उसका गठन साफ जाहिर होने लगता है और पुस्तक का सौंदर्य नष्ट हो जाता है और यदि आप उसे बहुत अधिक प्रच्छन्न (क्षीण) करते हैं तो पुस्तक का अर्थ नष्ट होता है और इस तरह पुस्तक का कोई रूप नहीं उभरता और सब कुछ ऊटपटांग लगने लगता है।

  –ज्यॉस केरी (राइटर्स एट वर्क)

- यह सब कुछ हुआ पर उपन्यास आरम्भ न हो सका। मेरे पास पिछले दो-ढाई वर्षों में इतनी सामग्री इकट्ठी हो गई थी कि मन बौरा गया था। इस सारे जमाने के इतिहास को किस प्रकार से अपने कथानक की पृष्ठभूमि बनाऊं यह एकाएक मेरी समझ ही में न आता था। कभी सोचता कि चैत से लेकर फागुन तक बारह महीनों तक बारह अध्याय बनाकर कहानी रचूं। कभी किसी जाति विशेष या व्यक्ति विशेष, या किसी घटना से तात्कालिक रूप में प्रभावित होकर प्लान बनाता लेकिन सब धरे के धरे रह जाते थे। बात उठती ही न थी। 'भूख' लिखकर बड़ी मुश्किल से जागा हुआ मेरा आत्मविश्वास फिर लड़खड़ाने लग गया। सिनेरियो कला की सीखी हुई सारी पेंचीदगियां और बारीकियां निकम्मी सिद्ध हुई मैं अपने आप से बेहद बौराया हुआ था।

  –अमृतलाल नागर : 'बूंद और समुद्र' के संस्मरण

  (भीष्म साहनी : आधुनिक हिन्दी उपन्यास)

अनुभव-सत्य के सम्प्रेषण की प्रक्रिया

- किसी संकल्पना को कथा में प्रस्तुत करने की प्रक्रिया फूलों को सुसज्जित करने, किसी को यहां-वहां जमाने, किसी पत्ती को खींच-मरोड़कर किसी व्यवस्थित

क्रम में सुसज्जित करने जैसी नहीं है। यह बहुत-कुछ शिशु को जन्म देने की तरह है। मिस रेबेका वेस्ट ने इसकी तुलना वृक्ष के विकास से की है।

–रॉबर्ट लिडिल : द ट्रिटाइज आफ द नॉवल

- ...काव्यात्मक मौलिकता बिखरे और विषम तत्वों को नितांत नूतन ढंग से एकमेव और नवीन रूप में संयोजित करने में है। उपपत्ति का युक्तियुक्त होना इस बात का प्रमाण है कि उस रचनाकार की काव्यात्मक प्रतिभा ने चीजों को कितना आत्मसात करके रूपांतरित किया है।

–टी.एस. इलियट : 'द फ्रंटियर्स ऑफ क्रिटिसिज्म'

- यथार्थ जस का तस तो लिखा ही नहीं जा सकता। जिन्दगी जस की तस लिखी जायेगी तो नितान्त ऊबाऊ होगी। कलाकारिता मैं इसे मानता हूं कि लगे जीवन जस का तस चित्रित हुआ है, हो नहीं।

–उपेन्द्रनाथ अश्क (अश्क : आमने सामने)

- यदि किसी घटना ने उद्वेलित किया हो तो कहानी लिखते समय मैं धीरे-धीरे उस घटना की ओर बढ़ने लगता हूं। घटना का अपने में महत्व तभी होता है, जब उसमें जीवन की कोई विडम्बना छिपी हो या जीवन के किसी महत्त्वपूर्ण पहलू पर प्रकाश डालती हो। घटना अपने में कहानी के लिए सम्पूर्ण सामग्री जुटाती है, ऐसा भी नहीं है। उस घटना की विशिष्टता उजागर करने के लिए एक स्थिति अथवा परिस्थिति का निर्माण आवश्यक होता है। तथोचित पात्र भी। जिसे आप ताना-बाना कहते हैं वह एक स्थिति में विशेष पात्रों को सक्रिय बनाना ही है। उसी ताने-बाने के एक स्थल पर पहुंच कर यह घटना घटती है। वह विश्वसनीय तभी होती है जब उससे जुड़े पात्र अपनी भूमिका में विश्वसनीय होते हैं। कई बार कोई घटना अपने सभी किरदारों और स्थितियों के साथ हमें प्रभावित कर जाती है। तब लेखक उसी अनुभूत घटना को कागज पर उतारता है। वह लिखते समय उसी लीक पर तो नहीं चलता कि उन किरदारों को ज्यों का त्यों पन्नों पर उतार ले। उस घटना की विशिष्टता के अनुरूप पात्र भी कुछ-कुछ बदल जाते हैं, उनके चरित्र के कुछ पहलुओं पर अधिक बल दिया जाता है ताकि वह घटना घटे तो स्वाभाविक जान पड़े। कई बार किसी घटना के लिए बिलकुल भिन्न परिवेश जुटाया जाता है, तब स्थिति और पात्र आदि बदल जाता है, सन्दर्भ भी बदल जाता है और उनके बीच यह घटना घटती है, पर वे कल्पना की उपज तब भी नहीं होते। किसी देखे-जाने व्यक्ति को लक्ष्य करके पात्र निर्माण होने लगता है।

–भीष्म साहनी (भीष्म साहनी : 'व्यक्ति और रचना')

● जब लिखने बैठते हैं तो हम उसे नया रूप देते हैं। कभी-कभी इसका अद्भुत रूप बन जाता है। शुरू में हमने सोचा कि ऐसी परिणति होगी तो उससे मिलती-जुलती परिणति ही निकलती है। 'उग्रतारा' में ऐसा हुआ। हमारे मित्र ने बताई एक कहानी कि गांव की एक लड़की ब्राह्मण की लड़की है, बाल विधवा हो गई। उसको गांव में एक राजपूत प्रेमी मिलता है। वे गांव में नहीं रह सकते और दोनों बाहर चले जाते हैं। बाहर पुलिस उनको जबर्दस्ती पकड़ती है। उर्दू का एक पर्चा उसके पॉकेट में डलवा देती है और कहती है कि यह एक हिन्दू युवती को भगा लाया है। लड़की को तीन महीने की सजा होती है और लड़के को नौ महीने की। तीन महीने बाद जब लड़की निकलती है तो एक पुलिस वाला जिसकी पचास-पचपन साल तक शादी नहीं हुई है दातुन करते हुए पूछता है कि वह क्या करेगी, अब कहां जायेगी तो वह कहती है कि रंडी बन जाएगी। वह माथा ठोकता हुआ कहता है, ''हाय, इतनी अच्छी लक्ष्मी के मुंह से ऐसी बातें निकल रही हैं। तू शादी करेगी?' उसके सामने तात्कालिक प्रश्न था कि वह कहां रहे। तो वह चुप रह जाती है फिर आर्यसमाजी पंडित को बुलवाकर शादी-वादी हो जाती है। यहां तक की कहानी हमको मिली थी और बाद का हिस्सा कल्पना और तात्कालिक यथार्थ से मिलकर हमने आगे बढ़ाया है यानी कहानी का एक अंश हमको मिला उसको हमने विकसित किया। जो हम विकसित करते है वह उखड़ा हुआ नहीं होना चाहिए, सामाजिक प्रक्रिया के रुख से मिलता-जुलता होना चाहिए।

–नागार्जुन (रणवीर रांग्रा : 'साहित्यिक साक्षात्कार')

● प्रायः ही ऐसा होता है कि जो कुछ लिखना चाहता हूं वह काफी समय तक मस्तिष्क में घूमता रहता है और जब उसके लिए वहां रुकना असम्भव हो जाता है तभी वह कागज पर उतरता है। ऐसी स्थिति में जो परिवर्तन होने होते हैं वे लेखनी हाथ में आने से पहले हो लेते हैं। फिर भी ऐसे उदाहरणों की कमी नहीं है कि पहले लगाए अर्थ या पहले ही मान्यताएं फीकी पड़ गई हैं। लेखक मैं नहीं रहा हूं बल्कि किसी के इशारे पर चलने वाला यन्त्र मात्र रह गया हूं। आश्चर्य हुआ है कि जो कुछ मानकर चला था उसके बिल्कुल विपरीत न सही लेकिन उससे भिन्न भी लिखा गया है। एक कहानी है 'अपना-अपना सुख'। जब उसको लिखने का विचार मन में उठा तो मैं मनुष्य की नियति को लेकर व्यंग्य करना चाहता था। मंगल एक घरेलू नौकर है। गांव का रहने वाला है। उसकी पहली पत्नी मर जाती है, दूसरी भी मर जाती है। अपने बच्चों के सुख के लिए (वस्तुतः अपने सुख के लिए) वह तीसरी पत्नी

चाहता है लेकिन होता ऐसा है कि वह पत्नी प्राप्त करने के चक्कर में भावी ससुर की हत्या करके जेल पहुंच जाता है। जिन बच्चों के सुख के लिए वह पत्नी चाहता है वे अब बिल्कुल अनाथ रह जाते हैं। जब कहानी लिखने बैठा और समाप्ति की ओर बढ़ा तो वह व्यक्ति एक ऐसा चरित्र बन गया जो हारा होकर भी अपनी सन्तान के लिए ही नहीं बल्कि संतान मात्र के लिए संवेदन से भर उठा। व्यक्ति की वेदना में से ही वह समष्टि की वेदना को पा लेते हैं।

–विष्णु प्रभाकर (रणवीर रांग्रा : 'साहित्यिक साक्षात्कार')

- उपन्यास की प्रमुख थीम और जिन्दगी के प्रमुख जज्बों को उकेरने में जो घटनाएं या पात्र मैंने जरूरी समझ लिए, और जो गैर-जरूरी समझे छोड़ दिए। जहां जिन्दगी ने ब्यौरे नही दिए, वहां कल्पना से गढ़ लिए। लिखा ऐसे कि जस का तस लगे। न जाने कितने स्तरों पर डिविएजन हुई। बेगिनती घटनाओं और पात्रों और छोट-छोटे ब्यौरों और वर्णनों में कल्पना से काम लिया। लोग कहते हैं अश्क जी की स्मृति बहुत अच्छी है, ऐसा लगता है जैसे कल ही यह सब घटा हो। क्या इतना कुछ याद रखना संभव है। छोटे-छोटे ब्योरे याद रह जाते हैं। कुछ अस्पष्ट इम्प्रेशन उन्हें कल्पना की सहायता से जोड़-घटा, सजा-संवार कर उपन्यास में उतार लिया जाता है कि वे इम्प्रेशन सूक्ष्म से सूक्ष्मतर लगते हैं। बहुत सी घटनाएं घटी ही नहीं। बहुत सी दूसरी तरह अथवा दूसरों के साथ घटीं। उन्हें चेतना के माध्यम से अभिव्यक्ति दे दी है। उपन्यास ऐसे ही लिखा जाता है।

–उपेन्द्रनाथ अश्क ('हम कहें आप कहो')

चरित्र-सृष्टि की प्रक्रिया

- चरित्रों को सचमुच के मॉडलों के आधार पर चित्रित करने का अभ्यास सार्वजनिक और आवश्यक है। मेरे देखने में नहीं आया कि इसे स्वीकार करने में किसी लेखक को लज्जा महसूस होती हो। जैसा कि तुर्गनेव ने कहा है कि आपके मानस में कोई निश्चित व्यक्ति है तभी आप अपने सृजन में प्रामाणिकता और वैशिष्ट्य उत्पन्न कर सकते हैं। इसीलिए मैं कहता हूं कि यह एक सृजन है। जो हमारे बहुत घनिष्ठ होते हैं उनके बारे में भी हम बहुत कम जानते हैं। हम उनके सम्बन्ध में इतना नहीं जानते कि उन्हें अपनी पुस्तक के पन्नों पर अवतरित कर दें, हम उनसे मानव चरित्र गढ़ते हैं।

व्यक्ति बहुत ही दुर्ग्राह्य, बहुत ही अस्पष्ट और अत्यंत बिखरे और अन्तर्विरोधी होते हैं कि उनकी हू-ब-हू नकल कठिन है। लेखक कभी मौलिक व्यक्तियों की नकल नहीं करता। वह उनसे उतना ही लेता है जितना उसे चाहिए। ऐसी कुछ विशेषताएं जिन्होंने उसका ध्यान आकर्षित किया होता है, जो बातें उसकी कल्पना को संकेंद्रित करके उसके मानस का आलोड़न करती हैं उनसे वह अपने चरित्रों को गढ़ता है।'

–सोमरसेट मॉम : 'द समिंग अप'

- मैं वस्तुजगत से पात्र नहीं लेता। यद्यपि वे वास्तविक प्रतीत होते हैं। वस्तुजगत में जो लोग मेरे सम्पर्क में आते हैं वे शायद आधार सामग्री का काम करते हों, पर चेतन स्तर पर कतई नहीं। मेरे पात्र सदैव जीवन से जुड़े रहते हैं। मैं पात्रों की चिंता नहीं करता। मेरा सरोकार तो जीवन और उसकी समग्रता से है।

–तकषि शिवशंकर पिल्लै (साप्ताहिक हिन्दुस्तान, नवम्बर 1985)

- मैं कहना चाहूंगा कि यह सामान्य मानव मन की जटिलताओं को पहचानने की विफलता से सम्बन्धित है। साहित्य में उपयोग के लिए पुरुष या स्त्री के दो या तीन प्रदर्शित पक्षों को इसलिए चुन लिया जाए कि वे चरित्र निर्माण के लिए उपयोगी तत्व हैं और उन अन्य की उपेक्षा कर दी जाए जो कि उन चुनी विशेषताओं में खप नहीं पाती तो ऐसे चित्रण में तरलता नहीं आ सकती। इस तरह ये आंकड़े होते हैं। उन्हें दृश्य से गायब ही होना चाहिए। उनमें उपन्यासकार गलत परिप्रेक्ष्य से तर्कों, जो कि प्रायः युक्ति-युक्त लगते हैं, का स्पर्श करता है। इसमें अनुकूल का ग्रहण किया जाता है और शेष को छोड़ दिया जाता है। हो सकता है चरित्र के आगे बढ़ने पर तथ्य सही लगे, पर वह किसी तरह सच्चाई नहीं हो सकती। उपन्यासकार का व्यक्तिगत स्पर्श जीवन की गलत छवि प्रस्तुत करता है।

–नारमेन डगलस : ए प्ली फार बेटर मैनर्स

कथानक-अन्वेषण की प्रक्रिया

- कथानक से अधिक स्पष्ट और कुछ नहीं है, अपने नाम के अनुरूप कलम चलाने से पूर्व यह अपनी अंतिम परिणति तक का विस्तरण समेटे रहता है। अंत के निरंतर दृश्य पटल पर रहने से हम घटनाओं और विशेषकर सारे बिन्दुओं के स्वर को अभिप्रेत के विकास की ओर उन्मुख कर कथानक को

उसके अपरिहार्य परिणामों को हवा या कारणत्व दे सकते हैं।

–पो : द रेवेन

- रचना-प्रक्रिया वस्तुतः एक खोज और ग्रहण का नाम है। अभिव्यक्ति के कार्य के दौरान में कवि नई खोज भी कर लेता है। इस तथ्य को मैं एक उपमा चित्र द्वारा स्पष्ट करना चाहूंगा।

  वीरान मैदान, अंधेरी रात, खोया हुआ रास्ता, हाथ में एक पीली मद्धिम लालटेन। यह लालटेन समूचे पथ को पहले से उद्घाटित करने में असमर्थ है। केवल थोड़ी सी जगह पर ही उसका प्रकाश है। ज्यों-ज्यों वह पग बढ़ाता जायेगा, थोड़ा-थोड़ा उद्घाटन होता जायेगा। चलने वाला पहले से नहीं जानता कि क्या उद्घाटित होगा। उसे अपनी पीली मद्धिम लालटेन का सहारा है। इस पथ पर चलने का अर्थ ही पथ का उद्घाटन होना है, और वह भी धीरे-धीरे क्रमशः। वह यह भी नहीं बता सकता कि रास्ता किस ओर घूमेगा या उसे किन घटनाओं या वास्तविकताओं का सामना करना पड़ेगा। कवि के लिए इस पथ पर आगे बढ़ते जाने का काम महत्त्वपूर्ण है। वह उसका साहस है। वह उसकी खोज है। इस रास्ते पर बढ़ने के लिए निःसन्देह आत्मसंघर्ष करना पड़ता है। केवल एक लालटेन है जिसके सहारे उसे चलना है।

  कोई भी रचनाकार यह जानता है कि रचना के बढ़ते जाने के मार्ग का नक्शा रचना के पूर्व नहीं बनाया जा सकता और यदि बनाया गया तो वह यथातथ्य नहीं हो सकता। रचना-प्रक्रिया, वस्तुतः एक स्वायत्त प्रक्रिया है और वह किन्हीं मूल उद्देश्यों और अनुरोधों के सहारे चली चलती है। ये उद्वेग और अनुरोध ही वह लालटेन है, जिसको हाथ में लेकर उसे आगे चलना होता है।

–गजानन्द मुक्तिबोध (मुक्तिबोध रचनावली : पांच)

- लिखने की प्रक्रिया में चेतन मन इतना सक्रिय नहीं होता, जितना लेखक का अवचेतन। लेखक का संवेदन उसके संस्कार, उसकी कल्पना, उसकी दृष्टि और मान्यताएं सभी घुलकर, एकाकार होकर सक्रिय होती हैं।

–भीष्म साहनी (भीष्म साहनी : व्यक्ति और रचना)

लेखन-पूर्व आधारभूत बातों का निर्धारण

- किसी भी शोध अथवा अविष्कार में दो बातें अनिवार्य हैं। एक तो यह कि आप कुछ मानकर चलें, क्योंकि उसके बिना कोई दिशा नहीं मिलती, और दूसरा यह कि जो भी मानकर चलें उसमें संशोधन या परिवर्तन करने को

तैयार हों, क्योंकि इसके बिना किसी नये लक्ष्य तक पहुंचा ही नही जा सकता। इतना ही नहीं, कृति के लिखे जाने के बाद तक उसमें परिवर्तन होते रह सकते हैं। इन्हीं के कारण नये संस्करणों में परिवर्तन होते हैं और कभी-कभी समूची रचना रद्द कर दी जा सकती है।

–सच्चिदानंद हीरानंद वात्स्यायन 'अज्ञेय'
(रणवीर रांग्रा : साहित्यिक साक्षात्कार)

- कथा का गठन और पात्र का विकास आकस्मिक होता चलता हो, ऐसी बात नहीं है। एक सूत्र हम पकड़ लेते हैं। एक मोटी रूपरेखा बनाकर उस रचना की एक सही संतुलित परिणति देने मे हमको सुविधा होती है। बीच में हम रचना में काफी छिट-पुट कर लेते हैं। काफी छूट बरतते हैं। पात्र कभी हम पर हावी हो जाता है और कभी हम उन पर हावी हो जाते हैं।

–नागार्जुन (रणवीर रांग्रा : साहित्यिक साक्षात्कार)

- जब मैं लिखने बैठता हूं तब मैं कुछ भी नहीं जानता और न ही इस बात की बहुत अधिक परवाह करता हूं कि उसका अंत क्या होगा।
- जहां तक सम्भव है मेरे लिए मानचित्र ही यथेष्ट और विकसित होता है। मैं हमेशा दो दस्तावेज तैयार करता हूं। एक वह जिस (अनुभव) पर वह आधारित होता है और दूसरा वह जिससे वह निचोड़ा गया होता है। वे मेरे प्रारम्भिक व्यक्तिगत उद्गार होते हैं। पर बाद में वह विपुल राशि में छलकने लगता है जैसे सदैव से बहुत ही परिचित, विश्वसनीय, घनिष्ठ और अत्यंत वाचाल हो। वह मेरी कल्पना (फैंसी) का मोह ही कहा जा सकता है। फिर भी मैं उसे अपने सुलभ सन्दर्भ के लिए सतर्कता से टाइप कर लेता हूं। यह मैं इसलिए नहीं करता कि मैं उसे दूसरों पर प्रकट करना चाहता हूं वरन् उसे अपने लिए करता हूं। इस पर भी मैं कभी-कभी संकुचन (कंजूसी) कर जाता हूं।

–हेनरी जेम्स का पत्र एच.जी. वैल्स के नाम

- एक लेखक को तीन चीजों की आवश्यकता होती है–अनुभव, निरीक्षण और कल्पना। इनमें से दो किसी दूसरे की कमी को पूरा कर सकते हैं। मेरे लिए कहानी का आरम्भ अक्सर इकहरे विचार, रगृतियां मानसिक चित्र से होता है। कहानी को लिखना सामान्यतः उस क्षण तक कार्य करने का मामला है कि यह क्यों घटित हुआ या इसके घटने से आगे क्या घटित होने का कारण उपस्थित हुआ।

–विलियम फॉकनर (राइटर्स एट वर्क)

- पर मेरे कथानक हमेशा अल्पविकसित प्रारम्भिक अवस्था में होते हैं जो कुछ भी मैं निष्पादित करता हूं वह निश्चित रूप से मेरी कथानकगत प्रवीणता पर

निर्भर नहीं होता। मेरे पास कथानक तक नहीं होता। जो कुछ होता है वह मेरे चरित्रों का कार्यकलापों में लिप्त रहने के कारण होता है और उन्हीं कार्यव्यापारों के कारण कभी-कभी थोड़ा-बहुत कथानक उस वृत्तांत से निकल आता है। मैं कथानक के उठान के लिए परेशान नहीं होता क्योंकि मैं उस ढंग से पुस्तक का अवतरण नहीं करता हूं।

–नारमेन मेलर (राइटर्स एट वर्क)

- कुछ लोग लिखना शुरू करने से पहले पूरा प्लान बना लेते हैं। कुछ उसके बिना ही लिखने लग जाते हैं। मेरे साथ दोनों प्रकार से हुआ है। पर जब प्लान करके लिखा तभी रचना सार्थक हुई, वैसे नहीं। पर बाहरी रूपरेखा बना लेने भर से काम नहीं चलता, वह चाहे कितनी ही सुंदर हो। शिल्पी प्रतिमा तो बना लेता है पर वह देवी तभी बनती है जब पुरोहित उसमें प्राण-प्रतिष्ठा करता है। प्राण-प्रतिष्ठा के बाद ही तो हम उस प्रतिमा को शीश नवाते हैं। साहित्यकार शिल्पी और पुरोहित दोनों का काम करता है। तभी तो उसकी अनुभूति में बाहर और भीतर की यथार्थताएं एकाकार हो पाती हैं।

–तारा शंकर बंधोपाध्याय (रणवीर रांग्रा : साहित्यिक साक्षात्कार)

- मैंने यह तय नहीं किया था कि आगे क्या होने जा रहा है और इसी कारण मेरा उपन्यास पूरा न हो सका। मुझे लगता है कि शुरू करने से पूर्व उपन्यासकार को हमेशा यह तय कर लेना चाहिए कि आगे क्या होने जा रहा है, उसकी मुख्य घटना क्या होगी। चाहे उस तक आने पर वह उस घटना को दूसरी (अधिक उपयुक्त) घटना से बदल दे। अवश्य ही वह ऐसा करेगा। संभवतः उसके पास उससे बेहतर घटना होगी अन्यथा उसका उपन्यास जड़ और ठोस हो जायेगा।

–ई.एम. फॉस्टर (राइटर्स एट वर्क)

- मैं बड़े (महत्त्वपूर्ण) दृश्यों को पहले लिख लेता हूं, ये दृश्य संवेदनात्मक अनुभवों और पुस्तक के अर्थ को वहन करने वाले दृश्य होते हैं। 'प्रिजनर ऑफ ग्रेस' का पहला दृश्य रेलवे स्टेशन वाला था जब निम्मो अपनी पत्नी को विशुद्ध नैतिक दबावश भागने से रोक लेता है। जब मैं बड़े दृश्यों का रेखांकन कर लेता हूं तब मैं कथानक की युक्ति निकालता हूं जिसमें वे उपयुक्त बैठ सकें। हां, यह सच है कि अक्सर वे कथानक में नहीं खप पाते। कभी-कभी मैं उन्हें फेंक देता हूं। पर वे मेरी पुस्तक के अर्थ को निरूपित करते हैं। मेरी पुस्तक को रूपबंध देते हैं। अंत में मैं पूरे फलक पर कार्य करता हूं।

–ज्यॉस केरी (राइटर्स एट वर्क)

- मेरा लिखने का क्रम कुछ अजीब सा है। सबसे पहले यह विचार आया कि भाई कुछ लिखा जाये। प्रेरणा बाहर से नहीं मिलती, प्रेरणा मुझे अंदर से प्राप्त होती है। बस कुछ लिखा जाना चाहिए। और उसके लिए सोचते-सोचते एक विषय चुन लिया। उस विषय की एक हल्की सी रूपरेखा बनाई। यह स्पष्ट है कि उसे कहां से आरम्भ करना है और कहां पर उसका अंत करना है। उसके बाद लिखना आरम्भ किया। पर कभी-कभी उस रूपरेखा में जो निर्धारित करता हूं लिखते समय परिवर्तन हो जाता है। जैसे 'प्रश्न और मरीचिका' में मैंने एक नवयुवक को लिया। यानी कि आज के नवयुवक की क्या समस्याएं हैं। पर जब लिखना शुरू किया तो मालूम हुआ कि वह नवयुवक की समस्या न रहकर सन् 1947 से 65 तक का एक इतिहास बन गया। इस तरह लिखने के क्रम में कई बार यह हो जाता है। हमारे पास एक चरित्र है। मैंने सोचा, इस चरित्र से हम यह लिखेंगे। पर लिखते समय मालूम हुआ कि नहीं यह तो दूसरी तरफ जा रहा है, चलने दिया। इसलिए कहानी स्वाभाविक रूप से चलती रहती है। उसकी निश्चित रूपरेखा मैंने कभी नहीं बनाई।

  –भगवतीचरण वर्मा (रणवीर रांग्रा : साहित्यिक साक्षात्कार)

- सर्वाधिक उपयुक्त बिम्ब मेरे लिए वही हो सकता है कि मैं पेड़ों का घर बनाने के विचार से आरंभ करूं और अंत लकड़ी के बने आसमान छूते घर से हो।

  –नारमेन मेलर (राइटर्स एट वर्क)

- लिखने बैठने से पूर्व मैं हरेक दृश्य का नियोजन कर लेता हूं। कभी-कभी उपन्यास में के वार्तालाप तक का। जो मैं लिखने जा रहा होता हूं उसे तब तक नहीं लिखता जब तक उस स्थान के सुदूर पिछले इतिहास को न जान लूं। (इसके बिना) मैं अपना कार्य आरंभ कर ही नहीं सकता और पढ़कर नहीं बल्कि व्यक्तिगत निरीक्षण से जानना जरूरी है कि खिड़कियों की आकृति कैसी होगी, उसके दरवाजे के नोव कैसे होंगे, रसोई का आकार क्या होगा, किस सामग्री से पहनावे बने होंगे, जूतों में कौन सा चमड़ा इस्तेमाल हुआ होगा, बस की टिकिट कैसी होगी। मैं उन चीजों का पुस्तक में उपयोग न भी करूं लेकिन मुझे जानना जरूरी है कि जिन पल्लों को उस चरित्र की उंगलियां बंद करेंगी वे कैसी हैं। जब तक मैं संतुष्ट न हो जाऊं मैं अपने चरित्र को दरवाजे से बाहर कैसे निकाल सकता हूं।

  –फोर्ड मैडॉक्स फोर्ड : इट वाज द नाइट ऐंगल

- मैं लिखना आरंभ करने से पूर्व टेलीफोन डायरेक्टरी में से कुछ नामों का

चुनाव करता हूं और शहर का नक्शा देखकर यह तय करता हूं कि सब कहां घटित होगा।

–जार्जस साइमेनन (राइटर्स एट वर्क)

- मैं अपने कार्य की किसी भी तरह की पहले से कोई तैयारी नहीं करता। मैं यह भी कह सकता हूं कि जिस समय मैं अपना कार्य नहीं कर रहा होता, मैं उसके बारे में सोचता भी नही हूं। जब मैं लिखने बैठता हूं तो उसके मध्य पहुंचने से पहले मैं नहीं जानता कि क्या होने जा रहा है। मैं अन्तःप्रेरणा पर विश्वास करता हूं। कभी वह आती है और कभी नहीं भी आती।

–अल्वर्टो मोराविया (राइटर्स एट वर्क)

लेखन-चर्या और सृजन-तरंग

- मैं हमेशा प्रातः लिखने बैठता हूं। बाद में मुझे यह सुनकर प्रसन्नता हुई कि रूसो भी सुबह उठकर एक छोटी सी हवाखोरी करने के बाद काम करने बैठ जाते थे। सुबह के समय व्यक्ति का दिमाग विशेष रूप से ताजा रहता है। सर्वोत्तम विचार प्रायः सुबह उठने के बाद, जब आप बिस्तर में होते हैं, या चहलकदमी करते हैं तभी आते हैं। बहुत से लेखक रात में कार्य करते हैं। दॉस्तोवस्की हमेशा रात में लिखते थे। एक लेखक में हमेशा दो व्यक्ति रहते हैं, एक लेखक और दूसरा आलोचक। अगर कोई रात में मुंह में सिगरेट दबाकर कार्य करता है तब यद्यपि सृजन तीव्रगति से होता है लेकिन आलोचक वाला पक्ष अधिकांशतः प्रसुप्त रहता है और यह बहुत खतरनाक है।

–लियो टॉल्स्टॉय

- सृजन संसार में रहना, डूबना, टिकना, विचरण करना, निमग्न रहना, गहराई से सोचना और सामंजस्य और प्रेरणा का उर्वर उपयोग करना, लगातार अवधान केन्द्रित रखना और चिंतन करना ही मुख्य बात है।

–हेनरी जेम्स

संशोधन और पुनर्लेखन

हर पुस्तक पर कई बार काम करना होता है। मैं अपनी कार्यशैली की तुलना चित्रकार से करना चाहूंगा। शताब्दियों पूर्व परत-दर-परत चढ़ाने की प्रणाली थी। मेरा पहला ड्राफ्ट एकदम कच्चा अपने संवरे रूप से बहुत दूर किसी भी तरह

परिष्कृत नहीं होता। फिर भी उस एक बिन्दू पर वह अपना अंतिम ढांचा रखता है। उसका रूप विधान दिखलायी पड़ता है। उसके बाद मैं अधिक से अधिक बार पुनर्लेखन करता हूं उतनी पर्तें चढ़ाता हूं जितनी आवश्यक समझता हूं।

–अल्वर्टो मोराविया (राइटर्स एट वर्क)

- मैं पहले ही लेखन को पूर्णतः सतर्क होकर लिखता हूं।...मेरा संशोधन छांटने का ही अधिक होता है।...बहुत कम बार मैं कोई नया पैराग्राफ जोड़ता हूं। जैसे 'हेमलेक' उपन्यास में मैंने पाया कि रोन की मां का कोई जिक्र नहीं आया, तो उसके बारे में एक पैराग्राफ बढ़ा दिया।

–एंगस विल्सन (राइटर्स एट वर्क)

- कांट-छांट मेरे लिए लेखन का सबसे अधिक कठिन और स्वादहीन हिस्सा है। मेरी प्रवृति हमेशा काटने की अपेक्षा लिखने की रही है। अपने कार्य से सम्बन्धित जो कुछ भी मेरी आलोचनात्मक क्षमता होती है वह मेरे पिछले चार साल के उन्मत्त थकान के कारण कम से कम कुछ समय के लिए तो बुरी तरह क्षीण हो गई होती है। जब किसी व्यक्ति का कार्य उसके भीतर से करीब-करीब पांच वर्षों तक ज्वालामुखी से निकलते लावा की तरह सुलगता रहा हो, चाहे वह सबका सब फालतू ही क्यों न हो, पर क्योंकि उसे अपने भीतर की सृजन ऊर्जा की श्वेत ऊष्मा से आग और भावावेश दिया होता है, एकाएक उसकी असम्पृक्तता से चीरफाड़ करना बहुत ही कठिन होता है।

  मेरी आत्मा उस खूनी जल्लाद निष्पादन से कांप उठी। जिन वस्तुओं पर मेरे प्राण टिके थे, उनके हत्याकांड की बात सोचकर ही मेरा अंतःकरण जुगुप्सा से कांप उठा। पर वह तो मुझे करना ही था और मैंने किया भी।

–टॉमस वुल्फ : 'द स्टोरी ऑफ ए नॉवल'

- ...युवा उपन्यासकारों को यह अच्छी तरह समझ लेना चाहिए कि उपन्यास लेखन कोई मशीनी कार्य और शॉर्टकट नहीं हैं। अपनी गलतियों का सुधार अपने आप करना सीखना चाहिए और उसे परिश्रम से नहीं बचना चाहिए। ...'एज आई ले डाईंग' को अंतिम रूप देने के लिए मैंने छह हफ्तों तक बारह-बारह घंटे मेहनतकश परिश्रम किया था।...'द साउंड आफ फ्यूरी' को मैंने विभिन्न समय में पांच बार लिखा...'द साउंड आफ फ्यूरी' को प्रभावशाली बनाने के लिए मैंने बार-बार उसका प्रस्तुति स्वर बदलकर लिखा पर फिर भी मुझे पूर्ण संतोष नहीं हुआ।

–विलियम फॉकनर (राइटर्स एट वर्क)

- 'मुझे नहीं मालूम कि कोई कैसे बार-बार पुनर्लेखन किये बिना रह सकता है।

मैं इसीलिए अपनी प्रकाशित रचनाओं को कभी नही पढ़ता हूं। अगर संयोग से मैंने उसका एक पृष्ठ भी पढ़ लिया तो मुझे कुछ नया सूझ जाता है कि इसे इस तरह लिखना चाहिए। पुनर्लेखन मैंने इसी तरह किया है।

–टॉल्स्टॉय

- '...लेखक जितनी बार अपनी रचना पढ़ता है इस बात की पहचान करता है कि कहां से और रस निकल सकता है।...मैंने 'फेअरवेल टु आर्म' उपन्यास का अन्तिम भाग उनतालीस बार लिखा था...जितनी बार पुनर्लेखन किया जाय, उतनी बार रस निकलता चला जाता है।

–अर्नेस्ट हेमिंग्वे (राइटर्स एट वर्क)

- अपनी एक बार लिखी कृति को दोहराने का अधिकार यदि मुझे है तो प्रकाशित संस्करण में परिवर्तन और परिवर्धन का अधिकार मुझसे क्यों छीना जाता है? पात्रों या चरित्र की पूर्णता की दृष्टि से यह सब करना मुझे अच्छा लगता है। समय के साथ अनुभव की वृद्धि होने पर पिछली कृति को पूर्णता क्यों न प्राप्त हो? मुझे कभी-कभी ऐसा लगता है कि साहित्य के पात्र यदि लूले-लंगड़े, अंधे-काने रहे तो क्या वे मुझे कोसेंगे नहीं? मेरे मरने के बाद भी वे मुझे चैन नहीं लेने देंगे। आपने नाम परिवर्तन और उपन्यास-परिवर्द्धन की बात कही है। ये दोनों बातें विषय को 'टु द प्वाइंट' बनाने के लिए की गई है ताकि पाठक को आपके कहे अनुसार 'शेप अवशेष' के पात्रों की तरह भटकना न पड़े।

–उदयशंकर भट्ट (रणवीर राग्रां : साहित्यिक साक्षात्कार)

- कोई रचना ऐसी नहीं है जो मेरे हाथ आए और बदली न जाऐ। बार-बार आए तो बार-बार बदलने की इच्छा होती है। इसलिए कोशिश करता हूं कि प्रकाशित होने पर रचना फिर मेरे सामने ही नहीं आए। यह फेर-फार करने की इच्छा क्यों होती है? आखिर इसलिए हो सकती है कि व्यक्तित्व और जीवन एक क्षण को भी गतिहीन नहीं होती है। हां, सृजन में आलोचना गर्भित हुआ चलता है इसीलिए सृजन कोई सरल व्यापार नहीं है। बड़ा कष्टदायक अनुष्ठान है।

–जैनेन्द्र (रणवीर राग्रां : साहित्यिक साक्षात्कार)

उपन्यासों के उत्स और कच्ची सामग्री

'रंगभूमि' का बीजांकुर

'रंगभूमि' का बीजांकुर हमें एक अंधे भिखारी से मिला जो हमारे गांव में रहता था। एक जरा सा इशारा, एक जरा सा बीज लेखक के मस्तिष्क में पहुंचकर इतना विशाल वृक्ष बन जाता है कि लोग आश्चर्य करने लगते हैं।

–प्रेमचन्द, कुछ विचार : 'उपन्यास' निबंध

'झूठा सच' की कच्ची सामग्री

विभाजन की घटनाओं के समय मैं पश्चिम पंजाब से दूर लखनऊ में था परन्तु पंजाब से लगाव होने के कारण उस समय पंजाब में जो कुछ हो रहा था, के सम्बन्ध में पत्रों में प्रकाशित विवरणों को ध्यान से पढ़ता रहता था। पंजाब के विभाजन को आधार बनाकर 'झूठा सच' उपन्यास लिखने का निश्चय मैंने सन् 1955 में किया था। यह निश्चय करने पर जहां तक संभव हो सका, ऐसे व्यक्तियों से बातचीत करने का यत्न किया जो उन घटनाओं के भुक्तभोगी थे और उनसे सहानुभूतिपूर्ण जिरह करके उनकी तत्कालीन भावनाएं और संवेदनाएं जानने का यत्न किया। इस काम के लिए दो बार पंजाब गया और वहां जैसे हो सका, 'ट्रिब्यून' तथा दूसरे पत्रों की फाइलों का अध्ययन किया। तथ्य के नाते यह कह देना उचित है कि 'झूठा सच' में वर्णित घटनाएं प्रायः काल्पनिक हैं, परन्तु उनमें तथ्यों का पुट दे दिया गया है या कुछ मूल तथ्य घटनाओं को लेकर उनके चारों ओर जनश्रुति और कल्पना से रक्त-मांस का पूर्ण ध्यान केवल इस बात का रहा है कि वैसे व्यक्ति समाज में अनेक मौजूद रहते हैं। कुछ पात्रों को सबल बनाने के लिए उनमें दो या तीन वास्तविक व्यक्तियों के व्यवहारों को मिलाकर भी एक पात्र बना दिया गया है।

–यशपाल (रणवीर राग्रां : साहित्यक साक्षात्कार से)

‘आपका बंटी’ के उद्दीपक

वह बांकुरा की एक सांझ थी।

अचानक ही पी. का फोन आया, ‘‘मन्नू तुमसे कुछ बहुत ही जरूरी बात करनी है, जैसे भी हो आज शाम को ही मिलो, बांकुरा में।’’ मैं उस जरूरी बात से कुछ परिचित भी थी और चिन्तित भी। रेस्त्रां की भीनी रोशनी के नीचे मेज पर आमने-सामने बैठकर परेशान और बदहवास पी. ने कहा, ‘‘समस्या बंटी की है। तुम्हें शायद मालूम हो कि बंटी की मां (पी. की पहली पत्नी) ने शादी कर ली। मैं बिल्कुल नहीं चाहता कि अब वह वहां एक अवांछनीय तत्व बनकर रहे, इसलिए तय किया है कि बंटी को मैं अपने पास ले आऊंगा, अब से वह यहीं रहेगा।’’ और फिर वे देर तक यह बताते रहे कि बंटी से उन्हें कितना लगाव है और इस नई व्यवस्था में वहां रहने से उसकी स्थिति क्या हो जाएगी। मैंने उनकी भावना, चिन्ता और उद्विग्नता को समझते हुए अपनी पहली प्रतिक्रिया व्यक्त की, ‘‘आप ऐसा नहीं समझते कि यह गलत होगा? मुझे लगता है कि उसे अपनी मां के पास ही रहना चाहिए क्योंकि साल में एक-दो बार मिलने के अलावा उसके साथ आपके कोई आसंग नहीं है जबकि मां के साथ वह शुरू से रहा है, एकछत्र होकर रहा है। इस नाजुक उम्र में वहां से वह उखड़ जाएगा और सम्भवतः यहां जम नहीं पाएगा।’’ लम्बी बातचीत के बाद तय यही हुआ कि बंटी अभी कुछ दिनों के लिए वहीं रहे। लेकिन उस दिन लौटते हुए सचमुच बंटी कहीं मेरे साथ चला आया। आकर डायरी में मैंने बंटी की पहली जन्मपत्री बनाई। उस रात बंटी की विभिन्न स्थितियों के न जाने कितने कल्पना चित्र बनते-बिगड़ते रहे। मुझे लगा, बंटी अपनी नई मां के घर आ गया है।

नई मां और पिता के बीच एक बालिका। लगभग छह महीने बाद की घटना है। ड्राइंग रूम में अनेक बच्चे धमाचौकड़ी मचाए हैं...उन्मुक्त और निश्चिन्त। बारी-बारी से सब सोफे पर चढ़कर नीचे छलांग लगा रहे हैं। उस बच्ची का नम्बर आता है। सोफे पर चढ़ने से पहले अपनी नई मां की ओर देखती है। मां शायद उसकी ओर देख भी नहीं रही थी, पर उस अनदेखी नजरों में भी जाने ऐसा क्या था कि सोफे पर चढ़ने के लिए बच्ची का ऊपर उठा हुआ पैर वापस नीचे आ जाता है। बच्ची सहमकर पीछे हट जाती है। अनायास ही मेरे भीतर छः महीने पहले का बंटी सारे वातावरण में व्याप्त एक सहमेपन के रूप में जाग उठता है। खेल उसी तरह चल निकला है। बड़ों के हंसी-मजाक, वार्तालाप, खाना-पीना सब कुछ बड़े सहज ढंग से चल रहा है। लेकिन अगर कोई इस सारे प्रवाह से अलग हटकर सहमा हुआ कोने में खड़ा है तो वह है बंटी। रात में सोई तो लगा कि छः महीने पहले जिस बंटी को अपने साथ लाई थी वह

सिर्फ एक दयनीय मुर्झायापन बनकर रह गया है?

एक और चित्र–सिर्फ पुरानी मां और बंटी?

मैं कमरे में प्रवेश करती हूं तो चौंकाने वाला दृश्य सामने आता है। टूटी हुई प्लेटें, बिस्कुट और टोस्ट बिखरे पड़े हैं और बंटी मां के शरीर पर लगातार मुक्के मार रहा है– तुम कहां गई थीं? किसके साथ गई थीं? मेरी उपस्थिति के बावजूद यह दृश्य थोड़ी देर चलता रहा। मां तिलमिलाहट, गुस्से और दुख को दबाकर मेरे सामने सहज होने की बहुत कोशिश करती है लेकिन वातावरण के दमघोंटू तनाव में वहां फिर कुछ भी सहज नहीं हो पाता।

घर लौटकर मैंने पाया कि बंटी एक आकार ग्रहण करने लगा है।

ऐसे न जाने कितने चित्र मेरे मन में उपन्यास के बंटी को एक निश्चित व्यक्तित्व देते रहे हैं। मुझे लगा कि बंटी किन्हीं दो-एक घरों में नहीं, आज के अनेक परिवारों में सांस ले रहा है–अलग-अलग संदर्भों में, अलग-अलग स्थितियों में? कहीं सहमा हुआ, तो कहीं उद्दण्ड। लेकिन एक बात मुझे इन बच्चों में समान लगी और वह यह कि वे सभी फालतू, गैर-जरूरी हैं और अपनी जड़ों से कटे हुए हैं।

–मन्नू भण्डारी : जन्मपत्री बंटी की (भीष्म साहनी : 'आधुनिक हिन्दी उपन्यास')

'एक चूहे की मौत' की उत्प्रेरणा

स्मृतियां ही साहित्य सृजन का प्रमुख आधार होती हैं। यह बात शायद कथा साहित्य के प्रसंग में अन्य विधाओं की अपेक्षा अधिक सही लगती है। फिर भी स्मृतियों का यथावत वर्णन कथा-कृति की श्रेणी में नहीं आता है। भले ही वह अच्छी आत्मकथा हो। स्मृतियां जब कथा-कृति का आधार बनती हैं तो लेखक की रचना-प्रक्रिया उन्हें ज्यों का त्यों ग्रहण करने से इंकार कर देती है। अपनी आवश्यकताओं के अनुसार वह उनको बहुत कुछ बदल डालती है।

'एक चूहे की मौत' में निश्चित रूप से मैंने भी स्मृतियों का पूरा उपयोग किया है। लेकिन मैंने भी उनको कच्चे माल की तरह ही इस्तेमाल किया है और उनका परिवर्तित सम्पादित रूप ही उपन्यास में उभरा है।

बात बहुत पुरानी है। पर उन दिनों की है जब मैं छोटा था। हमारे घर में चूहे बहुत ज्यादा थे। उन्हें पकड़ने के लिए घर के कई कोनों में चूहेदानियां रख दी थीं। लेकिन चूहे सचमुच बहुत चालाक होते हैं। कई दिन हो जाते थे और एक भी चूहा चूहेदानी में नहीं फंसता था। हमारा नौकर जुम्मन जो दस-बारह साल का लड़का था, डंडा लेकर चूहों के पीछे भागता फिरता था और जब कोई चूहा उसकी लाठी की जद में आ जाता तो वह उसे

ऐसी क्रूरता से मारता था कि सारा दृश्य मुझे बेहद घिनौना लगने लगता था। वह मरे हुए चूहे को भी लाठी से इस तरह कूटने लगता था जैसे किसान औरतें धान कूटती हैं। यह दृश्य मैं ज्यादा देर तक सहन नहीं कर पाता था और मैं या तो वहां से हट जाता था या जुम्मन को डांट-डपटकर वहां से भगा देता था।

जुम्मन को इस तरह से चूहे मारने में बहुत रस मिलता था और उसकी इस मनोवृत्ति पर मुझे बड़ा आश्चर्य भी होता था। उस समय यह बात मेरे दिमाग में नहीं आती थी कि दुनिया में ऐसे बहुत सारे काम भी हो सकते हैं जो ऊपर से देखने में तो बहुत अच्छे लगते हैं लेकिन जो वास्तव में बेहद घिनौने काम होते हैं। उन दिनों मैंने यह कल्पना भी नहीं की थी कि मैं कभी लेखक बनूंगा और चूहे को ही प्रतीक बनाकर कोई उपन्यास लिखूंगा। यह बचपन के दिनों की एक बहुत छोटी सी याद है लेकिन यह छोटी सी याद बहुत आगे चलकर मेरे लिए बहुत महत्त्वपूर्ण बात बन गई।

मुझे दफ्तर में नौकरी करते चौदह-पंद्रह वर्ष हो चुके थे। दफ्तर के काम की एकरसता मेरे दिमाग पर बोझ बनने लगी थी। शुरू के वर्षों में काम मुझे थोड़ा रोचक भी लगा था और एक चुनौती के रूप में भी मैंने उसे लिया था, लेकिन बाद में काफी समय बीत जाने पर सारा व्यापार घोर नीरस दिनचर्या में बदल गया था और एक अजीब सा एहसास, कोई घिनौना काम करते रहने से उत्पन्न होने वाले एहसास से मिलता-जुलता एहसास, मेरे दिमाग पर हावी होने लगा था। कभी यह एहसास इतना तीव्र हो जाता था कि अनायास ही जुम्मन का चूहे मारने का दृश्य आंखों के सामने आ जाता। मुझे लगता, जुम्मन की स्थिति फिर भी मुझसे बेहतर थी। उसे इस काम में कम से कम रस तो मिलता था। लगता, मैं भी कुछ उसी तरह का काम सबेरे से शाम तक करता रहता हूं। लेकिन मैं जुम्मन की तरह उसमें रस नहीं ले सकता। ऐसी ही मनःस्थिति से गुजरते हुए 'एक चूहे की मौत' की रूपरेखा मेरे दिमाग में बनने लगी।

—बदी उज्जमां, 'एक चूहे की मौत' : संस्मरण (भीष्म साहनी : आधुनिक हिन्दी उपन्यास)

'तमस' के अनुभव साक्ष्य

'तमस' का परिवेश मार्च 1947 में रावलपिंडी तथा आस-पास के गांवों में हुए हिन्दू-मुस्लिम दंगे हैं। ये दंगे लगभग पांच-छह दिन तक रहे, और जिला के सैकड़ों गांवों को अपनी चपेट मे ले लिया। दंगे तो पांच-छह दिन तक ही रहे लेकिन वर्षों पहले से देश के वायुमण्डल में हिन्दू-मुस्लिम तनाव पाया जाता था। जब से पाकिस्तान की तहरीक चली थी, साम्प्रदायिक प्रचार को एक तरह से खुली छुट्टी मिल गई थी। मैंने

तनाव के दिन देखे हैं। उन दिनों मे कांग्रेस की जिला कमेटी का सदस्य था और जिले में जगह-जगह घूमने का इत्तफाक भी हुआ था। तनाव के वे दिन भुलाये नहीं भूलते। 1945 के एसेम्बली चुनावों के दिनों में कांग्रेस का एक मुसलमान उम्मीदवार लेबर सीट के लिए चुनाव लड़ रहा था। मैं और उसका बड़ा भाई चुनाव का सारा काम कर रहे थे। इसी सिलसिले में हम तीनों डण्डोत, खेवड़ा आदि का दौरा करने गए। मुस्लिम लीग ने साम्प्रदायिकता का ऐसा विष घोल रखा था, कि किसी चायखाने में बैठते तो गालियां सुनते, किसी दफ्तर में जाते तो तरह-तरह की धमकियां सुनते।

● उस जमाने को निकट से देखने का मुझे अवसर मिला है। नॉवल में दिए गए अनेक प्रसंग भी ऐसे हैं जिनका मैं स्वयं साक्षी रहा हूं। सुअर को मारते तो मैंने कभी किसी को नहीं देखा, लेकिन शहर में जब तनाव बढ़ रहा था, और नागरिकों का एक बफद अंग्रेज डिप्टी कमिश्नर से मिलने गया तो मैं भी उसके साथ हो लिया था। मंदिरों-मस्जिदों में होने वाले भाषण और वाअज जानी-मानी बातें थीं, उन दिनों रोज सुनने को मिलती थीं। कुएं में अपने बच्चों को लेकर कूद जाने वाली औरतों की घटना सच्ची है, लाशों से पटा कुआं मैंने दंगों के बाद अपनी आंखों से देखा है। शहर के हेल्थ ऑफिसर के साथ मैं स्वयं लोहा खालसा नामक गांव में गया था, कुएं में ऐसा रासायनिक पदार्थ डालने के लिए जिससे कुएं में सड़ती लाशों के कारण कोई बीमारी न फैले। और अपने साथ उन स्त्रियों के अनेक सम्बन्धी भी थे, उसी गांव के रहने वाले जो दंगे के बाद गांव छोड़कर रावलपिंडी शहर में आ गए थे, और जो अभी भी समझे बैठे थे कि स्थिति सुधर जाने पर वे अपने गांव को लौट जाएंगे।

● सरदार का किस्सा सही है। इसे पड़ोस के गांव में पनाह मिली पर उसी घर के लोग इसके गांव में जाकर इसकी दुकान को भी लूट लाए। यह एक शरणार्थी था जिसने मुझे अपनी कहानी सुनाई थी।

● उस समय भी धीमे-धीमे दंगों के पीछे काम करने वाले तत्वों की एक रूपरेखा सी उभरने लगी थी। उन दिनों कोट्स नाम के अंग्रेज सज्जन जिला के डिप्टी कमिश्नर थे। यह सच है कि जब दंगों के पहले उन्हें नागरिकों का प्रतिनिधिमंडल मिलने गया था, उस समय अगर वह जगह-जगह पुलिस को ही तैनात कर देते, या एक फौजी जहाज ही शहर और गांवों पर उड़ान भर जाता तो स्थिति संभल जाती। उन दिनों तो टालमटोल करते रहे। पर जब 120 के करीब गांव जलकर राख हो गए और लाखों की संख्या में शरणार्थी शहर की सड़कों पर ठोकरें खाने लगे तो वह बड़ी मुस्तैदी और चुस्ती से रिलीफ का काम करने लगे।

–भीष्म साहनी : तमस संस्मरण (आधुनिक हिन्दी उपन्यास)

'काली आंधी' के उत्प्रेरक तत्व

काली आंधी मेरे दिमाग में उस वक्त उठी थी, जब मैं सन् 1962 में राजस्थान में हो रहे चुनावों के दौरान एक कारकुन की तरह शामिल हुआ था। मैं उस वक्त कांग्रेस के उम्मीदवार का प्रचार कर रहा था क्योंकि कोई मार्क्सवादी उम्मीदवार मैदान में नहीं था और राजाओं-सामंतों की नई बनी स्वतंत्र पार्टी पहली बार चुनाव मैदान में उतरी थी। उस वक्त इस स्वतंत्र पार्टी का जोर बहुत था और लग रहा था कि कम से कम राजस्थान को तो यह पार्टी निगल ही जायेगी। महारानी गायत्री देवी, अब राजमाता, स्वतंत्र पार्टी की उम्मीदवार के रूप में जयपुर से चुनाव लड़ रही थीं और रोज तरह-तरह के करिश्में दिखा रहीं थी। मैं जिस दिन जयपुर पहुंचा उस दिन वहां बहुत हंगामा था। सुनाई पड़ा कि महारानी गायत्री देवी अपने महल से नंगे पैरों चलकर बालाजी, शायद यही नाम था, के मंदिर में इष्ट देवता के सामने शपथ लेने जा रही हैं या श्रद्धा व्यक्त करने, या आशीर्वाद लेने जा रही हैं। हंगामा जबरदस्त था कि यह पता ही नहीं लग रहा था कि आखिर वे करने क्या जा रही थीं। धूम इस बात की थी कि इतनी बड़ी महारानी नंगे पैर जनता के बीच आएंगी। लाखों लोग दूर-दूर से यह तमाशा देखने आए थे।

तमाशा हुआ, मैंने भी मुख्य सड़क की भीड़ में जगह बनाकर देखा। महारानी गायत्री देवी नंगे पैर, सिर पर गंगाजल का चांदी का कलश लिए और दूसरे हाथ में नंगी तलवार पकड़े मंदिर की ओर जनता को बहरा कर देने वाली जय-जयकार के बीच चली गईं।

मैं एक चबूतरे पर बैठकर सोचता रह गया।

यह कैसा दृश्य था? गायत्री देवी जनता के मानस पर क्या छापना चाहती थीं? तलवार द्वारा दुर्गा या चण्डी का साक्षात् रूप? या गंगाजल से भरे कलश को सर उठाये श्रद्धा और विनम्रता का रूप? या नंगे पैर चलकर जनता के साथ एकाकार होने का भ्रम फैलाना चाहती थीं या कि इन तीनों बातों के पीछे सच्चाई कुछ और ही है। ...मरता हुआ सामंतवाद क्या करना चाहता है और इस देश को किस व्यवस्था में जकड़कर रखना चाहता है...

● दिमाग में महारानी गायत्रीदेवी की वह तस्वीरें भी कौंधती थीं, जो जयपुर में देखी थीं। और मैं अपने से बराबर यही सवाल करता था कि आखिरकार गायत्री देवी को यह सब करने और इलेक्शन लड़ने की जरूरत क्यों महसूस हो रही है?

क्यों एक तरह की समाज-व्यवस्था (सामंती) दूसरी तरह की समाज-व्यवस्था (समाजवादी) को जगह नहीं देना चाहती और अपने मरने को क्यों मंजूर नहीं करती

(जो कि निश्चित था) क्योंकि इतिहास इस मौत पर मुहर लगा चुका था।

● कहते हैं कि कुचला हुआ सांप ज्यादा खतरनाक हो जाता है। शाही सामंतवादी कुचला हुआ सांप भी यही रुख अपना रहा था। पैसा, औरतें, शराब, साइकिलें, मशीन, कपड़े, अनाज, जश्न–सब कुछ खुलेआम चल रहा था।

पूरे चुनाव के दौरान जो और अनुभव इकट्ठे हुए, और जो छनकर सोच की परतों पर रह गए, वे यही थे कि भ्रष्ट हो गए और भ्रष्टता से भरते जाते चुनावों के प्रति मन में कसैला और कड़ुवा स्वाद रह गया। सच पूछिए तो इतना कुछ गलत होते देखा कि चुनावों के इस नाटक से विश्वास ही उठ गया। मुझे लगा कि यदि एक सही और गरीब आदमी अपनी जनता के लिए कभी चुनाव लड़ना भी चाहे तो वह जीत ही नहीं सकता। यदि दस-पांच ऐसे लोग जीत भी जाएं तो भी लोकसभा नही पहुंच सकते।

भ्रष्ट हो गए चुनाव सिस्टम के प्रति जो घृणा पैदा हुई और मन में जो लाचारी समा गई वो मैं बारह बरस तक मिटा नहीं पाया यानी सन् 74 तक, जब मैंने उपन्यास लिखा।

मुझे लगा कि ये जो पंचसाला चुनाव की आंधी आती है, यह अब काली हो चुकी है, इसलिए इस उपन्यास का नामकरण हुआ 'काली आंधी'।

–कमलेश्वर, काली आंधी : अनुभव से अर्थ की खोज तक (भीष्म साहनी 'आधुनिक हिन्दी उपन्यास')

'गिरती दीवारें' का उत्स

1933 से 36 तक जो कुछ मैंने देखा या भोगा उसने मुझे पहली बार उन बुनियादी जज्बों से रूशनास कराया जो हमारी जिन्दगियों का संचालन करते हैं। अपने अनुभवों से मैंने वह सब आविष्कृत किया तो उससे मेरी आंखें खुल गईं और मैंने चाहा कि मैं अपने उपन्यास के माध्यम से उसे पंक्तिबद्ध कर दूं। अर्थ और काम के जज्बों से मेरा परिचय कालेज छोड़ते ही हो गया था, लेकिन 1933 से 36 तक के संघर्ष में मुझे पता चला कि इंसान पर हल्की सी चोट कई बार आदमी की जिन्दगी की धारा को मोड़ देती है। सच्ची बात यह है कि यही नुक्ता इस वृहद उपन्यास का प्रथम उद्रेक था।

उस अहं के वे सभी रूप मैं उकेरना चाहता था, जो मैंने देखे थे। फिर मैंने जाना कि काम के अन्तर्गत यौन क्षुधा ही नहीं प्रेम भी आता है और इस प्रेम के भी कई रूप हैं और अपने उपन्यास में वे सभी रूप मैं दिखाना चाहता था और प्रेम के उस रूप को रेखांकित करना चाहता था जिसे मैं सच्चा प्रेम मानता हूं, जो समय के साथ

छूटता नहीं वरन् दिनोंदिन बढ़ता है और तपेदिक के ज्वर सा हड्डियों में रच जाता है। फिर मैंने नियति का भी स्पर्श पाया और जाना कि नियति वास्तव में होती क्या है? क्या है वह जिसे हम नियति कहते हैं? कैसे हमारी जिन्दगियों पर असर डालती है? मैं अपने उपन्यास में नियति के क्रिया-कलाप का ऐसे चित्रण करना चाहता था कि मेरे पाठक उसे छू लें। इन सबके अलावा लम्बी बीमारी जो ममता भरी मां की ममता तक कुंठित कर देती है और मौत जिसके बिना जिन्दगी की हकीकत और महत्व जाना ही नहीं जा सकता और फिर जब आदमी पाता है कि उसकी तमाम कोशिशें मौत के सन्दर्भ में नितान्त निरर्थक हो गई हैं और जीना उसे व्यर्थ लगता है। और यह भी कि इसके बावजूद वह जीता है, क्या उसे जीना चाहिए?

क्या आत्महत्या श्रेयस्कर नहीं? लेकिन मैंने देखा कि आदमी आत्महत्या नहीं करता और जीता है। मैं जानना और जानना चाहता था कि वह क्यों जीता है और उसे क्यों जीना चाहिए। फिर यह भी कि उन तमाम कोशिशों के निरर्थक दिखायी देने के बाद उसे वैसे जीना चाहिए। मैं इन तमाम बातों को अपने उपन्यास में संजोना और समाना चाहता था और इन तमाम प्रश्नों के उत्तर पाठकों के लिए ही नहीं, अपने लिए भी उपन्यास के माध्यम से पाना चाहता था। ऐसे उत्तर जो मुझे ही नहीं मेरे पाठकों को भी संतुष्ट कर दें।

–उपेन्द्रनाथ अश्क, गिरती दीवारें : एक संस्मरणात्मक टिप्पणी (भीष्म साहनी : 'आधुनिक हिन्दी उपन्यास')

'सागर, लहरें और मनुष्य' की प्रेरणा

मैं यह अवश्य बता सकता हूं कि 'सागर, लहरें और मनुष्य' रचना के लिए मुझे कब और कैसे प्रेरणा मिली। मछुआरों के जीवन से मेरा कभी सम्बन्ध नहीं रहा, जाति और कर्म से भी नहीं। बात मार्च 1953 की है। मुझे अपने एक निकटतम सम्बन्धी को जो विदेश यात्रा पर जा रहे थे, विदा करने बम्बई जाना पड़ा। यों मैं इससे पूर्व भी कई बार बम्बई गया हूं और समुद्र दर्शन, समुद्र स्नान की लालसा मेरे भीतर सदा ही रही है। समुद्र के किनारे-किनारे घूमना, एकान्त में बैठकर गर्जन सुनना, लहरें देखना यह मेरा 'शेबा' था और उन दिनों वही हुआ। बम्बई जाकर मैं अपने को रोक नहीं पाता। आज भी समुद्र के किनारे-किनारे घूमना पसन्द करता हूं। उस समय मुझे लगता है समुद्र भी इस पृथ्वी की तरह एक अनन्त संसार है। तो उस दिन मैं अपने एक साथी के साथ घूमते-घूमते रसोवा नामक ग्राम की ओर जा निकला। वहां मुझे एक नई दुनिया दिखाई दी। लहराता समुद्र और वहां का जन-जीवन देखकर उत्सुकता, एक अभिव्यक्ति

की बेचैनी मेरे भीतर फूटने को आतुर हो उठी। मचान पर फैली मछलियां, किनारे पर नावों में बैठे मल्लाहों की मस्ती, उनके गीत, उनके जीवन-दर्शन ने मुझे आकृष्ट किया। मैं बहुत देर तक खड़ा खड़ा उस दृश्य को देखता रहा। उस समय मुझे लगा जैसे मैं भी इसी समुद्र और इन प्राणियों में से एक हूं। उन गीतों की जो तान उठ रही थी उसमें जैसे मुझे समुद्र ताल देता लगा। एक तन्मयता की प्रतीति हुई। मुझे लगा जैसे लहरें उनके हर गान, तान ओजस्वी लय को आत्मसात करती बढ़ रही हों और मेरा सर्वांग उन गीतों पर ताल देकर गुनगुनाने लगा। मैं उस समय अपने को भूल गया। मैंने अनुभव किया कि सागर की भी एक कहानी है तो इन सागर पुत्रों की भी। मेरे मन में यह विचार कई बार उठा कि हिन्दी साहित्य में समुद्र का नितान्त अभाव है। इस सम्बन्ध में मुझे जब-तब अपने साहित्यिक मित्रों से भी चर्चा करने का अवसर मिला। उस समय मछुआरों के जीवन ने मुझे उत्साहित किया। मैंने निश्चय किया कि यदि मैं इस जीवन को साहित्य में चित्रित कर सकूं तो कदाचित् हिन्दी साहित्य के अंशमात्र के अभाव की पूर्ति कर सकूंगा। मुझमें एक उत्साह जागा और मैं फिर अपने काम में जुट गया।

–उदयशंकर भट्ट (रणवीर रांग्रा : 'साहित्यिक साक्षात्कार')

'सूरज का सातवां घोड़ा' के स्रोत

...कहानियां मिलीं मुझे अपनी गली-मुहल्ले, अड़ोस-पड़ोस से। मेरा...मुहल्ला अतरसुइया था।...चन्द रईसों और पुराने सामंतों की कोठियां और बगीचे और बाकी सभी निम्न मध्यवर्ग के लोगों की बस्ती। छोटे दुकानदार, दफ्तरों के बाबू, अदालत के मुंशी, पेशकार, बैंक के क्लर्क वगैरह। एक खास किस्म की मस्तीभरी जीवन-पद्धति, लेकिन अंदर से बेहद टूटे हुए, लगातार टूटते हुए। खास शौक था अड्डेबाजी। अलग-अलग लोगों के अलग-अलग अड्डे। किसी का चबूतरा, कोई पान की दुकान का तख्ता, कोई पार्क की रेलिंग, किसी गली का नुक्कड़ और कहीं दातौन करते हुए दोस्तों का अट्टा जमा है। किसी दुकान पर ताजी जलेबी बन रही हैं और अड्डा जमा है। और हर अड्डे पर मुहल्ले की कहानियां कही-सुनी जाती थीं। ऐसे अन्दाज में कि गहरी से गहरी ट्रेजेडी में भी हंसी हंसने की बेलौस अदा। अमूमन कहानियां बीच में छूटती थीं और जब अड्डा जुड़ता था तो कहानियों के बिखरे सूत्र और कहानियां आगे बढ़ती थीं। लेकिन जनाब लाल बुझक्कड़ की कहानी सुनी है न? गहरे से गहरे सवाल सूक्ष्म से सूक्ष्म समस्या का कोई न कोई हल वे उसी समय जरूर पेश कर देते थे। लाल बुझक्कड़ का मूल जन्म स्थान जरूर हमारा मुहल्ला रहा होगा, क्योंकि इन अड्डों पर

कहानियों के साथ राष्ट्रीय-अन्तर्राष्ट्रीय राजनीति, आचार-व्यवहार, पाप-पुण्य, नरक-स्वार्थ, आत्मा-परमात्मा के बड़े गहन प्रश्न उठ खड़े होते थे और जलेबी खाते हुए या पान की पीक थूकते हुए कोई न कोई लाल बुझक्कड़ गुरु उसका ऐसा सटीक समाधान पेश कर देते थे कि बांछें खिल जाती थीं।...उपन्यास की कथा शैली और माणिक मुल्ला की घोर विद्वतापूर्ण समाधान शैली कथाओं का अंतर्ग्रथन और उनका अधूरा छूट जाना, फिर शुरू होना यह सब अपने मुहल्ले की इन्हीं अड्डेबाजियों से निकला और जिस जीवन का चित्रण हुआ वह तो गली-मुहल्लों का है ही।

—धर्मवीर भारती : जब 'सूरज का सातवां घोड़ा' लिखा गया। (भीष्म साहनी : आधुनिक हिन्दी उपन्यास)

'राग दरबारी' के प्रेरक तत्व

राग दरबारी की शुरुआत 1960 के आसपास हुई।...यह राग उस दरबार का है जिसमें हम देश की आजादी के बाद और उसके बावजूद, आहत-अपंग की तरह डाल दिए गए हैं या पड़े हुए हैं।...'राग दरबारी' क्यों लिखा गया, इसका सही-सही जवाब खोजना मेरे लिए कठिन है। पर यह सही है कि इसके पीछे दो तत्व सक्रिय थे। पहला, अपने ग्राम-जीवन के प्रति जिसे मैं भारतीय जीवन की प्रमुख धारा मानता हूं—मेरा अतिशय लगाव और दूसरा, साहित्य में ग्रामीण जीवन के प्रति बनी या बनती हुई रूढ़ियां जो मेरी बरदाश्त के बाहर हैं। इस दूसरी बात को और स्पष्ट करने की जरूरत है।

प्रेमचन्द जैसे कुछ अपवादों को छोड़कर हिन्दी साहित्य में, लगता है, ग्रामीण जीवन के प्रति दो प्रकार की दृष्टियां विकसित हुई हैं और दोनों ही रूढ़ि बन गई हैं। पहली दृष्टि 'अहा ग्राम्य जीवन भी क्या है' वाली है, दूसरी 'चरमर चरमर चूं चरर चरर जा रही चली भैंसागाड़ी' वाली। पहली दृष्टि ग्रामीण परिस्थिति को प्रकृति की रम्यता, सरलता, लोकगीतों और लोककथाओं की रूमानी तन्द्रिलता से जोड़ती है जिसकी हास्यास्पद परिणति 'ऊंची अरहर में लुकाछिपी खेलती युवतियां मदमाती चुम्बन पा प्रेमी के...' जैसी पंक्तियों में होती है। ग्राम जीवन की इस फर्जी रूमानी, संघर्ष-रहित छवि को रेडियो और सिनेमा ने और भी पुष्ट किया है, जिसके खिलाफ मेरी प्रतिक्रिया 'स्वर्णग्राम और वर्षा' या 'पहली चूक' जैसी मेरी आरम्भिक रचनाओं में व्यक्त होती हैं। दूसरी दृष्टि गांव के छोटे किसानों, मजदूरों और कमजोर वर्गों को केन्द्र बनाकर सामाजिक विषमता और उनके शोषण की कथाओं में परिलक्षित होती है। यह स्वस्थ दृष्टि है पर इससे अनुप्राणित साहित्य भी ज्यादातर रस्मी, सतही और प्राणहीन

है, उसके प्रणेताओं में अधिकांश का दर्शन (विजन) सतह के नीचे बिल्कुल अस्पष्ट है जिससे सामाजिक अन्याय की स्थिति, जो एक विशेष प्रकार की आर्थिक व्यवस्था का सहज परिणाम है, सस्ती भावुकता के माध्यम से अभिव्यक्त होती है और उलझाव भरे मुद्दों का अतिसाधारणीकरण हो जाता है। लेखक का दर्शन स्पष्ट हुआ, तब भी प्रायः समस्या की पकड़ कमजोर या बिखरी हुई नजर आती है।

बहरहाल, 'राग दरबारी' के लेखन के समय इन प्रवृत्तियों के बारे में मेरी प्रतिक्रिया बहुत साफ थी, यह दूसरी बात है कि कहीं-कहीं घड़ी का पेंडुलम दूसरी ओर इतना ज्यादा चला गया है कि खुद मुझे 'संवेदनहीनता', 'सतहीपन', 'ग्रामीण संस्कृति का उपहास', 'हास्य-व्यंग्य की अति' जैसे कटघरे में खड़ा किया गया।

भारतीय ग्राम्य जीवन की औसत कहानी मेरे लिए, सामान्य जीवन के अनुभवों की कहानी है किसी दुर्गम प्रस्तर और किसी दुर्लभ समुदाय का नृशास्त्रीय अध्ययन नहीं।

—श्रीलाल शुक्ल : 'राग दरबारी', संस्मरण (भीष्म साहनी : आधुनिक हिन्दी उपन्यास)

'सारा आकाश' की प्रेरक घटना

...पहले तो प्रभा भाभी बहुत भड़कीं...लाइन पर आईं तो मैंने इन लोगों की समस्या बतायी, ''भाभी जी, आप लोग शादी के बाद नौ साल नहीं बोले, इस बात का बासु जी को विश्वास नहीं है।''

'न मानें, जो हमारे साथ हुआ, उसे हमसे ज्यादा कौन जानेगा?...हम खाना दे देते थे। बिस्तर कर देते, कपड़े धो देते, कमरा साफ कर देते, पर बोलता कोई नहीं था। ये सारे दिन कालेज रहते, ट्यूशनों पर जाते। सुबह के निकले रात को लौटते। आपको तो सब पता है, जब बोले थे, तो आपके पास ही तो भागे आए थे सुबह-सुबह।''

...मैं सोचता रहा कि जो सच में हुआ था, वह उपन्यास में कहां आ पाया है?...न बोलने का कारण किसी घटना या बात में नहीं, इतिहास और संस्कारों में है। संस्कार डालने के नाम पर हमें कुछ झूठे-सच्चे महान आदर्श दे दिए जाते हैं। कुछ महान पुरुष थे, जो इतिहास के पन्नों में और हमारे भीतर हमें अपना जैसा बनाने के लिए धमाचौकड़ी मचाये रहते थे। तपोभ्रष्ट, ऋषि, ब्रह्मचर्य की महिमा, शिवाजी से लेकर दयानंद तक की महानता—किसी भी विराट लक्ष्य के लिए नारी बाधा है। उसका आकर्षण साधक और तपस्वी को रास्ते से भटका देता है और वह उसी अस्थि-चर्ममय देह के मोह में फंसकर अपनी ऊंचाइयों से मुंह फेर लेता है।...इसलिए हमारे राष्ट्रीय

महापुरुषों या हीरोओं ने नारी को त्यागा है। राम ने सीता को त्यागा, कृष्ण ने राधा को छोड़ा, नल ने दमयंती को, दुष्यंत ने शकुंतला को, बुद्ध ने यशोधरा को, भर्तृहरि ने पिंगला को...समर भी तो आदर्शों, सपनों और महत्वाकांक्षाओं में जीने वाला प्राणी है, वह बिना सींग-पूंछ हिलाये कैसे इस जाल को स्वीकार करेगा...

...मेरा दृढ़ विश्वास होता जा रहा है कि जब तक विवाह कराने की डोर मां-बाप के हाथों में है, 'सारा आकाश' की सच्चाई जिंदा है।

लड़के-लड़कियों को आपस में एक-दूसरे को समझने की यातनाओं से गुजरना ही है, एडजेस्टमेंट की तकलीफें बर्दाश्त करनी ही हैं।...परिचय, स्वभाव और एक-दूसरे की मानसिक बनावट के उतार-चढ़ाव से तो उन्हें खुद ही सफर करना होता है। ...'सारा आकाश' की ट्रेजेडी किसी सन्, समय या व्यक्ति विशेष की ट्रेजेडी नहीं, खुद चुनाव न कर सकने की, दो अपरिचित व्यक्तियों को एक स्थिति में झोंककर भाग्य को सराहने या कोसने की ट्रेजेडी है, 'संयुक्त परिवार' में जब तक चुनाव नहीं है, संकरी और गंदी गलियों के पीछे लड़कियां 'सारा आकाश' देखती रहेंगी, लड़के दफ्तरों, पार्कों और सड़कों पर भटकते रहेंगे, एकान्त आसमान को गवाह बनाकर अपने से लड़ते रहेंगे। दो नितांत अकेलों की यह कहानी तब तक सच है, जब तक उनके बीच का समय रुक गया है।

–राजेन्द्र यादव : एक अन्तरंग 'सारा आकाश' (भीष्म साहनी : आधुनिक हिन्दी उपन्यास)

'दण्ड-द्वीप' का भोगा हुआ यथार्थ

जिस समय मैंने लेखन शुरू किया अनुभव की प्रामाणिकता पर बड़ा जोर दिया जाता था...आज यह स्वीकारने में मुझे कोई संकोच नही है कि 'दण्ड-द्वीप' उस काल की रचना है, जब 'अनुभव की प्रामाणिकता' का भूत मुझ पर भी सवार था। हालांकि मैं कल्पना को यथार्थ के चित्रण के लिए अनिवार्य मानता हूं और 'दण्ड-द्वीप' में भी मैंने कल्पना से काफी काम लिया है, फिर भी इस उपन्यास का अधिकांश मेरे निजी अनुभव की डायरी के चुने हुए अंशों का संकलन कहा जा सकता है। ये अनुभव मोटे तौर पर मेरी चौदह से बाईस वर्ष की उम्र तक के अनुभव हैं।

चौदह वर्ष की उम्र में ही पारिवारिक स्थितियों ने मुझे मजदूर बना दिया था और उन स्थितियों से लड़ते-जूझते मुझे अपना घर छोड़ देना पड़ा था। दिल्ली में आज जहां शांति-वन (नेहरू की समाधि) है, उन दिनों वहां एक झुग्गी-बस्ती हुआ करती थी, जो डेरी किशनचन्द कहलाती थी। मुझे कुछ समय उस बस्ती में रहना पड़ा था। उपन्यास

में राजू का दण्ड-द्वीप यह बस्ती है, जो अपने सही नाम से उपन्यास में मौजूद है, हालांकि वास्तविकता में अब उसका कोई अस्तित्व नहीं रह गया है। लेकिन सिर्फ इस बात से यह मान लेना कि उपन्यास का राजू और उपन्यासकार दोनों एक ही हैं, भ्रामक होगा। ऐसा नहीं है। मेरा कुछ प्रतिबिम्ब राजू में है, लेकिन मुझमें और उसमें भिन्नताएं भी कम नहीं हैं। राजू ताले-चाबियों के कारखाने का मजदूर है। मैं छापेखाने का मजदूर था। राजू के परिवार में एक बड़े भाई हैं जो बैंक में चोरी करते हुए पकड़े जाकर जेल चले गए हैं, मेरे बड़े भाई पागल होकर मर गए थे। राजू को मनीषा दिल्ली में मिलती है, मुझे मनीषा (यह उसका वास्तविक नाम नहीं है) अजमेर में मिली थी। राजू की मनीषा और है मेरी मनीषा और...वह वास्तविक भी है और काल्पनिक भी। वास्तविक इसलिए कि इस उपन्यास के सभी पात्र वास्तविक जग में जीते-जागते व्यक्तियों की प्रतिच्छवियां हैं, जिनमें से मनीषा भी एक है...रचना-प्रक्रिया में महत्व अनुभव की प्रामाणिकता का अथवा यथार्थ और कल्पना के सुन्दर समन्वय का नहीं, महत्व है लेखक की दृष्टि का।...साहित्य सृजन महज आत्माभिव्यक्ति नहीं है, बार-बार कचोटने वाली स्मृतियों को लिखकर उनसे मुक्त हो जाने का माध्यम भी नहीं, कोई नितांत निजी या व्यक्तिगत मामला भी नहीं, बल्कि एक सामाजिक कर्म है जो पूरी जिम्मेदारी के साथ किया जाना चाहिए।...कई दिन इसी उधेड़बुन में रहा और अन्ततः मैंने अपने आपको उपन्यास के राजू से कुछ अलग कर लिया। तब राजू की मनीषा स्वतः ही मेरी मनीषा से भिन्न हो गई और उसकी मनीषा में वे तमाम चीजें आती गईं जिनकी कल्पना या इच्छा मैं अपनी मनीषा में कर सकता था।

मगर इस तरह 'दण्ड-द्वीप' न तो पूरी तरह अनुभूति की प्रामाणिकता वाला उपन्यास रहा, न पूरी तरह आत्माभिव्यक्ति का माध्यम ही बन सकता।...

–रमेश उपाध्याय : 'दण्ड-द्वीप और मैं' (भीष्म साहनी : आधुनिक हिन्दी उपन्यास)

'रुकोगी नहीं राधिका' की आत्मानुभूतियां

...हर बार भारत आने पर मैं वही अनुभूतियां जीती हूं जिन्हें मैंने राधिका में डाला। राधिका, उसकी भावभूमि, उसके विचार, उसके मानदण्ड, उसकी संवेदनाएं, उसकी रुचियां, उसका विद्रोह, यह सब मेरे अंदर शायद बरसों से संचित होता आ रहा था। राधिका का निपट अकेलापन और भारत में अपने को उखड़ा-उखड़ा पाना, मेरी अनुभूतियां थीं जिन्हें कि बेहद लाड़-प्यार के बावजूद नकार नहीं सकी थी। राधिका का एकदम अकेले रहना मेरा अपना वक्तव्य था। राधिका का अपने पिता से गहरा लगाव

शायद सबकांशस में मेरा भारत से अटूट लगाव था जिसने मुझे पांच साल लगातार व्यग्र रखा था, राधिका की अपराध भावना मेरी कसक थी और अंत में राधिका का अपने पिता के प्रभाव से मुक्त हो जाना शायद मेरा भारत और परिवार से जुड़ी एक अम्बिलिकल कार्ड को काटने का प्रयत्न था।

पर लिखते समय मुझे इन सब बातों का भास न था। यह सब मैंने 'राधिका' का अंग्रेजी अनुवाद करते समय और एक लम्बे अरसे के इंट्रोसपेक्शन के दौरान अनुभव किया और तभी मुझे लगा कि अरे मैं कितनी निरावरण होकर पन्नों पर बिखर गई हूं। अनायास स्पोंटेनियस कही हुई बात में कथाकार पकड़ जाता है...

फिर भी 'रुकोगी नहीं राधिका' एक ऐसा उपन्यास है जिसकी अधिकांश घटनाएं, पात्र और उनके परस्पर सम्बन्धों का ताना-बाना कल्पना से बुना गया है।...

–उषा प्रियंवदा : 'रुकोगी नहीं राधिका' संस्मरण (भीष्म साहनी : आधुनिक हिन्दी उपन्यास)

'धरती धन न अपना' के प्रत्यक्ष बोध

...उन दिनों में भी हरिजनों की बस्ती में जाने पर कोई रोक-टोक तो नहीं थी लेकिन सवर्ण जातियों को वहां जाने पर कुछ परम्पराओं का पालन करना पड़ता था, कुछ सीमाओं में रहकर चलना पड़ता था।

मुझे याद है, जब मुझे हरिजन बस्ती के साथ जुड़े खेत में चारा कटवाने की जिम्मेदारी दी गई तो मेरी नानी ने बहुत सख्ती से हिदायत दी थी कि मुझे उस बस्ती में खाट पर बैठना नहीं, किसी को छूना नहीं, जलपान बिल्कुल नहीं करना इत्यादि।

उस बस्ती में कुछ दिनों तक जाने के बाद ही मुझे एहसास हो गया कि वे लोग खुद ही इन सीमाओं को उलांघने को प्रोत्साहन नहीं देते और उम्मीद करते हैं कि इनका कठोर पालन किया जाये।

उसी बस्ती में मेरा एक सहपाठी भी रहता था। उसका नाम था अमरचन्द उर्फ अमरू। उसके पिता बुनकर थे और बड़ा भाई नाथ उर्फ नाथी जूते बनाता था।...मैंने चोरी-छिपे अमरू के साथ खाना खाया...पानी भी पिया। खाट पर भी बैठा। उनका स्पर्श भी पाया। मुझे अपनी इस 'चोरी' पर भय जरूर महसूस हुआ था लेकिन कुछ भी भिन्न नहीं लगा था। इससे मेरे मन में पहली बार यह प्रश्न उठा था कि एक ही जमीन के कुओं से निकलने वाला पानी, एक से खेतों से उपजने वाला अनाज और साग-सब्जी, इस बस्ती में पहुंचने और पकने के बाद भिन्न और सवर्ण जातियों के खाने-पीने और स्पर्श के अयोग्य क्यों हो जाता है।

...गांव के भूमिदारों का हरिजनों के प्रति व्यवहार बहुत ही अन्यायपूर्ण और अपमानजनक होता था। यह आम बात थी, वे जब भी चाहते, हरिजन-बस्ती में आकर निःसंकोच गाली-गलौज करते, कभी-कभी हाथ भी उठाते। लेकिन दूसरी ओर से प्रतिक्रिया नहीं होती थी। मैंने उन दिनों अपने आप से कई बार यह सवाल पूछा था कि ये लोग इतने असहाय क्यों हैं? ये हर अपमान को मां का दूध समझकर क्यों पी जाते हैं?

गांव में हरिजन बस्ती में पहली साइकिल नाथ ने खरीदी थी, शायद 1948-49 में।...दिन ढले साइकिल पर सवार होकर वह गांव पहुंचा। नई साइकिल पाकर वह बहुत उत्तेजित था। उसने नये कपड़े पहने हुए थे और मावा लगी पगड़ी के ऊपर तुर्रा भी छोड़ा हुआ था। उसके पीछे उसके कैरियर पर उसका छोटा भाई अमरचन्द बैठा था।

नाथ साइकिल पर सवार गांव के बीचोबीच बड़े रास्ते पर अपनी बस्ती की ओर जा रहा था। रास्ते में गांव का वृद्ध चौधरी भगवान सिंह भी खूंटा टेके धीरे-धीरे जा रहा था। उसे देख नाथ ने घंटी बजायी तो भगवान सिंह घबरा गया, लड़खड़ाया, लेकिन गिरा नहीं और एक ओर हटकर रुक गया। नाथ बराबर आया तो भगवान सिंह ने उसे पहचान लिया। उसे क्रोध आ गया...उसकी पिटाई की गई, पगड़ी उतारकर पांव तले रौंद दी गई। गालियों का तो खैर कोई शुमार ही नहीं था। सिर्फ इसलिए कि एक हरिजन की यह हिम्मत कैसे हुई कि वह गांव के बीचोबीच बड़े रास्ते पर साइकिल पर सवार हो जाए...चौधरी को घंटी बजाकर रास्ता छोड़ने को कहे। उसी दिन गांव की पंचायत में फैसला कर दिया गया कि भविष्य में कोई हरिजन गांव में साइकिल पर सवार होकर नहीं जायेगा। इस फैसले पर किसी हरिजन ने आपत्ति नहीं थी। उलटा नाथ की डांट-डपट की गई कि वह उनके लिए नई मुसीबतें खड़ी कर रहा है।

...ये स्थितियां और घटनाएं मेरे मन को कचोटती थीं, सवाल उठाती थीं, लेकिन इनका विश्लेषण करने और सही कारण जानने की क्षमता मुझमें नहीं थी।

...महाजन परिवार का एक युवक दुर्गादास...लड़कों को मार्क्सवाद समझाता और रात में दुकानों के चबूतरे पर बैठकर देर तक राजनीतिक बहस करता।...एक बार मैंने उससे हरिजनों के साथ होने वाले अन्याय, भेदभाव और उनकी गरीबी के कारण पूछे तो उसने मुझे बहुत लम्बा लेक्चर दिया जो उस समय मेरी समझ से बाहर था और मुझे बहुत असंगत लगा था। मेरे अंदर इस शोषण, भेदभाव और अन्य विषमताओं के बारे में जो अन्तर-ज्ञानात्मक विरोध (इंट्यूटिव) था, वह उस सतह से ऊपर नहीं उठ सका।

...शिक्षा खत्म करने के बाद मैं नौकरी की तलाश में दिल्ली आ गया। लेकिन कारणवश मुझे पंजाब लौटना पड़ा। उन दिनों रलहन में हरिजनों और चौधरियों के

बीच संघर्ष चल रहा था। मजदूरी के सवाल पर हरिजन हड़ताल पर थे और चौधरियों ने उनका बायकाट किया हुआ था।

नाथ इस हड़ताल में बढ़-चढ़कर भाग ले रहा था। हड़ताल अधिक दिनों तक नहीं चल सकी थी क्योंकि भूख और बेकारी ने हरिजनों का साहस तोड़ दिया था। नाथ को इन सब घटनाओं से बहुत निराशा हुई। वह न सिर्फ अपने लोगों बल्कि गांव भर में आइसोलेट हो गया और उसका कोई धुरसान हाल नहीं रहा था। जब नाथ की प्रेमिका को उसके माता-पिता ने जहर देकर मार दिया तो नाथ को एक बार फिर गांव छोड़कर भागना पड़ा। सामंती मूल्यों में जकड़े गांव के लोगों के लिए ये घटनायें 'अनहोनी' थीं क्योंकि आज तक न तो कभी हरिजनों ने हड़ताल की थी और न चौधरियों के मुकाबले में खम ठोककर खड़े हुए थे और न ही किसी मुटियार के प्रेम सम्बन्ध खत्म करने के लिए जहर देने की नौबत आई थी।

इन घटनाओं का मुझ पर भी गहरा प्रभाव पड़ा था। हरिजनों के प्रति बचपन और लड़कपन की मेरी अपनी अन्तर-ज्ञानात्मक (इंट्यूटिव रिएक्शन) प्रतिक्रिया को अब मैं चेतना के स्तर पर महसूस करने लगा था।...चुनाचे इस उपन्यास का लेखन मैंने 6 मई, 1955 को शुरू किया। मैंने इसकी शुरुआत नाथ की वापिसी के साथ की। घटनाओं और पात्रों के चयन में मुझे कतई दिक्कत नहीं हुई क्योंकि इन्हें मैंने बहुत ही नजदीक से देखा था। इस उपन्यास के पात्रों से मेरा बहुत गहरा सम्बन्ध था।

–जगदीश चन्द्र : 'धरती धन न अपना' (भीष्म साहनी : आधुनिक हिन्दी उपन्यास)

'द स्पायल ऑफ पायटन' की सूझ

बीज चाहे कहीं से भी एकत्र हो, वह हमेशा मेरे लिए कहानी के अंकुरण का कारण बन जाता है। मेरी अधिकांश कहानियों ने एक नन्हे बीज से फूटकर ही मेरे हाथों आकार ग्रहण किया है। मेरे 'द स्पायल ऑफ पायटन' उपन्यास का बीज अपनी पड़ोसिन की बातचीत के प्रवाह में एक क्षण में वायु के झोंके की तरह आकस्मिक संकेत पाकर पड़ा था। मेरे लिए सबसे महत्त्वपूर्ण है वह संकेत जो प्रगाढ़ और सूक्ष्मतर संवेदन से निसृत होता है। ऐसे मूल्यवान नन्हे कण में जब उर्वरता के तत्व निहित होते हैं तो वह अक्सर अत्यंत आह्लादकारी अवसर होता है।

तो उसी प्रकार यह हुआ कि जब मेरी मित्र ने क्रिसमस की पूर्व संध्या को एक ऐसी बात सुना दी कि उत्तर में रहने वाली एक सम्भ्रांत महिला, जो हमेशा सलीके से रहती दीखती थी, को उसके एकमात्र पुत्र ने अपने पिता की मृत्यु के बाद एक भव्य

पुराने घर के फर्नीचर के स्वामित्व को लेकर घर से खदेड़ दिया तो तत्काल मैं अपने विषय की गंध के प्रति सचेत हुआ, जैसे उस सम्पूर्ण विषाक्त का टीका छिद गया हो, जिसे मैंने मात्र स्पर्श से अनुप्राणित होना कहा है।

–हेनरी जैम्स : 'प्रिफेस टु द स्पायल ऑफ पायटन'

कहानी : नाच्यौ बहुत गोपाल के जन्म की

(प्रख्यात रचनकार अमृतलाल नागर से कुसुम वार्ष्णेय की 'नाच्यौ बहुत गोपाल' पर केन्द्रित समालाप)

'नाच्यौ बहुत गोपाल' क्यों और कैसे लिखा गया

अमृतलाल नागर से मेरी यह बातचीत 27 और 28 दिसम्बर, 1989 को हुई थी और मात्र पौने दो माह बाद 23 फरवरी, 1990 को वे दिवंगत हो गए थे। तब मुझे जरा भी भान न था कि यह उनका अन्तिम साक्षात्कार होगा। उस समय वे बहुत स्वस्थ तो न थे पर बात करने का उत्साह उनमें बहुत था। मेरे बहुत मना करने पर भी जब वे मुझे मोड़ तक रिक्शा कराने आए थे तब उनके पैर लड़खड़ा रहे थे। मेरा प्रणाम लेकर वे मुड़े थे और फिर दृष्टि से ऐसे ओझल हुए कि...

'नाच्यौ बहुत गोपाल' पढ़ने के बाद मेरे मन में बराबर यह जिज्ञासा बनी रहती थी कि एक अत्यन्त संस्कारी, सनातनी विचारों और कर्मकांडों पर आस्था रखनेवाले ब्राह्मण रचनाकार द्वारा एक ब्राह्मणी का मेहतरानी के रूप में व्यक्तित्वांतरण कैसे संभव हुआ होगा? उनके विचारों और संस्कारों में बदलाव कैसे आया होगा, क्योंकर आया होगा। इन जिज्ञासाओं के समाधान के लिए मैं जब-तब उन्हें कुरेदती रहती थी। यहां तक कि बाबूजी (अमृतलाल नागर) की अनुमति से शरद भाई से 'नाच्यौ बहुत गोपाल' की सारी टीपन की फोटोस्टेट भी हस्तगत कर ली थी। तब मैं इलाहाबाद विश्वविद्यालय में कार्यरत थी। 1989 की बड़े दिन की छुट्टियों में मैंने इस पर विधिवत कार्य करने का मन बनाया था। बातचीत के लिए बाबूजी से समय मांगा तो उनका उत्तर आया कि इस बार वे अपने ज्येष्ठ पुत्र कुमुदनागर के नारायणनगर वाले घर पर उपलब्ध होंगे। लखनऊ पहुंचकर जब मैंने फोन द्वारा उन्हें सूचित किया तो उन्होंने घर का रास्ता मुझे अच्छी तरह समझा दिया। पहुंची तो बड़े उछाह से मिले। संवाद लगभग तीन घंटे चला, दो दिनों में टुकड़ों-टुकड़ों मे। स्मृति पर जोर देना पड़ता था उन्हें। प्रश्न के साथ उत्तर का सूत्र भी मैं ही उन्हें देती, तब जाकर वे खुलते और स्मृति-कोष छलक पड़ता। उन्हीं टुकड़ों-टुकड़ों बातचीत का सरांश यहां प्रस्तुत है जो पहली बार

प्रकाशित हो रहा है।

- बाबूजी, मैंने प्रश्नावली बना रखी है। आप चाहें तो एक निगाह डाल लें। उत्तर देने में सुविधा रहेगी।

❐ ...अरे कहां पढ़ पाएंगे हम...अब तो खाली एक चिड़चिड़ाहट रह गई है कि भगवान कौन सा पाप किया था हमने...हमारी आंखें...हम पढ़ नहीं पाते...हमें बहुत कष्ट होता है।

- अच्छा बाबूजी...आपके जीवन और संस्कारों के बारे में जानने की बड़ी जिज्ञासा है।...कुछ बताइए।...

❐ हमारे पुरखे विसनगर, (शुद्ध रूप इसका वीसलनगर है, वीसलदेव राजा के नाम पर पड़ा है, इसमें 'ल' लुप्त हो गया है) गुजरात से लगभग ढाई सौ वर्ष पहले उत्तर भारत में आए थे। मुझे जो वंशावली मिली उसमें मैं तेरहवीं पीढ़ी का हूं। एक पीढ़ी के साथ अगर तुम चालीस वर्ष जोड़ो तो लगभग तीन सौ वर्ष हो जाते हैं। (जाहिर है हिसाब लगाने में वे गड़बड़ा गए थे) तो आठ कुल एक साथ आए थे। उन्हीं के साथ हमारे पुरखे भी आए थे। वे सहारनपुर में कहीं आकर बसे थे। सहारनपुर से खतौली आए, खतौली से आगरा आए और एक ब्रांच वहीं सहारनपुर में रह गई।...

- क्या व्यापार के लिए आए थे ?

❐ नहीं...हमारा आस्पद था यज्ञ कराने वाला...बाकी वे और क्या-क्या करते थे, पता नहीं। पर हमारा परिवार बड़ा सात्विक परिवार था। हमारे पितामह बड़े आस्तिक और संस्कारी थे...खाने-पीने में स्वच्छता बरतते थे।...पराए हाथ का बना नहीं खाते थे...हमारे साथ भी बड़े बंधन रहे। हम सातवीं में पढ़ते थे, तब भी स्कूल नौकर छाड़ने जाता था।...अब देखो, हम घर में बंद रहते थे। पर आन्दोलन के कारण बदलाव आया। तब आन्दोलन काल था। बदलाव आना स्वाभाविक था।

- आपका जन्म कहां हुआ ?

❐ मेरा जन्म आगरे में, ननिहाल में हुआ था।...बहुत से ऐसे कुल होते हैं जहां पहला बच्चा ननिहाल में होता है। तीन महीने के थे तब हम लखनऊ आए। जैसे हमारे पोते का जन्म उसकी ननिहाल ग्वालियर में हुआ, दो महीने का होने पर वह लखनऊ आया।

- क्या आपका परिवार शुरू से ही लखनऊ में था ?

❐ हमारा परिवार आगरे से आकर इलाहाबाद में बसा था। यह गदर से पहले

की बात है। हमारी दादी इलाहाबाद की थीं...अब किस मुहल्ले की थीं, पता नहीं। पर हमारा घर ऊंचा मंडी में था। वहीं हमारे पितामह का जन्म हुआ। वे पढ़े-लिखे थे। बाबू मदनमोहन खन्ना और पं. मदनमोहन मालवीय हमारे दादा के साथ के थे। बाबा की इन दोनों से बड़ी मित्रता थी। हमारे बाबा रूद्रीपाठ कराते थे। रूद्रीपाठ श्रावण में होता है। महाजनी टोला में कराते थे। यह तो सांस्कारिक कारणों से कराते थे...वह तो ब्राह्मण के बच्चे का संस्कार था, पेशे के कारण नहीं कराते थे। मालवीय जी भी इसमें सम्मिलित होते थे। एक टका मिलता था रूद्रीपाठ कराने का। बाबा यज्ञ भी कराते थे। वे पांचवीं या सातवीं तक पढ़े थे। नौकरी के लिए बाहर जाने लगे तो बाबू मदनमोहन खन्ना ने कहा कि कहीं दूर मत जाओ, हम तुम्हें यहीं नौकरी दिलवाए देते हैं। सो उन्होंने इलाहाबाद बैंक में नौकरी दिलवा दी। बीस रुपए महीने पर। उस समय इतना रुपया बहुत माना जाता था। शायद 1887-88 की बात रही होगी। इलाहाबाद बैंक 1885 में खुला था। बाबा की अंग्रेजी और हैंडराइटिंग बड़ी अच्छी थी।...पहले अंग्रेजी पढ़े-लिखे आसानी से कहां मिलते थे। उस समय की अंग्रेजी भी बड़ी दिलचस्प हुआ करती थी। मैंने तब की फाइल देखी है। उसमें लिखा एक वाक्य अब भी याद है। लिखा था–In a maidan (मैदान) there was a shamiana (शामियाना) and four hathis (हाथीज़) were standing before it.

- फिर इलाहाबाद से लखनऊ कब आए ?

❐ जब 1895 में लखनऊ में इलाहाबाद बैंक की ब्रांच खुली तब हमारे पितामह यहां सब एजेंट बनकर आए। हजरतगंज की ब्रांच तो 1902 में खुली है। सिटी ब्रांच अब भी चौकवाली ही है। पहले हजरतगंज में तो सिर्फ अंग्रेज रहते थे।...

- तो क्या यह मकान जिसमें आप रहते हैं, तभी से है ?

❐ नहीं। इससे पहले दूसरा मकान था। जिसमें बैंक खुला था उसके एक फ्लैट में हम रहते थे। वह फ्लैट बिल्डिंग के पुराने हिस्से में था। अठारह रुपए महीने पर लिया था।...वहीं से हमनें 'चकल्लस' निकाला था। फिर हमारी सास आगरे से आ गईं। हमारी पत्नी उनकी अकेली संतान थीं। फिर अचला की शादी पर जब बड़े मकान की जरूरत हुई तब हमने यह साहजी की कोठी ली, 1957 में। 34-35 बरस हो गए। (फिर हिसाब लगाने में गड़बड़ाए...)

- तो चौक में आप शुरू से रहे ?

❒ हां...हमारे बाबा कई जगह–मुरादाबाद, सीतापुर आदि ब्रांच खुलवाने गए, पर परिवार यहीं रहा। हमारी दादी बताती थीं कि पहले सब जगह तो रेललाइन बिछी नहीं थी। ज्यादातर ऊंटगाड़ी या बैलगाड़ी से आते-जाते थे।...मेरे पिता का जन्म तो इलाहाबाद में हुआ था, पर उनकी शिक्षा-दीक्षा लखनऊ में क्वींस कॉलेज में हुई थी। बाबा ने उन्हें एक साइकिल दिला दी थी। उसी से स्कूल जाते-आते थे।...मेरे पिता मेडिकल कॉलेज में पढ़ना चाहते थे। उस समय मात्र दो कॉलेज थे–कलकत्ते और लाहौर में।...मेरे बाबा के 14-15 संतानें हुई थीं पर बचे मेरे पिता और एक बुआ ही थे। बुआ पिता से दो बरस बड़ी थीं।...तो दादा-दादी ने हमारे पिता को बाहर पढ़ने नहीं जाने दिया।...वे यहीं पोस्ट मास्टर ऑफिस जनरल में लग गए।...उनके रिश्ते के एक मामा ने यह नौकरी दिलवाई थी। तब हम एक बरस के रहे होंगे।...पर हमारे पिता इससे बड़े दुखी थे। उनका जीवन कुंठित हो गया था।...वे बहुत जल्दी मर गए...

● तब आप बहुत मैच्योर भी न रहे होंगे?

❒ हमारा जन्म 17 अगस्त, 1916 में हुआ था। आन्दोलन काल में हमारा जन्म हुआ था।...तो हमारे अंदर भी विद्रोह था।...हमारी शिक्षा-दीक्षा कालीचरण हाईस्कूल में हुई।...अब कालीचरण डिग्री कॉलेज बन गया है।...हम हमेशा लखनऊ में ही रहे।...हमारी जितनी चेतना है लखनऊ चौक में जाग्रत हुई...अकेले रहना, गली में खेल न पाएं, स्कूल भी नौकर छोड़ने जाए...हमारा मन विद्रोह कर उठा था।...बाद में एबाउट 1935 में जब फादर की डेथ हो गई...उसके बाद हममें खुलाव आया...गाने सुनने, इधर-उधर जाना...ये करना...वो करना...उस खुलाव से कुछ असर भी हुआ।...पर ज्यादा नहीं हुआ...पर हुआ तो।...फ्री हुए...कुछ संगत पड़ गई थी...पर लकीली हुआ क्या कि हमारा साथ निराला जी और निराला जी के बहाने पं. रामविलास शर्मा से खास हुआ।...तो वो संगत छूट गई।...फिर साहित्य में आ गए। लिखने-पढ़ने का शौक हमें बचपन से था।...जब बाहर नहीं जाएंगे तो कुछ तो करेंगे।...हमारे यहां 'सरस्वती' और 'गृहलक्ष्मी' पत्रिकाएं आती थीं। 'सरस्वती' बाबा अपने लिए मंगाते थे और 'गृहलक्ष्मी' हमारी माता के लिए। दोनों इलाहाबाद से निकलती थीं। 'गृहलक्ष्मी' सुदर्शनाचार्य निकालते थे। सुदर्शनाचार्य एक बार लखनऊ आए थे तब हम उनसे मिलने गए थे।...तो दिनभर खाली बैठे हम इन पत्रिकाओं को ही पढ़ा करते थे। 'सरस्वती' पढ़ते थे तो हममें साहित्यिक संस्कार आ गए। श्यामसुन्दरदास उस समय कालीचरण

स्कूल के हैडमास्टर थे। वे पितामह के साथ सुबह घूमने जाते थे। हमारे यहां ही उनका सुबह का कुल्ला-दातुन होता था।...वहीं दोनों बुड्ढे मिलकर जलपान...दूध जो भी होता था, करते थे। उस समय मेरी उम्र पांच-छह बरस की थी। श्यामसुन्दर दास का नाम उन दिनों कभी-कभी छापे में भी पढ़ने को मिल जाता था।...एक थे माधव शुक्ल। नाटककार थे। पहले इलाहाबाद बैंक, इलाहाबाद में थे। 1908 में वे लखनऊ चौक में ट्रांसफर होकर आ गए। हमारे पिता को नाटक और रंगमंच का संस्कार उन्होंने ही दिया था।

● अच्छा, तो वो भी कलाकार थे...

❒ ...हमारे पिता बहुत अच्छे शौकिया अभिनेता थे। उस समय उनका बहुत नाम था।...एक डिब्बा मेडलों से भरा था...अब पता नहीं वह कहां चला गया।...हममें नाटक का जो संस्कार है वह पैतृक है। 'सरस्वती' की कृपा से साहित्यिक संस्कार मिले...कविताएं बहुत याद हो गई थीं।

● और यह सामाजिक चेतना कैसे जागी ?

❒ 1929 में साइमन कमीशन आया...तो उस जुलूस में हम भी शामिल हुए थे...तब तक हमारी शादी नहीं हुई थी।...तब 14-15 साल के थे हम। उसमें जवाहरलाल नेहरू और गोविन्दबल्लभ पंत तो आगे-आगे सिर पर लाठियां खा रहे थे।...हम अपने एक दोस्त के साथ प्रभातफेरियों में भी जाते थे।...तो ये आन्दोलन के कारण सारी चीज़ें जागीं।...तो उन संस्कारों ने घुल-मिलकर हमें साहित्यिक बना दिया।...रूपनारायण पांडेय हमारे बाबा के पास आते थे। उनके चरणों में बैठकर भी बहुत कुछ सीखा।...

● बाबूजी, अभी आपने बताया कि आपके पितामह बड़े संस्कारी थे, पराए हाथ का बना नहीं खाते थे। पर आप मेहतर बस्ती में जाते थे, उनके साथ उठते-बैठते थे, खाते-पीते थे...तो आपके पुराने संस्कार कैसे छूटे ?

❒ हमने बताया न कि यह सब आन्दोलन के कारण हुआ। हम जब 12-13 साल के थे तब अमीनाबाद में सत्यनारायण की कथा हुई थी, उसमें मेहतरों के हाथ से प्रसाद बंटवाया गया था। हमने भी वह प्रसाद खाया था।...पता नहीं क्यों हमें बचपन से ही पोंगा पंडितों से चिढ़ रही है। तुम्हें बताऊं, स्कूल में मैंने संस्कृत ली थी, पर एक दिन हमारे संस्कृत मास्टर ने कहा कि 'अब्राह्मणों' को संस्कृत पढ़ने का अधिकार नहीं है तो चिढ़कर हमनें संस्कृत विषय ही छोड़ दिया था।...वैसे हमारे छूआछूत के संस्कारों को छुड़ाने और मानवतावादी दृष्टि विकसित करने में हमारे गुरुजी रामजीदास का बड़ा हाथ

है। जब हम बम्बई में थे तब वे हमें मिले थे। उनके कहने से हमने पागल बीमारों के टट्टी-पेशाब तक साफ किए थे।

- बाबूजी, आप यह तो मानेंगे कि लेखक उसी विषय के प्रति संवेदनशील होता है जो उसकी अभिरुचि और सोच के अनुकूल हो। क्या मेहतरों के प्रति आपके मन में पहले से ही कोमल भाव था ?

❐ हां, यह बात तो है। हम गांधीजी के अछूतोद्धार आन्दोलन से बहुत प्रभावित थे। गांधीजी ने एक भंगिन कन्या को अपनी पुत्री बनाया था। वे दिल्ली की मेहतर बस्ती में ठहरने लगे थे। इन सब बातों से हम अभिभूत रहते थे... तो सहानुभूति तो थी ही।...इनके साथ प्रेम से, आदर से पेश आना चाहिए, यह भाव हमेशा हमारे मन में रहता था। इनके शोषण के हम हमेशा से खिलाफ थे।

- बाबूजी, एक बार आपने जिक्र किया था कि 'नाच्यौ बहुत गोपाल' की रचना के पीछे बहुत सी घटनाएं थीं। आपने प्रयाग के किसी चतुर्वेदी जी का जिक्र किया था। वे कौन थे ?

❐ उनका नाम...चतुर्वेदी था (...देखो नाम कहीं मत देना)। वे दारागंज में रहते थे। पत्रकार और लेखक थे। उनका सम्बन्ध एक मेहतरानी से हो गया था। तो फिर वे दारागंज में नहीं रह पाए। कहीं दूर चले गए थे। कहां गए पता नहीं...शायद किसी और नाम से लिखने लगे होंगे।...1928-29 या 35 का समय रहा होगा।...शायद गांधीजी के अछूतोद्धार से प्रभावित होकर उन्होंने ऐसा किया होगा।...उन्हें हम जानते नहीं थे।...यह घटना तो कभी हमें ब्रजमोहन दास व्यास ने बताई थी, जो इलाहाबाद संग्रहालय के निदेशक थे।

- अब समझ में आया कि 'नाच्यौ बहुत गोपाल' के तदर्थ प्रारूपों में सवर्ण पुरुषों और दलित स्त्रियों के काम सम्बन्धों और दलितोद्धार के जो कथानक हैं उनके पीछे ऐसी ही घटनाएं हैं।

❐ खूब पकड़ा तुमने...देखो जिस वातावरण में हम रहते हैं, जो देखते-सुनते हैं, उनका प्रभाव तो पड़ता ही है।...अरे गलियों में जाने क्या-क्या होता था। अब तो निम्न जातियों में भी थोड़ा स्वाभिमान आ गया है।...पहले तो इनकी स्त्रियां बेचारी सवर्ण द्वारा घेर ली जाती थीं...

- बाबूजी, आपका एक तदर्थ प्रारूप राजघराने की पृष्ठिभूमि का भी है। उसमें आपने राजघरानों की अविवाहित युवती की अवैध संतान को भंगिन दाई के घर पलते दिखाया है। क्या ऐसी भी घटनाएं आपके देखने-सुनने में आई थीं ?

❑ अरे खूब होती थीं। चोरी-छिपे राजघरानों में खूब चलता था यौनाचार। इसके पीछे भी एक घटना है। हमारी गली में श्वेताम्बर जैन लाइब्रेरी थी। उसमें छिद्दू कहार काम करता था। काला था पर आकर्षक। पढ़ने-लिखने में उसे रुचि थी। बड़ा कुशाग्र बुद्धि का था। उसने बताया था कि जिस राजघराने में वह काम करता था उसकी विधवा उससे लग गई थी। जब उसे गर्भ रह गया तो डर के मारे वह भाग आया था। बड़े घरों में ये आम किस्से थे। ऐसे बच्चे जो पैदा होते थे वे भंगियों को दे दिए जाते थे या फिर गर्भ में ही मार दिए जाते थे।...उपन्यास पर हमने 1975 में वर्क आरंभ किया था। छिद्दू ने यह घटना हमें बहुत पहले सुनाई थी। जब काम करना शुरू किया तो वह याद आ गई और हमने कहानी बना डाली।

● बाबूजी, आपने लिखा है कि आपको 'नाच्यौ बहुत गोपाल' की प्रेरणा सच्ची घटना से मिली थी। आपके यहां काम करनेवाली मेहतरानी ने उसे सुनाया था। वह घटना कहां की थी ?

❑ ...हमने एकान्त में लिखने के लिए गोमती के किनारे लाजपतनगर में एक मकान किराए पर लिया था। उसका नाम हमारे मित्रों ने मजाक में 'आश्रम' रख दिया था। तो हमारी इसी लेखनशाला में एक मेहतरानी काम करने आती थी। उसी का लड़का एक ब्राह्मणी को भगाकर ले गया था। वह घटना कानपुर शहर की थी। वे दोनों पकड़े गए थे। यह तो पता चला, पर फिर बाद में क्या हुआ पता नहीं।

● बाबूजी, 'नाच्यौ बहुत गोपाल' से तुरंत पहले आपने 'मानस का हंस' लिखा था। राम और तुलसी पर आपकी अपार श्रद्धा रही है। आपकी पांडुलिपियां मैंने देखी हैं। उनसे पता लगता है कि आप 'श्रीराम' लिखकर अपनी रचना का शुभारंभ करते हैं। 'मानस का हंस' आपने बहुत ही भावविभोर और तन्मय होकर लिखा था। ऐसे विषय पर लिखने के बाद एकाएक मेहतर पर लिखना...

❑ देखो, यह कोई अनहोनी बात नहीं है। माना राम पर हमारी अटूट आस्था है, पर हम मानवतावादी हैं।...हमने 'ये कोठेवालियां' भी तो लिखा है।...'नाच्यौ बहुत गोपाल' हमारी मानवतावादी सोच की उपज है।...बाकी तुम्हें ढूंढ़ना है।

● हां, आपने पहले भी मुझे एक समालाप में बतलाया था कि उस घटना से आपको धक्का लगा था और प्रेरणा मिली थी कि उनको देखो, उनके बारे में जानो...

❑ बिलकुल ठीक !

● कितने दिनों तक लिए थे आपने इंटरव्यू, मेहतरों से ?

❑ डेढ़-पौने दो वर्ष तक इंटरव्यू लेता रहा था...मैं। इसमें भी एक तिकड़म की थी हमने।...हमारे मुहल्ले में एक सोनी टोला है। उसके पीछे एक भंगी बस्ती है। एक खत्री बन्धु की खिड़की देखी तो हमने कहा : 'दोस्त हमको दो दिन-चार घंटे बैठने दोगे अपनी खिड़की पर?"...हमने किसी बहाने से एक बोतल नीचे भेजी और खिड़की पर छिपकर बैठ गए। हमें यह देखना था कि पीकर ये कैसे बैठते हैं, कैसी बातें करते हैं, कैसे गप्पें लड़ाते हैं और कैसे लड़ते हैं...हमें बहुत सी बातें पता लगीं।...सदर की भंगी बस्ती और यहां की भंगी बस्ती से हमें कथा जोड़ने की सूझ आई।...'नाच्यौ बहुत गोपाल' केवल उपन्यास का शीर्षक ही नहीं है, हम भी बहुत नाचे इसके पीछे...(हंसी)

● और कौन-कौन सी जगह लिए थे इंटरव्यू ?

❑ लखनऊ में लिए, बहराइच में लिए, आगरे में लिए। हर जगह मेहतर बस्तियां हैं। उन्हीं बस्तियों में जाकर इंटरव्यू लेते थे। आगरे में मेहतर बस्ती में जाकर हमें पता लगा कि आगरे में शेख मेहतर रहते हैं। ये उनके वंशज हैं...समझ लो पाकिस्तान चित्ताल से आए थे। वस्तुतः मेहतर जो शब्द है, वह 'महत्तर' शब्द से बना है। यानी जो श्रेष्ठ थे वे मेहतर कहलाए। चित्ताल में मेहतर शब्द राजा के लिए इस्तेमाल किया जाता है। पंजाब में भी मेहतर कहलाते हैं। हमारे यहां भंगी कहलाते हैं। भंगी दो प्रकार से। एक तो भंग दिए गए (विभाजित किए गए) और दूसरा हमें रामविलास शर्मा ने बताया था–स्टाइल यानी शैली। जैसे कर्नाटक भंगी, चूहड़ भंगी।...तो ये जितने भी मेहतर हैं गुलाम बनाकर, मार-रमारकर भंगी बनाए गए हैं। हिन्दी में जो मुहावरा है 'मार-मारकर भंगी बनाना' वह तब समझ में आया जब इस पर हमने काम किया।...हिन्दू धर्मशास्त्र भी हमने देखा। नारकीय संहिता में केवल कुछ दास मिलते हैं जो अमीरों और राजाओं के घरों में पखाना कमाते थे। अन्यथा यह उनका काम नहीं था।...मन में हमारे शंका उत्पन्न हुई कि चांडाल गांव में आ ही नहीं सकता था। गांव में जाए तो घंटा-घड़ियाल बजाता जाता था ताकि उसकी छाया का भी स्पर्श न हो।...तुर्कों की स्त्रियां जब पर्दे में आईं तब उनके तम्बू में दास आवश्यक हुए...

● बाबूजी, आपका धर्मयुग वाला लेख 'आदि कवि बाल्मीकि और श्वपच ऋषि की संतानें' मैंने पढ़ा है। उससे लगता है कि उस घटना से आपमें भंगी समुदाय के प्रति सहानुभूति जागी थी। क्या इसलिए कि मेहतर युवक पकड़ा

और मारा-पीटा गया था ? ब्राह्मणी के पतन के कोण पर आपका ध्यान क्यों नहीं गया ? आपके ब्राह्मण संस्कारों के अनुरूप तो दूसरा कोण ही था।... आपको तो उस मेहतर पर क्रोध आना चाहिए था कि एक ब्राह्मणी को उसने भ्रष्ट किया।

❑ देखो कुसुम, सच्चे लेखक की कोई जाति नहीं होती। वह पहले लेखक होता है, बाद में कुछ और।...फिर हम तो मानवतावादी हैं। जिसमें बुराई होती है, जो बुरा घटता है...उस पर हमें क्रोध आता है। सवर्ण चाहे पुरुष हो या स्त्री सभी ने बेचारे इस वर्ग के साथ बुरा किया है, किसी न किसी रूप में शोषण किया है। तो ब्राह्मणी वाले कोण की ओर तो हमारा ध्यान ही नहीं गया था।...

● निर्गुनियां के पुत्र और पुत्री को आपने शिक्षा और ऊंचे पदों पर आसीन दिखलाया है, क्या इस प्रकार के लोग आपको इंटरव्यू के दौरान मिले थे ?

❑ सदर में एक मेहतरानी मिली थी। She was very culured. वह क्रिश्चियन थी, महाजनी करती थी। उसके एक लड़का और एक लड़की थे। दोनों पढ़ रहे थे। गाउन पहनती थी। निर्गुनियां जो गालियां देती है वह भी हू-ब-हू देखा था। वह दूसरी मेहतरानी थी और सदर में ही रहती थी। दोनों को मिलाकर हमने निर्गुनियां बनाई है। सदर की भंगी बस्ती में जाने से हमें बहुत फायदा हुआ। विभिन्न बातों को कथा में जोड़ने की सूझ हमें वहीं से मिली थी।

● इसका अर्थ है आपके सामने बहुत से चरित्र, बहुत सी घटनाएं थीं। आपका मानस उनका जोड़-तोड़ बैठा रहा होगा !

❑ देखो कथा का एक सूत्र मिला, उसे निर्गुनियां में हमने नए परिवेश में जोड़ दिया।...वस्तुतः निर्गुनियां कोई एक केरेक्टर नहीं है। वह तो जोड़-तोड़कर बनाई है। यानी कई कैरेक्टर जोड़कर बनाई गई है। सदर वाली दोनों हमें प्रभावित कर गईं। कर्कशता, महाजनी आदि के सूत्र मिले...वे सब जुड़ गए।

● पर बाबूजी, निर्गुनियां का जन्म तो आपके मानस में बहुत बाद में हुआ होगा। आपने उपन्यास के जो तदर्थ प्रारूप बनाए हैं, उनमें निर्गुनियां कहीं नहीं हैं। उन प्रारूपों में कामवासना और उद्धार दो भाव हैं। ऐसा लगता है शुरू में आपका मन मेहतरों के प्रति करुणार्द्र है। आपको लगा कि सवर्णों ने इन पर बड़ा अत्याचार किया है। इनका उद्धार होना चाहिए। और जिस घटना ने आपको प्रेरित किया था उसका नामोनिशान भी उन प्रारूपों में नहीं है।

❑ बिलकुल ठीक...जो घटना थी उसकी कहानी तो मैं कह नहीं सकता था। मुझे मालूम ही नहीं कि उन दोनों का क्या हुआ। उसके बाद मैंने इंटरव्यू लेने शुरू

किए। किताबें पढ़ीं, अम्बेदकर को पढ़ा...।

● मुझे तो लगता है बाबूजी, आपने जब तदर्थ प्रारूप बनाए थे, तब तक आपकी विधायक कल्पना ने to shape into one की प्रक्रिया का चक्र पूरा नहीं किया था, सो आप अलग-अलग घटनाओं को कच्चे रूप में ही कथानक में गढ़ते जा रहे थे।...और यह जो अभी आपने अम्बेदकर का नाम लिया है, मुझे तो लगता है, अम्बेदकर के दलित विमर्श ने ही आपके मानस के सारे धुंधलके और विभ्रम को छांट दिया होगा। तभी आपको वह अन्तर्दृष्टि मिली होगी जिसने आपसे प्रस्तुत रूप में 'नाच्यौ बहुत गोपाल' लिखवाया।...

❐ तुम्हारा कहना एकदम सही है।...तुमने रचना-प्रक्रिया पर जो काम किया है उससे ही तुमने मेरी नब्ज पकड़ ली है।...अम्बेदकर को पढ़कर हम बहुत बेचैन हुए थे।...कई दिनों तक रहे।...पढ़कर हमें पता लगा कि सवर्ण इन अवर्णों के साथ जानवरों से भी बदतर व्यवहार करते थे...करते हैं।...मन में क्या हुआ था यह तो अब हमें याद नहीं...पर शायद इस कहानी का जन्म उसी बेचैनी से हुआ होगा।...

● बाबूजी, आपने बताया था कि आपने 1972-73 के आसपास मेहतरानी से ही यह घटना सुनी थी। पर आपने उपन्यास में वह अपनी नायिका के साथ 1920 के आसपास घटित दिखलाई है। अंग्रेजों के शासन-काल में दिखाने का क्या तर्क था आपके पास...क्या इसलिए कि वह समय सुधार आन्दोलन का था...पर समाज सुधार तो उपन्यास का संदेश नहीं है। ऐसा इमरजेंसी के कारण तो नहीं हुआ ? जिस दौर से देश उस समय गुजर रहा था, उस समय इतने नाजुक विषय पर लिखना बड़े हिम्मत की बात थी। शायद किसी विवाद या संकट से बचने के लिए आपने उस घटना को पीछे धकेला था...

❐ धत् तेरे की...यहां तुम्हारा विश्लेषण झूठा पड़ गया। इमरजेंसी से डरने वाले हम नहीं थे।...हमें तो यह देखना था कि किस काल में वह घटना विश्वसनीय बन सकती है।...और फिर निर्गुनियां ही नहीं गढ़नी थी हमें, उसके प्रतिपक्ष में मोहना भी गढ़ना था। मोहना में जो स्वाभिमान है, एक तरह की अकड़ है, इज्जतदार जिंदगी जीने की चाहत है, वह अंग्रेजों के संरक्षण के कारण आई है। अंग्रेज भले ही इनसे हर तरह का काम लेते थे-संडास साफ कराने से लेकर बच्चों की आयागिरी और खानसामे का काम भी कराते थे, पर सुविधाएं उन्हें खूब देते थे। बैंड बाजा सिखाकर इन्हें इज्जतदार जिंदगी जीने का संबल भी उन्होंने ही दिया था।...तो हमें निर्गुनियां को भगा ले जाने और उसे मार-मारकर भंगी बनानेवाले के रूप में मोहना के व्यक्तित्व

को गढ़ना था।...इसलिए हमने देशकाल पीछे धकेला है।

- बाबूजी, आपकी टीपन में तैयार उपन्यास के नवे परिच्छेद से लेकर साढ़े अठारह तक की रूपरेखा मिलती है। उपन्यास की पांडुलिपि से भी पता लगता है कि आपने उपन्यास का शुभारंभ दिनांक 24/4/76 डालकर नवे परिच्छेद से ही किया है जिसमें निर्गुनियां कामातुर होकर तड़प रही है...पर बाद में आपने शुरू के आठ परिच्छेद जोड़े हैं। ऊपर 'श्रीराम, श्रीगुरु' अंकित किया है और फिर 'नाच्यौ बहुत गोपाल' लिखकर 'ऊंचे टीले पर बने मंदिर...' से उपन्यास शुरू किया है अपनी हस्तलिपि में। इससे साफ जाहिर है कि प्रारंभ के आठ परिच्छेद आपने बाद में लिखे और जोड़े हैं। क्या यह सब आपकी पुनर्लेखन और संशोधन की प्रक्रिया का अंग है।...मुझे तो लगता है कि वे आपने इसलिए जोड़े हैं कि आप पाठक को विश्वास में लेना चाहते हैं। पाठक को आप एक नए अनुभव संसार में प्रवेश करा रहे हैं...ऐसे संसार में जो प्रायः देखने में नहीं आता...पाठक को धक्का न लगे इसलिए आपने भूमिका स्वरूप वे परिच्छेद जोड़े हैं। अपने अनुभवों को, अपनी संवेदना को आपने ऐसे रूपबंध में डालकर प्रस्तुत किया है जो उस अनुभव के अर्थ को खोल सके, पाठक को उस तक निर्विघ्न पहुंचा सके...

❑ वाह ! तुमने तो मेरी रचना-प्रक्रिया ही खोलकर रख दी। ऐसा तो मैं हर उपन्यास में करता हू।...शाबाश...

उपन्यास की उत्प्रेरक घटना

जो घटना 'नाच्यौ बहुत गोपाल' के लिए उत्प्रेरक बनी थी उसका उल्लेख अमृतलाल नागर ने उपन्यास के 'निवेदन' के अलावा अन्य कई स्थलों पर भी किया है। उनके अनुसार घटना 'मानस का हंस' लिखने के बाद की है। 'मानस का हंस' का लेखन अमृतलाल नागर के बाल सखा और अभिन्न मित्र ज्ञानचन्द जैन के अनुसार 4 जून, 1971 को आरंभ हुआ और 23 मार्च, 1972 को पूरा हुआ। इसके दस पृष्ठ उन्होंने अयोध्या के 'तुलसी स्मारक भवन' में रहकर लिखे थे। (ज्ञानचन्द जैन : 'कथाशेष', पृष्ठ 254)। आगे लिखने के लिए वे लखनऊ लौट तो आए थे पर वैसा एकान्त उन्हें यहां नहीं मिल पा रहा था जो उनसे एकाग्र लेखन करा सकता। वे फिर से अयोध्या लौटने का मन बना चुके थे कि तभी किसी ने उन्हें गोमती किनारे लाजपतनगर के एक मकान का एकान्त हिस्सा बगीचे सहित किराए पर उपलब्ध करा दिया। या यों कहें कि विधाता ने ही 'नाच्यौ बहुत गोपाल' जैसी कालजयी रचना के प्रेरणा-उत्स के लिए ऐसे

बानक बना दिए थे। वाकया वहीं का है। 'मानस का हंस' लिख चुकने के बाद खालीपन भरने के लिए वे अपनी उस लेखनशाला (जिसे मित्रों ने 'आश्रम' नाम दे रखा था) की फुलवारी में टहल रहे थे। उन्हीं के शब्दों में, ''तभी जमादारिन आई। यह रोज आनेवाली न थी। मैंने पूछा, ''हमारी पुरानी जमादारिन कहां है ? वह दो-तीन दिन से दिखाई नहीं पड़ी। क्या तुम्हारी ड्यूटी में फेरफार हो गया है ?''

''नई हुजूर, मैं उसकी एवजी पर आई हूं। आपकी जमादारिन हवालात में है।''

''किसलिए ?''

''उसका लड़का एक औरत भगा लाया था। उसी की तलाश के लिए पुलिस ने सारे घर को ले जाकर हवालात में बंद कर दिया था। लड़के और औरत को कल कानपुर के एक होटल से पकड़कर लाया गया है, तब जाके सब जने रात में छोड़े हैंगे। साठ हजार का जेवर लेकर वो इसके साथ भागी रही सरकार।''

''कोई बड़े पैसे वाले की औरत थी ?''

''एक बूढ़े की ब्याहता है सरकार। गल्ले अनाज का धंधा होता है उनके यहां। दौलत के बूते ब्याह हुआ था। औरत को कोई और नहीं मिला तो उसी को फंसा लिया। क्या कहा जाय हुजूर, इस साठ हजार रुपए के पीछे तीन दिनों तलक आपकी जमादारिन ही नहीं, सारे मोहल्ले को परेशान किया गया हुजूर।''

''लड़के की उम्र क्या है ?''

''अभी सोलह-सत्रह बरस का है।''

''और वो लड़की ?''

''अरे जबान पट्ठी है हुजूर। छब्बीस-सत्ताईस साल की होगी। ऊंची उमरों ब्याह हुआ। ताले में बंद रखते थे लाला। सो इसके साथ भाग निकली।''

('धर्मयुग', विजयदशमी, 1975 अंक)

अमृतलाल नागर ने 'नाच्यौ बहुत गोपाल' की उत्प्रेरक घटना का जितनी स्पष्टता और सरलता से उल्लेख किया है उससे उनका यह अभिमत प्रकट होता है कि मात्र वह घटना उपन्यास को जन्म देने का कारण बनी थी। पर सच तो यह है कि कोई इकहरी घटना किसी उपन्यास को जन्म देने में सक्षम नहीं हो सकती। वास्तव में उद्दीपक से पहले भी जो अनुभूतियां और अनुभव लेखक के मानस में संचित रहते हैं वे भी किसी रचना को जन्म देने के कारण बनते हैं। पर लेखक प्रायः उनसे अनजाना होता है। किसी अनुभव का उद्दीपक दिखलाई देनेवाला तत्त्व है। पर वास्तविकता यह है कि वह अनुभव का सतही पक्ष है। उद्दीप्त होने की जड़ें बहुत गहरी और उलझी होती हैं। जो अनुभव उपन्यासकार के मानस के अचेतन और अवचेतन में बहुत पहले से गहरे गर्भस्थ हो गए होते हैं, रचना-प्रक्रिया में उनकी

भूमिका भी बहुत महत्त्वपूर्ण होती है। वे लेखक के मानस-गर्भाशय को ताकतवर बनाते रहते हैं और अनुकूल उद्दीपक भ्रूण पड़ते ही सृजन-प्रक्रिया आरंभ हो जाती है। इसीलिए माना जाता है कि रचना-प्रक्रिया का सृजनात्मक अंश रचनाकार के चेतन मानस से अधिक अचेतन और अवचेतन मानस में घटित होता है। स्वयं रचनाकार अपनी सृजन-प्रक्रिया के इस पक्ष के बहुत कम अंश से परिचित होता है। अमृतलाल नागर 'नाच्यौ बहुत गोपाल' की सृजन-प्रक्रिया को उस बिन्दु से ही बता सके हैं जब उस उद्दीपक के कारण उन्हें सचेतन अनुभूति हुई थी। वास्तव में रचनाकार अपने अनुभव-संभोग के क्षण का तो उल्लेख कर सकता है, पर उससे पहले के अपने मानस गर्भाशय की अनुकूलता और उर्वरता का पता नहीं दे पाता। इसका अनुमान हम उसकी जीवनी या जीवनीनुमा संस्मरण से ही लगा सकते हैं।

कोई घटना या बात लेखक को तभी चुभती है या उसके मन को विचलित करती है जब वह उसके मन की बनावट, उसके संस्कारों, उसके लगावों और उसकी रुचि से मेल खाती या टकराती है। उपन्यासकार के मन की बनावट, संस्कार और रुचि कोई एक घटना या एक दिन में अर्जित नहीं हो जाते। वे उसके जीवन के तमाम अनुभवों और जीवन-बोध का परिणाम होते हैं। अमृतलाल नागर ने 'टुकड़े-टुकड़े दास्तान' में अपने जीवन को प्रभावित करनेवाली जिन घटनाओं और व्यक्तियों का उल्लेख किया है उनसे पता लगता है कि उनकी मानस-भूमि उस घटना-बीज को ग्रहण करने के लिए पहले से ही अनुकूल, उर्वर और नम थी। उन्होंने 'बाबूजी' शीर्षक से जो संस्मरण लिखा है उसमें इस बात का उल्लेख है कि जब वे सातवें दर्जे में पढ़ रहे थे तो पिता के कहने से उन्होंने संस्कृत विषय तो ले लिया था पर जब एक दिन संस्कृत के अध्यापक ने कहा कि 'चांडाल और अब्राह्मण' लड़कों को देववाणी पढ़ने का अधिकार नहीं है तब 'चांडाल' शब्द से चिढ़कर बालक अमृतलाल ने संस्कृत विषय ही छोड़ दिया था। ('टुकड़े टुकड़े दास्तान' : 'बाबूजी') दूसरी घटना उनके किशोरवय की है। उन्हीं के शब्दों में–'अमीनुद्दौल पार्क में हरिजन आन्दोलन से संबंधित सत्यनारायण की सार्वजनिक कथा हुई थी। प्रसाद नगर के मेहतरों के हाथ से बंटवाया गया था। मैं उस सभा में मौजूद था और प्रसाद भी खाया था।...बाबूजी से लोक पंचों ने शिकायत की। उन्होंने सविनय स्पष्ट कह दिया कि मैं अपने लड़के को ऐसा काम करने से नहीं रोकूंगा।' (वही)। अमृतलाल नागर के मन की गढ़न में तीसरा महत्त्वपूर्ण योगदान उनके गुरु बाबा रामजीदास का रहा जिनके सम्पर्क में वे अपने बम्बई प्रवास के दौरान (1943 में) में आए थे। उनके आदेश से उन्होंने बीमार पागलों के बमन और टट्टी-पेशाब तक साफ किए थे। वर्ण, धर्म और जाति से ऊपर उठकर व्यक्ति को मनुष्य के रूप में देखने की दृष्टि उनमें उनके प्रभाव से ही विकसित हुई थी। उन्होंने

स्वीकार किया है कि उस लंगोटधारी के पन्द्रह दिनों के साथ ने ही मेरी चिन्तन परिधि को संकीर्ण दायरे से निकालकर व्यापक बना दिया। ('टुकड़े टुकड़े दास्तान'–'जौनपुर का एक असाधारण पुरुष')। इसके अतिरिक्त अमृतलाल नागर गांधीजी के हरिजन आन्दोलन और उनके व्यक्तिगत आचार-विचार से भी अभिभूत थे। 1927 में गांधीजी ने समाज के तथाकथित वर्ण को 'हरिजन' का सम्बोधन दिया था। गांधीजी हरिजन बस्ती में ठहरने लगे थे। उन्होंने एक हरिजन कन्या को अपनी पुत्री बनाया था। वे आर्य-समाज के अछूतोद्धार कार्यक्रमों से भी प्रभावित थे। (देखें संवाद–'नाच्यौ बहुत गोपाल' क्यों और कैसे लिखा गया)

'नाच्यौ बहुत गोपाल' की उत्प्रेरक घटना का उल्लेख कर लेखक ने रचना-प्रक्रिया के अनेक रहस्यों को उद्घाटित करने के सूत्र उपलब्ध करा दिए हैं। अपने जीवन भर की आस्थाओं, जीवन-दृष्टि और आग्रहों के कारण ही अमृतलाल नागर का झुकाव और संवेदना मेहतर समाज के प्रति हुई थी वरना कोई कारण नहीं उस घटना को वे दूसरी तरह से देख सकते थे–यानी ब्राह्मणी नहीं भागी, वह मेहतर युवक उसे भगा ले गया और उनमें आक्रोश उत्पन्न होता उस मेहतर युवक के प्रति, मेहतर समाज के प्रति। पर हुआ उलटा ही। स्पष्ट ही लेखक ने अपनी अन्तरस्त भावनाओं और विचारों का आरोपण यहां कर दिया था। संभवतः उसके मन में यह भाव उठा हो कि 'अच्छा हुआ, एक मेहतर ब्राह्मणी को भगा ले गया वरना अभी तक तो सदियों से सवर्ण ही अवर्ण स्त्रियों का उपभोग करते रहे थे, अपनी ठिठोली और हविस का शिकार बनाते रहे थे। लेखक के अवचेतन में लगभग ऐसा ही भाव रहा होगा क्योंकि अमृतलाल नागर ने अपनी इंटरव्यू वाली डायरी में 'कथानक के नोट्स' शीर्षक प्रारूप से पहले बचपन में सुना जो द्रष्टांत टांका है वह इसी भाव को प्रकट करता है। (देखें टीपन 1)

उपन्यास का बीजारोपण

वह घटना क्योंकर उपन्यास का बीज बनी, इसकी जानकारी हमें अमृतलाल नागर के लेख 'आदि कवि बाल्मीकि और श्वपच ऋषि की संतानें' से मिलती है। इस लेख का पूर्वार्द्ध उनके मानस में उस घटना को ग्रहण करने के कारणों के अनेक बिन्दु छूता है, मध्य भाग प्रतिक्रियास्वरूप उत्पन्न उद्गारों को और उत्तरार्द्ध इंटरव्यूओं से मिली जानकारियों और तथ्यों से अर्जित विचार बिन्दुओं से परिचित कराता है। लेख का शुरुआती वाक्य है–'मानस का हंस' लिखने के बाद फिर कुछ नया लिखने को जी चाहा। पर यह समझ में न आया कि क्या लिखा जाए।...यह बात भी स्वाभाविक ही थी कि जहां तक पहुंचा हूं वहां से आगे बढ़कर देखा जाए।

अपने सृजन के उत्कर्ष काल में ये इच्छाएं प्रायः हरेक सफल रचनकार की होती है। एक सफल रचना के बाद उसे बाहर से प्रोत्साहन मिलने के अलावा अपने भीतर भी आत्मविश्वास भरा उछाह होता है, पहले से बेहतर लिखने का। 'मानस का हंस' की अन्तर्वस्तु अमृतलाल नागर की अपनी आस्था से बहुत मेल खाती थी। राम और तुलसी पर उनकी अपार श्रद्धा थी। कोई भी उपन्यास वे 'श्रीराम' अंकित किए बिना प्रारंभ नहीं करते थे। बहुत आत्मविभोर और तन्मय होकर उन्होंने 'मानस का हंस' लिखा था। गृह त्यागकर आश्रमवासी भी बन गए थे। प्रकाशित होने पर प्रशंसा भी बहुत मिली थी। लोकनायक जयप्रकाश नारायण को उनका यह उपन्यास इतना भाया कि उन्होंने इसे दो-तीन बार पढ़ा था। इतनी प्रशंसा और लोकप्रियता पाने के बाद कुछ विशेष, कुछ नया, स्थापित से अलग लिखने की इच्छा स्वाभाविक थी। और जैसा कि स्वाभाविक है ऐसे में लेखक की मानसिक ग्राह्यता बढ़ जाती है और उसके स्मृति-भंडार का खजाना भी खुल जाता है। ऐसे समय में वह उन विचारों और अनुभवों की ओर ध्यान देने लगता है जिनकी ओर साधारणतया उसका ध्यान अभी तक नहीं गया था। उपन्यास का विषय ढूंढ़ने की प्रक्रिया में लेखक ने पहले आज के जमाने के युवकों के जीवन-दर्शन और सोच पर लिखने का मन बनाया। उसके जहन में आया कि 'आज का युवक कहता है कि मैं सर्वतंत्र स्वतंत्र हूं। वह ऐसे जीवन-दर्शन को पसन्द नहीं करता जो व्यक्ति की गलत अहंता को सामाजिक शुभ के लिए कुचलता है।' इस विचार के उठते ही अमृतलाल नागर को अल्बर्ट कामू के 'पतन' उपन्यास में व्यक्त जीवन-दर्शन की याद आई, जिसे शायद उन्होंने उन खाली दिनों में पढ़ा होगा जब उनके पास लिखने को कुछ न था। लेख में उन्होंने लिखा है कि 'पतन' नामक उपन्यास में व्यभिचार की व्याख्या करते हुए कामू कहता है कि 'व्यभिचार एक ऐसा जंगल है जो अपने ओर और छोर पर किसी भी मूल्य-मान आदि की बस्ती से लगाव नहीं रखता। व्यभिचार की इच्छा है तो कर हम अपनी मर्जी के मालिक हैं। हम जो चाहें सो करेंगे। दूसरे भी अपनी अपनी मर्जी के मालिक है या नहीं, इससे हमें कोई बहस नहीं। हम केवल अपनी अस्मिता को जानते हैं।...जी में आया कि इस बात को अपने अगले उपन्यास का विषय बनाऊं।' पर इन मनोतरंगों में झकोले खाते अमृतलाल नागर के मन को ठांव नहीं मिल पा रहा था। अभी भी वे विषय की खोज में प्रयासरत थे–'एक बार भगवान महावीर के सम्बन्ध में लिखने का विचार किया। तीन अध्याय लिखे भी।' पर इसमें भी मन नहीं रमा। अपनी निष्क्रियता से उन्हें झुंझलाहट होने लगी थी–'मैं अपने निकम्मेपन से परेशान था। उन्हीं दिनों एक दिन की बात है', कहकर उन्होंने उस घटना का वर्णन किया है, जो 'नाच्यौ बहुत गोपाल' के लिए उत्प्रेरक बनी थी।

बात को सुडौल और सुसंगत ढंग से प्रस्तुत करने की सारी विशेषताएं इस अंश में हैं। फिर भी इतना तो निश्चित रूप से कहा जा सकता है कि इस अंश ने लेखक की उस समय की मनःस्थिति, मनोतरंगों, विकल्पों और असमंजस को पूरी तरह प्रतिबिम्बित कर दिया है। कुछ नया लिखने की इच्छा, उपन्यास के लिए विषय-वस्तु ढूंढ़ने की चेष्टा, विकल्प के रूप में मानस में कई विषयों का कौंधना, फिर रचनाशील न हो पाने का क्षोभ, बाद में एकाएक अप्रत्याशित घटना से टकरा जाना और उससे सूझ आ जाने तक की यात्रा का जो वर्णन हुआ है वह व्यक्त करता है कि रचना-प्रक्रिया का आरंभ असमंजस और सम्भ्रमपूर्ण उत्तेजना और व्यग्रता से ही होता है। ऐसे में उस असमंजस, विभ्रम और दुविधा को तभी ठांव मिलता है जब कोई भीतरी या बाहरी उद्दीपक उपन्यासकार के मानस को उत्तेजित और संवेदनशील कर विषय की सूझ दे देता है। जिस व्यभिचार स्वातंत्र्य की वकालत अल्बर्ट कामू के उपन्यास में हुई थी और जिसे विषय बनाने की बात लेखक के मन में आई थी, उसी से मिलती-जुलती बात व्यक्त करनेवाली वह घटना सिद्ध हो रही थी। एक ब्राह्मण युवती और मेहतर युवक के प्रेम-सम्बन्धों ने व्यभिचार स्वातंत्र्य का उदाहरण पेश कर दिया था। उन दोनों प्रेमियों ने समाज की मर्यादाएं ही नहीं, तथाकथित वर्णों की मर्यादाओं का भी उल्लंघन किया था। उस घटना की प्रतिक्रियास्वरूप ही लेखक के मन में विचार आया होगा कि 'किसी अनुचित दमन का जो परिणाम होता है वही हुआ।'

इस लेख के पूर्वार्द्ध में दिए वक्तव्य और वर्णन-भंगिमा से उपन्यास की रचना-प्रक्रिया के कई संकेत मिलते हैं। यह लेख एक तरह से उपन्यास के जन्म का संस्मरण ही है। इस संस्मरण के पीछे लेखक की रचनाशीलता के बहुत ही रोचक संकेत उभरकर आए हैं। किसी संस्मरण का आधार होता है 'रिकॉल' यानी पुनःस्मरण। इसकी मनोवैज्ञानिक व्याख्या हमें बताती है कि पुनःस्मरण किसी बात या घटना का हू-ब-हू या तद्वत् वर्णन करने की शक्ति नहीं रखना। यह उद्दीपक की छोटी-छोटी विशेषताओं का होता है। इसमें ब्यौरों की स्मृति ठीक नहीं होती। इसके अतिरिक्त प्रायः व्यक्ति अपने मन से अतिरिक्त तथ्यों को भी उस मूल उद्दीपक में जोड़ देता है, जो मूल उद्दीपक से अधिक स्वयं व्यक्ति की विशेषताओं के द्योतक होते हैं। इसलिए मनोवैज्ञानिक पुनःस्मरण को पुनुरुत्पादक और प्रतिरूप न मानकर रचनात्मक मानते हैं। उनके अनुसार पुनःस्मरण ऐसी रचनात्मक क्रिया है जिसकी परिधि तो मूल अनुभवों की रह जाती है पर उसके ब्यौरे नए रहते हैं। बार्टलेट ने अपने प्रयोगों से सिद्ध किया है कि पुनःस्मरण में बहुत सी मौलिक बातें छूट जाती हैं और व्यक्ति अपनी अभिरुचि तथा मानसिक स्थिति के अनुकूल कुछ बातों को जोड़ देता है। (फ्रेडरिक सी. बार्टलेट 'रिमेमरिंग,' पृष्ठ 197-208) ऑलपोर्ट और गिब्सन ने भी लगभग ऐसे ही निष्कर्ष

निकाले हैं। उन्होंने बताया है कि पुनः प्रस्तुत किए चित्र को व्यक्ति या परिचित, सुडौल, तीव्र, अतिशयोक्ति से विस्तार देने और कभी आकार लाघव करने और अपनी ओर से समतल बनाने की प्रवृत्ति रखता है। इस आधार पर यदि हम अमृतलाल नागर के उस घटना के सन्दर्भ और प्रसंग सहित वर्णन को सूक्ष्मता से परखें तो उसमें ये तमाम विशेषताएं नजर आने लगती हैं। जितना अनुक्रमपूर्ण, सुस्पष्ट विवरण उन्होंने अपने उपन्यास की सूझ से पहले की व्यग्रता और उत्तेजनाओं का दिया है उसमें क्रम-विपर्यय की संभावनाओं को ध्यान में रखकर ही निष्कर्ष निकाले जा सकते हैं।

उत्प्रेरक घटना कब सुनी ?

क्रम-विपर्यय की संभावना सबसे अधिक उस घटना के सुनने के समय के सम्बन्ध में उठती है। लेखक ने उसे 'मानस का हंस' लिख चुकने के बाद का बताया है जबकि उनकी रचना-प्रक्रिया के साक्षी और उनके अभिन्न मित्र ज्ञानचन्द्र जैन का वक्तव्य है : ''मानस का हंस' के लेखन काल में ही अमृतलाल के मस्तिष्क में उनके अगले उपन्यास 'नाच्यौ बहुत गोपाल' का बीज वमन हो गया था। उनके आश्रम में...(ज्ञानचन्द जैन : कथाशेष, पृष्ठ 257) इन परस्पर विरोधी वक्तव्यों में से कौन सा सही है, इसकी पड़ताल के लिए जब मैंने शरद नागर से सम्पर्क किया तो उन्होंने बताया कि 'इस सम्बन्ध में अंतिम निर्णय करना मुश्किल है। यह सही है कि वह घटना उसी लाजपतनगर वाले मकान में आनेवाली जमादारिन ने बाबूजी को सुनाई थी। लाजपतनगर का मकान बाबूजी ने 'मानस का हंस' लिखने के काफी दिनों बाद छोड़ा था। बाबूजी ने उस मकान और अपने चौक के स्थायी घर दोनों जगह मेहतरों के इंटरव्यू लिए थे।''...हंसते हुए यह भी बताया कि 'बाबूजी की स्मृति पर ज्यादा भरोसा नहीं किया जा सकता। वे तो अपने विवाह का वर्ष तक भूल गए थे जबकि रिश्ते की चाची बार-बार कहती रहीं कि शादी तब हुई थी जब मेरी बेटी पैदा हुई थी। अभी हाल में बाबूजी के कागजों में उनकी शादी का कार्ड मिला तो चाची की बात सही निकली।''

अमृतलाल नागर की स्मृति के इस तरह के उदाहरण को सुनकर विवरण के क्रम-विपर्यय की संभावना और भी बढ़ जाती है। 'मानस का हंस' उन्होंने मात्र नौ महीने उन्नीस दिन में लिख लिया था। 23 मार्च, 1972 को वह पूरा हो गया था और 'नाच्यौ बहुत गोपाल' के लिए मेहतरों से इंटरव्यू लेने उन्होंने 1975 की जनवरी के आरंभ में शुरू कर दिए थे। इसका अर्थ है कि 'मानस का हंस' लिख चुके होने और मेहतरों से इंटरव्यू शुरू करने में लगभग पौने तीन साल का अन्तराल है। वह घटना यदि 'मानस का हंस' लिखे जाने के दौरान की है तो 'नाच्यौ बहुत गोपाल' का

बीजारोपण इंटरव्यू लेने के तीन-साढ़े तीन वर्षों पूर्व का माना जा सकता है। सही निष्कर्ष निकालने के लिए जब 'नाच्यौ बहुत गोलाप' के लिपिक अशोक ऋषिराज से सम्पर्क किया तब उन्होंने बताया कि 'जब वह बाबूजी से लिपिक के तौर पर जुड़े थे तब लाजपतनगर वाला मकान उनके पास था। कुछ इंटरव्यू उन्होंने उस मकान में भी लिए थे।' इसका अर्थ है कि उस मकान में अमृतलाल नागर लगभग चार-साढ़े चार वर्ष रहे थे। ज्ञानचन्द जैन, शरद नागर और अशोक ऋषिराज के वक्तव्यों में तालमेल बैठाकर यदि निष्कर्ष निकालें तो यही संभावना अधिक है कि 'नाच्यौ बहुत गोपाल' का बीज-वमन 'मानस का हंस' के लेखन काल में ही हो गया था, पर अमृतलाल नागर रचनाशील हुए थे उसे लिखने के काफी दिनों बाद ही। यह निष्कर्ष उनके अन्य बृहद उपन्यासों की रचना-प्रक्रिया से भी मेल खाता है। ऐसा प्रतीत होता है कि बात को सुसंगत और क्रम में प्रस्तुत करने के लिए उन्होंने कथावस्तु के लिए विविध विषयों में से चुनाव करने की व्यग्रता और फिर घटना के बाद तुरंत सृजनेच्छा जाग उठने की बात कह दी है। वस्तुस्थिति तो शायद यह रही होगी कि जिस समय वह घटना उन्होंने सुनी थी उस समय 'मानस का हंस' में लेखनरत होने के कारण वह उनके लिए आई-गई सी हो गई होगी, या विचलित भी किया होगा तो उन्होंने उससे उत्पन्न विचार-तरंगों पर अंकुश लगा दिया होगा और फिर वह उनके स्मृति कोष में सुरक्षित हो गई होगी। अपनी रचना-प्रक्रिया की इस विशेषता की ओर अमृतलाल नागर ने स्वयं संकेत भी किया है। उन्होंने कहा है कि 'कभी यह भी होता है कि बात, दृश्य या घटना स्मृति घर में सुरक्षित हो जाती है फिर संपादक के आग्रह या स्वयं अपनी नियमित लिखने की आदत के कारण कागज पर उतर आती है।' (देखें, अमृतलाल नागर का पत्र)। इसलिए संभावना इसी बात की अधिक है कि जब उनके मन में कुछ नया लिखने का विचार आया होगा तभी उन्हें यह घटना याद आई होगी और एक चैलेंजिंग विषय पर लिखने का संकल्प जागा होगा।

सूझ से पहले उपन्यासकार के मानस में विभिन्न भावों और विचारों की खदबदाहट के काल को उसकी मानसिक तैयारी का काल कह सकते हैं। इसमें वह अपनी रचना के विषय या समस्या को तलाशने, विकल्प के रूप में कई बातों के प्रति संवेदनशील होने की प्रक्रिया से गुजरता है। यह वक्त वह मानसिक बेचैनी, संभ्रम, असमंजस जैसे उद्वेगों से गुजरने में बिताता है। यह वह काल है जब रचनाकार पर विभ्रम, उत्तेजना और बेचैनी छाई रहती है। ऐसे में उसका अचेतन, अवचेतन और चेतन मानस उसके कारणों की खोज में निरंतर प्रयत्नशील रहता है। इस प्रक्रिया में वह मिलते-जुलते अनुभवों से अत्यंत संवेदनशील हो उठता है और उसके मानस में साहचर्यात्मक चिंतन-प्रक्रिया क्रियाशील हो उठती है। यह प्रक्रिया उस बात को

पहचानने और समाधान तलाशने तथा निर्णय करने के लिए होती है। 'नाच्यौ बहुत गोपाल' के सन्दर्भ में भावों और विचारों की खदबदाहट अमृतलाल नागर के मानस में चेतन और अचेतन दोनों स्तरों पर होती रही होगी। लेख में उनके चेतन स्तर की अकुलाहट के संकेत ही हैं। अचेतन वाला अंश जानने का हमारे पास कोई सूत्र नहीं है। चेतन स्तर पर उनके सामने आज के युवक का जीवन-दर्शन था, जिसके उदाहरण शायद उन्हें अपने अनुभवों में मिले होंगे। इस विचार का संवर्धन कामू के 'पतन' उपन्यास की व्यभिचार की व्याख्या से भी हुआ था। यह सारा व्यापार उनके चेतन और अचेतन दोनों स्तरों पर हुआ होगा और उसमें साहचर्यात्मक क्रिया भी शामिल रही होगी। लेख में केवल चेतन स्तर की साहचर्यात्मक क्रिया उभरी है और विकल्प के रूप में भगवान महावीर पर लिखने की बात कहकर उन्होंने अपने असमंजस और विभ्रम को भी प्रकट कर दिया है। वैसे भी जब समस्या का हल लेखक को नहीं मिल पाता तो प्रत्यक्ष में वह उस पर विचार करना छोड़ देता है। महावीर पर लिखने का विचार चेतन स्तर पर उनके मन के उचाट को प्रकट करता है पर अचेतन स्तर पर उनका मानस अपने कार्य में व्यस्त रहा होगा। वस्तुस्थिति शायद यह भी रही होगी कि अभी तक काई भी विचार इतना आवेग उत्पन्न नहीं कर पाया था कि वह उनको रचनाशील कर देता। इस काल में विभिन्न विचारों की खदबदाहट तो होती है, पर वह रचनाशीलता के सक्रिय करने में नाकाफी होती है, किसी विषय के प्रति प्रतिबद्धता प्रकट नहीं होती। कौन सी बात उर्वर हो पाएगी और कौन सी नहीं, यह पता नहीं होता पर यहां जमादारिन से सुनी घटना ने आज के युवक के जीवन-दर्शन और कामू की व्यभिचार की व्याख्या के तालमेल ने लेखक के मानस को उकसाने और सृजनशील होने का काफी मसाला दे दिया था।

चुभन के बिन्दु

'आदि कवि बाल्मीकि और श्वपच ऋषि की संतानें' लेख के मध्य भाग में ही वे संकेत सूत्र उपलब्ध हैं जिन कारणों से अमृतलाल नागर उत्प्रेरित हुए थे। उन्हें कौन सी बातें चुभी थीं वे जमादारिन से हुई बातचीत में व्यक्त हुई हैं। उन्होंने उनका ब्यौरेवार उल्लेख किया है।

किसी बात के प्रसंग में एवजी पर आई जमादारिन ने कहा था, 'हुजूर, कसूर बड़ों का होता है लेकिन सजा छोटे ही पाते हैं।'

यह बात लेखक को इतनी चुभी कि प्रतिक्रियास्वरूप उनके मन में विचार तरंगें उठीं, 'बात नाविक के तीर' जैसी। हजारों वर्षों के दमनचक्र में सर्वाधिक पीसे जानेवाले

वर्ग की नारी का सत्य जो मेरे लिए करुण, निर्मम और कठोर बज्राघात के समान था, उसके मुंह से कितने सहजभाव से प्रकट हुआ था'...जो मनुष्य छोटी से छोटी, नितांत अस्पृश्य जाति में पैदा होता है, वह कैसे अपने को बुलंदी पर महसूस करे ?'

जमादारिन की सरलता से कही बातों में जो सच्चाई थी उसने लेखक के मानस पर चोट की थी और उत्प्रेरित किया था उस पर लिखने के लिए। उन्होंने लिखा है–"मैं सोचने लगा सदियों से कुचले, दबे हुए इस मानव वर्ग के जी में जी डालकर देखा जाए। ऊंचे वर्ग के लोगों ने अपनी जाति मर्यादा की ऊंचाई सदा एवरेस्ट से भी ऊंची रखकर हीन जाति की स्त्रियों के साथ मनमानी की है और उसके पुरुषों से दास का काम कराया है। दासियों का उपयोग बिना धर्मच्युत हुए सदियों से साधिकार करना सवर्णों के दमन का द्योतक है।"

आवश्यक नहीं कि जब वह घटना लेखक ने सुनी थी और जमादारिन से वार्तालाप हुआ था तभी उनके मन में ये विचार जागे हों। उस घटना ने लेखक को यह प्रतीति भी कराई थी कि 'किसी अनुचित दमन का जो परिणाम होता है, वही हुआ।' यूं देखा जाए तो जो विषय लेखक के मानस में बहुत दिनों से घूम रहा था, उन्हें व्यग्र किए हुए था–आज के युवक का दमन से विरोध, कामू के उपन्यास में दमन से वितृष्णा, उसी ने उन्हें उस घटना की याद दिलाई होगी। और इस तरह उन्होंने उस चुभन को ही उपन्यास का विषय बनाया और उसे सम्प्रेषित करने की उनमें इच्छा जाग्रत हुई होगी।

उपन्यास की कच्ची सामग्री

उपन्यास के जन्म संस्मरण से अमृतलाल नागर ने उसके उत्स की ही जानकारी दी है पर उस अनुभव बीज के मानस में रोपण के बाद उनके मन में क्या प्रतिक्रियाएं हुई थीं और उनके मानसिक व्यापारों की दिशा क्या थी, वे अपने जीवन से ग्रहण, वैयक्तिक दुविधाओं, असमंजसों और आग्रहों से किस प्रकार जूझ रहे थे, इसकी जानकारी हमें उपन्यास की इस कच्ची सामग्री से ही मिलती है जिसे उनके पुत्र शरद नागर ने बड़े मनोयोग और परिश्रम से सुरक्षित रखा है। यद्यपि हमें यह भी मानना पड़ेगा कि इससे उनकी रचना-प्रक्रिया का संपूर्ण पक्ष उद्घाटित नहीं हो सकेगा क्योंकि जो कुछ उनके अवचेतन में घटित हुआ होगा, रचना-प्रक्रिया का वह अंश ढंका-छिपा ही रहेगा। फिर भी कच्ची सामग्री से अमृतलाल नागर का उस दौरान का जो मानसिक परिदृश्य प्रकाशित हुआ है वह अत्यंत रोमांचक और अमूल्य है। इसमें उनके विचार बिन्दुओं, अभिव्यक्ति–प्रस्फुटन के प्रयासों तथा तदर्थ अवतरणों की टीपन सुरक्षित है,

वह उनके मानस में होनेवाले उद्वेलन, सत्यान्वेषण के उनके प्रयासों, कथ्य ढूंढ़ने की उनकी छटपटाहट, उनकी मानसी-सृष्टि के विधायक तत्त्वों को प्रतिबिम्बित करती है। यह कच्ची सामग्री अनुभूति से लेकर अभिव्यक्ति तक का संपूर्ण ब्यौरा–कथानक के विभिन्न विकल्पों, पन्नों पर उपन्यासों के कच्चे अवतरणों और उनकी कार्यशैली से हमारा परिचय कराती है और यूं उनके मानस-कारखाने से परिचित होते हुए हम उपन्यास के जन्म का काफी कुछ रहस्य पा जाते हैं।

पर किसी रचना की कच्ची सामग्री के आधार पर रचना-प्रक्रिया को विवृत करने का प्रयास जोखिम से खाली नहीं है। कारण यह कि उसके लिए सब की सब टीपन का अनुक्रम में उपलब्ध होना नितान्त आवश्यक है जो कि प्रायः संभव नहीं हो पाता। संग्रहकर्ता की सतर्कता के बावजूद दो तरह की अनपेक्षित संभावनाएं उपस्थित हो ही जाती हैं। एक तो यह कि कई बार उपन्यासकार टांकी गई सामग्री में से उपयोग में न आनेवाली सामग्री को नष्ट कर देता है और अनेक बार बाद में सूझी किसी बात को पिछला पन्ना खाली देख वहां टांक लेता है, तब किसी रचना के जन्म के सम्बन्ध में निकाले गए निष्कर्ष आधे-अधूरे या झूठे साबित हो सकते हैं। इसलिए सबसे पहले कच्ची सामग्री को व्यवस्थित करना जरूरी हो जाता है। 'नाच्यौ बहुत गोपाल' की कच्ची सामग्री को व्यवस्थित करने से पहले मैंने शरद नागर से पूछताछ की। इसके संग्रह की प्रक्रिया के सम्बन्ध में उन्होंने बताया कि "जब बाबूजी उपन्यास लिख चुके होते थे, तब मैं उससे संबंधित तमाम सामग्री एक बंडल में बांधकर रख देता था। उनके लेखन-क्रम में भी मैं सदैव प्रयासरत रहता था कि उनका इधर-उधर या रद्दी की टोकरी में फेंका कागज, (जिस पर कुछ टंका रहता था), संभालकर रख लूं। ऑफिस से लौटने के बाद मेरा पहला कार्य यही होता था।"

शरद नागर ने मुझे 'नाच्यौ बहुत गोपाल' का जो पुलिंदा सौंपा उसमें 1975 की दो दैनिक डायरियां (जिनमें एक राजपाल एंड संस की है और दूसरी उत्तर प्रदेश की), लाइनवाली एक स्कूली कॉपी, फुल स्केल कागज के लाइनवाले 9 पन्ने, लाइनवाला फुल स्केल कागज का रजिस्टर, मोहर लगे एक बुकपोस्ट लिफाफे पर अमृतलाल नागर की हस्तलिपि में लिखा एक वार्तालाप प्रसंग, कुछ पत्र, कॉलेजवाली पंच की हुई दो फाइलें, जिनमें से एक पर लाल कवर है और दूसरी पर काला कवर, डोम कवि द्वारा लिखी कविता, बलिया के एडवोकेट की कविता, 'जनता समाचार-पत्र' की प्रति और कुछ छुट्टा कागज हैं।

तमाम सामग्री को पलटने से पता लगा कि यह कई व्यक्तियों द्वारा टांकी गई है। शरद नागर ने बताया कि 'बाबूजी को अपने हाथ से लिखना असुविधाजनक लगता था। यदि कभी लिपिक न आए या देर से आए तो वे खुद कम ही लिखते थे। अक्सर

तो वे घर के किसी सदस्य–कभी बा(अपनी पत्नी), कभी किसी बच्चे को पकड़कर लिखवा लेते थे।' वार्तालाप के समय सामने बैठी, शरद नागर की बेटी, दीक्षा ने हंसकर बताया कि जब वह चौथे क्लास में पढ़ती थी तब दादाजी ने उससे 'खंजन नयन' के काफी पृष्ठ लिखाए थे। 'नाच्यौ बहुत गोपाल' की कच्ची सामग्री में मुझे बचकानी लिपि और वर्तनी की कई भूलें देखने को मिली थीं। इसका रहस्य इस बात से पकड़ में आया। पता लगा कि कुमुद नागर के पुत्र पारिजात ने 'नाच्यौ बहुत गोलाप' के लिए मेहतरों से इंटरव्यू लेने और पुस्तकों से नोट्स लेने का काफी कार्य किया था। यह तो मुझे नागरजी ने ही बताया था कि 'नाच्यौ बहुत गोपाल' का पांडुलेखन अशोक ऋषिराज और राजेन्द्रकुमार वर्मा ने किया था। उपन्यास की कच्ची सामग्री को अनुक्रम में लगाने में ये सारे संकेत अत्यंत सहायक सिद्ध हुए।

कच्ची सामग्री का ब्यौरा

- 'राजपाल एंड संस' वाली डायरी में मेहतरों से इंटरव्यू, मेहतर समाज से संबंधित किवदंतियां, तैयारी के दौरान मानस में उठे विचार बिन्दु, अवर्ण-सवर्ण चरित्रों के व्यक्तित्व के कुछ आयाम और उनके आपसी सरोकारों के बिम्बों की टीपन के अलावा 'कथानक के नोट्स' और 'झाऊलाल उर्फ स्वेदशलाल आर्य' शीर्षक से दो तदर्थ प्रारूप, अम्बेदकर की पुस्तक 'द अनटचैब्लिटी' और स्टनले राइस की पुस्तक 'हिन्दू कस्टम एंड देअर ऑरीजन' के नोट्स हैं। आगे के पन्ने कोरे हैं।
- दूसरी डायरी में उपन्यास के दो अन्य तदर्थ प्रारूप 'अध्यायों के सारांश' और 'नव कथानक के बीज' शीर्षक से टांके गए हैं। इसके बाद तैयार उपन्यास के उन्तीसवें परिच्छेद की रूपरेखा भी टांकी गई है। इसके अलावा इसी डायरी के मुखपृष्ठ पर और बीच-बीच में छूटे पन्नों और अन्तिम पृष्ठों पर विविध प्रकार की सामग्री और संकेत टंके हैं।
- लाइन वाली छोटी कॉपी में 4-7-75, 27-7-75 और 29-7-75 तारीखों में तदर्थ प्रारूपों के कथानक के आधार पर ओपनिंग चैप्टर को तीन तरह से प्रस्तुत करने का प्रयत्न किया है।
- फुलस्केल कागज के नौ पन्नों पर 'नाच्यौ बहुत गोपाल' शीर्षक डलवाकर अमृतलाल नागर ने अशोक ऋषिराज से तैयार उपन्यास के तीन महत्त्वपूर्ण चरित्रों–नायक नन्हू, सुपच बाबा और नायिका निर्गुनदेवी के जीवन-वृत को टंकवाया है।

- फुलस्केल कागज वाले रजिस्टर में लिपिक अशोक ऋषिराज द्वारा लिखाई तैयार उपन्यास के 9,10,11 परिच्छेदों की प्रतिलिपि है। इन परिच्छेदों के प्रारम्भिक दस पृष्ठ स्वयं अमृतलाल नागर की हस्तलिपि में हैं। इससे पता लगता है कि उन्हें स्वयं लिखना कितना भी असुविधाजनक लगता हो, पर वे उपन्यास का शुभारंभ स्वयं ही करते थे।
- छुट्टा कागजों में भी काफी महत्त्वपूर्ण सामग्री है। इसमें हीरा डोम द्वारा रचित 'अछूत की शिकायत' कविता है जो सितम्बर 1914 के 'सरस्वती' पत्रिका के अंक में प्रकाशित हुई थी। इसके अतिरिक्त बलिया के एडवोकेट कवि रामसिंहासन सहाय मधुर द्वारा 1956-60 में लिखी 'डोम' और 'डोमिन' कविताएं हैं। इस सामग्री से पता लगता है कि अमृतलाल नागर कितनी गहराई से अपने विषय को आत्मसात करने के लिए प्रयत्नशील रहते थे।
- छुट्टा कागजों में डॉ. रामविलास शर्मा के दो इनलैंड पत्र भी है जिनमें उन्होंने लेखक की 'बमपुलिस' शब्द की जिज्ञासाओं का समाधान किया है। इसके अलावा मेरठ कॉलेज के वरिष्ठ अध्यापक रामेश्वरदयाल अग्रवाल का पत्र है जिसमें उन्होंने 'बमनोली' के सम्बन्ध में पता लगाकर लिखा है।
- इस सामग्री में बहुत ही महत्त्वपूर्ण है 'जनता समाचार' पत्र जो इमरजेंसी के दौरान छपा था। यह 9 जनवरी 1976 का अंक है जिसमें इंदिरा गांधी की नीतियों की पोल खोली गई है। उनकी नीतियों से जुड़े अनेक समाचार इस पत्र में हैं। इस समाचार-पत्र ने कई समस्याएं सुलझा दीं। मेहतरों से इंटरव्यू वाली कॉपी में बीच के पृष्ठ पर लेखक ने टांका है–'इन्द्रावत मनः दृश्य देखो' और फिर इसे अंडरलाइन करके नीचे लिखा है–'विद्रोह, न्याय चेतना और प्रबुद्ध वातावरण के साथ अहमता बनी। वह सामाजिक न्याय की बात जब Power दिला देती है तो व्यक्तिगत अहमता प्रबल होती है। अपनी अहमता को न्यायोचित सिद्ध करने के लिए वह समाजवाद (लोकप्रिय शब्द) का प्रयोग कर पूंजीवाद पर प्रहार करती है। 'तुम बड़े नहीं हो, बड़ी मैं हूं।' परीक्षा में यह नाटक कसौटी पर चढ़ता है। See 1 एक-एक स्तर देखो।'

उपरोक्त टीपन का कोई सन्दर्भ समझ में नहीं आ रहा था। ज्ञानचन्द जैन और शरद नागर के साथ बैठकर काफी माथापच्ची की, पर कोई निष्कर्ष नहीं निकला। जब यह समाचार-पत्र मेरे हाथ लगा और उसके समाचारों के स्वर समझे तब इसका सूत्र समझ में आया कि इमरजेंसी की घटनाओं और नीतियों ने ही लेखक को यह विचार बिन्दु टांकने के लिए उद्दीप्त किया होगा। अनुमान है कि यह विचार बिन्दु लेखक ने उपन्यास के कच्चे अवतरणों को खारिज करने और तैयार उपन्यास शुरू करने से

पहले कभी टांका होगा। यह वह समय था जब वे मानस की परिपाक प्रक्रिया (इंक्यूबेशन) के दौर से गुजर रहे थे। हो सकता है अपने तदर्थ प्रारूपों से असंतुष्ट होकर जब अमृतलाल नागर ने अपनी रचनाशीलता पर प्रकट में विराम लगा दिया होगा तभी इधर-उधर का पढ़ने में सक्रिय हुए होंगे और यह पत्र पढ़ा होगा। (अभिव्यक्ति के आवेग में वे किसी प्रकार का व्यवधान बर्दाश्त नहीं करते थे। समाचार-पत्र तक नहीं पढ़ते थे)। इस पत्र में 'सरकार का गरीबों से विश्वासघात' शीर्षक के अन्तर्गत लिखा है–'इन्द्रा गांधी के नए प्रजातंत्र में गरीबों के प्रति जबानी सहानुभूति खूब बकी जाती है...रोज नए रंग-बिरंगे वादे और उनसे मुकरना और गरीब जनता को धता बताना यह इन्द्रा का और उनके शासन की विशेषता है।...इन्द्रा सरकार ने भारत की आधी जनसंख्या, जो गरीबी की सीमा से नीचे जिंदगी में कराह रही है, धोखा दिया है।'

द्रष्टव्य है कि इंदिरा गांधी की नीतियों से क्षुब्ध होकर अमृतलाल नागर ने उपरोक्त विचार बिन्दु ही नहीं टांका वरन् 'नाच्यौ बहुत गोपाल' के कथ्य और कथावृत से इतर और अप्रासंगिक होने पर भी उपन्यास के उतरार्द्ध में इमरजेंसी की नीतियों पर अंशुधर शर्मा और उनके दिल्ली से आए मित्र की बहस ठूंस दी है।

- कच्ची सामग्री में अमृतलाल नागर के लेटरहेड के दो पन्नों पर उन्हीं की हस्तलिपि में आदि कवि महर्षि बाल्मीकि के कुशीलव उपाधि और उनकी संगति के कारण नाचने-गाने और अभिनय में रुचि पनपने की बात टांकी गई है। अपने अनुभव से उन्होंने यह ज्ञान अर्जित किया कि बाल्मीकि ने 'पुरुषोत्तम श्रीराम की कथा लिखी और वह भी इस दृष्टि से कि कुशीलव समाज और उनकी कलाशक्ति के द्वारा पूरे मानव समाज को चेतना के नए और ऊंचे धरातल पर प्रतिष्ठित किया जा सके। इस प्रकार बाल्मीकि ने उन लोगों के सुन्दर कलात्मक संस्कारों को नया उभार देकर कला की प्रतिष्ठा बढ़ाई और इस प्रतिष्ठा बढ़ाने में उन्होंने इस समाज में ओछी-नजरों से देखे जानेवाली चोरी, बंटमारी, नशा-विलास, व्यभिचार आदि 'कुशीलों' को सुशील बना दिया। कुशीलव जैसा बुरा शब्द भी बाल्मीकि के नाम के साथ जुड़कर पूज्य बन गया। यही नहीं, उन्होंने उन गुणी कलावन्तों के समाज को अपनी नव उपाधि गोत्र के रूप में देकर उनकी प्रतिष्ठा में चार चांद लगा दिए। वह उपाधि उन्होंने एक पिछड़े हुए समाज को अर्पित कर दी। इस तरह समाज में ऊंच-नीच के भेद मिटाने के कारण उन्हें आदि कवि ही नहीं वरन आदि समाज सुधारक भी मानना चाहिए। अंत में बड़ी श्रद्धा से अमृतलाल नागर ने लिखा है, 'आदि कवि भगवान बाल्मीकि के चरणों में सादर सविनय मेरे कोटिशः प्रणाम अर्पित है।'

ऐसा प्रतीत होता है कि लेखक ने बाल्मीकि के सम्बन्ध में यह सारी खोजबीन काफी बाद में की थी क्योंकि उनके 'धर्मयुग' में प्रकाशित लेख का शीर्षक भर 'आदि कवि बाल्मीकि और श्वपच ऋषि की संतानें' है पर उसमें बाल्मीकि की सम्बन्ध में इस प्रकार का कोई उल्लेख नहीं है। यह अमृतलाल नागर की रचना-प्रक्रिया की विशिष्टता थी कि वे विषय की बाल की खाल तक निकालकर उससे परिचित होना चाहते थे। कदाचित् उन्हें यह प्रश्न बार-बार विचलित कर रहा था कि आखिर मेहतर समाज बाल्मीकि पर इतनी श्रद्धा और आस्था क्यों रखता है। इसका उत्तर शायद उन्हें बहुत खोजबीन के बाद मिला था।

- बाल्मीकि की तरह ही अमृतलाल नागर ने 'डोम' की व्युत्पत्ति के सम्बन्ध में जानकारियां हासिल की थीं और उन्हें अलग पन्नों पर टाइप करा लिया था। पांच पन्नों की यह सामग्री यूं तो थर्सटन की पुस्तक 'कास्ट्स एंड ट्राइब्ज ऑफ सर्दन इंडिया' से उद्धृत बताई है पर इसमें 'डोम' के अलावा मेहतरों की सातों, कौमों, श्वपच ऋषि की कथा आदि भी टाइप कराई है। इससे पता लगता है कि मेहतर समाज से जुड़ी हर बात, वस्तु और सन्दर्भ उनके मन में कितनी उथल-पुथल मचाए हुए थी। बार-बार श्वपच ऋषि की कथा को लिखाना–कभी डायरी में, तो कभी छुट्टा कागजों पर उनके मानस की परिपाक प्रक्रिया की झलक प्रस्तुत करती है। शायद यह बात लेखक के मानस में बार-बार टकरा रही थी कि यह वर्ण जबरन अस्तित्व में लाया गया है। इस वर्ण की पीड़ा, इनके साथ हुए अन्याय और अत्याचारों से वे इतना विचलित और दुखी थे कि उन्होंने छुट्टा कागजों पर उनके जीवन, उनकी समस्याओं और उससे मुक्त होने के अभियानों और प्रयत्नों को बारह बिन्दुओं में टंकवा लिया था।
- छुट्टा कागजों पर अमृतलाल नागर ने अपने बचपन के कुछ अनुभवों को भी टांका है। उनमें से एक यह कि नौकरों और नीच कौमों को सवर्णों के बच्चे तक मार और गाली दे दिया करते थे। और यह भी कि द्विजत्व की महिमा खासी थी...नौकर रखनेवाले भी यह ध्यान रखते थे कि महाराज से क्या काम कराना चाहिए और क्या नहीं। ब्राह्मण छोटी हैसियत की यातना सहता हुआ भी वरेण्य था–पंडित, महाराज के नाम से सम्बोधित होता था।
- शरद नागर ने मुझे अमृतलाल नागर का 'धर्मयुग' में प्रकाशित लेख 'आदि कवि बाल्मीकि और श्वपच ऋषि की संतानें' की प्रति भी सौंपी जो 'नाच्यौ बहुत गोपाल' के जन्म की कहानी को काफी कुछ विवृत कर देता है।

कच्ची सामग्री : लेखक की कार्य-शैली की सूचक

'नाच्यौ बहुत गोपाल' की कच्ची सामग्री से अमृतलाल नागर की कार्यशैली का जो परिचय मिलता है, उससे पता लगता है कि उन्होंने एक समय में रचना-प्रक्रिया के कई कार्यों का निर्वाह किया था। मेहतरों से इंटरव्यू लेने, संबंधित पुस्तकों को जुटाने और पढ़ने, मित्रों और जानकारों से जानकारियां हासिल करने और उन सबसे विचारों के अर्जन और निष्कर्ष निकालने का कार्य साथ-साथ हुआ था। जब ढेरों बातें हों, उनके ढेरों सन्दर्भ और सूत्र हों, उन पर विभिन्न सम्मितियां और विचार हों और उन सबके साथ-साथ लेखक के अपने मानस में अनुभवों की कुरेदन और हलचल हो तब टीपन को व्यवस्थित रखना मुश्किल ही है। हालांकि अमृतलाल नागर ने कई डायरियां और कापियां बनाई थीं पर किसी में भी केवल एक प्रकार की सामग्री नहीं है। टीपन भी क्रमानुसार नहीं है। कारण यह कि उन्होंने नोटबुक और कापियों के बीच-बीच खाली पन्ने संभवतः इस उद्देश्य से छोड़े थे कि एक तरह की बात एक क्रम में, एक जगह रहे, पर उन छूटे पन्नों पर कभी तो उन्होंने स्वयं और कभी लिपिक से जल्दबाजी में बाद में पढ़ा या सोचा प्रसंग, सन्दर्भ या बात की टीपन कर या करा दी है। यह अव्यवस्था दोनों डायरियों में सर्वत्र देखने को मिलती है। इंटरव्यू वाली डायरी में लेखक ने पहले दो पृष्ठ शायद इसलिए छोड़े थे कि उन्होंने इंटरव्यू 3 जनवरी से आरंभ किए थे, पर बाद में इन छूटे पन्नों का उपयोग कर लिया। 1 जनवरी के पृष्ठ पर 'डोम' और 'चांडाल' शब्दों की व्युत्पत्ति और अर्थ टंके हैं जो इंटरव्यू से प्रदत्त जानकारी से नहीं किसी पुस्तक से प्राप्त हैं। इसी पृष्ठ पर तुलसीकृत एक दोहा टांका है–

तुलसी भगत सुपच भलौ भजै रैन दिन राम।
ऊंचे कुल केहि काम को जहां न हरि को नाम।।

इस दोहे का उपयोग 'आदि कवि बाल्मीकि और सुपच ऋषि की संतानें' लेख में हुआ है जिससे अनुमान होता है कि यह इसी लेख को लिखने के आसपास टांका होगा। बाद में इसका उपयोग तैयार उपन्यास के 230 पृष्ठ पर किया गया है।

2 जनवरी के पृष्ठ पर लेखक ने अपने हाथ से बड़े-बड़े अक्षरों में पूरे पृष्ठ को घेरते हुए टांका है–

प्रभु बोलो
मेरी पहेली क्या है
कैसे सुलझेगी, कब सुलझेगी
अब मैं बहुत नाच चुका
मुझे इसका अर्थ बता दो
अब तो चैन पड़े राम।

इसका भाव यूं तो उपन्यास के शीर्षक से भी मिलता है, पर अपने समालाप में लेखक ने हंसते हुए कहा था, 'हम भी इसके पीछे बहुत नाचे।' मुझे लगता है यह लेखक के उसी मनोभाव को प्रकट करता है। यह कदाचित् उस समय टांका हो जब विषय पर काफी कार्य करने के बाद भी उन्हें उस घटना का निहितार्थ समझ में नहीं आ रहा होगा। मुश्किल में प्रभु को बार-बार याद करने का अमृतलाल नागर का स्वभाव था।

अन्यत्र भी उन्होंने खाली छोड़े पन्नों पर समय-समय पर पढ़ी सामग्री और मन में उठे भाव और विचार-बिन्दुओं को टांक लिया है। इनमें से कुछ का उपयोग तो तदर्थ अवतरणों में किया है और कुछ का तैयार उपन्यास में। इन सब कारणों से 'नाच्यौ बहुत गोपाल' की कच्ची सामग्री को अनुक्रमिक रूप में व्यवस्थित करने में मुझे खासी दिक्कतों का सामना करना पड़ा। टीपन में मुझे कहीं-कहीं टीपने की तारीखें अंकित मिलीं जिनसे पहली दृष्टि में लगा कि सामग्री व्यवस्थित करने में उनसे मुझे काफी सहायता मिलेगी। पर सबसे पहले तो उन्होंने ही उलझनें पैदा कर दीं। उलझनें एकमात्र यही नहीं थीं। जैसे-जैसे आगे बढ़ती गई नई उलझनों का सामना करना पड़ा। उन सबको मैंने सुलझाया, शरद नागर, ज्ञानचन्द जैन, पारिजात, अशोक ऋषिराज और राजेन्द्रकुमार वर्मा के सहयोग और कलम और स्याही के बदलाव से।

अमृतलाल नागर की कार्य-शैली और रचना-प्रक्रिया को जानने-बूझने का इक्कीस वर्षों (1969-90) का अनुभव मेरे पास है। मैं परिचित हूं कि जब वे कोई विषय अपने उपन्यास की थीम के लिए चुन लेते थे तब वे एक समाजशास्त्री की तरह उसका सर्वेक्षण और अध्ययन करते थे। फील्ड वर्क उनकी रचना-प्रक्रिया का पहला सोपान होता था। उनके मानस में जब किसी उपन्यास का बीज पड़ जाता था तब वे उसके अंकुरण के लिए अपनी मानस-भूमि की उर्वरता पर ही निर्भर नहीं रहते थे बल्कि उसमें अपने अध्ययन और शोध की खाद भी डालते थे। 'बूंद और समुद्र' से लेकर 'करवट' तक उनका पहला सोपान यही रहा था। यह उनकी रचना-प्रक्रिया का अनिवार्य अंग ही बन गया था। 'नाच्यौ बहुत गोपाल' के सन्दर्भ में भी उन्होंने वैसा ही किया था। उन्होंने अपने समालाप में स्वीकार किया है कि 'उस घटना से धक्का लगा था। प्रेरणा मिली थी कि उनको देखो, उनके बारे में जानो। सो मैंने पहले मेहतरों के इंटरव्यू लेने शुरू किए, किताबें पढ़ीं, मित्रों से पूछा, चर्चा की।' उनके बाल सखा और अभिन्न मित्र ज्ञानचन्द जैन, जो कि उनकी रचना-प्रक्रिया के साक्षी और सहयोगी दोनों रहे हैं, ने भी 'नाच्यौ बहुत गोपाल' के प्रसंग में लिखा है–'उन्होंने मुझसे कहा, लाइब्रेरी में अछूतों की समस्या का समाजशास्त्रीय तथा नृतत्वशास्त्रीय दृष्टि से विवेचन करनेवाली जितनी पठनीय पुस्तकें हों मुझे पढ़वा दो।...वे मेहतरों को अपने यहां बुलाते थे। उन्हें अपने ड्राइंगरूम

में बैठाकर उनका आतिथ्य-सत्कार करते थे। मेहतरों के घरों में जाकर उनके हाथ की चाय पीते थे...'। (ज्ञानचन्द जैन : कंथाशेष, पृष्ठ 257-9)

अमृतलाल नागर ने मेहतरों से इंटरव्यू लेने की शुरुआत कब की थी, इस सम्बन्ध में न तो शरद नागर कुछ बता पाए और न ही घर का कोई अन्य सदस्य। ज्ञानचन्द जैन और लिपिक अशोक ऋषिराज को भी कुछ याद नहीं है। इस समस्या को सुलझाने के लिए जब मैंने डायरी का फिर से अवलोकन किया तो यह बात पकड़ में आई कि प्रारंभ में लेखक ने मुद्रित तारीखों का उसी प्रकार उपयोग किया है जिस भांति दैनिक डायरी का अमूमन किया जाता है। जैसे उन्होंने 3 जनवरी 1975 को इंटरव्यू लिया तो वहां उन्होंने हाथ से तारीख डालने की आवश्यकता नहीं समझी। पर जहां इंटरव्यू और मुद्रित तारीखों में अन्तर आया है वहां उन्होंने हाथ से तारीख डाली है। इस प्रकार इस आधार पर तय हो सका कि पहला इंटरव्यू उन्होंने 3 जनवरी 1975 को लिया था और अंतिम आनपारा में जाकर 21.11.76 को।

मेहतरों से इंटरव्यू, पुस्तकों से बनाए नोट्स, मित्रों और जानकारों से प्राप्त सूचनाएं लेखक की बाहरी तैयारी को प्रकट करते हैं और उपन्यास के कच्चे तदर्थ अवतरण और प्रारूप, कथानक के विकास और ओपनिंग सीन और चेप्टर लेखन के प्रयास उनके मानस की परिपाक प्रक्रिया के द्योतक हैं। दोनों प्रकार की सामग्री को अनुक्रम में लगाने के बाद ही अमृतलाल नागर की अनुभूति से अभिव्यक्ति तक की प्रक्रियाओं को विवृत किया जा सकता है।

अनुमान है कि मेहतरों से अधिकांश इंटरव्यू लेने के बाद तथा अन्य स्रोतों से तत्सम्बन्धी जानकारियां और मिलते-जुलते अनुभव पा जाने के बाद या साथ-साथ ही अमृतलाल नागर तात्कालिक उद्वेलनवश उपन्यास के तदर्थ प्रारूप बनाने में प्रवृत्त हो गए थे। वे तदर्थ प्रारूप कब बनाए थे इसके सम्बन्ध में कोई सूत्र उन्होंने नहीं छोड़ा है। लाइनवाली छोटी कॉपी में उन्होंने प्रारंभ के दो तदर्थ प्रारूपों के आधार पर ओपनिंग चैप्टर लिखने के जो प्रयास किए थे उन पर अवश्य तारीखें अंकित हैं। उन्हीं से तदर्थ प्रारूपों के लेखन-काल का थोड़ा-बहुत अनुमान हो पाता है। पहला प्रयास उन्होंने 4.7.75 को किया था, प्रातः 9.30 पर। तारीख हिन्दी में टांकी है 4.7.75 और समय अंग्रेजी में 9.30। यह ओपनिंग सीन कच्चा और अधूरा है, जो बाद में उन्हें स्वयं भी झूठा आरंभ (फॉल्स स्टार्ट) लगा होगा, सो उन चार पन्नों को उन्होंने फाड़कर फेंक दिया था। शरद नागर ने उन्हें नत्थी करके अलग रख छोड़ा था। मैंने जब फटे पन्नों को कॉपी में बचे संलग्न भाग से जोड़ा तो वे ठीक जगह लग गए और तारीख, महीना, वर्ष और समय से भी अवगत हुआ जा सका। इन पन्नों पर लेखक ने मेहतरानी भग्गो और उसकी सहेली का रसपूर्ण वार्तालाप प्रस्तुत किया है। इसमें भग्गो के पति को

सुकरू उर्फ जॉनी नाम से सम्बोधित किया है। इसके सत्रह दिन बाद 21.7.75 को फिर से उपन्यास का 'ओपनिंग सीन' लिखा और पुनः 27.7.75 को फ्लैश बैक में भग्गो और सुन्दर उर्फ जॉनी का जीवन वृत्तांत। ये तीनों इंटरव्यू वाली डायरी के 'कथानक के नोट्स' वाले प्रारूप के आधार पर विकसित किए गए हैं। 'कथानक के नोट्स' वाले प्रारूप में मेहतरानी को किसी नाम से संबोधित नहीं किया गया है। उसके पति का नाम भी सुकरू उर्फ जॉनी या सुन्दरलाल उर्फ जॉनी न होकर मेंहगेलाल है और बेटी का नाम भग्गो। 'ओपनिंग चेप्टर' लिखते समय लेखक ने मां का नाम भग्गो और बेटी का नाम लछमनिया कर दिया है। फिर आगे इस वृत्तांत के आधार पर जितने भी प्रारूप बनाए हैं या विकसित किए हैं उनमें ये ही नाम हैं। इन्हीं के आधार पर अनुमान लगाया जा सका है कि तदर्थ प्रारूपों, ओपनिंग चेप्टर और कथानक के विकास का लेखन-क्रम क्या होना चाहिए।

अनुमानतः कच्ची सामग्री का अनुक्रम

1. मेहतरानी से सुनी घटना
2. मेहतरों के इंटरव्यू और अन्य स्रोतों से उपलब्ध जानकारियां
3. अर्जित विचार बिन्दुओं और अनुभव-बिम्बों की टीपन
4. पहला प्रारूप–कथानक के नोट्स
5. ओपनिंग सीन/ओपनिंग चेप्टर का लेखन
6. दूसरा प्रारूप–झाऊलाल उर्फ स्वदेशलाल आर्य
7. अन्य प्रारूप–अध्यायों के सारांश
8. लेख–आदि कवि बाल्मीकि और श्वपच ऋषि की संतानें
9. एक अन्य प्रारूप–'नवकथानक के बीज'
10. अम्बेदकर और राइस की पुस्तकों से नोट्स
11. नन्हू/मोहना, सुपच बाबा और निर्गुन के व्यक्तित्व की रूपरेखा
12. 24.4.76 से तैयार उपन्यास लेखन का शुभारंभ
13. अन्त में तैयार उपन्यास में प्रारम्भ के आठ परिच्छेदों को जोड़ना

उद्वेलन के बिन्दु

प्रत्यक्ष में तो अमृतलाल नागर इंटरव्यूओं द्वारा मेहतरों की विभिन्न जातियां, रीति-रिवाजों, रूढ़ियों, अन्धविश्वासों, खानपान, दिनचर्या, विवाह और जन्म-मरण की रस्मों आदि की

स्थूल जानकारियां बटोर रहे थे, पर यदाकदा जब वे लोग अपनी समस्याओं, कष्टों, अत्याचारों, अन्याय, शिकायतों, इच्छाओं और महत्त्वाकांक्षाओं को प्रकट कर देते थे, तो वे उनके लिए अधिक विचारोत्तेजक होती थी। युवा वर्ग के लोगों ने उनसे कहा था कि 'स्वराज के बाद हम लोगों में शिक्षा ग्रहण करने की प्रतिस्पर्द्धा की भावना बहुत अधिक और बहुत तेजी से बढ़ी है। हम बीसवीं सदी का अंत होने से पहले ही अपने समाज से यह घृणित कर्म समाप्त कर देंगे। यह प्रण हमारे हृदयों में समा गया है।...उन सवर्णों से हम कहेंगे कि अपनी गंदगी आप उठाइए।'

अमृतलाल नागर के पास एक ओर अपने पुराने अनुभव-बिम्बों का ढेर था और दूसरी ओर उनके टूटने के साक्ष्य भी थे। ये दोनों ही उनके मानस को उद्वेलित कर रहे थे। इस उद्वेलन में उनकी मनोतरंगें क्या थीं और उनमें झूलता उनका मन क्या सोचता और निष्कर्ष निकाल रहा था, सौभाग्य से इसके साक्ष्य उनके छुट्टा कागजों पर टांकी गई सामग्री से मिल जाते हैं। अपनी मनोतरंगों के चिन्ह लेखक कब और कहां छोड़ देता है नहीं कहा जा सकता। पर जब वे उपलब्ध होते हैं तब वे रचना-प्रक्रिया के रहस्य को खोलने के महत्त्वपूर्ण सूत्र-संकेत साबित होते हैं। इस तरह के कुछ साक्ष्य अमृतलाल नागर द्वारा टांकी उस सामग्री में मिल जाते हैं जो उन्होंने चार फुलस्केल पन्नों और लाइनवाली छोटी कॉपी के पन्नों पर टांकी है। इसके लेखन काल का कोई भौतिक सूत्र हमारे पास नहीं है। फिर भी यह टीपन ही हमें कुछ संकेत दे देती है। यह सारी टीपन पहले तदर्थ प्रारूप बनाने से पूर्व की होनी चाहिए क्योंकि उस कथ्य के स्वर से मेल खाती है। लेखक द्वारा लिखे ये पन्ने विभिन्न समय पर लिखे लगते हैं क्योंकि लिखने की गति की भिन्नता के कारण हस्तलिपि की बनावट में अन्तर आ गया है। एक ही बात को भिन्न-भिन्न दृष्टि और ढंग से समझने की कोशिश यह प्रकट करती है कि ये चारों पन्ने विभिन्न समय पर लिखे गए हैं और उद्वेलन की अवस्था में ही टांके गए हैं। इतने उद्वेलन में कि जिन डायरी और कापियों में 'नाच्यौ बहुत गोपाल' की सामग्री नोट कर रहे थे, उनमें से किसी को ढूंढ़कर लिखने का उनमें धैर्य नहीं था, और न ही लिपिक के आ जाने के इंतजार या सब्र। वैसे भी रचना-प्रक्रिया कोई योजनाबद्ध प्रक्रिया नहीं है। इसकी प्रारंभिक अवस्था में तो लेखक की मानसिक प्रक्रियाओं की गति अत्यंत तीव्र होती है। भाव तरंगें और विचार तरंगें इधर-उधर दौड़ने लगती हैं और लेखक उनसे इतना आंदोलित हो जाता है कि वह बहुत योजनाबद्ध ढंग से न तो सोच पाता है और न ही क्रम में उन्हें टीप पाता है। ऐसा प्रतीत होता है कि अब अमृतलाल नागर के मानस में उस घटना से उपन्यास का बीज पड़ गया और उन्होंने मेहतरों से इंटरव्यू लेने शुरू किए तब उनका साक्षात्कार जिन नए सत्यों से हुआ तब उनका मानस अत्यंत सजग और क्रियाशील हो उठा होगा।

उन्होंने अनुभव किया होगा कि समय के बदलाव के कारण लोगों के विचारों में अवर्ण और सवर्ण के भेदभाव की भावना कम तो हुई है पर पूरी तरह मिटी नहीं है। क्यों नहीं मिट सकी है यह बात उन्हें चिंतन के लिए उकसा रही होगी और उन्हें कुछ निष्कर्ष निकालने को प्रेरित भी कर रही होगी। इन पन्नों पर टांके विचार-बिन्दु उनके मन की उसी हलचल को प्रतिबिम्बित करते हैं। उन्होंने अपने बचपन के दो बिम्बों के साथ वर्तमान स्थिति में बदलाव के बिम्बों को भी टांका है। पहला बिम्ब इस तरह टांका है–

'मैंने अपने बचपन में नौकरों और नीच कौमों को सवर्णों के बच्चों तक से मार खाते और गालियां खाते सुना है। वे कुछ भी प्रतिकार न कर सकते थे। उनमें सिर उठाने का साहस ही न था। समय बदला, अब आप मार-पीट और गाली-गलौज नहीं कर सकते...पर सामाजिक असमानता अब भी उनका पीछा किए हुए है। वह गति और अगति की स्थिति में है।'

दूसरा बिम्ब इस तरह टांका है–

'मेरे बचपन में द्विजत्व की खासी महिमा थी। हां, निर्धन द्विज की स्थिति तब भी हीन थी। यानी पांडे चपरासी, गुमाश्ता, कारिन्दा होने पर उन असवर्णों से आर्थिक हैसियत में बराबरी पर समाज में अब भी पूज्य हैं। नौकर रखने वाले भी यह ध्यान रखते हैं कि महाराज से क्या-क्या काम कराना चाहिए क्या नहीं। ब्राह्मण छोटी हैसियत की यातना सहता हुआ भी वरेण्य था–पंडित, महाराज के नाम से संबोधित होता था। पित्तरपक्ष में 'साहब' की लेडी हुकुम करती थीं–'महाराज तुम भी तो ब्राह्मण हो, फिर किसको न्यौतें, तुम्हीं सराध खा लेना।' यानी महाराज पुरखों के प्रतीक बन सकते थे। वे पूज्य भी थे और अपूज्य भी।'

अन्य तीन पन्नों पर उन्होंने जो टांका है उससे पता लगता है कि उनका चिंतन कभी अवर्णों पर हुए अत्याचारों पर अटक जाता था, तो कभी इस सन्दर्भ में छायावाद द्वारा भारतीय संस्कृति की अंतर्विरोधी व्याख्या से दुखी होता था और कभी गांधीजी के प्रयत्नों पर विराम लगने से क्षोभ का अनुभव करता था। अंततः वे पाते हैं कि हरिजनों के हितों में बने कानून और लोगों की सवर्ण-अवर्ण के भेदभाव को मिटानेवाली विचारधारा के प्रचार-प्रसार के बावजूद मन से यह भेद-भाव नहीं मिटा है। यानी आन्दोलन के रूप में तो इसने काफी जोर पकड़ा, पर लोगों के हृदय से ऊंच-नीच की भावना नहीं निकल पाई। लेखक ने इस बात का चिंतन किया कि आखिर इसका कारण क्या है और अपने चिंतन का निचोड़ निकाला कि अभी परंपरा और आधुनिकता में द्वन्द्व की स्थिति बनी हुई है, सारा कुछ गति और अगति की स्थिति में है।

अवर्णों के प्रति अहितकर दृष्टिकोण और ऊंच-नीच तथा वर्ण-भेद के संस्कारों

से लोगों के मुक्त न हो पाने के कारण अमृतलाल नागर चिंतित हुए होंगे और उसी ने उन्हें इस बात के लिए प्रेरित किया होगा कि इस मानसिकता से लोगों को मुक्त कराना चाहिए। शायद इस भाव ने उन्हें इतना अधिक उद्वेलित किया कि उन्होंने अवर्णों की पुरानी और नई जीवन-स्थितियों और उनके सुधार के सुझाव बारह बिन्दुओं को पांच अलग पन्नों पर लिपिक या किसी अन्य व्यक्ति या बच्चे से नोट करा डाले। इनमें मुख्य बातें ये थीं कि स्वतंत्रता से पहले छूआछूत अधिक मानी जाती थी। गांवों में अभी भी हरिजनों को कुओं से पानी नहीं भरने दिया जाता, मंदिरों में नहीं जा सकते। बंटवारे के समय गांधीजी के सामने उन्होंने अलग आवाज उठाई थी कि हमें हरिजन कल्याण समिति चाहिए, पर तब से अब तक ऐसा न हो सका। लोग अभी भी तिरस्कार की दृष्टि से देखते हैं। ब्रिटिश फौज में मेहतरों के लड़के लिए जाते थे और उनकी नीची जाति के होने पर कोई एतराज नहीं किया जाता था।...उन्होंने यह गंदा कार्य अपनाने के दो कारण भी नोट कराए हैं–एक तो औरंगजेब ने कट्टर मुस्लिम-पंथी होने के कारण लोगों से यह गंदा काम अपनाने को कहा। अन्यथा उन्हें विधर्मी कर देता। दूसरे, श्वपच ऋषि की कथा भी यहां फिर से नोट कराई है। यानी इस वर्ग के गंदा कर्म अपनाने की कचोट तो उनके मन में निरंतर बनी रही थी। इसी में उन्होंने इंटरव्यू से प्राप्त उन जानकारियों को भी टंकवाया है कि इस वर्ण में शिक्षा का प्रसार हो रहा है। लगभग 50 प्रतिशत लोग तो पुश्तैनी काम करते हैं और अन्य पढ़े-लिखे दफ्तरों में काम कर रहे हैं और अपनी जाति वालों पर दबाव डालते हैं कि यह गंदा पेशा छोड़ दें। अंतिम दो बिन्दुओं में उन्होंने उनके हितार्थ सुझाव भी टंकवाए हैं कि–'हरिजन कल्याण समिति बनानी चाहिए, हरिजनों की बस्ती में सफाई व्यवस्था हो, सवर्ण लोग अथवा पूंजीपति जमीनें तक छीन लेते हैं ऐसा अत्याचार बंद होना चाहिए।'

दोनों प्रकार के छुट्टा पन्नों पर टंके विचार लेखक के मन की अकुलाहट को व्यक्त करते हैं। साथ ही इस बात को भी प्रकट करते हैं कि इन्हीं से उद्वेलित होकर उन्होंने सृजनावेग का अनुभव किया होगा और वे उपन्यास के तदर्थ प्रारूप बनाने में प्रवृत्त हो उठे होंगे।

अन्य उत्प्रेरक घटनाएं

पुराने-नए बिम्बों, भाव-तरंगों और विचार-तरंगों के अलावा अमृतलाल नागर को उपन्यास अवतरण के लिए वे घटनाएं भी उकसा रही होंगी जो उन्होंने अपने मित्रों से सुनी थीं। उन्होंने उपन्यास के तदर्थ प्रारूप जिन घटनाओं के आधार पर बनाए हैं उनके संकेत समालापों और पुस्तक 'टुकड़े टुकड़े दास्तान' में मौजूद हैं। समालाप में

उन्होंने बताया कि उनके मित्र ब्रजमोहन दास व्यास (जो इलाहाबाद संग्रहालय के निदेशक थे) ने उन्हें एक घटना सुनाई थी कि प्रयाग के दारागंज मोहल्ले में कोई पत्रकार चतुर्वेदी रहते थे। 1930-35 के आसपास गांधीजी के हरिजनान्दोलन की लहर के उत्साह में उन्होंने एक मेहतरानी को अपना लिया था, जिसके कारण उन्हें जातिच्युत होना पड़ा था और वह शहर छोड़कर किसी दूसरी जगह चले गए थे। दूसरी घटना चौक के दिगम्बर जैन पुस्तकालय में कार्यरत छिद्दू कहार ने उन्हें युवावस्था में सुनाई थी। उसने बताया था कि गांव में किसी राजघराने की विधवा युवती से उसका प्रेम सम्बन्ध हो गया था। उससे गर्भ रह गया तो डर के कारण वह गांव से भाग आया। (समालाप)। इस घटना का विस्तृत उल्लेख अमृतलाल नागर ने 'टुकड़े टुकड़े दास्तान' में भी किया है। उन्होंने 'कॉमरेड छिद्दू' शीर्षक से एक पूरा का पूरा संस्मरण लिखा है और बताया है कि छिद्दू उनसे आठ-नौ वर्ष बड़ा था, पर दोनों में मित्रवत् व्यवहार था। हंसी-मजाक होता था, दिल की बातें होती थीं। उसे उपन्यास पढ़ने का शौक था। भांग की लत उसी ने उन्हें लगाई थी। एक दिन गम्भीर हो गए और बोले, 'इन बड़े घरों की बड़ी-बड़ी औरतों का भिरिस्टाचार मैं स्वयं भोग चुका हूं...और उन्होंने बताया कि उनके पिता अवध के किसी ताल्लुकेदार के यहां नौकरी करते थे...तेरह-चौदह वर्ष की आयु में व्यस्का रानी साहिबा को ऐसा सुहा गए कि एक दिन उन्होंने छिद्दू को पकड़कर बंद कर लिया और छिद्दू के लिए काम-क्रीड़ा के द्वार खुल गए। रानी की इस कुत्सित कामकेलि का पता उसकी एक विधवा नवयुवती ननद को चल गया। उसने भी इनसे अपने सिखे भिड़ा लिए।' अंत यह कि उस विधवा को गर्भ रह गया और छिद्दू डर के कारण गांव से भाग आया।

पहले असामयिक अवतरण की तैयारी

मेहतरों से इंटरव्यू वाली डायरी में इंटरव्यूओं के बाद अमृतलाल नागर की हस्तलिपि में कुछ विचार-बिन्दु और इसके तुरंत बाद 'कथानक के नोट्स' शीर्षक से उपन्यास के कथानक की रूपरेखा लिखी मिलती है। इससे अनुमान यह होता है कि अवर्णों की स्थिति से आर्द्र उनके मन ने चतुर्वेदी वाली घटना से इतना अधिक तादात्म्य स्थापित कर लिया था कि उद्वेलन की अवस्था में ही उनमें उपन्यास के अवतरण की अभिलाषा जाग उठी थी। वैसे भी उद्वेलन और प्रस्फुटन में बहुत अधिक अन्तराल नहीं होता। प्रायः उद्वेलित होने की अवस्था में ही उपन्यासकार अभिव्यक्त करने के प्रयासों में भी जुट जाता है। इसी प्रक्रिया के तहत अमृतलाल नागर के मन में अवर्णों के प्रति जो आर्द्रता थी, करुणा और सहानुभूति थी, सदियों से कुचले-दबे हुए इस मानव-वर्ग के

जी में जी डालकर देखने की जो उत्कट इच्छा थी, उस ब्राह्मणी के मेहतर युवक के साथ भाग जानेवाली घटना सुनाते समय उस मेहतरानी ने जो कुंठा व्यक्त की थी कि 'हुजूर, कसूर बड़ों का होता है, लेकिन सजा छोटे ही पाते हैं।' सर्वाधिक पीड़ित लोगों को इंसान समझने और उन्हें बराबरी का सामाजिक सम्मान दिलाने के उनके इच्छुक मन ने अवर्णों के हित और उत्थान के लिए जो सुझाव टंकवाए थे, उन सबने मिलकर पत्रकार चतुर्वेदी की सुधारवादी और आदर्शवादी भावना से बहुत जल्द तादात्म्यीकरण कर लिया होगा। यही कारण है कि अनुभवों को पकाए बिना उस घटना को अन्य कोणों से देखे बिना, समस्या के अन्य आयामों को सोचे-समझे बिना ही अमृतलाल नागर ने उपन्यास का असामयिक अवतरण कर डाला। इस तदर्थ असामयिक अवतरण में वे सारे बिम्ब और अनुभव आरोपित हैं जो उनके मानस में तब तक अंकित थे। 'कथानक के नोट्स' से पूर्व उन्होंने Our Complex शीर्षक से जो बिम्ब और बिन्दु टांके हैं वे उनके तब तक के अनुभवों के ही प्रतीक हैं। वे उच्च वर्ण और अवर्ण के सम्बंधों, आपसी सरोकारों ओर सोच को प्रकट करते हैं। (देखें, टीपन 1) किसी रंगीले बुड्ढ़े का किशोर बच्चे के गाल पर सफेद चकत्ते देखकर यह सिखाना कि 'जाकर किसी सलोनी मेहतरानी से चिपक जा, ठीक हो जाएंगे।' इस बात का संकेत है कि अवर्ण स्त्रियों को सवर्ण लोग टोटके हंसी-मजाक, ठिठोली और कामवासनापूर्ति का साधन मानते रहे हैं, और यह भी कि यह बात सवर्णों में संस्कार की तरह डाल दी जाती थी और इस पर गर्व भी किया जाता था। अमृतलाल नागर ने अपने लेख 'आदि कवि बाल्मीकि और श्वपच ऋषि की संतानें' में इस मानसिकता पर यह कहकर आक्रोश व्यक्त किया है कि 'ऊंचे वर्ण के लोगों ने अपनी जाति मर्यादा की ऊंचाई सदा एवरेस्ट से भी ऊंची रखकर हीन जाति की स्त्रियों के साथ मनमानी की है और उनके पुरुषों से दास का काम कराया है। दासियों का उपयोग बिना धर्मच्युत हुए सदियों से साधिकार करना सवर्णों के दमन का द्योतक है।'

Our Complex वाले पन्ने के निचले हिस्से पर अमृतलाल नागर ने दो अवर्ण सहेलियों का एक वार्तालाप भी टांका है, जिसमें एक सहेली दूसरी से कहती है कि 'मर्द जितना खूंखार है उतना कोमल भी है। बिलकुल बच्चा। जरा हाथ फेर दो तो तुम्हारे जादू में बंधा रह सकता है। मैं भी अपनी इसी तरकीब से आई हूं।' इससे यह ध्वनित होता है कि अवर्ण स्त्रियां भी सवर्ण पुरुषों को आकर्षित करने और वश में रखने की कला जानती हैं। ये टीपन इस बात के प्रमाण हैं कि अमृतलाल नागर तदर्थ अवतरण तक सवर्ण और अवर्ण के सम्बंधों और सरोकारों के कार्य-कारण में इन्हीं दो बातों को निहित मान सके थे।

अगले पृष्ठ पर अमृतलाल नागर ने 'महत्त्वपूर्ण द्वन्द्व' शीर्षक से इन दोनों वर्णों

के चरित्रों के सम्बन्ध और सरोकार, संघर्षों और द्वन्द्वों के जो संकेत टांके हैं वे कथानक-अन्वेषण की दिशा का संकेत देते हैं। (देखें, टीपन 2)। जिस बिन्दु पर वे खास जोर देना चाहते हैं उसे उन्होंने लाल स्याही से बॉक्स बनाकर रेखांकित भी किया है। उन्होंने टांका–मेहतरानी की हीन भावना (भग्गो की मां) एक क्षण के लिए अपना सांस्कारिक हीनतम अस्तित्व भूल नहीं पाती है। वह स्वयं तो कहीं कम पर अपनी बस्ती-समाज के देखे-सुने संस्कारों से यह जानती है कि सुन्दर स्त्रियां छिपकर ऊंचे वर्णों की भोग्या बनती हैं। बस भोग होता है, श्रेष्ठ वर्ण और किसी प्रकार से खान-पान सम्बन्ध नहीं रखता–भोग के पैसे टिकाकर मानो वह शुद्ध हो जाता है (और फिर किसी आदर्शवादी सवर्ण की सद्‌भावना से परिचित होना ('पर यह नहीं जानती कि कोई उच्चवर्ण का व्यक्ति पूर्णरूपेण अपने आपको उसके व्यक्तित्व में जोश से समाहित करने का प्रयास करता है।') तथा लेखक का अपने लेखकीय व्यक्तित्व को यह निर्देश देना और लाल स्याही से रेखांकित करना कि 'इसी तरह उस ठाकुर साहब को देखो जिन्होंने...यह साहस किया था ? पग-पग पर सामाजिक हिप्पोक्रेसी, पग-पग पर गुप्त जीवन में आत्म सुधार'–ये वे संकेत हैं जो अन्तर्वस्तु, कथ्य और कथानक-अन्वेषण तीनों को संजोए हुए हैं। यह तमाम टीपन व्यक्त करती है कि अमृतलाल नागर उपन्यास के पूर्वार्द्ध में मेहतर जीवन, उनकी कुंठाओं, सवर्णों के साथ इनकी स्त्रियों के लुके-छिपे काम-सम्बन्धों का चित्रण करना चाहते हैं और उत्तरार्द्ध में हरिजनोद्धार की लहर का। इन दोनों स्थितियों के बीच ही शायद वे यह दिखाना चाहते हैं कि कोई उच्चवर्ण का व्यक्ति पूर्णरूपेण अपने आपको उसके व्यक्तित्व के जोश में समाहित करने का प्रयत्न करता है...ठाकुर साहब। शर्माजी ने यह साहस किया, पर पग-पग पर सामाजिक हिप्पोक्रेसी...आत्मसुधार।' यानी इस संधि-बिन्दु (जिसे उन्होंने in J.C. अंकित किया है–शायद Joining Course. के लिए) को वे हाई लाइट करना चाहते हैं। ऐसा प्रतीत होता है कि यह संधि-बिन्दु वही है जिसे उन्होंने छुट्टा कागजों पर यह कहकर टांका था कि जमाना बदला...पर सामाजिक असमानता अब भी उनका पीछा किए हुए है। वह गति और अगति की स्थिति में है।

इस तरह अमृतलाल नागर ने उपन्यास का प्रारूप बनाने से पूर्व उसमें रेखांकित करनेवाले बिन्दुओं के विभिन्न आयामों को संक्षेप में टांक लिया था। कदाचित् इसलिए कि इनके सहारे कथानक की रूपरेखा बनाने और फिर उपन्यास लिखते समय कथानक-अन्वेषण में सुविधा रहेगी। उन्होंने स्वीकार भी किया है कि 'कथानक का एक प्रारूप जरूर बनाता हूं।' (देखें, अमृतलाल नागर का पत्र)। ऐसा प्रतीत होता है कि अमृतलाल नागर उपन्यास में आनेवाली मुख्य-मुख्य बातें भी टांकते थे और कथानक का एक प्रारूप भी उपन्यास आरंभ करने से पूर्व बना लेते थे। 'नाच्यौ बहुत गोपाल'

के सन्दर्भ में उन्होंने बिन्दुओं को टांकने के बाद उसके सम्पूर्ण कथानक प्रारूप को भी विस्तार से टांक लिया था। 'कथानक के नोट्स' शीर्षक से उन्होंने बारह परिच्छेदों में कथानक की रूपरेखा बनाई जिसमें उपन्यास का कालखंड, पात्रों के नामकरण, उनकी जीवन-स्थितियों, जिन्दगी के उतार-चढ़ाव, बदलती जीवन-स्थितियों और संघर्ष का लेखा-जोखा विस्तार से टांका।

कथानक के नोट्स का कथावृत्त

'कथानक के नोट्स' में अमृतलाल नागर ने क्रम से सारी स्थितियां रख दी हैं। पहले मेहतर दंपति की जन्मपत्रियां और जीवन-स्थितियां उन्होंने अन्वेषित की हैं। फिर उनकी कुछ बुराइयों–शराबी और बालभोगीपन तथा अंग्रेजों द्वारा उनके जीवन और पेशे में आए बदलाव का जिक्र किया। तत्पश्चात् विधवा मेहतरानी के भरण-पोषण की कठिनाइयों की स्थिति उत्पन्न कर सवर्ण विधुर युवक को द्रवित और कामाकर्षण से अभिभूत और समाज-सुधार के जोश से प्रेरित करके उन दोनों के विवाह की स्थिति उत्पन्न की। इस बिन्दु पर आकर उन्होंने आत्मसुधार और सामाजिक हिप्पोक्रेसी के संघर्ष को उभारा। पर क्योंकि उन्हें चतुर्वेदी की सुधारवादी चेतना ने अभिभूत किया था इसलिए उन्होंने सवर्ण के उदात्तीकरण की छवि विगाड़ना उचित न समझा। समाज ने क्योंकि उन दोनों के विवाह को स्वीकार नहीं किया था इसलिए उन्हें दूसरे शहर जाना पड़ा और मां-बेटी से कहना पड़ा कि वे अपनी जाति न बताएं। समझाना पड़ा कि 'बेटी, दुनिया ठीक नहीं। आज की दुनिया में सच भी झूठ का सहारा लिए बिना चल नहीं सकता। मैं चाहता हूं कि तुम अच्छी तरह पढ़-लिख लो। फिर खुलेआम घोषणा करूंगा।'

ऐसा प्रतीत होता है कि अमृतलाल नगार के पास समाज को प्रतिष्ठित और समाज-सुधारक व्यक्तियों के भी बहुरंगी अनुभव थे, सो उन्होंने इस कथानक में उन्हें भी जोड़ दिया है। इसके लिए उन्हें संयोग और घटनाओं का सहारा लेकर एक के बाद दूसरे की मृत्यु दिखानी पड़ी है। अपने मन्तव्य को पूरा करने के लिए उन्होंने बार-बार स्थितियां उत्पन्न की हैं। सबसे पहले मेहतरानी को निस्सहाय दिखाने के लिए उसके पति महंगेलाल की मृत्यु दिखलाई, फिर उसके जीवन में बल्लमटेर को लाए, जिसने मेहतरानी को पत्नी और उसकी पुत्री को बेटी का दर्जा दिया। पर यह सब अभी तक लुके-छिपे हो रहा था। अमृतलाल नागर उन्हें सामाजिक सम्मान भी दिलाना चाहते थे, इसलिए उन्होंने चेयरमैन और मैनेजर प्रकाशक, दो चरित्रों का सृजन किया। इसके लिए उन्होंने पहले बल्लमटेर वर्मा की असामयिक मृत्यु दिखाई, जिससे मां-बेटी फिर से निस्सहाय हो जाएं। चेयरमैन के रूप में उन्होंने देश के प्रतिष्ठित व्यक्ति की कल्पना

की और दिखाया कि वे देशसेवा और समाजसेवा से जुड़े हैं, और उजागर में इसी भावना से भग्गो की सहायता करते हैं। भग्गो की जाति खुल जाने से जब उसे कॉलेज के अध्यापक पद से इस्तीफा देना पड़ता है, तब वे उसका सार्वजनिक सम्मान कराकर उसकी कुंठा को धोते हैं। पर वे वृद्ध हैं, बेटे-बहूवाले हैं, सम्मानित नेता हैं इसलिए लेखक ने उनके और भग्गो के सम्बन्धों में शालीनता रखी है। पर 'मुझे पापा मत कहो,' कथन उनके छद्‌म को खोल देता है। वे भग्गो को सार्वजनिक सम्मान तो दिला सकते हैं, पर अपना नहीं सकते। न तो बेटी रूप में और न ही पत्नी रूप में। इससे ध्वनि निकलती है कि लेखक दलित को सामाजिक और सार्वजनिक दोनों प्रकार के सम्मान दिलाना चाहता है। इसलिए उन्होंने फिर से ऐसे चरित्र की कल्पना की जो दोनों उद्‌देश्यों को निभा सके। इसके लिए उन्हें चेयरमैन की एक्सीडेंट में मृत्यु दिखलानी पड़ी। फिर से मां-बेटी निस्सहाय हो गईं। अब फिर लेखक ने मैनेजर प्रकाशक की कल्पना की, जो पहले आदर्शवादी था, अब यथार्थवादी हो रहा था। वह भग्गो से आर्थिक, मानसिक और शारीरिक तीनों रूपों में लाभ उठाता है। उसकी पुस्तकें प्रकाशित कर मालामाल होता है, एक प्रबुद्ध युवा नारी का साहचर्य उसे मानसिक और शारीरिक तृप्ति देता है। भग्गो को वह इतनी प्रतिष्ठित और जानी-मानी लेखिका बना देता है कि उससे विवाह स्वयं उसका गौरव बढ़ाता है। यहां फिर लेखक ने संयोग से मैनेजर-प्रकाशक की पत्नी की मृत्यु दिखाई है, जिससे भग्गो के साथ मैनेजर-प्रकाशक के विवाह के रास्ते पूरी तरह खुल जाते हैं।

इस तरह इस कथानक में अमृतलाल नागर हरिजनोद्धार के बहुआयामी उद्धार के उद्‌बोधक बन बैठे हैं। इस कथानक द्वारा उन्होंने अपना अभिप्रेत तो सम्प्रेषित कर दिया है पर कथानक की विश्वसनीयता खो दी है। एक के बाद दूसरे उद्‌धारक के बागडोर संभालने की स्थितियां और संयोग पैदा करना अस्वाभाविक है तो दूसरी ओर चरित्रों की प्रेरणाएं भी उनकी जीवन-प्रक्रिया का अंग नहीं लगतीं। चरित्रों के क्रिया-कलाप और आपसी सरोकारों में कारणत्व थोपा हुआ लगे तो कथानक-अन्वेषण बेजान, अस्वाभाविक और अविश्वसनीय हो जाता है। यहां ऐसा ही हुआ है। अमृतलाल नागर भी इस कथानक के प्रति पूर्णतः आश्वस्त नहीं लगते, इसीलिए इस प्रारूप में हमें काटने, जोड़ने और संशोधन करने के चिह्न मिलते हैं। यह सब उन्होंने कथानक के कारणत्व वाले पक्ष को विश्वसनीय बनाने के लिए किया है।

काटे-जोड़े और संशोधित अंशों का निहितार्थ

कथानक हमेशा कारणत्व पर टिका होना चाहिए। लेखक को जहां लगता है कि चरित्र

और स्थितियों की क्रिया-प्रतिक्रिया में कहीं सूराख रह गया है या जो कथानक-अन्वेषण उसने किया है वह उसके मनतव्य को पूरी तरह व्यक्त करने में अक्षम है तब वह काटने, जोड़ने और संशोधित करने की प्रक्रिया अपनाता है। प्रारूप बनाते समय और उपन्यास लेखन के समय उपन्यासकार के मानस में यह प्रक्रिया निरंतर चलती रहती है। अपने मन्तव्य को प्रकट करने के लिए उपन्यासकार के सर्जक मानस में चरित्रों, उनकी जीवन-स्थितियों, कार्यकलापों और प्रतिक्रिया आदि के अनेक विकल्प होते हैं। वह तर्क से जांच-परख कर सबसे उपयुक्त का उपयोग करता है। कभी वह लिखते समय ही परिवर्तन कर देता है और कभी पूरा लिखने के बाद दुहराते समय परिवर्तन करता है। 'कथानक के नोट्स में दोनों ही प्रक्रियाएं देखने को मिलती हैं। जिन अंशों को अमृतलाल नागर ने लिखते समय ही काटकर फिर से लिखा है, उनमें वही स्याही और पेन का इस्तेमाल दीखता है और जिन्हें दुहराते समय काटा, जोड़ा और संशोधित किया है, वहां लाल स्याही के पेन का उपयोग हुआ है।

'कथानक के नोट्स' में काटने, जोड़ने और संशोधित करने की प्रक्रिया में उनकी दुविधा के चिह्न प्रकट हुए हैं। पर संशोधन की इस प्रक्रिया की शुरुआत प्रारूप बनाने से पूर्व के बिम्बों और विचार-बिन्दुओं से ही हो गई है।

शर्माजी/ठाकुर साहब/बल्लमटेर वर्मा

अमृतलाल नागर के मन में दुविधा का सबसे पहला चिन्ह मेहतरानी को अपनानेवाले सवर्ण की कल्पना के सम्बन्ध में प्रकट हुआ है। 'महत्त्वपूर्ण द्वन्द्व' में उन्होंने अपने लेखकीय व्यक्तित्व को जो निर्देश दिया है, उसमें पहले शर्माजी लिखा है और फिर उसे काटकर ठाकुर साहब कर दिया है। प्रारूप में वह न तो शर्माजी हैं और न ठाकुर साहब बल्कि उसके स्थान पर बल्लमटेर वर्मा की कल्पना की है। स्पष्ट ही यह परिवर्तन निरे जातीय आधार पर किया है। ऐसा प्रतीत होता है कि लेखक ने अपने मित्र ब्रजमोहनदास से पत्रकार चतुर्वेदी वाली जो घटना सुनी थी उस व्यक्तित्व को उन्होंने पहले तद्वत् रूप में टांक दिया होगा। पर रचना में किसी सदेह व्यक्ति को यथावत् प्रस्तुत करने के अनेक खतरे हैं। वैसे भी कोई उपन्यास किसी अनुभव की यथावत् प्रस्तुति न होकर उसका पुनःसृजन होता है। पुनःसृजन करते समय लेखक की दृष्टि तीन बातों को तौलती है। एक तो यह कि क्या वह वस्तु के विविध आयाम प्रस्तुत करने में सक्षम है। और दूसरा यह कि क्या वह उसके मनतव्य को, उसके अनुभव के अर्थ को प्रकट कर सकेगा ? और तीसरा यह कि क्या पाठक उसे ग्रहण कर सकेगा। यहां ऐसा प्रतीत होता है कि लेखक को पाठकों की चिंता अधिक है। शायद उसे लगा हो

कि एक उच्चतम वर्ण के व्यक्ति द्वारा निम्न से निम्नतर वर्ण की माने जानेवाली नारी को अपनाना पाठक स्वीकार न कर सके। इसलिए उन्होंने ब्राह्मण व्यक्ति के स्थान पर ठाकुर व्यक्ति की कल्पना की। ठाकुर घरानों में लुक-छिपकर निम्न वर्ण स्त्रियों से सबसे अधिक काम व्यापार होते रहे हों शायद। पर प्रारूप बनाते समय उन्होंने इसे भी बदल दिया है और एक मध्यवर्गीय वालंटियर व्यक्ति द्वारा समाज सुधार का कार्य कराया है यह उन्हें अधिक उपयुक्त इसलिए भी लगा होगा कि मध्यवर्गीय वालंटियर ही हरिजनोद्धार आन्दोलन में सबसे ज्यादा सक्रिय रहे थे।

चेतन स्तर पर लेखक के मानस में इस परिवर्तन के ये ही कारण रहे होंगे, पर रचना-प्रक्रिया के स्वभाव को देखते हुए यह भी संभव है कि तब तक वे अपने ब्राह्मण संस्कारों से मुक्त न हो पाए हों। रचना-प्रक्रिया की प्रारंभिक अवस्था में किसी वस्तु या बात के प्रति असम्पृक्तता की स्थिति नहीं आ पाती। यह आती है इंक्यूवेशन प्रक्रिया पूर्ण हो जाने के बाद। स्पष्ट ही अमृतलाल नागर उस समय तक तादात्म्यीकरण की स्थिति में ही थे। उन्होंने मेहतर समाज से इम्पैथी तो कायम कर ली थी, पर सारे परिप्रेक्ष्य को वस्तुपरक दृष्टि से तौलने की स्थिति में नहीं पहुंच पाए थे।

महंगेलाल की मृत्यु का प्रकरण

महंगेलाल को लेखक ने अवर्णों के उस समुदाय का व्यक्ति चित्रित किया है जिन्होंने अंग्रेजों के प्रभाव स्वरूप नया पेशा, नई आदतें और बुराइयां अपना ली थीं। महंगेलाल अंग्रेज बैंडमास्टर का चहेता बना। उससे बैंड बजाना सीखकर खुद बैंडमास्टर बना। यानी अन्य मेहतरों से अलग उसने अपनी पहचान बना ली पर साथ ही वह अंग्रेजों के दिए दुर्गुण का भी शिकार हुआ। इस वर्णन के बाद अमृतलाल नागर ने अपना मन्तव्य पूर्ण करने के लिए उसकी मृत्यु की सूचना यह कहकर दी है कि 'लड़की का जन्म अमृतसर में। उसी दिन जिस दिन जालियांवाला बाग में हत्याकांड हुआ। महंगे धोखे से मारा गया।' पर बाद में इस पंक्ति को काट दिया है। ऐसा प्रतीत होता है कि लिखने के तुरंत बाद ही काटा है। इसका अगला वाक्य इसका प्रमाण है। इसका अगला वाक्य है : 'मेहतरानी और महंगे बेटी को लेकर नौकरी छोड़कर भाग आए।' और दूसरा परिच्छेद इस प्रकरण पर ही समाप्त कर दिया है। तीसरे परिच्छेद में महंगे की मृत्यु का प्रकरण है और मृत्यु के कारणों में उलट-फेर कर दिया है, 'महंगे यहां आकर अधिक शराबी और निकम्मा। पत्नी की कमाई खाता है। Ultimately dies. इससे अनुमान होता है कि मेहतर समाज की बुराइयों और विकृतियों को वे विस्तार देना चाहते हैं जिससे कथ्य बहुआयामी हो सके।

ग्यारहवें परिच्छेद का पुनर्लेखन

ग्यारहवें परिच्छेद में चेयरमैन की मृत्यु के बाद भग्गो और उसकी मां के निस्सहाय होने और अन्य उद्धारक के प्रवेश का कथावृत्त है। पहले के लिखे से असंतुष्ट होकर अमृतलाल नागर ने जब संशोधन किया तब उसमें स्थितियों और उद्धारक के कार्यकलापों तथा व्यक्तित्व में अन्तर उपस्थित किया है। पहले लिखे में कथानक-अन्वेषण के कारणत्व वाले तत्त्व में जो सूराख है, उसे फिर से लिखे में संशोधित करने की चेष्टा की है। पहले लिखे में भग्गो के फिल्मी दुनिया से जुड़ने, पब्लिसिटी कांशस होने, फिल्म प्रोड्यूसरों की हरकतों से बचने, संयोग से एक प्रकाशक के प्रतिनिधि से भेंट होने, उसका पहली ही भेंट में भक्त बन जाने, उसके उपन्यासों को विभिन्न भाषाओं में प्रकाशित और समीक्षाएं कराने, विभिन्न कॉलेजों में भग्गो के भाषण कराने का कथावृत्त है। इस तरह यह उद्धारक बहुत तेजी से भग्गो के जीवन में प्रवेश करता है, जो स्वाभाविक नहीं लगता। इसमें नाटकीय तत्त्वों का उपयोग आवश्यकता से अधिक है। इन कारणों से अमृतलाल नागर ने इसे रद्द करके फिर लिखा जिसमें चेयरमैन की मृत्यु के बाद भग्गो और उसकी मां के जीवन में आई कठिनाइयों का प्रकरण रखा। वसीयत के सम्बन्ध में चेयर मैन के पुत्र की आपत्ति और विवाद, इस सिलसिले में एक नेता से भेंटकर सहायता की याचना, फिर किसी उद्घाटन समारोह में मैनेजर-प्रकाशक से भेंट, भग्गो की समस्याएं और मुसीबतें सुनकर उसका सहानुभूति प्रदर्शित करना और फिर सहायता क लिए आगे आने का प्रकरण है। मैनेजर प्रकाशक को लेखक ने पुराना देशकर्मी बताया है और कहा कि अब आदर्शवाद से उठकर यथार्थवादी बन रहा है। आगे के कथावृत्त में कोई अन्तर नहीं है। इस तरह संबोधन द्वारा लेखक ने कथानक-अन्वेषण को अधिक कारणत्वपूर्ण और स्वाभाविक बनाने की चेष्टा की है।

चूके-छूटे वृत्तांतों और प्रकरणों का समोवश

अमृतलाल नागर ने यह स्वीकार किया है कि वे लेखन-प्रवृत्त होने से पूर्व कथानक का एक प्रारूप जरूर बनाते हैं, पर वे प्रारूप में भी जोडना, घटाना, बदलना, संशोधन करते थे यह 'नाच्यौ बहुत गोपाल' की कच्ची सामग्री से पता लगता है। उन्होंने महंगेलाल के मृत्यु-प्रकरण और ग्यारहवें परिच्छेद में परिवर्तन ही नहीं किया अपने पहले प्रारूप को इस दृष्टि से भी जांचा-परखा है कि कहीं पात्रों के सामाजिक और मनोवैज्ञानिक सरोकारों के उद्घाटन में उनसे कहीं चूक तो नहीं हो गई। 'कथानक के नोट्स' में कई जगह इस प्रकार के चिह्न मिलते हैं। इसमें उन्होंने तीन महत्त्वपूर्ण प्रकरण

जोड़ने के निर्देश लाल स्याही से अंकित किए हैं। सर्वाधिक महत्त्वपूर्ण प्रकरण है मेहतरानी का उस घर में पत्नी रूप में प्रवेश करने का जहां वह बीते दिनों कमाने का कर्म करने जाया करती थी। इस स्थिति के मनोवैज्ञानिक और सामाजिक सरोकारों के सम्बन्ध में उन्होंने टांका : उधर मेहतरानी और भग्गो को उस घर व किचन में प्रवेश करते आंतरिक झिझक आई। घर और मोहल्ले में कमाना छोड़ा। टोटल बायकाट के कारण नगर त्याग।'

अन्य दो प्रकरण चेयरमैन और प्रकाशक से सम्बंधित हैं। ऐसा प्रतीत होता है कि चेयरमैन को देश और समाज का प्रतिष्ठित व्यक्ति के रूप में चित्रित करने के साथ-साथ अमृतलाल नागर उसकी हरिजनोद्धार की प्रेरणा में उसकी कामवासना को भी शामिल करना चाहते हैं। इसलिए उन्होंने तीन स्थलों पर हाशिए पर नोट किया– 1. चेयरमैन बड़े नेता हैं। सेंटर में M.L.A. है। बड़े प्रतिष्ठित और दयालु हैं। 2. चेयर विधुर/लड़का-बहू परदेश में रहते हैं। भग्गो उनकी सेवा करती है। एक बार पापा कहा था। 'मुझे पापा मत कहो' वकील ने कहा। 3. इसी बीच में बूढ़े वकील के भग्गों से प्रेम-संबंध गुप्त। वकील साहब अति प्रसिद्ध नेता हैं। सेंटर में एम.एल.ए. हैं। इस अंतिम को बाद में काट दिया है शायद यह सोचकर कि चेयरमैन के इस रूप का इतना खुलासा उल्लेख ठीक नहीं है, संकेत भर काफी है और वह 'मुझे पापा मत कहो' से ही व्यंजित हो जाता है। चेयरमैन के दुष्ट व्यक्तित्व को चित्रित करने के लिए ही लेखक ने ये संकेत नोट किए हैं।

चेयरमैन के बाद हरिजनोद्धार की बागडोर संभालने वाले मैनेजर-प्रकाशक को भी लेखक ने दुहरे व्यक्तित्व वाला चित्रित करना चाहा है। इसलिए बाद में हाशिए पर टांका–(1) काले धन के कारण प्रकाशक ने मैनेजर के नाम से दुकान खुलवाई–स्वदेशी स्टोर। पर स्टोर राज्य द्वारा जुर्माने में जमा और नीलाम। जेल से लौटकर उसने किताबों का धंधा उसी दुकान में किया।

'कथानक के नोट्स' का कथ्य

'कथानक के नोट्स' के रूप में अमृतलाल नागर ने उपन्यास का जो प्रारूप बनाया है उसका कथावृत्त हरिजनोद्धार की वकालत करता है। इसमें मां और बेटी दो-दो दलित नारियों का उद्धार हुआ है। पूर्वार्द्ध का कथावृत्त मां के जीवन संघर्ष से घिरा है और उत्तरार्द्ध का बेटी के। पहले में एक आर्यसमाजी समाज-सुधार के जोश में मां से विवाह करता है और दूसरे में सवर्ण वातावरण में पली-बढ़ी शिक्षित बेटी स्वयं इतनी प्रतिभाशाली और प्रतिष्ठित हो जाती है कि सवर्ण उसे अपनी पत्नी बनाकर गौरवान्वित

होता है। सामाजिक हिप्पोक्रेसी के कारण पहले उद्धारक को अपना नगर त्यागकर दूसरी जगह जाकर मां-बेटी की जाति छिपाकर रहना पड़ता है, पर दूसरे में वैसा करने की कोई जरूरत नहीं है। जाति खुल भी जाती है तो सवर्ण समाज में क्षणिक उद्वेलन के बाद जल्द ही समाप्त भी हो जाती है। इस तरह यह दलितों की दो पीढ़ियों की कहानी है जो लेखक के हरिजनोद्धार के कथ्य को प्रकट करती है। पर इसमें दूसरी पीढ़ी के स्वाभिमान और अस्मिता-प्रतिष्ठा का जो अभिनन्दन हुआ है वह संकेत है कि अमृतलाल नागर दलितों के स्वाभिमान और अस्मिता-प्रतिष्ठा के हिमायती के रूप में उभरकर आए हैं।

'कथानक के नोट्स' में मूल घटना से विचलन क्यों

इस कथानक के सम्बन्ध में कई सवाल उठते हैं। सबसे पहला सवाल तो यही उठता है कि जिस घटना ने लेखक को विचलित किया था उसकी छाया तक इसमें नहीं है। वह घटना क्यों कथानक का आधार नहीं बनी ? लेखक ने क्यों अछूतोद्धार को कथ्य बना लिया ? उत्प्रेरक घटना में एक ब्राह्मणी मेहतरानी बनने चल दी थी। पर यहां मेहतरानी को सम्मानित जीवन जीने की ओर अग्रसर किया है। आखिर क्यों यह विचलन हुआ था ? उस घटना की लेखक पर उलटबांसी प्रतिक्रिया क्योंकर हुई ?

ऐसा प्रतीत होता है कि उस घटना ने लेखक को अपने उपन्यास की अन्तर्वस्तु तो सुझा दी थी, पर वे उस घटना को पचा नहीं पाए थे। शायद वह घटना उनके गले नहीं उतर रही थी, क्योंकि अभी तक उन्होंने उस उद्दीपक घटना के विपरीत ही देखा सुना था। निम्नवर्ण नारियां उच्च वर्ण पुरुषों के लिए कामवासना की तृप्ति का उपकरण बनती रही थीं। पर लुक-छिपकर ही यह सारा व्यापार होता था। इसके अलावा हरिजनोद्धार के प्रयासों का इतिहास भी लेखक के सामने था। आर्य समाज और गांधीजी के हरिजनोद्धार की लहर का प्रभाव वह अपने जीवन में देख चुके थे, इसका अर्थ यह हुआ कि लेखक के मानस में भूतकालीन अनुभव-बिम्ब ही अधिक प्रबल थे। पत्रकार चतुर्वेदी वाली जो घटना उन्होंने सुनी थी, वह भी इन अनुभवों से मेल खाती थी। उनके अनुभवों, आस्थाओं और आग्रहों ने उन्हें करुणार्द्र कर दिया था। वे मेहतरों से घुल-मिलकर उनके इंटरव्यू भी ले रहे थे 'सदियों से दबे-कुचले इस मानव वर्ग के जी में जी डालकर देखने की उनकी इच्छा और उनके हितार्थ कामना ने ही उनसे ऐसे कथानक की बुनावट करा दी होगी। अवर्ण स्त्रियों के प्रति कामाकर्षण का उदात्तीकरण समाज के हित में भी था। अपने मन्तव्य को स्वीकार्य बनाने के लिए उन्होंने कालखंड भी हरिजनोद्धार वाला ही रखा है। हरिजनोद्धार आन्दोलन हरिजनों में भी ऊपर उठने

की चेतना जाग्रत कर रहा था। इंटरव्यूओं में भी उन्होंने इस बात का अनुभव किया था। भग्गो का पढ़ना-लिखना, उसकी चेतना, उसका लेखन-कर्म उसी मन्तव्य को पूरा करता है।

इस तरह उस उत्प्रेरक घटना से लेखक का विचलन भावुकतापूर्ण उद्वेग के कारण हुआ था। उपन्यास की रचना-प्रक्रिया का स्वभाव और अध्ययन भी इस बात को व्यक्त करता है कि प्रथम उद्वेलन में उपन्यासकार असम्पृक्त नहीं रह पाता। उसके आग्रह, उसकी आकांक्षाएं, उसकी रुचियां उस उद्वेग में हावी रहती हैं। इसके अतिरिक्त किसी बात या घटना का मर्म तुरंत समझ में नहीं आता। पहले टकराव में वह उपन्यासकार को आंदोलित तो करती है, पर उद्वेग और उत्तेजना के स्तर पर ही। उद्वेग और उत्तेजना के कारण उपादान पीछे छूट जाता है और संवेग प्रमुख हो जाता है। अनुभूति की दृष्टि से रचना-प्रक्रिया में एक ऐसी स्थिति आती है जब रचनाकार उपादान के प्रति अन्यमनस्क सा होकर अपने संवेगों में अधिक लिप्त हो जाता है। इसलिए यहां भी वह उत्प्रेरक घटना पीछे छूट गई और उससे उत्पन्न संवेग प्रमुख हो गया। उसी के वशीभूत होकर अमृतलाल नागर झूठे सृजनावेगवश उपन्यास का असमायिक अवतरण कर बैठे थे।

'कथानक के नोट्स' में जो कथानक अमृतलाल नागर ने अन्वेषित किया है, उससे रचना-प्रक्रिया का एक अन्य सत्य भी उजागर हुआ है। उनके मानस में अनेक अनुभवों और सूचनाओं का बवंडर तो था, पर अभी वे उन सबका विश्लेषण और संश्लेषण नहीं कर पाए थे। वे सब उनके मानस में कच्चे और स्थूल रूप में ही स्थित थे। उनकी गंध तो वे पकड़ पाए थे पर उनके अर्थ अभी उनकी समझ से परे थे। सौंदर्य-बोध की प्रतीति अभी काफी दूर थी। अन्तर्दृष्टि का वह क्षण अभी नहीं आया था जो उन्हें अनुभवों के अर्थ से परिचित कराता। उद्वेलित होने के कारणों के अनुसार ही लेखक चरित्र, घटनाएं, स्थितियां या कुल मिलाकर कथानक की रूपरेखा बना लेता है। वही यहां अमृतलाल नागर ने किया था।

उपन्यास का आरंभ करने के प्रयास

ऐसा प्रतीत होता है कि अमृतलाल नागर के मानस में सूचनाओं, अनुभव-बिम्बों और घटनाओं का इतना अधिक अंबार था कि उन सबने मिलकर उन्हें उद्वेलित करके उनमें उत्कट सृजनावेग भी उत्पन्न कर दिया था। उन्होंने तुरंत उपन्यास के कथानक का प्रारूप ही नहीं बनाया वरन् वे उपन्यास का आरंभ करने को भी संकल्पबद्ध हो गए। और जैसा कि उनका अभ्यास था उन्हें हाथ से लिखना कितना भी असहज लगता हो,

पर अपनी रचना का शुभारंभ वे स्वयं ही करते थे। उन्होंने एक कॉपी उठाई और उसके पहले पन्ने पर।।श्री राम।। अंकित करके (यह भी उनकी आदत में शुमार था कि वे राम का नाम लेकर ही किसी बात का शुभारंभ करते थे), अगले पन्ने पर 4.7.75 तारीख डालकर प्रथम परिच्छेद का आद्य दृश्य लिखना आरंभ कर दिया। इसमें दो सहेलियों का चुहुलपूर्ण वार्तालाप है जिससे ज्ञात होता है कि भग्गो नाम की सहेली आर्यसमाजी बाबू की बात मान लेने को कहती है। स्पष्ट ही यह आरंभ और उसके प्रसंग पहली और दूसरी टीपन के बिम्ब, बिन्दु और महत्त्वपूर्ण द्वन्द्व के आधार विकसित किए गए हैं। इसके अलावा इसमें भग्गो के दिवंगत पति का व्यक्तित्व 'कथानक के नोट्स' में चित्रित महंगेलाल से गढ़ा गया है और सहेली जिस आर्यसमाजी बाबू की बात मान लेने को कहती है, वह कोई और नहीं 'कथानक के नोट्स' का वह सवर्ण पुरुष ही है जिसके सम्बन्ध में टीपा गया था कि मां के रूप-लावण्य और शरीर का लालची विधुर बल्लमटरे वर्मा...प्यार और समाज सुधार के जोश में भग्गो की मां से विवाह कर लेता है। (देखें, टीपन 3)

उपन्यास का उपरोक्त आरंभ आकर्षक, उत्सुकतापूर्ण और कथानक-अन्वेषण के सूत्र छोड़ने वाला है। इसमें लेखक ने कथानक-अन्वेषण के सूत्रों का खुलासा आरंभिक और अंतिम वाक्य में कर दिया है–'तू मेरी बात मान भग्गो। बीती को बिसार देने में ही भलाई है...अभी तो मार्दुये तेरे नाम पर लार टपकाते हैं...तू आरिया समाजी बाबू की बात मान ले।'

पर बाद में अमृतलाल नागर को यह 'ओपनिंग सीन' और उसके द्वारा कथानक-अन्वेषण के सूत्र निकालने का ढंग जंचा नहीं तो असंतुष्ट होकर उन्होंने इन पन्नों को काटकर खारिज ही नहीं किया, बल्कि फाड़कर भी फेंक दिया था, जिसका जिक्र पहले भी किया जा चुका है। पर अभिव्यक्ति की चिंता और उलझन उनमें अभी भी बनी हुई थी, इस बात के साक्ष्य हैं वे चार पन्ने जिन पर उन्होंने छिट्पुट बिन्दु और बिम्ब टांके हैं। पहले पन्ने पर दो पियक्कड़ दोस्त चेतू और कल्लू विलायती शराब पी रहे हैं और पिनक में दिवंगत जॉनी की याद कर रहे हैं। दूसरे पन्ने पर केवल ढाई पंक्तियां लिखी हैं जिनमें जिक्र है कि (इन दोनों मित्रों को) आज दो-दो जगह बैंड बजाने के बीस रुपए मिले थे। 'किंग इंडियन बैंडवालों के लिए वह रात ज्यौनार की रात हो गई।...' तीसरे पन्ने पर स्वचेतना–सब पात्र, जातिवालों में स्वप्रेम भी, घमंड–बहुतों के घमंडों से सदियों से दबा हुआ होने पर भी अपने वर्ग में उत्पन्न होता है, 'हठधर्मिता'–अपने-अपने अनुपात में और अंतिम 'भग्गो चुप्पी पर सबसे अधिक रहेगी' लिखकर, बाद में इस पर क्रास का चिह्न लगा दिया है। ये आधी अधूरी अस्पष्ट टीपन लेखक के मन्तव्य को स्पष्ट नहीं कर पाती। चौथे पन्ने पर लिखा है–'छूआछूत

समाप्त हो गई–कहीं-कहीं पर है, फौज में काम करते थे, चाहे हिन्दू हो या मुसलमान हो, लड़की हो या लड़की' लिखने के बाद हाशिए पर टांका–भद्दे सप्रवेश वेदकुमार।

इन पन्नों पर अंकित आधे-अधूरे वाक्य अमृतलाल नागर के मानसिक संघर्ष, दुविधा और चिंतन को प्रकट करते हैं। ऐसा प्रतीत होता है कि इन दिनों निरन्तर उपन्यास के उपयुक्त, अभिप्रायपूर्ण और दमदार आरंभ करने के विकल्पों से जूझते रहे थे। नए सिरे से थीम उठाने के विकल्प ढूंढ़ने की चेष्टा में फिर उनकी दृष्टि अंग्रेजों द्वारा मेहतरों को दी सुविधाओं और छूट, आदतों और शराब, बैंड बजाने की कला और उनकी स्त्रियों से नाजायज सम्बन्धों और संतानों की ओर गई होगी। उन्हीं के द्वारा आरंभ करने का तर्क यह रहा हो कि जब मेहतरों के जीवन को थीम बनाकर लिख रहे हैं तो उनकी जिन्दगी के विविध आयामों के चित्रण से आरंभ करना समीचीन होगा। 21.7.75 को यानी पहले लिखे के लगभग 15-16 दिन बाद जब उन्होंने पहला परिच्छेद, लिखना आरंभ किया तो उसके आद्य दृश्य में उन्होंने दो पियक्कड़ों के शराब पीने और पिनक में दिवंगत जॉनी को याद करने और भग्गो के घर और शरीर पर कब्जा करने की युक्तियों को चित्रित किया और फिर फ्लैश बैक में कभी भग्गो के स्वगतों में, कभी लेखकीय वक्तव्यों में मेहतर दंपति के जीवन-वृत्तांत–जन्म, विवाह, पेशा के अलावा जॉनी की मृत्यु और उसके बाद भग्गो के जीविकार्जन और कुनबे वालों से संघर्ष के प्रसंग और विवरण प्रस्तुत किए हैं। 'कथानक के नोट्स' में लेखक ने भग्गो के पति से संबंधित जो संकेत टांके थे–'बहुत सुन्दर। बैंडमास्टर बालभोगी भी,' उसे ही यहाविकसित किया है 'जॉनी बहुत सुन्दर, नाक नक्शे में हू-ब-हू अपने अंग्रेज बाप जैसा, आंखें भी वैसी कंजी थीं। छुटपन से गोरे बैंड मास्टर का गले का हार बन गया। बैंडमास्टर उस पर काफी रुपया खर्च करता था। बाजे बजाने भी उसी ने सिखाए थे। छावनी भर को मालूम था। यह बाप भी जानते थे। पर चूंकि जॉनी कमाई करके लाता था, इसलिए उन्हें आपत्ति न थी।' भग्गो को भी लेखक ने अंग्रेज पिता की संतान बताया है और लेखकीय वक्तव्य में उसका विवरण दिया है, पर बाद में उस अंश को काट दिया है और केवल यह बताकर कि 'दोनों ही कलंक पंक से उपजे पंकज थे।' इस प्रकरण को यहीं समाप्त कर दिया है। ऐसा प्रतीत होता है कि लेखक के मानस में अंग्रेजों और उनकी अवैध संतानों के जो बिम्ब थे, (देखे, 'नाच्यौ बहुत गोपाल' क्यों और कैसे लिखा गया) वे यहां अभिव्यक्ति में उमड़ पड़े हैं। छावनी में अंग्रेज रोमियों का भग्गो को घेरने के प्रसंग, भग्गो की मां सत्तो और अंग्रेज कर्नल के सम्बन्धों, जॉनी और अंग्रेज बैंडमास्टर के सम्बन्धों के विस्तृत वर्णन का आधार लेखक के अंग्रेजों और अवर्णों के काम सम्बन्धों को देखे-सुने अनुभव ही हैं।

इन सबके अलावा आगामी कथानक-अन्वेषण के सूत्र भी लेखक ने बीच-बीच में

गूंथ दिए हैं–'दीवार पर बैंडमास्टर की पोशाक में जॉनी का फोटो टंगा था।...भग्गो के लिए जॉनी की तस्वीर को उस प्यार और चाव से देखना लज्जाजनक लगा...उसका नायक कोई और है...मील भर दूर रामनाथ क्वार्टर में। फोटो पर दूसरी फोटो उभरती है। सांवला गठीला बदन, होठों पर छोटी तितली मार्का मूंछें, पैनी आंखें, उनमें हरदम पैनाता प्यार, अकुलाहट, खुशामद, सबकुछ। उनसे सबकुछ पाया...सबकुछ पाया...'

पर इस आरंभ से भी अमृतलाल नागर भी संतुष्ट नहीं थे, सो उन्होंने आठ दिन बाद 29-7-75 को फिर आरंभ जमाने का प्रयास किया जिसमें कुछ अन्य बिंदुओं पर जोर दिया।

वैसे तो इसमें सारे प्रसंग और प्रकरण 21-7-75 वाले ही हैं, अन्तर केवल इतना है कि कुछ बिन्दुओं को हाईलाइट किया गया है और कुछ को संशोधित कर दिया गया है। भग्गो की मां सत्तो और कर्नल के अवैध सम्बन्ध को गहरा रंग दिया गया है और अंग्रेजों की प्रकृति और मानसिकता को रेखांकित किया गया है–'कर्नल साहब विधुर थे और प्रसिद्ध दासी-भोगी थे, अपने डॉक्टरी पेशे के साथ-साथ अंग्रेज समाज में अपनी स्वाभाविक भोगेच्छा को विकराल रूप में फैलाना उन्हें अपने सिद्धांत से अनुचित लगता था...कर्नल अपने जीवन में नारी को भोगने के सिवाय किसी प्रकार की नैतिक जिम्मेदारियों का भार वहन करने के लिए अपने आपसे प्रतिबद्ध न थे।"

इसके अतिरिक्त संशोधन भी किए गए हैं। यहां जॉनी की मृत्यु का कारण बदल दिया गया है। 'कथानक के नोट्स' और 21.7-75 को लिखे में उसकी मृत्यु अधिक शराब पीने से ट्यूबरक्लोसिस हो जाने के कारण बताई है, पर इसमें मृत्यु का कारण उसका एक सवर्ण से झड़प को बताया है–'सवर्ण जवान ने उसकी इतनी ठुकाई की कि मुंह से खून गिरने लगा। जॉनी जो गिरा सो गिरा। चार-पांच महीने खाट पकड़े रहा फिर चार कंधों पर उठकर भग्गो और अपनी साल भर की लछमिनिया को अनाथ छोड़कर चला गया।' यह प्रकरण लेखक के मानस में अंकित बचपन के उस बिंब से प्रेरित लगता है जिसे उन्होंने छुट्टा कागज पर टांका था कि...'मैंने अपने बचपन में नौकरों और नीच कौम को सवर्णों के बच्चों तक से मार खाते और गालियां खाते सुना है। वे कुछ भी प्रतिकार न कर सकते थे। उनमें सिर उठाने का साहस ही न था।'

इस टीपन में भी आगामी कथानक-अन्वेषण के सूत्र सहज रूप से बिखेर दिए गए हैं...भग्गो दरिंदों से भरी हुई बीहड़ जंगल की दुनिया में गुजर-बसर करने लगी। कुनबे के चेतू, फुल्ली वगैरह। दो-चार जवान पास-पड़ोस के भी दो-एक मनचले उसे हर समय घेरने लगे...उस हौदादिली फैलानेवाले माहौल में एक ही आदमी ऐसा है जिसे देखकर राहत मिलती है। वह भी बेचारा मुसीबत का मारा है।' ऐसा प्रतीत होता है कि अमृतलाल नगर 21.7.75 और 29.7.75 के संशोधित को मिलाकर प्रथम

परिच्छेद को अंतिम रूप देने और आगामी कथानक-अन्वेषण भग्गो के जीवन-संघर्ष और उसके जीवन में सवर्ण के प्रवेश से करते।

दूसरा संशोधित प्रारूप : झाऊलाल उर्फ स्वदेशलाल आर्य

मेहतरों से इंटरव्यू वाली डायरी में 'कथानक के नोट्स' लिखने के बाद अमृतलाल नागर ने लगभग 30-32 कोरे पन्ने छोड़कर 'झाऊलाल उर्फ स्वदेशलाल आर्य' शीर्षक से संशोधित प्रारूप बनाया है। इससे रचना-प्रक्रिया की अनेक विशेषताएं उजागर हुई हैं। पहली यह कि कोई उद्दीपक उपन्यासकार को उद्दीप्त करता है तब असमंजस और सभ्रंमपूर्ण उत्तेजना या उद्वेग की जो अनुभूति उसे होती है उसके कारण उसके भाव या विचार बहुत जल्दी-जल्दी बदलते हैं। यह सारी प्रक्रिया वस्तु के पीछे छिपे सत्य को पहचानने के लिए होती है। यह अवस्था लेखक के विचारों के संघटन, विघटन और संश्लेषण की भी होती है। यहां भी अमृतलाल नागर उसी अवस्था से गुजर रहे थे। दूसरा यह कि अनुभवों को पकने का अवसर दिए बिना वह बार-बार लेखन-प्रवृत होने की चेष्टा कर रहे थे। जानकारियों और सूचनाओं की आंधी ने धुंधलका पैदा करके विभ्रम की स्थिति पैदा कर दी थी। वह उससे मुक्त होने की कोशिश कर रहे थे। उनकी रचनात्मक दृष्टि, सतत् सजग और सक्रिय थी। इसी कारण उन्होंने पहले प्रारूप के कमजोर तत्त्वों की छंटनी की और कुछ में संशोधन करके दूसरा प्रारूप बनाया। छंटनी वाले अंश हैं मेहतर दंपति के जीवनवृत्त के विस्तृत विवरण और चेयरमैन, मैनेजर प्रकाशक वाले प्रकरण। संशोधन उपयुक्तता की दृष्टि से किए गए हैं। बल्लमटेर वर्मा के स्थान पर 'झाऊमल उर्फ स्वदेशलाल आर्य' कर दिया है। इस चरित्र में लेखक ने ईमानदारी, भावुकता और देशप्रेम के लिए अर्पण की भावना दिखाई है, इसलिए यह नाम उसके व्यक्तित्व के अनुरूप है। 'आर्य' जोड़कर उस पर आर्यसमाजी प्रभाव का संकेत भी दिया है। इन परिवर्तनों के अलावा चरित्र और प्रकरण पहले प्रारूप वाले ही हैं।

इस दूसरे प्रारूप के कथानक से स्पष्ट है कि अमृतलाल नागर के मानस में पहले प्रारूप की घुमड़न वर्तमान है। वे अवर्णों के प्रति वैसे ही करूणार्द्र हैं। द्रष्टव्य है कि इसी काल में लेखक ने 'आदि कवि बाल्मीकि और श्वपच ऋषि की संतानें' भी लिखा था। उसमें भी वह अवर्णों पर हुए अत्याचार और अन्याय से दुखी थे। इसमें भी लेखक की प्रतिबद्धता हरिजनोद्धार ही है।

संशोधित प्रारूप के निहितार्थ

इस प्रारूप में सबसे अधिक ध्यानाकर्षण करनेवाली बात है उच्चवर्गीय हरिजनोद्धारक चरित्रों का गायब हो जाना। उन्हें खारिज करना अमृतलाल नागर का घोर आदर्शवादी आग्रह से मुक्त होना है। निम्न वर्ग के प्रति अतिशय करुणा, सहानुभूति और उद्धार की भावना ने उन्हें बेहद भावुक कर दिया था। यानी कि वह विषय से इतने सम्पृक्त हो गए थे कि उनके उद्धार के लिए वे धड़ाधड़ एक को मारकर दूसरे के हाथ इसकी बागडोर संभालने का दायित्व सौंपते जा रहे थे। अस्वाभाविकता और अविश्वसनीयता को समाप्त करने के उद्देश्य से इस प्रारूप में उन्होंने केवल एक ही उद्धारक रखा है और वह भी निम्न मध्यवर्गीय व्यक्ति। इस व्यक्ति की प्राण प्रतिष्ठा में मनोविज्ञान का सहारा लिया है। इसमें हरिजनोद्धारक की आत्म प्रवंचना और अहम खुलकर आया है। लेखक का सारा जोर इस बिन्दु पर है। इस प्रारूप के कथानक को दो भागों में बांटा गया है। पूर्वार्द्ध में स्वदेशलाल आर्य के चरित्र और मेहतरानी से विवाह से पूर्व का जीवनवृत्त है और उत्तरार्द्ध में विवाहोपरांत उसके मानसिक द्वन्द्व के प्रसंग और प्रकरण। सारी कथा इसी के इर्द-गिर्द फैली है। इस तरह मेहतर जीवन की कथावस्तु से भी विचलन हो गया है। स्वेदशलाल आर्य आदर्श की धुन में मेहतरानी और उसकी बेटी को अपना तो लेता है, उन्हें उच्च वर्ण के संस्कारों से मंडित करने का उसका प्रयत्न भी सराहनीय हैं, पर उसमें अहम् जाग्रत होता है कि 'उसने त्याग किया,' 'उनका उद्धार किया।' यह लेखक के चिंतन की एक नई दिशा की ओर संकेत करता है। जिस तरह से स्वदेशलाल आर्य मां-बेटी को अपमानित करके उनके स्वाभिमान को खंडित करता है, वह सामंती उदारता और बनावटी करुणा के छद्‌म को तार-तार करता दीखता है। प्रारूप की अंतिम पंक्ति से जो स्वर फूटता है वह लेखक के मन्तव्य को प्रकट कर देता है।'–'स्वदेशलाल मर जाता है पर उसका द्वन्द्व मिट न सका। समझौते पर ही टिका रहा। उसने त्याग किया पर मजबूरन। आदर्शवादी बना पर मजबूरन।' आज दलित लेखक जिस प्रतिक्रिया के कारण लेखन में जुटे हैं, सवर्णों की उदारता को छद्‌म का नाम दे रहे हैं, ऐसा प्रतीत होता है कि उसे अमृतलाल नागर ने उनसे बहुत पहले ही पहचान लिया था। आज दलित लेखकों को आक्रोश है कि सवर्णों ने दलितों का उद्धार नहीं किया, उद्धारक बनकर केवल अपना अहम् संतुष्ट किया है। अपने को विशेष और महत्त्वपूर्ण दिखाने की अभिलाषा ही उनकी उदारता के पीछे रही है। यह प्रारूप इसी ढोंग का पर्दाफाश करता दीखता है। यदि अमृतलाल नागर इस प्रारूप के आधार पर उपन्यास विकसित करते तो निश्चय ही हरिजनोद्धार के छद्‌म को बेबाकी से उघाड़कर रख देते। हरिजनोद्धारक जातिविहीन समाज नहीं

चाहते थे। वे दलितों को बराबरी का दर्जा भी नहीं देना चाहते थे। इससे बड़ी विडम्बनापूर्ण स्थिति पैदा हो गई थी। दलितोद्धार के प्रयासों ने ही दलित चेतना को दबाने की चेष्टा की थी। अछूतोद्धार के कार्यक्रम ऊपर से प्रलोभन बनकर रह गए थे। सुधार कार्यक्रम ऊपर से बड़े आकर्षक, लुभाने वाले और दलितों के हितार्थ लगते थे। दलितों को सवर्णों की उदारता पर कृतज्ञ होने को मजबूर करते थे। पर वास्तविकता यह थी कि उन्होंने दलितों के स्वाभिमान और आत्मविश्वास कुचलने की चेष्टता की थी। (जैसा कि स्वदेशलाल आर्य मां-बेटी का करता है।) दलित अपने बूते पर कुछ कर सकते हैं, समानता का अधिकार हासिल कर सकते हैं यह आत्मविश्वास दबा दिया गया था। यह इस प्रारूप का बहुत ही महत्त्वपूर्ण बिन्दु है। किसी दूसरे की दया, करुणा, सहानुभूति और उपकार की भावना के भरोसे कुछ पाना व्यक्ति को छोटा बनाता है। उसके स्वाभिमान को कुचलता है। यह एक तरह का दान ही तो है जो एक को दाता और दूसरे को याचक बनाता है। हरिजनोद्धार के द्वारा जो अनर्थ हुआ वह इस प्रारूप में खुलकर आया है। यह प्रारूप प्रथम दृष्टि में बहुत हल्का मालूम पड़ता है, पर जब इसका मर्म खुलता है तब विश्वास जगाता है कि अमृतलाल नागर यदि इसे कथ्य बनाकर लिखते तब भी यह उपन्यास क्रांतिकारी और क्लासिक होता। आज दलित चेतना में स्वाभिमान और आत्मविश्वास का जो स्वर फूटा है, शायद यह उपन्यास दे पाता। इस प्रारूप की ये पंक्तियां इसी को स्वर देती दीखती हैं–'स्वदेशलाल आर्य में अपनी पत्नी और उसकी बेटी को बात-बात में तुच्छ सिद्ध करके तुनकने-भिड़कने की आदत पड़ गई। मैंने तुम्हारे लिए कितना त्याग किया, ऐसा कौन कर सकता है। 'दबे दर्प में यह भाव कि मैं परमेश्वर हूं, तुम्हारा पतित-पावन–मुझको ही पूजो। भग्गो तो सहन कर जाती पर बेदप्रिया की नई चेतना में उबाल आता, वह घुट-घुट जाती...एक ही लगन थी पढ़ जाऊं। फिर मैं अपनी मां को बतलाऊंगी कि मैं कितनी महान मां की बेटी हूं।" (देखें टीपन 4)

यह कथानक लेखक के मानस में काफी समय तक टिका रहा होगा, इसका प्रमाण है इसके आधार पर कथानक के विकास का प्रयास जिसे 'अध्यायों के सारांश' शीर्षक से दूसरी डायरी में टांका गया है। 'अध्यायों के सारांश' का लेखन संपूर्ण कथानक को विकसित करने की दृष्टि से किया गया है। पर केवल तीन परिच्छेद तक लिखकर विराम दे दिया गया है। यही नहीं दूसरे परिच्छेद के पूर्वार्द्ध को छोड़कर शेष को काट भी दिया है। यह भी शायद गलती से कटने से रह गया है। इस कथानक विकास से जाहिर है कि अमृतलाल नागर सवर्ण और अवर्ण के काम-सम्बन्धों के मानस-बिम्बों और चतुर्वेदी वाली घटना से अभी तक आक्रांत थे। फलतः उसी को कथ्य बनाकर बार-बार लेखन-प्रवृत्त हो जाते रहे थे। यही कारण है कि उनके मानस की यह अवस्था

उन्हें अन्तर्वस्तु और कथ्य की सही पकड़ से विचलित कर देती थी। वे उन्हीं बिम्बों में उलझकर रह जाते थे। जैसे भूमि में दबा बीज आंधी-पानी के कारण मिट्टी हटने से ऊपर उभर आए, उसमें अंकुरण की क्षमता न हो, वैसे ही यहां भी अमृतलाल नागर के मानस-गर्भ से रचना-बीज अपने ठोस आकार में ही बार-बार उभरकर आ जाता था। पर सच तो यह है कि जब तक लेखक ठोस बिम्बों को गला-पिघलाकर उन्हें पुनःसृजन योग्य नहीं बना लेता तब तक वह रचना के अवतरण की क्षमता अर्जित नहीं कर पाता। यह प्रक्रिया गूढ़ और कठिन दोनों ही है। वह रचनाकार के मानस की कितनी ही गूढ़ उर्जा शक्तियों के समवेत सहयोग से ही पूर्ण हो पाती है। कभी उसके प्रयास एक बार में सफल हो जाते हैं और कभी उसे अनेक प्रयास करने होते हैं। अभी तक अमृतलाल नागर भी झूठे सृजन आवेग में उलझकर बार-बार असामयिक अवतरण करने में फंसे थे।

तीसरा नितांत भिन्न कथावृत्त : नव कथानक के बीज

इसके बाद अमृतलाल नागर ने 'अध्यायों के सारांश' वाली डायरी में हरिजनोद्धार के कथानक पर आधारित विभिन्न रूपांतरित अवतरणों से एकदम भिन्न 'नव कथानक के बीज' शीर्षक से कथावृत्त का प्रारूप टांका है। यह अलग परिप्रेक्ष्य और वृतांत का कथानक है। इसमें संभ्रांत कुलों के अनैतिक सम्बन्धों से जन्मी संतानों को कुल-मर्यादा बचाने के उद्देश्य से निचले वर्ण में पलने को दे दिये जाने की कथा है। सामाजिक अत्याचार का एक पहलू यह भी है। इस प्रकार का कथानक लेखक के मन में इसलिए आया होगा कि ऐसी घटनाएं उन्होंने सुनी-पढ़ी थीं। (देखें, 'नाच्यौ बहुत गोपाल' क्यों और कैसे लिखा गया।) उनके समवयस्क छिद्दू कहार ने भी उन्हें अपने साथ बीती जो घटना सुनाई थी, वह भी बड़े घराने के अनैतिक सम्बन्धों को व्यक्त करती थी। ऐसी ही घटनाओं ने अमृतलाल नागर को इस प्रकार की कथा का ताना-बाना बुनकर अपने कथ्य को आजमाने के लिए उत्प्रेरित किया होगा। इसमें उन्हें यह दर्शाने का अवसर मिल गया कि वर्णशंकर ही नहीं, विशुद्ध सवर्णों तक के अनैतिक सम्बन्धों से जन्मी संतानें भी मेहतरों के घर पलने को मजबूर हो जाती हैं। उन्होंने मेहतरों के जीवन, उनके उत्पीड़न और शोषण को उपन्यास की अन्तर्वस्तु बनाया था, साथ ही वे उनके उत्स तक पहुंचने की भी चेष्टा कर रहे थे। 'नवकथानक के बीज में उनकी दृष्टि इस वर्ग की पीड़ा, शोषण और उत्पीड़न के उत्स पर आकर टिकी थी।

पर इस प्रारूप को अमृतलाल नागर ने लाइन खींचकर एकदम खारिज कर दिया है। हो सकता है इस प्रारूप को उन्होंने क्षणिक उद्वेलनवश लिखा हो या इस कथानक

द्वारा कथ्य को आजमाने की चेष्टा की हो। जो भी हो, यह कथानक उपन्यासकार की रचना-प्रक्रिया की विशेषताओं को ही प्रकट करता है। यह कथा लेखक के वस्तु के विभिन्न कोणों से देखने के प्रयास को व्यक्त करती है। लेखक अनजाने धीरे-धीरे अवर्ण समाज के उत्स की ओर बढ़ता दीखता है। इससे मानसिक अकुलाहट का भी पता लगता है। यह कथा उन्होंने मेहतरों के यहां पल रहीं सवर्णों की अवैध संतानों की कुंठाओं को व्यक्त करने के लिए लिखी है। उन्होंने इस उद्देश्य कि 'कथा के दो पक्ष हैं जो समानांतर चलेंगे' से उसे व्यक्त भी कर दिया है और उसका निर्वाह भी किया है। एक ओर राजकुमारी और उसके वैध पुत्रों को धन, वैभव, सुख, सुविधा, मान-मर्यादा, प्रतिष्ठा सभी कुछ प्राप्त है। पर दूसरी ओर उसी का अवैध पुत्र मेहतर के यहां पलने के कारण अभाव, उपेक्षा, अपमान झेलने को विवश है। रानी को यह बात व्याकुल करती है–'अपने दो बच्चे हैं। पूरी निगरानी में पल रहे हैं। दोनों बड़े तेज बच्चे हैं–पर वह बच्चा।' प्रथम खंड को लेखक यहीं विराम दे देता है। द्वितीय खंड का आरंभ लेखक ने उस बच्चे की कुंठा से किया है–'रुप्पन दाई का पौष्य पुत्र बद्यम्बर 4/5 वर्ष की आयु में ही यह जान गया था कि वह किसी और का बेटा है और रुप्पन दाई उसे कहीं से पालने के लिए ले आई थी। मुहल्ले में किसी बड़े आदमी ने उसकी अकड़ से चिढ़कर कहा था : 'साले हरामी ! न जाने किसके पाप की औलाद है और साले असल मेहतर के बच्चे से अकड़ता है।' (देखें, टीपन 5)

अमृतलाल नागर इस कथा को क्या दिशा देते, बद्यम्बर की जीवन गति किस ओर मुड़ती इसका अनुमान लगाना मुश्किल है क्योंकि बच्चे की पढ़ने-लिखने की रुचि के कारण बाप से पिटाई और 'लड़का रोता हुआ भागा' पर आकर लेखक ने कलम रोक दी है। शायद वह भागकर सवर्णों के यहां जाति छिपाकर नौकरी करता और अपने पैरों पर खड़ा होता या पढ़-लिखकर बड़ा आदमी बनता या फिर बाप द्वारा पकड़ा जाकर मेहतर समाज का जीवन बिताने को विवश होता और कुंठा पाले रहता। संभव है वह सवर्णों के प्रति विद्रोह की भावना पाल लेता और उनसे बदला लेने को कटिबद्ध हो जाता। 'नव कथानक के बीज' कथा के सार पर एकदम भिन्न भले ही लगे, पर इसका जो स्वर है, उससे पता लगता है कि लेखक धीरे-धीरे अनजाने अपने मूल कथ्य की ओर बढ़ रहा था। अपने अवचेतन में छिपी इसी बदले की भावना से मोहना एक ब्राह्मणी को मेहतरानी बनाकर छोड़ता है और सवर्णों की कन्याओं का शील हरण करता है।

एकाएक तैयार उपन्यास का प्रादुर्भाव

बड़ा आश्चर्य होता है जब हमें 'अध्यायों के सारांश' वाली डायरी में 'नव कथानक के

बीज' वाली कथ्य की टीपन के तुरंत बाद तैयार उपन्यास के उन्नीस परिच्छेदों का कथा सारांश टंका मिलता है। अनेक बचकाने, सीमित बिन्दु से लिखे विकल्पात्मक तदर्थ अवतरणों के बाद एकाएक तैयार उपन्यास के लगभग पूर्वार्द्ध तक की रूपरेखा का मिलना उलझन में डाल रहा था। इसे जानने के लिए जब मैंने तैयार उपन्यास की पांडुलिपि का सतर्कता और सूक्ष्मता से अध्ययन किया तब पता लगा कि ये उन्नीस परिच्छेदों के कथा सारांश अमृतलाल नागर ने इन परिच्छेदों तक उपन्यास लिख लेने के बाद अशोक ऋषिराज से टंकवाए हैं। उन्होंने ऐसा क्यों किया, इसका कारण मुझे पांडुलिपि में परिच्छेद और पृष्ठों की संख्या परिवर्तन में नजर आया। पता लगा कि अमृतलाल नागर ने उपन्यास का शुभारंभ 24-4-76 को किया था (यही तारीख उस पहले पृष्ठ पर अंकित है), पर तैयार उपन्यास में वह 9वां परिच्छेद है, जिसमें निर्गुनियां की कामातुरता और बूढ़े पति से चिढ़ और घृणा का चित्रण है। इस 9वें परिच्छेद के पहले पृष्ठ पर लिखते समय उन्होंने परिच्छेद नं. 1 और पृष्ठ संख्या 1 लिखी थी। बाद में इन दोनों को काटकर उन्होंने परिच्छेद नं. 9 और पृष्ठ संख्या 116 कर दिया है। जब आगे के पन्ने पलटे तब पता लगा कि काटने का यह क्रम पृष्ठ संख्या 165 तक चला है। इस पृष्ठ पर आकर तैयार उपन्यास का ग्यारवां परिच्छेद समाप्त हुआ है। इससे अनुमान होता है कि तैयार उपन्यास के 9, 10,11 तीन परिच्छेदों को लिख लेने के बाद अमृतलाल नागर को यह एहसास हुआ होगा कि उपन्यास के प्रारंभ में ही ब्राह्मण युवती के मेहतर युवक के साथ भाग जाने की घटना और मेहतर परिवार में उस ब्राह्मणी के अपमान और शोषण को पाठक आसानी से आत्मसात न कर सकेंगे। दूसरे यह भी हो सकता है कि इस घटना को विश्वसनीय बनाने और पाठकों के मानस को इसके लिए तैयार करने की युक्ति निकालने के लिए उन्हें चिंतन-मनन और समय की दरकार थी। कदाचित् इसलिए भी उपन्यास का प्रारंभ और तरह से करना उन्होंने स्थगित रखा हो। यह अनुमान इसलिए अधिक सही लगता है क्योंकि तदर्थ उपन्यास के कथानक और कथा सारांश टांकने या टंकवाने के क्रम में जगह-जगह उनका यह वाक्य मिलता है कि इस सीनिरियो या घटना के कारण के सम्बन्ध में 'बाद में या फिर सोच लेंगे।' इसके अलावा 'नाच्यौ बहुत गोपाल' क्यों और कैसे लिखा गया' संवाद में भी उन्होंने स्वीकार किया है कि ऐसा तो प्रायः वे अपने प्रत्येक उपन्यास में करते हैं। उनकी इस कार्य-शैली का सबसे बड़ा प्रमाण तो यही है कि जब उन्होंने इस बार पहले परिच्छेद को लिखना आरंभ किया तब अपनी आदत के अनुसार पहले पृष्ठ पर पहले ।।श्रीराम।। लिखा और ठीक इसके नीचे ।।श्रीगुरु।। और फिर मोटे अक्षरों में 'नाच्यौ बहुत गोपाल' शीर्षक लिखकर लिखना आरंभ किया जबकि 24-4-76 को उपन्यास आरंभ करनेवाले पृष्ठ पर यह सब अंकित नहीं है।

सिर्फ तारीख, परिच्छेद व पृष्ठ संख्या डालकर लिखना आरंभ कर दिया था।

बहरहाल इससे यह निष्कर्ष निकला कि उन्नीस परिच्छेदों के कथा सारांश की टीपन अमृतलाल नागर ने बाद में टंकवाई है। कब टंकवाई होगी इस सम्बन्ध में दो विकल्पों का अनुमान होता है। एक तो यह कि जब उन्होंने बाद में लिखे आरंभ के आठ परिच्छेदों को पहले लिखे परिच्छेदों में जोड़ा तब आगे के परिच्छेद का आरंभ करने से पहले उन्होंने महसूस किया होगा कि इन सबका सारांश टंकवा लेना चाहिए अन्यथा घटना-क्रम और विवरण में गड़बड़ी या पुनरावृत्ति हो सकती है। पर सारांश उन्नीस परिच्छेद के मध्य तक का टंका है इसलिए दूसरा अनुमान यह होता है कि अभिव्यक्ति-आवेग में उन्होंने ग्यारवें परिच्छेद से लिखना तो आरंभ कर दिया होगा, पर उन्नीसवें तक पहुंचने के बाद उन्हें एहसास हुआ होगा कि घटना-क्रम और विवरण में पुनरावृति की संभावना उत्पन्न होने लगी है। इसलिए पिछले तीन लिखे का सारांश टंकवा लेना चाहिए। यह अनुमान इसलिए अधिक सही लगता है कि नवें परिच्छेद में मुझे लगभग साढ़े तीन पन्ने लाइन खींचकर कटे दीखे और वहां लिखा मिला कि 'यह सब आ चुका है।' यानी जो कथावृत निर्गुनियां की डायरी में आ चुका है, वह यहां काट दिया गया है। स्पष्ट ही पुनरावृत्ति से बचने के लिए इन परिच्छेदों का सारांश लिपिक से टंकवाया है। इसमें भी पहले दो परिच्छेदों का सारांश अमृतलाल नागर ने स्वयं टांका है, केवल संकेत रूप में–(1) बस्ती, निर्गुनिया, मोहना, श्यामलाल मास्टर, मैं निर्गुन वार्ता (2) घर में मैं और पत्नी। पिछवाड़े में भंगी बस्ती–पत्नी। उन्होंने इसके बाद सारांश टीपन का कार्य अशोक ऋषिराज को सौंप दिया।

उपन्यास का कथानक : चरित्रों के जीवन-वृत्तांतों में

जब यह पता लग गया कि उन्नीस परिच्छेदों तक के कथा सारांश लेखक ने उन्हें लिख लेने के बाद टंकवाए थे, तब प्रश्न यह था कि क्या यह उपन्यास उन्होंने कथानक की रूपरेखा टंकवाए या टांके बिना ही लिखा था। उनकी कार्यशैली का अध्ययन और वक्तव्यों के अनुसार तो वे रूपरेखा बनाए बिना उपन्यास नहीं लिखते थे। अपने समालापों और पत्रों में अमृतलाल नागर ने स्पष्ट तौर पर स्वीकार किया था कि वे कथानक की रूपरेखा जरूर बनाते हैं, चाहे आवश्यकता पड़ने पर वे कहीं-कहीं बदल भले ही दें। सारी सामग्री फिर से उलटी-पलटी, पर कहीं भी कथानक की रूपरेखा का नामोनिशान नहीं मिला। परेशान होकर मैं शरद नागर के पास सारी सामग्री का फिर से अवलोकन करने पहुंची। पर सारी सामग्री तो वही थी, जिसकी प्रति मेरे पास थी। मेरी परेशानी देखकर शरद नागर ने एक बंडल निकलवाया और कहा कि इसमें वह सब सामग्री है जो कहीं फिट

ही थी, सो बांधकर इस बंडल में रख दी है। जब मैंने उन कागजों को उलटा-पलटा तो फुल स्केल साइजवाले छह कागजों को पाकर मैं पुलकित हो उठी। इन कागजों पर लिपिक ने निर्गुन, नन्हू और सुपच बाबा का जीवन-चरित्र और जीवन-वृत्त टांका है। इन पन्नों ने मेरी सारी उलझनें समाप्त कर दी।

'नाच्यौ बहुत गोपाल' के तीन प्रमुख चरित्रों की जन्मपत्री और जीवन-वृत्तांतों का जो विवरण टंका है, वह उपन्यास के कथावृत्त और कथानक को भी समेटे हुए है, (देखें, टीपन 6) और वह तैयार उपन्यास में ज्यों-का-त्यों वर्तमान है। सिर्फ अन्तर नायक के नामकरण में आया है। इस टीपन में उसका नाम नन्दू है। पर तैयार उपन्यास में वह मोहना है। इसके अलावा उसकी जन्मपत्री, उसके स्वभाव, उसकी प्रकृति और जीवनवृत्त में कोई अन्तर नहीं है। बस भागकर उसके डाकू बनने के प्रकरण में उसके भागने का कारण बदल गया है। निर्गुन की जन्मपत्री के अधिक संकेत तो इसमें नहीं टंके हैं, पर नन्दू के जीवनवृत्त में उसका जो जीवन-वृत्त उभरा है वह हू-ब-हू वही है जो तैयार उपन्यास में है। इसके अलावा निर्गुन के जीवन के उत्तरार्द्ध में उसके सामाजिक और राजनैतिक नेता बनने को विस्तार दिया है। वह तैयार उपन्यास में संक्षिप्त कर दिया गया है। इस टीपन में सुपच बाबा की जन्मपत्री को बहुत विस्तार से नोट कराया है। वह भी तैयार उपन्यास में संक्षिप्त रूप में है। इस तरह ऊपरी और हल्के-फुल्के परिवर्तन के अलावा चरित्रों की प्रकृति, स्वभाव, क्रिया-कलापों, जीवन-वृत्त और जीवन-संघर्ष में अधिक अन्तर नहीं आया है।

स्पष्ट है कि लिखना आरंभ करने से पूर्व अमृतलाल नागर के मानस में अपने उपन्यास का बिम्ब पूरी तरह स्पष्ट था और कथानक-पथ भी पूरी तरह आलोकित हो चुका था। उन्होंने अपने समालाप में स्वीकार किया है कि 'जब एक बिम्ब बन जाता है, तब रचनात्मक मन उसे फैलाता है। बिम्ब को फैलाने का अपना तर्क होता है।...रचना-प्रक्रिया बड़ी अद्भुत प्रक्रिया है। दिमाग क्रीड़ा करता है, यह खेलता कैसे है, बताना बड़ा मुश्किल है। निरंतर वह अपने एप्रोच छलकाता रहता है। मैं स्वयं क्रीड़ा करता हूं। घटनाएं आएंगी, घटना बनाई जाएंगी। ऐसी बनेंगी कि घुलमिल जाएं। विचार भावना का कंट्रोलर है। घटना से आघात लगा। उसने मानस-चक्र दौड़ाया। घटना, स्थितियों में अनुभव, स्मृति, संस्कार जाग उठते हैं। कार्य-कारण की सीढ़ी लगानी पड़ती है। जीवन के विभिन्न पहलुओं को जोड़ने की आदत डालनी पड़ती है। (देखें, समालाप)

उपन्यास के प्रादुर्भाव के दबाव

उपन्यास का कथानक, टांका तो कब टांका या नहीं टांका तो क्यों नहीं टांका, कहां

टांका होगा, उक्त परिच्छेद जोड़ें तो क्यों जोड़ें, कब जोड़े आदि बातें अमृतलाल नागर की कार्यशैली से जुड़ी है। लेखक की कार्यशैली दिखलाई देनेवाली प्रक्रिया है, वह पकड़ में जल्दी भी आ सकती है। 'नाच्यौ बहुत गोपाल' के सन्दर्भ में आ भी गई थी। पर समस्या थी उनके मानस में घटित होने वाली प्रक्रियाओं को समझने की और मानसिक आन्दोलन और दबावों को जानने की जिन्होंने पिछले अत्यंत बचकाने, अपरिपक्व और सीमित दृष्टि-बिन्दु से अनेक तदर्थ उपन्यास अवतरणों के बाद एकाएक इतने परिपक्व कथ्य और उसे व्यक्त करनेवाले कथानक की उन्हें सूझ दे दी थी। लेखक की मानसिक प्रक्रियाएं अत्यंत प्रच्छन्न और उलझी होती हैं, उनके चिह्नों का पता लगाना बहुत ही दुष्कर कार्य है। फिर भी मैं यह जानने के लिए सतत् प्रयत्नशील रही कि किन मानसिक दबावों के कारण अमृतलाल नागर को अपनी अन्तर्वस्तु को इस विशेष कोण और व्यापक आयाम से देखने की अन्तर्दृष्टि प्राप्त हुई होगी।

इसकी खोज ने मुझे काफी परेशान किया। कोई सूत्र हाथ नहीं लग पा रहा था। लिपिक अशोक ऋषिराज और राजेन्द्रकुमार वर्मा से सम्पर्क किया पर कोई बात न बनी। बस बातों-बातों में दोनों ने बताया कि अमृतलाल नागर के पौत्र पारिजात ने भी मेहतरों के इंटरव्यू और पुस्तकों से नोट्स उतारने के कार्य में सहयोग दिया था। जब पारिजात से सम्पर्क कर सारी सामग्री फैलाकर उन्हें दिखलाई तो उन्होंने अपनी हस्तलिपि पहचानकर स्वीकार किया कि अम्बेदकर की पुस्तक वाले नोट्स उन्हीं के हाथ के हैं। उन्होंने और भी कई बातें उजागर कीं। वह यह कि (1) वे कई इंटरव्यूओं में दादाजी के साथ गए थे। इंटरव्यू की बातें वे उनसे वहीं लिखवाते थे और कई बार घर आकर बाद में भी टंकवाते थे, स्वयं टांकते थे। (2) लिखाते समय बीच-बीच में डायरी या कॉपी का कोरा पन्ना छोड़ने के लिए हम लोगों से (लिपिक और उनसे) कहते थे, या स्वयं भी लिखते समय छोड़ देते थे। (3) अम्बेदकर की पुस्तक के नोट्स उनसे तब लिखवाये थे जब वे इंटर में पढ़ रहे थे। (4) किताब खुद पढ़ते थे और उसकी मूल बातें हिन्दी में उनसे लिखवाते थे। कई बार कोई पैराग्राफ ज्यों-का-त्यों अंग्रेजी में उतारने को कहते थे। इन सूचनाओं ने 'नाच्यौ बहुत गोपाल' की रचना-प्रक्रिया के परिदृश्य का काफी कुछ साफ कर दिया।

इंटरव्यू वाली डायरी में इंटरव्यूओं के अलावा 'कथानक के नोट्स और झाऊमल उर्फ स्वदेशलाल आर्य' प्रारूपों के पश्चात लगभग बाईस पृष्ठ कोरे छोड़ने के बाद लेखक ने अपने हाथ से अंग्रेजी में बड़े-बड़े अक्षरों में लिखा है 'Notes from 'untouchability' by Dr. B.R. Ambedker' (Next Page) और इसके बाद पारिजात से हिन्दी में मुख्य-मुख्य बातें टंकवायी हैं। पारिजात के अनुसार ये उन्होंने बड़े दिन

की छुट्टियों में लिखे थे। पारिजात ने बताया कि जुलाई 1975 में इंटर में प्रवेश लिया था। उस वर्ष दिसम्बर 1975 से पूर्व अमृतलाल नागर सारे तदर्थ प्रारूप और 'धर्मयुग' वाला लेख लिख चुके थे। मूल उपन्यास का लेखन उन्होंने 24.4.76 को आरंभ किया था। ऐसा प्रतीत होता है कि इन चार'पांच महीनों के दौरान ही वे अपने उपन्यास के बिम्ब को परिपक्व कर सके थे और उन्हें वह अन्तर्दृष्टि प्राप्त हुई होगी जो तैयार उपन्यास के कथ्य और कथानक का आधार बनी। इससे पूर्व वे मेहतरों के साथ उठना-बैठना, खाना-पीना करते रहे थे पर वे सब ऊपरी बातें थीं। सच तो यह है कि तब तक वे अपने ब्राह्मण संस्कारों से पूरी तरह मुक्त नहीं हो पाए थे। जब वे 'बूंद और समुद्र' के लिए नोट्स बना रहे थे तब उन्होंने 'Cast System of North India' पुस्तक पढ़ी थी और टांका था, 'अस्पृश्यता ठीक है–मानवतावादी दृष्टि से भद्दी बात है, पर आचार-विचार की परंपरा से एक बड़ी सूझ दृष्टि हमें मिलती है। वह Scientific भी है।' मेरा अनुमान है कि इस धारणा से मुक्त होने की प्रक्रिया 'नाच्यौ बहुत गोपाल' की अन्तर्वस्तु तय होने के साथ आरंभ तो हो गई होगी पर इससे उन्हें पूरी तरह मुक्ति मिली होगी अम्बेदकर की पुस्तक पढ़ने के बाद ही और तभी उन्हें वह अन्तर्दृष्टि मिली होगी जिसने 'नाच्यौ बहुत गोपाल' का क्रांतिकारी कथानक गढ़वाया और दलित चेतना की वकालत कराई।

अम्बेदकर की पुस्तक में आखिर वे क्या बातें थीं; जो लेखक को चुभी थीं। उन्होंने टंकवाया था–(1) अम्बेदकर कहते हैं कि अब तक संस्कृति की व्याख्या ब्राह्मणी दृष्टिकोण से हुई है। ब्राह्मण अपने वर्ण की उच्चता को हर स्थिति में गौरवयुक्त मानता है। भले ही वह निरक्षर हो या पंडित। उन्होंने यह भी नोट कराया कि इस पुस्तक में यह सिद्ध किया गया है कि हिन्दुओं और अछूतों में जाति-भेद नहीं (2) अछूत चेतना के उदय होने से पहले हिन्दुओं और आज के तथाकथित अछूतों का मूल रूप–अछूत मानने से पहले विभिन्न कबीलों के लोगों में भेदभाव था। विशेष रूप से बड़े-बड़े कबीले के जो छोटे-छोटे टुकड़े कटकर बिखर जाते थे उन्हीं को प्रारंभ में अछूत घोषित किया गया। (३) जिस प्रकार से अछूतों का कोई जाति-भेद नहीं है, उसी प्रकार उनका कोई व्यवसायगत भेद नहीं है। (4) अछूत सिद्धांत से दो शाखाएं फूटीं–(अ) पिछड़े कबीले के लोगों के प्रति घृणा, जैसी बाद में ब्राह्मणों की बौद्ध, जैनों और मुसलमानों के प्रति उभरी थी। (आ) टूटे कबीले के लोग गोमांस निषेध हो जाने के बाद भी उसे खाते रहे। (5) अछूत सिद्धांत का मूल खोजते समय इस बात का विचार रखना चाहिए कि अछूतों और अपवित्रों में भी भेद है। आमतौर से ब्राह्मण संस्कृति के पोषक हिन्दू विद्वानों ने अपवित्र और अछूतों को एक ही वर्ग में सम्मिलित करके लिखा है। अम्बेदकर इसे गलत मानते हैं। वे अछूतों और अपवित्रों में भेद करते हैं।

(6) अपवित्रों का वर्ग धर्मसूत्रों की रचना करते समय विचारणीय माना गया था किन्तु अछूतों की समस्या 400 ई. बाद आरंभ हुई।

इस टीपन के क्रम में ही अमृतलाल नागर ने मैक्सिम गोर्की (जिसे पारिजात ने मैक्सिम गोरखे लिखा है) का एक वक्तव्य नोट कराया है, जो उपन्यासकार की रचना-प्रक्रिया का उद्घाटन करता है। वह उन्होंने किसी पुस्तक या लेख से उतरवाया है–

मैक्सिम गोर्की कहते हैं–"Science and literature have much common in both observation and study are of fundamental importance the artist like science needs both imagination and intention. Imagination and intention bridge the gaps in the chain of facts by its as yet undiscovered links and permit the scientist to create hypothesis and theories which more or less correctly and successfuly direct the searching of mind in its study of the forms and phenomenon of nature. They are of literary creation the art of creating characters and types demand imagination, intention, the ability to make things up in one's own mind."

उपन्यास की रचना-प्रक्रिया का यह एक बहुत ही महत्त्वपूर्ण सत्य है जिसे अमृतलाल नागर ने अपने लेखकीय व्यक्तित्व का निर्देश देने के लिए टंकवाया होगा। इसका निचोड़ यह है कि उपन्यास के चरित्र और स्थितियों के सृजन के लिए केवल तथ्य ही पर्याप्त नहीं है। उपन्यासकार को उसमें अपनी कल्पना और सहजबोध का भी उपयोग करना होता है, तभी वह विभिन्न तथ्यों में छिपे अन्तर्सबंधों का सत्यान्वेषण कर सकता है। यह उद्धरण उन्होंने निश्चय ही इस आशय से टंकवाया होगा कि जो तथ्य उन्हें इंटरव्यू से प्राप्त हुए थे, मित्रों से सुनी घटनाओं से पाए थे और अब अम्बेदकर की पुस्तक से टंकवाए थे उन्हें ज्यों का त्यों स्वीकार करने की आवश्यकता नहीं है। उन तथ्यों के पीछे छिपे सत्य, उन तथ्यों से प्रतिभासिक अर्थ को उन्हें ढूंढ़ना है, अपनी कल्पना और सहज बोध के द्वारा। यूं तो वे अपने सभी उपन्यासों में यह करते आ रहे थे, हर उपन्यासकार यही करता है। मैक्सिम गोर्की ने रचना-प्रक्रिया के सम्बन्ध में कोई नई बात नहीं कही थी, किन्तु अम्बेदकर की पुस्तक से नोट्स टंकवाते समय उनका यह नोट कराना उनकी इस सचेतन प्रतिबद्धता को व्यक्त करता है कि अब बहुत हो चुका तथ्यों को ज्यों का त्यों कथानक में ढालने का कार्य। वे सब स्थापित सत्य हैं। अब उन्हें वह ढूंढ़ना है जो स्थापित से भिन्न दीख रहा है। अभी तक सवर्णों ने, सबलों ने मेहतरों का समुदाय बनाया था, पर जो घटना उन्होंने सुनी थी उसमें एक मेहतर, ब्राह्मणी को मेहतर बनाने ले चला था। उसमें निहित सत्य पाना है। अम्बेदकर की पुस्तक से जब वे नोट्स लिखा रहे थे उसमें कभी लिखाते थे कि 'अम्बेदकर का

यह मानना है' और कभी लिखाते थे कि 'इसमें यह ध्यान रखना है।' उपरोक्त उद्धरण के बाद उन्होंने नोट कराया था–

'आदिम मनुष्य की सभ्यता में कुछ बातों का ध्यान छूने न छूने की दृष्टि से विकसित हुआ। (1) एक किसी प्रकार की ऐसी धारणा की घटना जिसमें छूने न छूने के संस्कार जागे अथवा (2) किसी वस्तु विशेष के स्पर्श से जागे। आदिम मनुष्य, जन्म, लड़कियों का मासिक धर्म आरंभ होना, विवाह, मैथुन और मृत्यु की घटनाओं में अस्पृश्यता देखते थे।...करीब-करीब सारी दुनिया की आदिम सभ्यता में इस प्रकार के कुछ न कुछ प्रतिबंध थे। अम्बेदकर के अनुसार किसी अन्य देश में तो व्यक्ति ही कारणवश अस्पृश्य माने गए किन्तु हिन्दुओं ने तो पूरी की पूरी जाति को ही अछूत बाना डाला और वह भी पीढ़ी दर पीढ़ी, अनन्त काल के लिए। सवर्ण हिन्दू अछूतों को गांव से बाहर रखते थे...मनु ने चांडालों और श्वपचों को गांव से बाहर रखा। वे कुत्तों और गधों को ही पाल सकते थे, पहनने के लिए उन्हें मृतकों के ही कपड़े दिए जाते थे। वे मिट्टी के टूटे बर्तनों में ही भोजन कर सकते थे और गहनों में भी मिट्टी और लोहे के ही धारण कर सकते थे। धर्मात्मा पुरुषों और सवर्ण जातियों के लोगों के लिए उनकी स्त्रियों के साथ रमण करने पर भी प्रतिबंध था (कोष्ठक में उन्होंने लिखवाया–'हालांकि यह पाप शास्त्र-वर्जना के अतिरिक्त लुक-छिपकर सदियों हुआ और अब भी होता है)...इस तरह जो अछूत बने वे सदा के लिए ही बन गए।'

इसके बाद उन्होंने स्टैनले राइस की पुस्तक 'हिन्दू कस्टम एंड देअर ओरीजन' के 113-115 पृष्ठों से नोट कराया, 'अछूत मानी जानेवाली जातियों में प्रायः वे जातियां भी हैं जो विजेताओं से हारी और असम्मानित हुई थीं। उन्हें विजेताओं ने मनमाने कार्यों पर लगाया। (यहां भी कोष्ठक में लिखवाया–'श्री अच्छेलाल बाल्मीकि ने इंटरव्यू देते समय मुझे बताया था कि उनके पूर्वज राजा सुहेल देव थे। यह आश्चर्यकारी बात है। सुहेलदेव भट जाति के इतिहास प्रमाणित राजा थे। 11वीं शताब्दी में वे सैय्यद सालार मसूद से हारे और मारे गए। जीतने के बाद विजेता मुसलमानों ने अनेक राजकुल के निस्तेज लोगों को शायद मार-मारकर भंगी बना दिया हो। इसी प्रकार लखनऊ के श्री सुन्दरलाल धानुक ने भी मुझे लिखवाया था कि वे मूलरूप से क्षत्रिय थे किन्तु मोहम्मद गौरी ने विजय के पश्चात् उन्हें जबरन भंगी बना दिया।)

उन्होंने और भी कुछ बिन्दु नोट कराए–'अपवित्र कार्यों में निम्न कार्य माने जाते हैं–फाटक की सफाई, पखाने की सफाई, गलियों और घूरों की सफाई, पाखाने व पेशाब के जगहों की सफाई, गुप्तांगों की मालिश करना।'

अन्तर्दृष्टि क्यों और कैसे ?

पीछे लौटकर देखें तो लगता है कि प्रारंभ में अमृतलाल नागर ने एक ब्राह्मणी के मेहतर युवक के साथ भाग जाने की घटना से केवल मेहतरों पर लिखने की प्रेरणा पाई थी, और उसी के वशीभूत होकर वे मेहतरों से इंटरव्यू लेने में व्यस्त हो गए थे और उनके इतिहास और जीवन को जानने के लिए पुस्तकें पढ़ रहे थे और अन्य स्रोतों से भी जानकारियां प्राप्त कर रहे थे। ये सब ऊपरी बातें थीं और उनसे वे केवल यह अर्थ अन्वेषण कर सके थे कि सदियों से इस वर्ण के साथ अन्याय, शोषण और दमन होता रहा है और एक विरोधाभास भी व्याप्त रहा है कि अछूत मानकर भी उनकी स्त्रियों का यौन-शोषण हुआ है। और यह भी कि इनके उद्धार के प्रयत्न अवश्य हुए पर उनमें सवर्ण की अहम तृप्ति और दिखावे का भाव ही मूल रहा। अब तक उन्होंने जितने भी तदर्थ उपन्यास अवतरण किए थे उन सबका स्वर या कथ्य यही है। यानी अभी तक वे पुराने और स्थापित सत्यों को ही दुहरा रहे थे। ऐसा प्रतीत होता है कि जब उन्होंने अम्बेदकर की दलित-व्याख्या पढ़ी और समझी तब उन्हें नए सत्यों से साक्षात्कार हुआ होगा और तभी उन्हें वह अन्तर्दृष्टि मिली होगी जिससे वे उस घटना को एक नए कोण से देख सके। कहते हैं उपन्यासकार को अन्तर्दृष्टि प्रयत्न से प्राप्त नहीं होती, वह उसे एकाएक किसी बात की चुभन से प्राप्त होती है। अम्बेदकर की व्याख्या में कितनी ही बातें 'सुई सदृश चुभन' पैदा करने वाली थीं। यह कि 'अब तक संस्कृति की व्याख्या ब्राह्मणी दृष्टि से हुई है, (2) किसी अन्य देश में तो व्यक्ति किसी कारणवश अछूत माने गए थे किन्तु हिन्दुओं ने तो पूरी की पूरी जातियों को ही अछूत बना डाला और वह भी पीढ़ी दर पीढ़ी, अनन्त काल के लिए, (3) सवर्ण अछूतों को गांव से बाहर रखते थे...वे कुत्तों और गधों को ही पाल सकते थे। पहनने के लिए मृतकों के कपड़े, मिट्टी, लोहे के गहने और मिट्टी के टूटे-फूटे बर्तनों में ही भोजन कर सकते थे।' यानी कि वे पशुवत जीवन जीने को विवश थे, उनसे पशुवत व्यवहार किया जाता था। ये सब ऐसी बातें हैं जो साधारण व्यक्ति को भी विचलित कर सकती है। फिर अमृतलाल नागर एक संवेदनशील कथाकार थे, मानवतावाद में विश्वास करनेवाले व्यक्ति थे। एक सतत् सृजनशील रचनाकार थे और सबसे बड़ी बात तो यह कि वे स्वयं ब्राह्मण थे। और यह पूरी की पूरी ब्राह्मण जाति पर करारा तमाचा था। शायद यही वह क्षण रहा होगा जब उन्होंने अपराध-बोध और आत्मग्लानि की कचोट का अनुभव किया होगा। अपने ब्राह्मण होने पर उन्हें लज्जा आई होगी। और ऐसी मनः स्थिति में उनके मानस पर मेहतर युवक के साथ एक ब्राह्मणी के भाग जाने की घटना बार-बार चोट कर रही होगी और कल्पना में कौंधा होगा कि अगर वह ब्राह्मणी न पकड़ी जाती और मेहतर

के घर ही रह जाती, तब क्या इतिहास अपने को फिर से दुहराता। यही वह क्षण रहा होगा जब 'मार मारकर भंगी बनाने' का मुहावरा उन्हें याद आया होगा और उन्होंने अपना कथ्य पा लिया होगा और वे उपन्यास की फैंटेंसी गढ़ने की क्षमता अर्जित कर सके होंगे।

तो यह अपराधबोध की कचोट ही होगी जिसने अमृतलाल नागर के मानस को झकझोरा होगा। उपन्यास का आरंभ भी इस बात का प्रमाण है कि अम्बेदकर को पढ़ने के बाद ही दलितों के दमन-बोध से परिचित होकर कचोट के फलस्वरूप उन्होंने उपन्यास का कथ्य प्राप्त किया था। उपन्यास का शुरुआती पैराग्राफ अंशुधर शर्मा के माध्यम से उसी टीस और अर्थदीप्ति को प्रस्तुत करता है–'ऊंचे टीले पर बने मंदिर के चबूतरे से देखा तो सारी बस्ती मुझे अपनी वर्णमाला के 'द' अक्षर जैसी लगी।...'द' माने दमन। प्रकृति ने मानो इस बस्ती के कपाल पर ही 'दमन' शब्द लिख दिया है।...अपने पिछवाड़े बसी हुई भंगी बस्ती को यों तो मैं बचपन से ही देखता चला आ रहा हूं। परन्तु सच पूछा जाए तो अभी कुछ ही महीने पहले मैंने एक विचार के रूप में उसके दर्शन किए थे।...इस बस्ती के बहाने मैंने शहर की भंगी बस्तियों से इंटरव्यू करने का प्रोग्राम बनाया। अब तक जिस वर्ण को मैंने केवल बौद्धिक सहानुभूति भर दी थी उसे पहली बार निकट से पहचानने की उत्कट इच्छा जागी। इंटरव्यू का आरंभ करने के प्रायः एक सप्ताह के भीतर ही मुझे अनुभव हुआ कि संस्कृति को केवल अभिजात्य दृष्टि से देखना खाड़ी में समुद्र को देखने के समान है। खाड़ी में जन-संस्कृति के महासागर का अगाध-असीम सौंदर्य भला क्योंकर दिखलाई दे सकता है।' ('नाच्यौ बहुत गोपाल', पृष्ठ 13)

अम्बेदकर ने जो बातें दुखी मन से कही थीं उन्हें ही अमृतलाल नागर ने यहां बड़े असम्पृक्त ढंग से अंशुधर शर्मा से कहलाया है। आगे भी जब वे कहते हैं–'मैं समझता हूं जिन्हें हम छोटी जाति वाले कहते हैं, उनके सम्बन्ध में हमारी कुछ धारणाएं बड़े गलत तरीके से बंध गई हैं।...हमारी यह धारणा बंधती है कि इन्हें केवल हमारी सहानुभूति तथा दया चाहिए। मैं समझता हूं यह बातें गलत हैं। यह हमसे केवल न्याय चाहते हैं।' (वही, पृष्ठ 24) तो यहां भी वे अम्बेदकर के ही विचारों को उद्धृत करते दीखते हैं।

स्पष्ट ही अम्बेदकर की व्याख्या ने घटनाओं के सतही अर्थ तिरोहित करके उन्हें गहरे अर्थ-बोध का अनुभव कराया था। उससे उन्होंने अपने अनुभवों का अर्थ पहचान लिया था। उन्हें विभिन्न घटनाओं और अनुभवों में संगति दीख गई थी, समस्या का समाधान मिल गया था। तब वही घटना 'नाच्यौ बहुत गोपाल' के कथानक का आधार बनी जिसने उन्हें उद्दीप्त किया था। जब उस या अन्य घटनाओं के सतही अर्थ

तिरोहित हो गए, तब उन्हें उस घटना से ही सौंदर्यबोध की प्रतीति हुई और वही घटना उनके अनुभवों के अर्थ को सम्प्रेषित करने का आधार बनी।

'नाच्यौ बहुत गोपाल' के विभिन्न कच्चे और तदर्थ अवतरण उपन्यासकार के मानस की परिपाक प्रक्रिया के विभिन्न स्तरों के प्रतिबिम्ब है। परिपाक अवधि पूर्ण कर लेने के बाद ही अमृतलाल नागर की 'ट्रायल एंड एरर' की प्रक्रिया को विराम मिल सका था। उपन्यास की रचना-प्रक्रिया अत्यंत दुरूह, लम्बी और उलझी हुई है और यह दृश्य और अदृश्य दोनों रूपों में अपना कार्य करती रहती है। अम्बेदकर की व्याख्या ने लेखक को अर्थ-दीप्ति प्रदान की थी, पर उससे पहले भी उनके मानस में अचेतन रूप से, बिना उनके जाने जो क्रियाएं हो रही थीं उनकी भूमिका भी महत्त्वपूर्ण है। वास्तव में जब लेखक के चेतन स्तर के प्रयास असफल हो जाते हैं तब उसका अचेतन मानस सक्रिय होकर परिपाक प्रक्रिया पूरी करता रहता है। जब परिपाक प्रक्रिया पूरी हो गई तभी अमृतलाल नागर सत्यान्वेषण या अर्थान्वेषण कर सके। बहुत समय तक उन्हें अर्थ का ज्ञान नहीं हो सका था। सत्यान्वेषण में उनका सचेतन मानस कार्य नहीं कर पा रहा था। अतः प्रत्यक्ष में उन्होंने कुछ समय के लिए 'ट्रायल एंड एटर' के रूप में किए अपने प्रयासों पर विराम लगा दिया होगा। पर सच तो यह है कि उन्होंने अपनी समस्या को अचेतन के हवाले कर दिया होगा और जब उसका हल अम्बेदकर की व्याख्या से मिल गया तब वह चेतन स्तर पर आ गया होगा। उन्हें स्वयं आश्चर्य हुआ होगा कि अभी तक यह हल या यह अर्थ उनकी समझ में क्यों नहीं आया था, यह सत्य क्यों नहीं दिखा था। अर्थ के चेतन स्तर पर आ जाने पर वे उल्लासोद्रेक से भर उठे होंगे और प्रदीपन की इच्छा के वशीभूत होकर वे वास्तविक उपन्यास के अवतरण में प्रवृत्त हुए होंगे। अब उन्हें लम्बा-चौड़ा कथानक टांकने की आवश्यकता नहीं थी। उन्होंने उपन्यास के केवल तीन प्रमुख चरित्रों–निर्गुन, नन्दू और सुपच बाबा की जन्मपत्रियों और व्यक्तित्व तथा उनका थोड़ा-सा जीवनवृत लिपिक से टंकवाया और फिर उनका अभिव्यक्ति-उन्मेष उमड़ पड़ा होगा। उस समय उपन्यास का आरंभ प्रभावपूर्ण ढंग से करने के लिए सोच-विचार करने का सब्र और समय भी न रहा होगा, सो उन्होंने ब्राह्मणी के मेहतर युवक के साथ भाग जाने की घटना की सामाजिक और मनोवैज्ञानिक स्थितियों के अंकन से ही उपन्यास आरंभ कर दिया।

उपन्यास-लेखन का श्रीगणेश

जब एक ब्राह्मणी के मेहतर युवक के साथ भागने की घटना से ही अमृतलाल नागर को अपना कथ्य व्यक्त करने का आधार मिल गया तब उन्होंने उसी घटना के होने

की पृष्ठभूमि से ही उपन्यास लेखन का आरंभ 24-4-76 को कर दिया। उस वास्तविक घटना को सुनाते समय मेहतरानी ने उनकी जिज्ञासाओं के जवाब में ब्राह्मणी के भागने के कारणों के जो संकेत दिए थे–'कोई बड़े पैसेवाले की औरत थी, एक बूढ़े की ब्याहता है सरकार,' 'गल्ले अनाज का धंधा होता है,' 'दौलत के बूते बह हुआ था,' 'औरत को कोई और न मिला तो उसी को फांस लिया,' 'अरे जवान पट्ठी है हुजूर तालों में रखते थे लाला,' 'पट्ठी है हुजूर,' 'सो उसके साथ भाग निकली,' वे स्वयं में इतने दमदार थे कि अमृतलाल नागर ने चरित्र सृष्टि और घटना के पुनःसृजन में उन्हीं का सहारा ले लिया। बूढ़े पति के व्यक्तित्व-निर्माण में तो उन्हें कल्पना का रंग भरने की भी अधिक आवश्यकता न पड़ी। उन्होंने उसका पुनःसृजन भर किया–'गल्ले के नामी आढ़तिये, पहले महायुद्ध की कमाई से लखपति बने मसुरियादीन महाराज के पास ठाकुर जी की दया से लक्ष्मी और सब विधि तो टिकी पर पांच ब्याह करके भी न गृहलक्ष्मी ही टिकी और न ही कुलदीपक से ही उनके घर का उजाला हुआ। लखपति लफंगे के मन में एक कसक यहां भी बड़ी भारी थी कि जन्म से कन्हैयाजी की तरह हर जाति-वर्ण की गोपियों से रमने के बाद, पराई औरत के धन से ही धंधा आरंभ करके अपनी किस्मत का सितारा बुलंद करने के बाद सिर और मूंछों पर खिजाब पोत और बड़े तनकर चलने के बाद भी, पैसे खर्च करके भी मसुरियादीन महाराजा अब किसी जवान औरत को फंसाने लायक नहीं रहे थे। लेकिन मन बहलाव के लिए मैना तो अवश्य चाहिए। संयोग से पुरानी आश्ना, सेठ पंडित बटुक प्रसाद की सेठानी के घर में पलने वाली उन्हीं के मुनीम और अपनी बिरादरी की मातृहीना बीस वर्षीया पुत्री निर्गुण देवी को ब्याह लाए और इस ताले जुड़ी चौमंजिली हवेली के पिंजरे में बंद कर दिया। वही मैना पिंजड़े में फड़फड़ा रही है।' (नाच्यौ बहुत गोपाल, पृष्ठ 60-61)

युवती पत्नी की जीवन-स्थितियों और मनोदशा और घुटन का भी उन्होंने जमादारिन के कथन के आधार पर ही पुनःसृजन किया–'पिछले एक साल और आठ महीनों से सौ. निर्गुण देवी का बस यही जीवन-क्रम है–सबेरे नौ बजे से रात के आठ बजे तक कोठे-कोठे तालों जड़ी चौमंजिली छोटी हवेली में यों ही पिंजरे की मैना की तरह मरना, रात को उसी कमरे में इसी पलंग पर 75 वर्ष के बूढ़े आर्यपुत्र की जवान लिप्साओं की आंचों में भून-भुनकर मरना। मौत से छिन भर की छुट्टी नहीं मिलती, पर मौत नहीं आती।' (वही, पृष्ठ 60)

वास्तविक घटना से इतना भर सहारा अमृतलाल नागर ने लिया है, बाकी उस घटना के घटित होने के सामाजिक और मनोवैज्ञानिक परिप्रेक्ष्य की सृष्टि और ब्राह्मण युवती का व्यक्तित्व-निर्माण उनकी भौतिक सूझ-बूझ का परिणाम है। बूढ़े पति से काम इच्छाओं की पूर्ति न हो सकने पर किसी युवती का अन्य युवक के साथ भाग जाना

या सामाजिक और पारिवारिक मर्यादाओं में रहते हुए छिपकर किसी अन्य से प्रेम-सम्बन्ध बनाना तो अनहोनी बात न होती, पर समाज, परिवार और वर्ण की मर्यादाएं तोड़कर भाग जाने की घटना को स्वीकार करना अत्यंत कठिन होता अगर अमृतलाल नागर युवती के व्यक्तित्व-निर्माण में संस्कारी और कुसंस्कारी दुहरे वातावरण प्रभाव की कल्पना न करते। दुहरे संस्कारों के संघर्ष में तैरती-डूबती निर्गुण का मेहतर युवक के साथ भाग जाना अनहोनी घटना नहीं रह जाता। निर्गुण पर बचपन में नाना-नानी के सात्विक संस्कारों का प्रभाव रहा, पर किशोरावस्था में उस पर चरित्रहीन पिता और संरक्षकों के कुत्सित कृत्यों और वातावरण का प्रभाव। काम-वासनाओं में बहकने के क्षणों में वह सोचती है–'हाय, नाना कैसी अच्छी कथा बांचते थे ! कैसे भजन गाते थे। सारी खिलकत उनके सुरीले कंठ और सुन्दर प्रवचनों से मुग्ध हो जाती थी। जब तक नाना के घर रही कितना अच्छा जीवन था उसका।...किन्तु न नाना रहे न नानी। ननिहाल के स्वर्ग से वह बटुक महाराज की नर-भक्षी भेडियन मांद में फेंक दी गई।' (वही, पृष्ठ 64)। कुत्सित प्रवृत्तियों और कामभोग ने उस पर इतना गहरा प्रभाव डाला कि उसे कामवासना तृप्ति की चाट ही पड़ गई और जब वह बूढ़े मसुरियादीन के साथ ब्याह दी गई तब 'भूखी युवती के मन में भोगे हुए अनेक क्षणों का सुखद स्वाद कण-कण में घुलकर क्रमशः उसकी काया में अकड़न भरने लगा।' (वही पृष्ठ 64)। घुटन भरे परिवेश और मनःस्थितियों में जब निर्गुण को उन्नीस-बीस वर्षीय मेहतर युवक का सलोना चेहरा देखने को मिला तो 'नरभूखी निर्गुण की छाती में डंक मार गया।' (वही, पृष्ठ 67) मेहतर युवक की ओर आकर्षित होते समय निर्गुण के मन में द्वन्द्व छिड़ता है, पर उसमें सात्विक संस्कारों की पराजय ही होती है और वह सोचती है 'भाड़ में गई ऐसी बम्हनई। वो भी बाहम्नी ही है जिसने जवानी भर मेरे बाप को चूसा और बुढ़ापे में भी हवस न बुझी तो मेरे नाम से बसंतू मास्टर को...ये सब लोग क्या ब्राह्मण कहलाने लायक हैं ? ब्राह्मण थे मेरे नाना-नानी।...उनके स्मरण मात्र से ही मन की उदंडता दब गई। कुछ समय तक मन संयत रहा, परन्तु 'उसकी' आहट पाते ही संयम के सींखचे आनन-फानन टूट गए। (वही, 69 पृष्ठ) फिर तो मेहतर युवक से काया सम्बन्ध बनाना निर्गुण को अनुचित और अपवित्र नहीं लगता। उल्टे उसे लगता है कि इस स्पर्श में जीवन है, गति है, स्वच्छंदता है। मोहन के स्पर्श में मादकता, तृप्ति और आनन्द है–उसे यह कारागार-सा गृह मोहन के सान्निध्य में स्वर्ग से भी सुन्दर लग रहा है। 'अस्पृश्यता का सांसारिक पाप मोहन बनकर पुण्य बन गया है।'' (वही, पृष्ठ 71)

अमृतलाल नागर ने ब्राह्मणी के मेहतर युवक के साथ भाग जाने की घटना को अनेक दृष्टियों से स्वाभाविक बनाने की चेष्टा की है। निर्गुण में कामेच्छा तो प्रबल है

ही, ब्राह्मणों के कुत्सित और अनैतिक कर्मों को देखकर और भोगकर उनके प्रति विद्रोह और प्रतिशोध का भाव भी जन्म लेता है और वही उसे ब्राह्मणत्व को त्यागकर मेहतर युवक से काम-सम्बन्ध बनाने को उकसाता है–'उसके भीतर एक हिंसक आह्लाद भी जागता है कि जिन 'महाराज' ने सातों जात में अपना मदन-चक्रवर्तित्व स्थापित करके भी अपनी जाति ऊंची रखी थी, उसी की धर्मसंगिनी, सात फेरों की परिणीता पत्नी अब तन-मन और धन से मोहना मेहतर की रति-संगिनी हो चुकी है।' (वही, पृष्ठ 72)

इसके बाद मोहना के साथ निर्गुण का भाग जाना और अपनी पुरानी मेहतरानी-सहेली मोहना के घर पहुंचकर अपमान झेलने के बिन्दु पर आकर दो परिच्छेदों (तैयार उपन्यास में 9वां और 10वां) को लिखने के बाद अमृतलाल नागर कथानक-अन्वेषण पर विराम लगाकर कदाचित् प्रारंभ के आठ परिच्छेद लिखने में जुट गए होंगे। (यह अनुमान इसलिए सही लगता है कि उपरोक्त दोनों परिच्छेदों में जिस मेहतर युवक के साथ निर्गुण भागती है, उसका नाम नन्हू है। पर बाद में जगह-जगह इसे काटकर मोहना कर दिया गया है। ऐसा प्रतीत होता है कि मोहना नाम उन्हें बाद में लिखे आठ परिच्छेदों को लिखते समय सूझा होगा, पांडुलिपि में इन आठ परिच्छेदों में कहीं भी नाम काटने के चिह्न नहीं हैं।) कब लिखना आरंभ किया था, इसका कोई संकेत उन्होंने नहीं छोड़ा है। बस उपन्यास का शीर्षक बड़े-बड़े अक्षरों में लिखकर उन्होंने लिखना आरंभ कर दिया था। पर अनुमान है कि इस बार शुरू करने में उन्हें कुछ वक्त लगा ही होगा। क्योंकि उन्होंने अब तक जो घटनाक्रम लिखा था उसके संकेत सूत्र तो उनकी मेहतरानी ने घटना सुनाते समय ही दिए थे पर अब उससे आगे का कथानक-अन्वेषण उन्हें स्वयं करना था। वास्तविक घटना में तो वे युवक और युवती पकड़कर वापिस तो आए गए थे, पर अमृतलाल नागर को तो उस घटना से अपने कथ्य को भी सम्प्रेषित करना था। उस घटना का इस्तेमाल वे 'मार मारकर भंगी' बनाए जाने के इतिहास को दुहराए जाने के लिए करना चाहते थे। इसके लिए लेखक की कल्पना-शक्ति और विश्वसनीय कथानक-अन्वेषण क्षमता की दरकार थी। जहां उन्होंने कथा-सूत्र छोड़ा था–'अब यह जानकर कि वह मोहन के साथ मेहतरानी बनकर जा रही है, वह एकदम निर्जीव-सी हो गई। जाने उसके भाग्य में कौन-कौन से अपमान सहने हैं, राम !' (वही, पृ. 73), वह ब्राह्मणी के पछतावे को प्रकट करता है। तो अब उन्हें ब्राह्मणी के मानसिक संघर्ष और आन्तरिक मनोभावों को भी उकेरना था। अब टकराव दो भिन्न वर्णों के संस्कारों, आचार-विचारों, खान-पान, रहन-सहन, स्वाभिमान और अहम् का होना था। इस सबको विश्वसनीय ढंग से सम्प्रेषित करने के लिए उन्होंने जो डिवाइस अपनाई है वह साधारण नहीं है। इस बार उपन्यास की शुरुआत उन्होंने फ्लैश बैक शैली में की है और अपने रचनाधर्मी व्यक्तित्व के प्रतीक अंशुधर शर्मा से कराई है

तथा उसमें स्रष्टा ही नहीं भोक्ता निर्गुन भी उपस्थित है, जो कभी अपनी जबानी, तो कभी अपनी डायरी सौंपकर कथानक-अन्वेषण के संकेत-सूत्र सौंपती जाती है। इस डिवाइस को अपनाने की बात शायद उन्होंने उपन्यास का शुभारंभ करने से पहले ही तय कर ली होगी क्योंकि उन्होंने स्वीकार किया है कि 'कथा स्वर का निर्धारण अपने आप हो जाता है। मन की बात जिस रूप में सबसे अधिक कहने की क्षमता जागती है उसी क्षण यह निर्धारित हो जाता है कि कथानक स्वर क्या होगा। जिस क्षण रचना-बीज पड़ जाने से मानसचक्र चल पड़ता है, उसी क्षण मेरा 'पैटर्न' भी तय हो जाता है। जिस बिन्दु पर सबसे अधिक दबाव पैदा हो, वही बिन्दु तय कर देता है कि किस स्वर में उठाने पर रचना सबसे अधिक प्रभावशाली होगी।' (देखें, अमृतलाल नागर का समालाप, दिनांक 26-12-85)।

अमृतलाल नागर ने उपन्यास में जो डिवाइस अपनाई है वह बहुत ही सार्थक सिद्ध हुई है। अंशुधर शर्मा कथावाचक होने के साथ-साथ स्वयं एक पात्र भी हैं। उपन्यास में दो कहानियां समानान्तर चली हैं। एक वृत्तांत ब्राह्मणी निर्गुनिया के मेहतर बनने का है तो दूसरा अंशुधर शर्मा के आत्मालोचन और आत्म-परिष्कार का है। ऐसा प्रतीत होता है कि अमृतलाल नागर पर अम्बेदकर की सोच का बहुत गहरा प्रभाव पड़ा था। अम्बेदकर दलितों के मसीहा तो थे ही, वे सवर्णों के लिए भी प्रेरणा-दूत थे। उन्होंने ब्राह्मणवाद की समाप्ति के लिए सभी जातियों की एकता का आवाहन किया था। इसी का परिणाम था कि महाड समता संग्राम में ब्राह्मणों ने पूरी सहभागिता निभाई थी। 'नाच्यौ बहुत गोपाल' में अंधुधर शर्मा जैसे उसी के प्रतीक बनकर उतरे हैं।

'नाच्यौ बहुत गोपाल' का दलित-विमर्श

अमृतलाल नागर ने अगर कथा के रूप में 'नाच्यौ बहुत गोपाल' की फैंटेसी न गढ़ी होती तो दलित अस्मिता और उसकी सामाजिक प्रतिष्ठा का जो स्वर इससे निसृत हुआ है वह न हो पाता। 'अगर वह ब्राह्मण युवती पकड़ी न जाकर मेहतर के ही घर रह जाती' की कल्पना पर ही उपन्यास का समूचा कथानक टिका है। प्रेम से शुरू हुई कथा धीरे-धीरे सवर्ण और अवर्ण के संघर्ष, प्रतिद्विन्दता और दोनों के संस्कारों, आचार-विचारों, खान-पान, आस्थाओं और प्रतिष्ठा की टकराहट से होते हुए 'मार-मारकर भंगी बनाने' की परिणति पर समाप्त होती है। एक तरफ अपनी सवर्णता का दंभ रखनेवाली निर्गुन है और दूसरी ओर है अपने जातीय स्वाभिमान और अस्मिता पर आंच न आने देनेवाला मोहना। दोनों के प्रेम-सम्बन्ध होते ही टकराहट शुरू हो जाती है। भागकर कहीं दूसरी जगह चलने के प्रस्ताव के साथ जब निर्गुन

कहती है, "मेरे पास रुपिया है। किसी दूसरे शहर में चले चलो। कहीं पान-बीड़ी या बिसातखाने की दुकान खोलकर बैठ जाना। कौन तुम्हें पहचानेगा। ब्राह्मनी का साथ किया है, तो ब्राह्मन तो बन ही गए," सुनकर मोहना जो उत्तर देता है वह सवर्णता के दर्प पर करारा प्रहार है। वह कहता है, 'मैं क्यों ब्राह्मन बना। तुम्हीं मेहतरानी बनी हो।'...'मैं तमोली-बिसाती क्यों बनूं' (पृष्ठ 72)। यानी वह अपनी अस्मिता क्यों खोए, निर्गुन भी तो खो सकती है। अस्मिता-प्रतिष्ठा निर्गुन के सवर्णता के दंभ को चूर करने का हथियार बन जाती है। दोनों के संवाद इसे बड़ी प्रखरता से व्यक्त करते हैं–

> *"तुम मुझसे उन (मामा-मामी) के पैर छूने को तो न कहोगे ?"*
> *"मेरी जोरुआ बनके चलोगी और मेरे ही बुजुर्गों के आगे माथा नहीं टेकोगी ?" "तो जाओ...(गंदी गाली) जहां तुम्हारा सीग समाए चली जाओ।"*
> *तुमसे आशनाई की है, अपना धरम-इमान नहीं बेचा।"*
>
> *(पृष्ठ 76)*
>
> *"मैं हुकका भरना नहीं जानती। हमारे ब्राह्मनों में तो कोई पीता नहीं।"*
> *"अरे छोड़ो ब्राह्मनों की बातें, अब तो तू मेहतर है।"*
>
> *(पृष्ठ 80)*
>
> *"मांई ने मांस पकाने को कहा है। मैंने तो आज तक उसे छुआ भी नहीं।"*
> *"मेहतर को भी तो तुमने पहले कभी नहीं छुआ था। फिर कैसे अपने जोवन की दुकान खोलकर मुझे फंसाने के लिए तुमने अपने मन को राजी किया। बोलो ?"*
>
> *(पृष्ठ 83)*

मोहना में विरोध और विद्रोह की भावना बहुत ही स्वाभाविक और मनोवैज्ञानिक ढंग से जन्म लेती है। निर्गुन के कथनों में जब मोहना को सवर्णता के अहंकार और शोषण की मानसिकता की गंध मिलती है तो उसमें उन्हें चूर करने का संकल्प जाग्रत होता है। सवर्ण होने के नाते निर्गुन भी तो दलित पुरुष का दैहिक शोषण करना चाहती है। ठीक सवर्ण पुरुष की भांति : 'जाति मर्यादा और सफेदपोशी को बरकरार रखकर। फिर तो मोहना मामा-मामी के पैर छुआकर, मांई की पद-सेवा और हुक्का भरवाकर, मांस पकवाकर और मैला उठवाकर निर्गुन को सवर्ण और स्वामी दोनों पदों से पदहस्त कर देता है। मोहना की प्रतिहिंसा तब चरम पर पहुंचती है जब वह जलती सिगरेट से निर्गुन के किसी न किसी भाग को दागता है। यह उसके आनन्द की पराकाष्ठा है। (वही, पृष्ठ 90)। ऐसा लगता था कि मोहना के भीतर वाला मेहतर निर्गुनिया के भीतर

वाली ब्राह्मणी को बदले की भावना के साथ सताता था।' (वही, पृष्ठ 177)

कहा जा सकता है कि निर्गुन को मार-मारकर भंगी बनाने का वृत्तांत सवर्ण-स्वाभिमान को ठेस पहुंचाता है तो मोहना का सवर्ण स्त्रियों का बलात्कार और डाकू-कर्म दलित अस्मिता को क्षति पहुंचाता है। पर उपन्यास का सतही पाठ भले ही इस प्रकार का भ्रम पैदा करता हो, परन्तु यदि कथा की बुनावट और उसमें अन्तर्निहित स्वर पर ध्यान दें तो इस प्रकार के भ्रम की कोई गंजाइश नहीं दीखती। वास्तव में मोहना और निर्गुन के सम्बन्धों का समूचा वृत्तांत और कथानक-अन्वेषण दलित समाज की उत्पत्ति के ऐतिहासिक स्रोतों और दलित की पीड़ा, अपमान और उसके संघर्ष तथा प्रतिकार को स्वर देने के लिए किया गया है, न कि किसी वर्ण के स्वाभिमान को चोट पहुंचाने के लिए। खूबी यह है कि इस फैंटेसी के द्वारा लेखक ने कथावस्तु के तीन आयाम प्रस्तुत कर दिए हैं। पहला यह कि भंगी कोई जाति नहीं है। यह तो पराजितों का वह समुदाय है जिससे विजेताओं ने मनमाने कार्य कराए। मोहना की माई को निर्गुन से अपना मैला उठवाकर जो संतुष्टि मिलती है, उसमें यही भाव निहित है। 'भांजे की पंडिताइन रखैल से अपना मैला उठवाकर माई को वही संतोष हुआ जो दुनिया के सिकन्दरों, तैमूरों और चंगेजखानों को सारी दुनिया को अपने कदमों में झुकाकर मिला होगा।' (वही, पृष्ठ 102)। दूसरा यह कि जिन्हें मार-मारकर भंगी बनाया होगा उनकी पीड़ा क्या रही होगी ? तीसरा यह कि सदियों से अत्याचार, अन्याय और शोषण की यातना सहने वाले दलित में यदि विद्रोह और प्रतिकार की भावना जाग्रत हो जाए तो क्या हो सकता है ? इस फैंटेसी के द्वारा लेखक का उद्देश्य सवर्णों के मन-मस्तिष्क पर आघात करने का है कि देखो तुम अब तक क्या करते आए हो, उसका भुगतान तुम्हें कैसे चुकाना पड़ सकता है।

फैंटेसी के द्वारा अमृतलाल नागर कितनी ही प्रतिध्वनियां उत्पन्न करने में सफल हुए हैं। फैंटेसी से बाहर का वृत्तांत उनके संदेशात्मक स्वर को निसृत करता है। अम्बेदकर की दलित सोच अगर दलितों का संबल है तो सवर्णों को भी वही प्रेरणा देती है। 'नाच्यौ बहुत गोपाल' के लेखन में हाथ लगाने से पूर्व अमृतलाल नागर पूरी तरह सवर्णता से मुक्त होकर अम्बेदकर के दलित चिंतन को आत्मसात् कर चुके थे। कैसे कर सके होंगे, इसकी यात्रा का वृत्तांत उनके रचना-धर्मी व्यक्तित्व के प्रतीक अंशुधर शर्मा के धीरे-धीरे सवर्णता से मुक्त होने के द्वारा पता लगता है। अंशुधर शर्मा द्वारा एक ब्राह्मण/सवर्ण का आत्मसाक्षात्कार और आत्मलोचन प्रस्तुत हुआ है। अंशुधर शर्मा दलितों के प्रति पूर्वाग्रह से मुक्त भाव रखते हैं। वे अम्बेदकर के दर्शन को भी आत्मसात् कर चुके हैं। उपन्यास का आरंभ ही उनकी अम्बेदकर के जीवन-दर्शन की आस्था से हुआ है। वे सवर्णता के पैडेस्टल से नीचे उतर चुके हैं। वे दलितों को समता,

न्याय और स्वतंत्रता देने के हिमायती बन चुके हैं। शुरू-शुरू में ही वे अपनी पत्नी से कहते हैं, 'मैं समझता हूं हम लोग जिन्हें नीची जाति वाले कहते हैं, उनके सम्बन्ध में हमारी कुछ धारणाएं गलत तरीके से बंध गई हैं।–हमारी यह धारणा है कि इन्हें केवल हमारी सहानुभूति तथा दया चाहिए। मैं समझता हूं...यह हमसे केवल न्याय चाहते हैं।' (वही, पृष्ठ 24)। यह कथन अमृतलाल नागर के गांधीवादी आर्यसमाजी और ईसाई मिशनरियों के करुणा और उदारतावश चलाए दलित सुधार आन्दोलन के मोह-भंग को प्रकट करता है। उपन्यास में उन्होंने इन आन्दोलनों के कार्यक्रमों को देशकाल का रंग भरने के लिए विस्तार तो किया है और यह उल्लेख भी किया है कि इनके द्वारा दलितों की स्थिति में सुधार हुए (वही, पृष्ठ 211, 230, 242, 244-49)। इन्हें अस्पृश्यता के अभिशाप से मुक्ति मिली, उनमें शिक्षा का प्रसार हुआ। उन्हें इज्जतदार व्यवसाय सुझाए गए, पर सामाजिक स्तर पर समानता का अधिकार और सामाजिक प्रतिष्ठा इनमें से किसी के कार्यक्रमों में शामिल न था। अंशुधर शर्मा का उपरोक्त कथन इसे ही व्यक्त करता है। पर क्या खुद अंशुधर शर्मा उस समय तक ऐसा निभा सके थे? निर्गुनिया जब उनके ठाकुरद्वारे में प्रवेश की इच्छा व्यक्त करती है तो वे स्तब्ध खड़े रह जाते हैं और स्वीकार करते हैं कि 'मैं नौजवानी के दिनों से ही प्रगतिशील विचारों का रहा हूं, पर इस सनातनी संस्कार से मेरा कितना आग्रहपूर्ण लगाव है। यह मैं आज ही जान सका। शायद किसी मुसलमान को मैं सादर अपने ठाकुरद्वारे में ले जा सकता था, पर एक मेहतरानी ?" (वही, पृष्ठ 29)। इसी तरह निर्गुन के उच्च पदासीन सरकारी अफसर निर्गुन मोहन के घर का आभिजात्य वातावरण, बातचीत में अकड़ और दंभ उन्हें अपनी सवर्णता पर धमकी लगाता है।' (वही, पृष्ठ 34-36)

अंशुधर शर्मा का आत्मलोचन ही उनका आत्म-परिष्कार करता चलता है। निर्गुनियां के प्रश्नों 'आप मन से कितने मेहतर बन चुके हैं अब तक ?' 'मेरे हाथों का बनाया खा लेगें ?...मेरे साथ एक थाली में खा लोगे ? 'मेरे साथ पी सकेंगे ?'–के उत्तर वे बड़ी चतुराई से देते हैं, पर वे ही उन्हें आत्मालोचन को उकसाते हैं और धीरे-धीरे वह पूरी तरह सवर्णता की सोच और मानसिकता से मुक्त हो पाते हैं। बाद में निर्गुन मोहन के तेवरों से वे क्षुब्ध नहीं होते, वरन उसके कारणों को समझ लेने के बाद इस निष्कर्ष पर पहुंचते हैं कि 'जिन लोगों से आपके (निर्गुनिया के) वर्ग को सदा लांछन और अपमान मिला है, उनके प्रति स्वाधिकार की चेतना जाग उठने के बाद अश्रद्धा और अविश्वास उत्पन्न होना स्वाभाविक ही है।' (वही, पृष्ठ 317)

सवर्णता से पूरी तरह मुक्त होने और असम्पृक्त दृष्टि प्राप्त कर लेने के कारण ही अमृतलाल नागर मोहना के उग्र तेवर और सवर्णता के पीछे छिपी कुत्सितताओं को रेखांकित कर सके थे। उधर निर्गुनियां भी जब पूरी तरह से अपना ब्राह्मणत्व छोड़ देती

है तब उसमें भी फिर से सवर्णता या ब्राह्मणत्व का लबादा ओढ़ने की चाह नहीं रहती। सवर्णों के अनैतिक कर्मों और अनाचारों का इतना अधिक लेखा-जोखा उसके पास है कि उसे उनकी सफेदपोशी से घृणा हो जाती है। अमृतलाल नागर ने ब्राह्मणों और सवर्णों की सफेदपोशी और पाखंडों को जिस साहस के साथ अनावृत किया है उससे विश्वास जगता है कि 'नाच्यौ बहुत गोपाल' के लेखन-प्रवृत्त होने से पूर्व उनकी दृष्टि कितनी असम्पृक्त हो चुकी थी और वे दलितों के पक्षधर बन चुके थे। वर्णविहीन समाज उनका सपना था। वे मानते थे कि तभी असली मायनों में दलितों को स्वतंत्रता, समता, आत्मप्रतिष्ठा, सामाजिक सम्मान और एकता का अधिकार मिल सकेगा। वे वर्णविहीन समाज की संभावना के प्रति आशावान भी थे। (वही, पृष्ठ 317)

क्या तदर्थ प्रारूपों और 'नाच्यौ बहुत गोपाल' में कोई सुरसंगति है ?

उपन्यास के तदर्थ प्रारूपों को देखकर लगता है कि जिस कथा को लेकर तदर्थ लेखन आरंभ हुआ था, तैयार उपन्यास उससे एकदम भिन्न है। कथानक के स्तर पर तो तदर्थ प्रारूपों और 'नाच्यौ बहुत गोपाल' में कोई मेल नहीं है। कथानक की भिन्नता के कारण उनके कथ्यों में भी अन्तर आया है। पर यदि ध्यान से देखें तो सभी प्रारूपों और 'नाच्यौ बहुत गोपाल' के कथ्य के अलग-अलग स्वर प्रतिभासित होने पर भी कुछ समान प्रतिध्वनियां सुनाई पड़ती हैं। सभी में अवर्ण स्त्रियों के प्रति सवर्ण में आकर्षण दिखलाई पड़ता है। अमृतलाल नागर ने 'कथानक के नोट्स' का प्रारूप बनाने से पूर्व जो विचार-बिन्दु टंका था, ('सुन्दर स्त्रियां छिपकर सभी ऊंचे वर्णों की भोग्या बनती हैं। बस भोग होता है, श्रेष्ठ वर्ण और किसी प्रकार से खानपान सम्बन्ध नहीं रखता। भोग के पैसे टिकाकर मानो वह शुद्ध हो जाता है'),–इसकी प्रतिध्वनि सभी तदर्थ प्रारूपों से लेकर 'नाच्यौ बहुत गोपाल' तक सुनाई पड़ती है। निर्गुनिया का अनुभव भी यही बताता है। वह कहती है '...आपके यह ऊंची जात के पुरुष लोग तो साले दिन में पचास-पचास बार अपनी जातें छोड़ते रहते हैं। कहीं औरतों पर मुंह मारते हैं'...(वही, पृष्ठ 225)। उसके पूर्व पति मसुरियादीन (पृष्ठ 63) और आर्यसमाजी स्वामी जी की फलाहारी हथकेरियां (पृष्ठ 280) और कांग्रेसी बल्लमटेरां की हबिसें (पृष्ठ 171) कामाकर्षण और कामलिप्सा को ही प्रकट करती हैं। शुरू में स्वयं निर्गुण भी अपनी सफेदपोशी बरकरार रखकर दलित मोहन का दैहिक भोग करना चाहती है। सवर्ण और अवर्ण के जिन किस्सों के आधार पर अमृतलाल नागर ने तदर्थ प्रारूपों में पिरोया है वे भी तो ज्यों के त्यों 'नाच्यौ बहुत गोपाल' में उपस्थित हैं। चतुर्वेदी वाला किस्सा निर्गुनियां की जबानी संक्षेप में यह है कि...'एक बामन थे। आपकी तरह से

ही खादी पहनते थे और आप ही की तरह लिखंत-पढ़ंत का काम भी किया करते थे। जेल हो आए थे। मशहूर डाकू मोहना औरत का अछूत उद्धार करना चाहते थे...एक दिन उजागर में कह बैठे : 'मैं गांधीजी का असली चेला हूं, ब्याह किसी अछूत से ही करूंगा।'...नतीजा यह हुआ कि वे एक लड़की से फंस गए। उसके हमल रह गया। मुसीबत में पड़ गया था बेचारा।...बड़ी थुक्का-फजीहत की। फिर फिसल पड़े तो हर गंगा। आर्य समाज में जाके शादी की। सातों बिरादरी ने थुड़ी-थुड़ी की। मुहल्ला छूटा, शहर छूटा, सातों करम हो गए।' (वही, पृष्ठ 326)। झाऊलाल उर्फ सुदेशलाल आर्य' का तो पूरा का पूरा वृत्तांत ही उपन्यास में ज्यों का त्यों मौजूद हैं ! 'वो झाऊलाल भैया बड़ा मजेदार था। लेकिन एक बात यह थी बाबूजी कि वैसे किरैक्टर उसका बुरा नहीं था। आर्या समाज का बड़ा जोश था उसे। अपना नाम भी उसने झाऊलाल से बदलकर सुदेशलाल आर्य रख लिया था। घड़ीसाजी करता था। उसकी बीवी भरी जवानी ही में मर गई थी, पर ब्याह नहीं किया। चूंकि स्वामीजी के वेद मंदिर में भी उसने दो-एक बार मुझे देखा था इसलिए मेहतर बनके उसके यहां कमाने गई तो पहचान लिया।...काम के इलावे उसे दो शौक थे। एक तो नित नेम से रायबरेली में बैठकर पेपर बांचता था या किताबें पढ़ता था। दूसरे बायस्कोप देखने का बड़ा शौकीन था। जो भी खेल देखता उसके बखान मुझसे किया करता।...मैं आपसे झूठ नहीं बोलूंगी कि मेरे मन में यह स्वारथ आ गया था कि मरद को दूर-दूर से ललचा-रिझाकर कुछ दो-चार पैसे ज्यादे ही घसीट लेती...'('नाच्यौ बहुत गोपाल', पृष्ठ 327-28, साथ ही मिलान करें टीपन 1 और 7 से)

अंग्रेजों और दलित स्त्रियों के काम-सम्बन्ध भी लगभग सभी तदर्थ प्रारूपों और 'नाच्यौ बहुत गोपाल' में हैं। पहले तदर्थ प्रारूप में महंगेलाल और उसकी पत्नी को अंग्रेज पिता और मेहतरानी मां की संतान बताया है। 'नाच्यौ बहुत गोपाल' में एंडरसन और निर्गुणिया के प्रेम-सम्बन्धों में उसी की ध्वनि मौजूद है। अमृतलाल नागर ने सभी तदर्थ प्रारूपों और तैयार उपन्यास में कामेच्छा की प्रबलता दर्शायी है। वह प्रबल कामेच्छा ही है कि सभी तदर्थ प्रारूपों के चरित्र घटनाओं से प्रभावित होकर अपनी जीवन-गति बदल देते हैं। सभी उद्धारक भी छद्म वेष में अपनी जीवन-गति में कामेच्छाएं तृप्त करते हैं। 'नाच्यौ बहुत गोपाल' के चरित्रों की जीवन-गति में कामेच्छा ही प्रबल है। मोहन ठाकुर पिता की कामेच्छा का परिणाम है, तो निर्गुन और मोहन का सम्बन्ध भी उसी का परिणाम है। ऐसा प्रतीत होता है कि अमृतलाल नागर यह दिखाना चाहते हैं कि अदम्य कामेच्छा के सामने व्यक्ति को जाति, वर्ण, आयु किसी का भी ध्यान नहीं रहता। 'नाच्यौ बहुत गोपाल' के सन्दर्भ में जब उन्हें इस कठघरे में खड़ा किया गया तो उनका जवाब था कि 'काम और भूख मानव की प्रीमिटिव अर्ज

है। आसानी से उन्हें नियन्त्रित करना क्या संभव है ?...काम से मुक्ति वैसी है जैसे आग के मैदान में मोम के घोड़े को दौड़ाना। फिर उसे ज्यों-का-त्यों रख पाना।' (देखें, अमृत मंथन, पृष्ठ 143)। सभी प्रारूपों में कामेच्छा की प्रबलता दिखलाई गई है। चाहे वह अवर्ण और सवर्ण से संबंधित कथानक हो, चाहे राजघराने से संबंधित। सभी में यह स्वर प्रमुख है। चाहे उनमें एक सवर्ण हों और दूसरा अवर्ण, चाहे दोनों सवर्ण हो इनके अनैतिक सम्बन्धों से जन्मी संतानों की नियति मेहतर बनना है। सबके लुक-छिपकर यौन-सम्बन्ध होते हैं, पर भुगतना उनकी संतानों को पड़ता है।

इसके अतिरिक्त सभी प्रारूपों में कथानक भिन्न है पर मुद्दा सबका एक है। जो सामाजिक अवहेलना, अपमान, उत्पीड़न और शोषण निम्न वर्ग ने भोगा है उससे लेखक उन्हें मुक्त करना चाहता है। इसलिए हर प्रारूप में वह सामाजिक परिवर्तन में आशा की किरण देखता है। तदर्थ प्रारूपों में अवर्ण स्त्रियों के उद्धार के वृत्तांत हैं तो 'नाच्यौ बहुत गोपाल' में इससे उल्टा है। इसमें एक सवर्ण महिला अवर्ण को अपनाकर उसका उद्धार करती है। 'निर्गुन के मन में एक बार ऐसा ही विचार आता है। वह सोचती है...'उसने सच्चा अछूतोद्धार किया जो मोहन का हाथ पकड़ा।' ('नाच्यौ बहुत गोपाल', पृष्ठ 229)। उपन्यास में दलित चेतना का जो प्रस्फुटन हुआ है, वह भी लगभग सभी तदर्थ प्रारूपों में है। सभी में दलित अस्मिता और स्वाभिमान की प्रतिष्ठा हुई है। 'कथानक के नोट्स' में मेहतरानी पुत्री पढ़-लिखकर सफलता की ऊंचाइयां ही नहीं छूती वरन् इतनी प्रतिष्ठा अर्जित कर लेती है कि एक सवर्ण उसे अपनाकर गौरवान्वित होता है। 'नाच्यौ बहुत गोपाल' में निर्गुन मोहन का पढ़-लिखकर ऊंची नौकरी पाना और अभिजात्य समाज में मिलना 'कथानक के नोट्स' की भगवती की याद दिलाता हे। सभी में युवा-पीढ़ी अपने दलित्व से मुक्त होने के लिए प्रयत्नशील है।

अमृतलाल नागर ने भले ही आर्यसमाज से मोहभंग और अम्बेदकर की दलित सोच से प्रभावित होकर 'नाच्यौ बहुत गोपाल' लिखा है, पर देशकाल का रंग भरने के लिए इसमें आर्यसमाजी कार्यक्रमों का जो विस्तार दिया है उसमें तदर्थ प्रारूपों के दलितोद्धार की ध्वनि सुनाई पड़ती है। बुरे दिनों में निर्गुन को आर्य समाज मन्दिर में आश्रय मिलता है और वह उसके कार्यक्रमों में भागीदारी करती भी दीखती है।

परिशिष्ट

अमृतलाल नागर का पत्र

परम प्रिय सौ. कुसुम,

आशीर्वाद !

तुम्हारा शोधप्रबन्ध संयोगवश मेरे घर पर इतने दिनों रह गया कि अपनी वर्तमान चल-दल सी उलटती-पलटती मनःस्थितियों में भी उसका करीब-करीब एक-एक पृष्ठ पढ़ गया हूं। सच पूछो तो सृजन की पीड़ा और आनन्द दोनों ही को केवल दो ही जानते हैं–एक नारी, दूसरा सृजनधर्मी कवि-लेखक-कलाकार। तुमने यह शोधप्रबन्ध लिखकर वस्तुतः अपने साहित्यिक जीवन को सार्थक किया है, यह निःसंकोच कह सकता हूं। हिन्दी में दुर्भाग्यवश मौलिक चिन्तन की प्रवृत्ति कम और पुराने चिन्तन का पृष्ठ-प्रेषण अधिक होता है। यह प्रवृत्ति बुरी तो हरगिज नहीं है फिर भी इतना अवश्य कहना चाहूंगा कि इससे इंसानी सोच की अंतरिक्ष रेखा भी सीमित बन जाती है, यह ठीक नहीं। चिन्तन में विविधता भी अत्यावश्यक है क्योंकि मनुष्य (यों जीव मात्र भी) प्रकृति से ही सृजनधर्मी होता है। सृजनधर्मिता ही विविध प्रकार की चिन्तन तरंगों की पार्श्व दक्षिणा शक्ति है।

यों तो हिन्दी में सृजन प्रक्रिया के हुल्लड़ का समां बांधना स्वतंत्रता के आरम्भिक काल में ही शुरू हो गया था। इसी से प्रेरित होकर 'अमृत और विष' लिखते समय उपन्यास दर उपन्यास की टेक्नीक सूझी थी लेकिन आश्चर्य है कि इसके बावजूद किसी विद्वान के मन में उसे व्यवस्थित ढंग से पहचानने की प्रवृत्ति नहीं जागी। और अब जागी भी तो एक विदूषी नारी में। मैं यह लिखकर अपनी एक मुंह बोली बेटी का गर्व पोषित नहीं कर रहा वरन् पहले बखानी गई उस हक़ीक़त को ही फिर से वजन दे रहा हूं। रोटी-रोजी के संघर्ष में तेज़ काम करने के लोभवश उस समय मैं सृजन प्रक्रिया के बखान में बहुत गहराई से प्रवेश न कर सका था। ख़ैर। पहल तो की, यह संतोष ही क्या कम है। उस पर चिन्तन को विधिवत् बढ़ाकर तुमने मेरे सन्तोष में चार चांद मढ़ दिए। शाबास।

तुमने खूब अध्ययन किया है साथ ही हर पहलू से सोचते हुए तुम्हारे सोच का दायरा जैसे बढ़ा है वैसे गहराया भी खूब है। किसी भी विषय का अनुसरण करते हुए

विचार जब सीता की खोज में लगे वानरों की तरह अपनी विवश अगतिशीलता का सिन्धुतट पा लेते हैं तो तत्त्वदर्शन के लिए उनमें से एक हनुमान को छलांग लेनी पड़ती है। अगति और गति का यह क्षण वस्तुतः सृजन लीला के प्रस्रवण का क्षण ही होता है। मैं समझता हूं अपने उस सृजनात्मक क्षण की सृजन-प्रक्रिया को बहुत गौर करने पर देखा तो जा सकता है मगर बखाना नहीं जा सकता। काम सुख को ब्रह्मानन्द सहोदर कहकर बखाना गया है। लेकिन ब्रह्मानन्द अथवा कामानन्द क्या है यह कोई न बखान सका और न कोई बखान ही सकता है। अनुभूति कहीं शब्दातीत हो जाती है। सृजनानन्द-कामानन्द-ब्रह्मानन्द वस्तुतः एक ही हैं–कहियत भिन्न न भिन्न।

तुम्हारा यह शोध ग्रन्थ पढ़कर मैं इतना सन्तुष्ट हुआ कि अपने मन से तुम्हें तत्क्षण डी.लिट् की उपाधि दे दी। अब विश्वविद्यालय तो तुम्हें डी.लिट् बनाने के लिए बाध्य होगा ही। यह शोध ग्रन्थ निश्चय ही तुम्हारी कीर्ति में चार चांद लगाएगा।

सस्नेह, साक्षीष

अमृतलाल नागर

टीपन-1

Our Complex

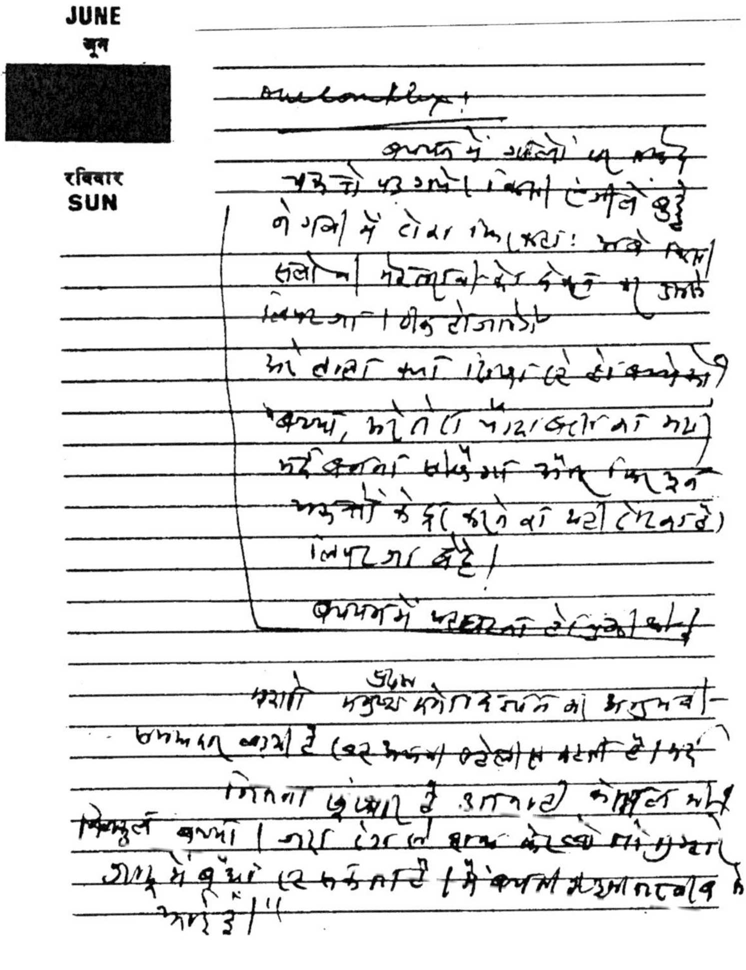

महत्त्वपूर्ण द्वन्द्व

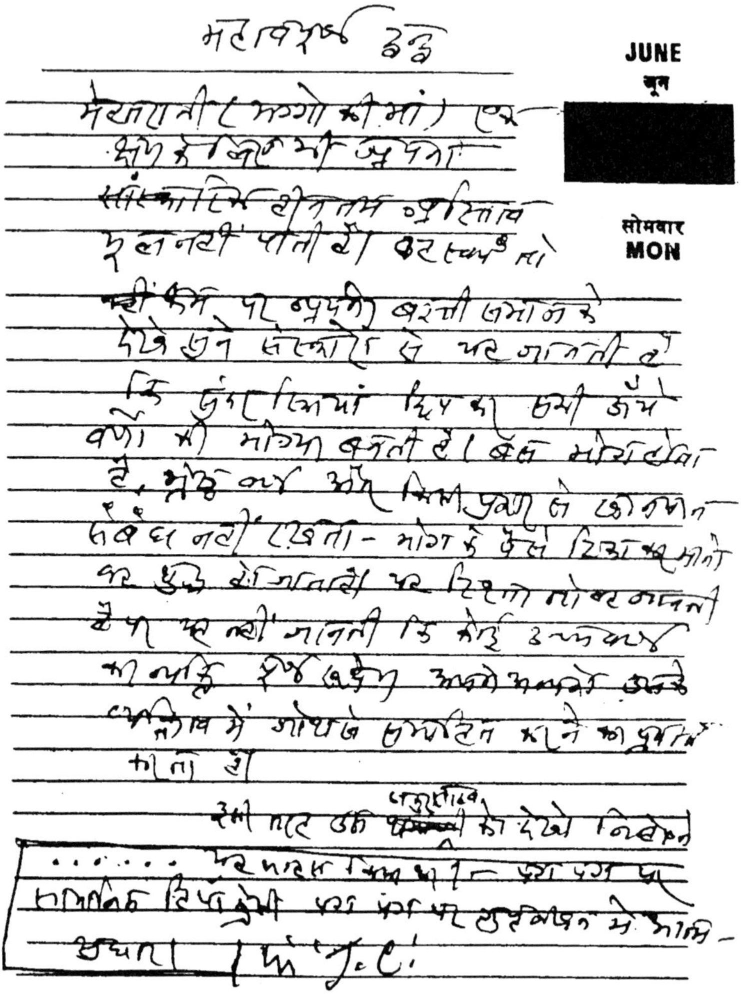

टीपन-3

'कथानक के नोट्स' से

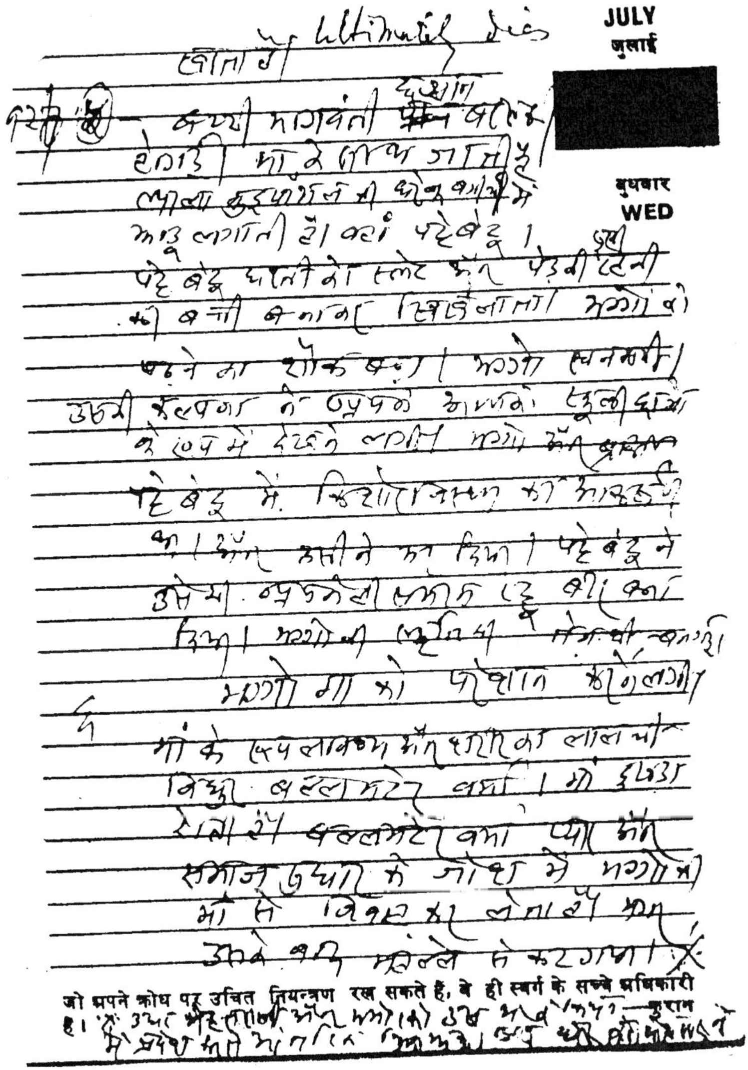
JULY
जुलाई

बुधवार
WED

जो अपने क्रोध पर उचित नियन्त्रण रख सकते हैं, वे ही स्वर्ग के सच्चे अधिकारी हैं। —कुरान

'झाऊलाल उर्फ स्वदेशलाल आर्य' से

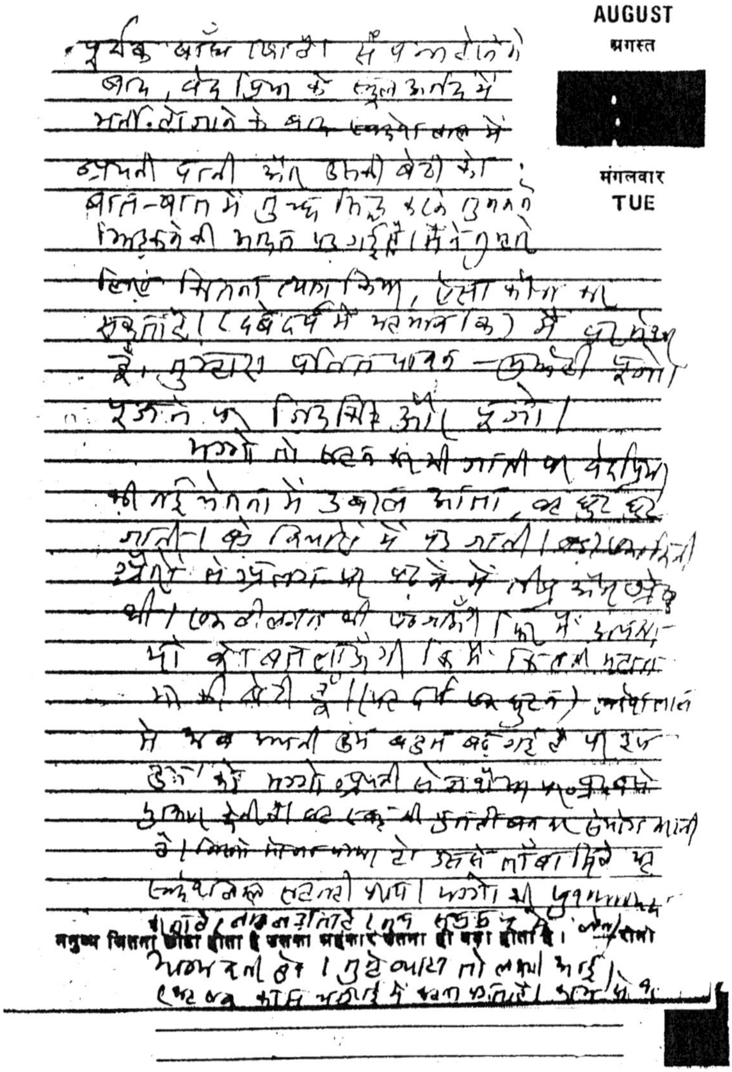

AUGUST
अगस्त

मंगलवार
TUE

पूर्वोक्त आँख मिचौनी से [illegible]
बाद, वेदप्रिय के स्कूल [illegible] में
भर्ती हो जाने के बाद [illegible]
अपनी पत्नी और उनकी बेटी को
बात-बात में [illegible]
झिड़कने की आदत पड़ गई है। मैंने इनके
लिए कितना त्याग किया, ऐसा कौन कर
सकता है। (दबे दर्प में [illegible]) मैं [illegible]
हूँ, तुम्हारा [illegible] — [illegible]
[illegible] और [illegible]।
मज्जो तो [illegible] गाली पर वेदप्रिय
की नई [illegible] में [illegible]
[illegible]
[illegible]
थी। [illegible] कि मैं [illegible]
[illegible] कि मैं [illegible]
[illegible] बेटी हूँ। [illegible]
से [illegible] बढ़ गई है पर इन
[illegible] मज्जो [illegible]
[illegible]
है। [illegible] उससे [illegible]
[illegible] मज्जो [illegible]
[illegible]

मनुष्य जितना छोटा होता है उसका अहंकार उतना ही बड़ा होता है। —[illegible]

[illegible] आई।
[illegible]

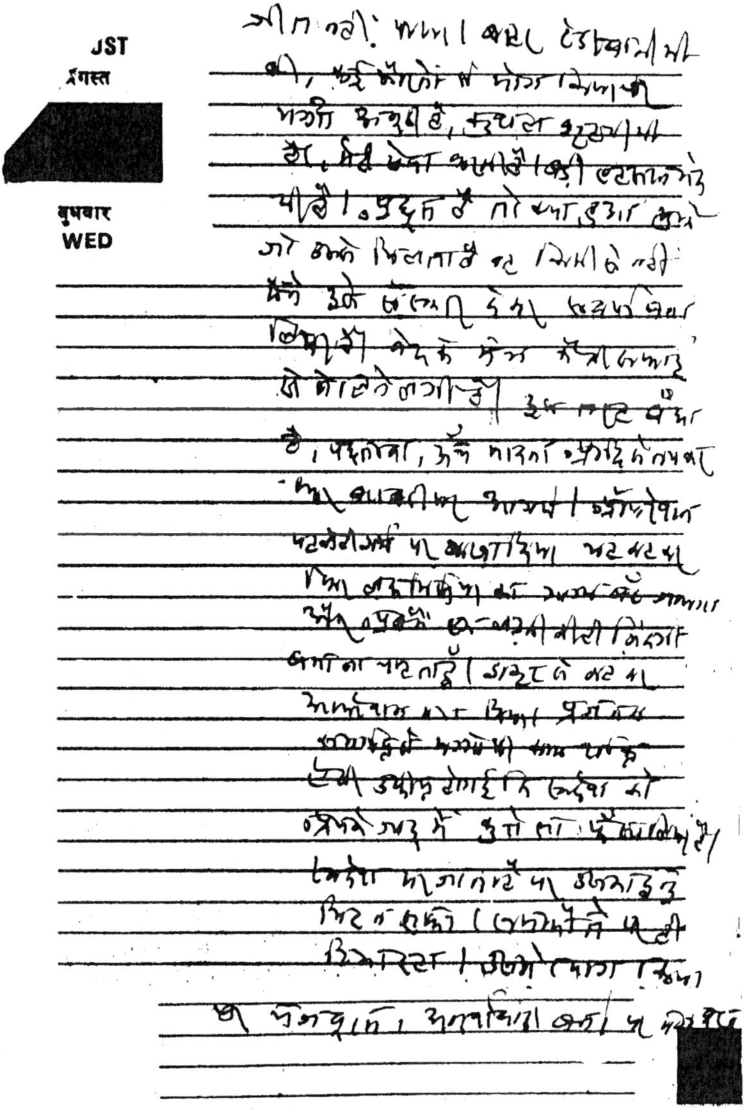

JST
मंगल
बुधवार
WED

'अथ नव कथानक के बीज' से

प्रथम तथा द्वितीय खंड के प्रारम्भिक अंश

Sunday the 19th January 1975.

रविवार १९ जनवरी सन् १९७५ पौष शुक्ल ७ संवत् २०३१

रा. पौष २९, शक १८९६

गुरुगोविन्द सिंह जयन्ती

अथ नव कथानक के बीज

Monday the 20th January 1975.

सोमवार २० जनवरी सन् १९७५ पौष शुक्ल ७ संवत् २०३१

रा. पौष ३०, शक १८९६

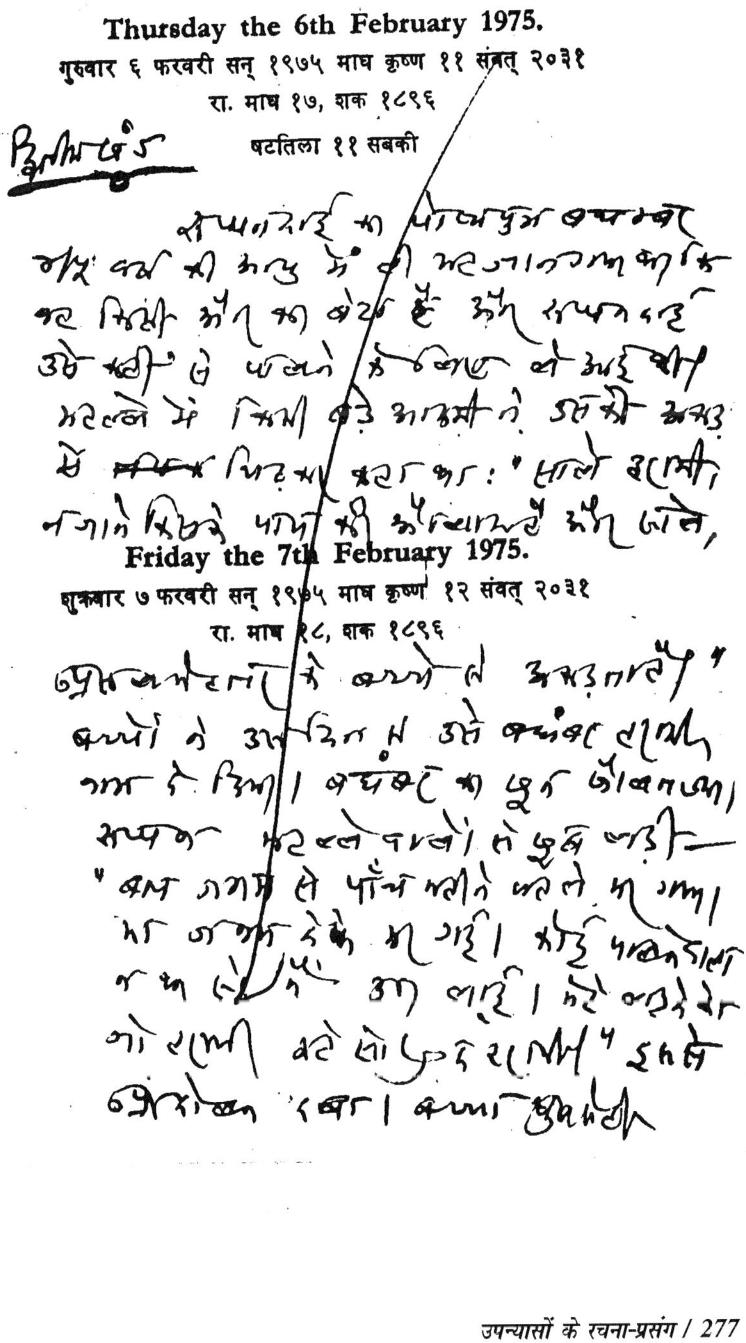
Thursday the 6th February 1975.
गुरुवार ६ फरवरी सन् १९७५ माघ कृष्ण ११ संवत् २०३१
रा. माघ १७, शक १८९६
षटतिला ११ सबकी
Friday the 7th February 1975.
शुक्रवार ७ फरवरी सन् १९७५ माघ कृष्ण १२ संवत् २०३१
रा. माघ १८, शक १८९६

Wednesday the 12th February 1975.

बुधवार १२ फरवरी सन् १९७५ माघ शुक्ल १ संवत् २०३१

रा. माघ २३, शक १८९६

[illegible]

Thursday the 13th February 1975.

गुरुवार १३ फरवरी सन् १९७५ माघ शुक्ल २ संवत् २०३१

रा. माघ २४, शक १८९६

नाच्यौ बहुत गोपाल के मुख्य चरित्रों की रूप-रेखा

नोट : 1. निर्गुन काम अतृप्ता नारी/1. विद्रोह, 2. संघर्ष, 3. समर्पण

नन्हू-सम्भवतः जारज सन्तान/निःसन्तान मामा-मामी की गोद में पला, लाडला। बचपन में कामाघात पाए। नवयौवन आरम्भ होने पर संयोग से उच्चवर्ण नारी की कामान्धता के प्रलोभन जाल में फंसा। वह अन्ततोगत्वा पत्नी बनकर घर आई। पत्नी बनकर आनेवाली स्त्री चूंकि सम्पन्न एवं सबसे ऊंचे वर्ण की थी इसलिए उसके प्रेम के प्रति पागल हो गया। पर चूंकि मामा-मामी के मानसिक संस्कारों के लिए एक परमपूज्य वर्ण की नारी का बहू बनके घर आ जाना एक मन को पाप और सामाजिक मर्यादा की चेतना के गहरे धक्के देता था और यह धक्के चूंकि दिन-प्रतिदिन अनिवार्य हो गए थे इसलिए जड़ भी हो गए। जड़ता की प्रतिक्रिया कठोर। नन्हू का भी पूर्वमानस क्रमशः विलुप्त होता गया अब उसके मन में उच्चवर्ण के प्रति, विशेष रूप से उच्चवर्ण की नारी के प्रति उसका काम (अहम) स्वाद उच्चवर्ण की नारियों का भोग चाहने के लिए दिनोंदिन प्रखर हो चला। फिर पैसेवाली के घर आने से पैसे की चाह भी बढ़ी। नन्हू अपनी नई प्रवृत्ति में एक उच्चवर्ण कुमारी को अकेले में दबोच लेता है। अब उसे जीत से चाट पड़ी। एक अन्य घटना भी होती है। अबोध लड़की का पशुता के अनुभव से बुरा हाल होता है। भोग के बाद इच्छा होने लगी कि उसे मार डाले पर किन्हीं आहटों से चौंक कर भाग जाता है। भागा सो भागा घटनाचक्रों में घूमते हुए एक डाकू दल के हाथ लगा। सरदार का चहेता चेला बन गया। डाके भी डालने लगा। उसके नेतृत्व में पड़नेवाले डाकों में बलात्कार की नई प्रवृत्ति पड़ी। धन के बाद उच्चवर्ण की नारी का धर्म बिगाड़ने में उसे अतीव आह्लाद होने लगा। सरदार की नाराजी परन्तु दल में दो दल अवश्य हो गए थे। और एक दल निश्चय ही नन्हू के नेतृत्व में एक नई जादू भरी लूट का शिकार हो चुका था। वह लड़ने, मरने, अलग होने पर आमादा। नीतिवान थोड़े से अधेड़ और दो-चार नौजवान डकैतों को छोड़कर बाकी सब नन्हू के नेतृत्व में आ गए। फूट के भय से सरदार चुप हो गया। यहां एक बात यह भी स्मरण रखनी चाहिए कि डकैत सरदार के हाथों पड़कर नन्हू मेहतर ने अपने आपको ठाकुर नन्हू सिंह बताया था। डाके डालने में नन्हू बहुत ही कुशल और योग्य सिद्ध हुआ। पकड़ाई में कभी न आया और जीत शर्तिया। थोड़े ही दिनों में नन्हू सरनाम हो गया। बूढ़ा सरदार घर का मुखिया बनकर हुक्का गुड़-गुड़ाने भर का ही रह गया। एक दिन किसी

मुसलमान जासूस अफसर ने यह सुराग पा लिया कि नन्हू ठाकुर वस्तुतः नन्हू मेहतर है। डाकुओं के दल में यह जातिगत चेतना डालकर फूट पैदा करने के लिए वह अफसर अखबारों में सूचना दे देता है। अखबार की खबर डाकुओं के दल में जाती है। डाकुओं में भयानक क्रोध, विशेष रूप से डाकू सरदार को। उसे पुनः अपना नेतृत्व प्राप्त करने का अवसर प्राप्त होता है। नन्हू को दल के लोग पकड़कर पेड़ से बांध देते हैं। सरदार उसे गोली मार देता है। नन्हू के नेतृत्वकाल की दो बातें विशेष रूप से ध्यान में रखने की हैं। एक तो मसुरियादीन की उस हवेली पर चढ़ाई होती है जहां निर्गुन ने उसे प्यार दिया था। नन्हू भी मनः प्रक्रिया कुछ इस तरह की थी कि वह निर्गुन का बदला मसुरियादीन से लेने आया था। घर में घुसते ही मुरारी और मसुरिया की हत्या, फिर लूट फिर आग। काम ऐसी सफाई से हुआ था कि जब तक आग की लपटें न उठी तब तक किसी को मालूम भी न पड़ा कि मसुरिया के यहां डकैती पड़ी। आग लगा कर जब काली माई की जय-जय कारते हुए डंके की चोट पर नन्हू सरदार का जयकार भी बोला तब मुहल्ले का आतंक जागा। मगर नन्हू के नाम में इतना आतंक था कि किसी लाला लूली की चूं तक करने की हिम्मत न हुई। हां, आग की लपटों से बचने के लिए पास-पड़ोस के लोग अपनी-अपनी दीवारें बचाने के लिए अपनी-अपनी बाल्टियां ले-ले कर दौड़े। हुल्लड़ हंगामे का शौर्य भी जाग उठा। नन्हू का यह डाका अखबारों में भी उसके सफलतम डाकों में माना गया। मसुरिया की हत्या से निर्गुन के किसी मेहतर के साथ भाग जाने की नई जागी। पुलिस के जासूसों को यहीं से सुराग मिला। उसके मां-बाप घेरे गए, मामा-मामी घेरे गए। निर्गुन के बारे में भी जगजाहिर होके रह गया कि बाम्हनी मेहतरानी होके रह गई। अब इस समाचार से मेहतर-मेहतरानियों में ही नहीं बल्कि आसपास के उच्चवर्ण के मुहल्लों में विशेष रूप से उन मुहल्लों में जहां निर्गुन कमाने जाती थी तहलका मच गया। नारी वर्ग की इस पतिता जातिच्युत मेहतरानी से अतीव घृणा। किन्तु कामातुर उच्चवर्णीय जनों का आकर्षण बढ़ा–तीसरा आकर्षण समाज सुधारक वर्ग का भी–तुम चलो हम तुम्हें शुद्ध कर देंगे। फिर से समाज में ले आएंगे। लेकिन मेहतरानी निर्गुन तब उच्चवर्ण से चिढ़ में भरपूर अपने को सगर्व मेहतरानी घोषित करने में अड़ी रही। इस बीच नन्हू की हत्या की खबरें अखबारों में आ चुकी थीं। (जब मसुरिया की हत्या की खबर पाती है तब अपने बाएं हाथ की चूड़ियां तोड़ती है) एक बात और सिनेरियो रचते समय अध्यायों के व्यवस्था क्रम में रखी जाए कि नन्हू ठाकुर जब बड़े नामी सरदार बन गए थे तब दो बार रात में अपने मामा के घर आए थे। मामी को बड़ा जेवर दे गए। किन्तु निर्गुन ने कोठरी बन्द कर ली। दोनों बार न मिली। इसी धन के निकलने पर तलाशी में मामा-मामी और निर्गुन बांधकर कोतवाली ले जाए गए थे। उन्हें नन्हू का पता-ठिकाना बताने के लिए

अत्याचारों से मजबूर किया जा रहा था तभी नन्हू के मरने की खबर आई और उसके दल के बिखरने की भी। पुलिस ने लूट का धन साथ ही मामा-मामी का बचा धन भी लूट लिया। मामा-मामी ने निर्गुन को अपने साथ रखने से इनकार कर दिया। वह बरगद तले अपने बीच के दिनों के परम-मनोआश्रयदाता के यहां बहुत आती-जाती रही थी। वहीं अब उसे शरण मिली। सुपचबाबा-महाजनी मुहल्ले की श्रीनाथ द्वारे की हवेली के मेहतरों द्वारा कमाई करने वाले स्थल द्वार पर गली में एक ताज़ा पैदा हुआ बच्चा मिला था। सुबह हुल्लड़ मच गया। इशारे से पता लग गया कि यह बच्चा किस घर का पाप हो गया कि यह किस घर का पाप होगा। निःसंतान मेहतरानी उठा लाई थी। यद्यपि उसका पालना पति, सास आदि को पसन्द न आया था। मेहतरानी ने लाड़ देकर उसे पाला था। उसके शुरू से ही कमाई के काम में न डाला, उसे सूप, चटाई बनाना सिखलाया। नौ बरस की उमर में बड़ी माता निकलीं। बच तो गया पर अन्धा हो गया। पालनेवाली मां मर गई। सास ने घर से निकाल दिया। भीख मांगने पर मजबूर वैष्णव हवेली के द्वार पर ही मोरी के पास बैठता खाना पा जाता था। हवेली के कीर्तनियां जी उसे बहुत प्यार देते थे। हवेली में आरती आदि के अवसरों पर तो कीर्तनियां नित्यानुसार गाते ही थे किन्तु शाम को चबूतरे पर बैठकर पास-पड़ोस के मुहल्लों के छोटे लोगों के लिए धर्मोपदेश करते हुए बड़े-बड़े भजन गाया करते थे। तुलसी-सूर मीरा आदि के अनेक भजन कीर्तनियां जी के प्रवचन सभा के बहाने उस बच्चे को याद हो गए। सवेरे-शाम दर्शनार्थियों की भीड़ और दिन भर गली में आने-जानेवाले लोग अकसर उससे भजन सुनते। कंठ ऐसा मधुर कि मानो विधाता ने उसके भाग्य में सारे अभिशाप लिख देने के बाद अन्त में यह वरदान भी लिख दिया हो। कीर्तनियां जी अब नए-नए भजन सिखलाने भी लगे उन्होंने ही मेहतरानी मां के दिए हुए बाबू नाम को उसकी चेतना से भुलवा दिया। उन्होंने ही उसे सुपच भगत की संज्ञा दी और धीरे-धीरे वह बच्चा इसी नाम से प्रसिद्ध हो गया। पैसे इकट्ठे होने पर बच्चे ने बांस, सींके आदि लाया और सूप डलिया बुनने लगा। भंगी मुहल्ले के एक बुढऊ उसके सूप, डाले भी बेच लाते और काट फांस करने के बाद भी भगत को अपनी कमाई की आमदनी होने लगी। अब तो यही काम करते हुए उसे 55 बरस हो गए। बरगद तले झोपड़ी है वहीं रहता है। रोज सवेरे, दोपहर, शाम की आरती में आकर गली में मत्था टेकता है, चला जाता है। पहले उसे नियमित रूप से हवेली से राजभोग की जूठी पत्तलें खाने को मिल जाती। किन्तु कीर्तनियांजी के मरने के बाद उसे वहां से हंकाल दिया गया। भगत ने तभी अपनी झोपड़ी बनाई थी। स्मरणीय है कि जब तक कीर्तनियांजी रहे, भगत अपनी सूप कमाई के पैसे उनके पास जमा कराता रहा था। जब कीर्तनियांजी का अन्त काल आया तो वे हाट कर चबूतरे पर आए और जमा

हुए रुपयों की छोटी-सी थैली देकर उसे खरा भगत होने का आदेश दिया। यह भी स्मरणीय है कि इस मुहल्ले में आने के बाद, पूरी तरह से मेहतरानी बन जाने के बाद मुहल्ले की कमाई करके लौटती तो अकसर सुपच बाबा के यहां बैठ जाया करती थी। उनकी बातों से उसे परम शान्ति मिलती थी। इसीलिए निकाले जाने पर सुपच बाबा के यहां शरण लेने में ही उसे अपना भला जान पड़ा। बाबा की आज्ञा से सूप डलिया का काम सीख कर उस सामग्री को स्वयं ही बेचने मुहल्लों में जाने लगी। अब बाबा को अपनी मेहनत की असली कमाई पहली बार मिलने लगी। बाबा ने अपने भंगी भक्तों से एक बार प्रबचन में कहा : 'देखो जमाना पलट रहा है, गांधी महात्मा हमारे बड़े ही सहायक हो गए हैं। अब हमारी उन्नति होकर ही रहेगी इसलिए बच्चों को पढ़ाना शुरू करो। बहू पढ़ाया करेगी। रात के समय बहू की पाठशाला खुल गई। निर्गुन बड़े उत्साह से बच्चों को पढ़ाने लगी। यह सुपच बाबा भक्त योगी के सुन्दरतम उदाहरण के रूप में प्रस्तुत हो श्वपच ऋषि की कल्पना इसी के दिमाग की कल्पना की उपज थी। मजे की बात है कि सुपच बाबा के तम तेज का महात्म ऐसा फैल गया था कि उच्च वर्ण के लोग भी दुख बीमारी में अपनी या अपने बच्चों के मुंह पर फूंक छुड़वाने आया करते थे। श्वपच की सांस की फूंक से किसी भी उच्चवर्ण का धर्म नहीं जाता था वैसे सभी उनसे दूर-दूर बैठते थे। निर्गुन यह सब देखती रहती है। उसके अनुभव सी ज्योति दिनों-दिन बढ़ती जाती है।

निर्गुन देवी

1. जब नन्हू के साथ अपने घर से भागकर नन्हू की मां अर्थात् अपनी पुरानी सहेली के घर पहुंची तो व्यवहार का पहला झटका मिला–लड़के को भी डांटा क्या गलती की। इस चोरी के हाथी को छुपाऊंगी कैसे। ले जा इसको यहां से। कहीं पुलिस आ जाए तो अपनी नाक-चोटी नहीं कटाऊंगी।
2. दो दिन अलग-अलग शहरों की दो धर्मशालाओं में काटी। नन्हू का मन विद्रोह कर उठा। अब तुझे लेकर मामा के घर ही जाऊंगा। कोई साला नहीं पकड़ पाएगा।
3. मामा के घर आई ममिया सास और ममिया ससुर के पैर छूने पड़े। सास, सासपन दिखलाने लगी, रोज रात को पैर दबवाती और बहू को ठोकरों से मारती, चूंकि मुहल्ले वालों की नजरों से बचाकर रखा जा रहा था। इसलिए सास की घृणा का अन्त न था। ममिया ससुर अपनी बहन के घर जाकर इस बात का भरोसा ले आए कि निर्गुन के मेहतर के साथ भाग जाने की रिपोर्ट पुलिस में नहीं कराई। पुलिस नहीं सता सकती तब जाकर बहू मुहल्ले में खुली।

छिपाव के दिनों में घर के भीतर पहले अपना ही मल कमाना सीखा। सास भी गली की बम्पुलिस छोड़कर हठपूर्वक घर ही में बैठी थी। बाद में अपना मल बहू से उठवाकर बाहर फिंकवाने लगी। इन प्रत्येक अत्याचारों को सह-सहकर पग-पग पर वर्ण भेद के धक्के खा-खाकर विवश निर्गुन ने अपने को नए रूप में ढाला था। हर बार राम ध्यान में आते थे। मन की एक वृत्ति ने मचलकर उसे कहां से कहां पहुंचा दिया।

3. जब एक बच्ची की मां बन गई तब सास ने उसे अधिक छूट दी। यानी उस पर अपना काम अधिक लादा। पहले आप जाती, मुहल्ले भर में बात बतियाती, निर्गुन के पीड़ा का एक-एक अंकन हो। बाद में निर्गुन को अकेले भी जाने की छूट मिली। उसके रूप ने गली में कइयों को लुभाया। तरह-तरह के कामी जनों की प्रवृत्तियों, संघर्ष और बचाव का...यहां भी हर क्षण राम ही याद आते।
4. उच्चवर्ण के लोग अपनी उच्चता का दर्प और हीनता की प्रवृत्तियां साथ-साथ हीन जातियों पर आरोपित करती है। उसके कुछ दृष्टान्त।
5. आर्य समाज और गांधी के अन्दोलन का सत् प्रभाव और उसकी कठोर वर्णाश्रमी प्रतिक्रिया। कुछ दृष्टान्त।
6. '29 में गांधी ने अछूतों को हरिजन कहा और उन्होंने दिल्ली जाने पर भंगी कालोनी में ठहरना शुरू किया। निर्गुन की पाठशालाएं शुरू हुईं।
7. पाठशाला से कांग्रेस कर्मियों के सम्पर्क में आए। मुंह से सवर्ण अछूत भाई-भाई के नारे लगाने वाले नेता भी उसका मीठा-मीठा आदर तो करते पर वह यदि उनसे दूर बैठती तो तनिक सन्तुष्ट ही होते थे।
8. '30 के आन्दोलन में जेल गई। गांधी इर्विन पेक्ट होने पर छूटी, फिर विधिवत नेतानी बन गई। कांग्रेस ने सफाई मजदूरों की बस्तियों तथा गांवों में दलित बस्तीवालों के बीच निर्गुन को प्रचार के लिए सर्वोत्तम साधन माना। निर्गुन क्रमशः प्रसिद्धि के पथ पर दौड़ चली।
9. '36 के आन्दोलन में एम.एल.ए.। एक बड़ी पैसेवाली ताल्लुकदारनी को हजारों वोटों से हराकर जीती। कांग्रेस मिनिस्ट्री में पार्लियामेंट्री सेक्रेटरी बनी। नया जीवन शुरू हुआ। सुख के दिन आए। लड़की को लखनऊ ले आई। स्कूल में प्रवेश मिला। दो बरस धूम-धाम के बीते। '39 में ब्रिटिश राज के अन्तर्गत कांग्रेस मिनिस्ट्री का इस्तीफा। लौटकर सुपच बाबा की कोठरी में। लेकिन लड़की को वह अब लखनऊ में ही पढ़ाएगी। सरकारी तनख्वाह मिलती थी। तो पैसे काफी बचा लिए थे। पर इतने से लड़की का भविष्य कैसे बनेगा। एक बार फिर से सुख और पद मर्यादा भोगने से मन में तप का भाव क्रमशः क्षीण होने लगा।

स्वार्थवश एक कामलोलुप नेता को उल्लू बना के सतीत्व न बेच कर रुपया लूटने की कला में दक्ष हो गई। पैसे आने लगे, लड़की पढ़ने लगी। दोहरा व्यक्तित्व हो चला। निचला मन पापी और ऊपरी मन पुण्यात्मा।

बहुत मजबूर हो तो अर्थ के लिए शरीर बेच दो पर काम की दृष्टि से शरीर न भोगो यह सिद्धान्त बना लिया। यह चालबाजी की तपोनिष्ठा सीखी। धर्म है पर आपत्‌धर्म बड़ा है। जब तब मिलने पर सुपच बाबा टोकते हैं। मन सुपच बाबा से डरने लगा। अहंकार जो परिस्थितियोंवश दब गया था नई परिस्थितियों में फिर से उभरने लगा। काम के फेर से प्रायः वह इसलिए भी बचा करती थी कि वह अपनी बेटी को हीन मार्ग पर चलने से बचाना चाहती थी।

10. '42 के आन्दोलन में वह फिर जेल गई। लड़की 19 बरस की थी।
11. मां जेल जाते समय बेटी के लिए कुछ पैसा छोड़ जाती है। बेटी (किसी भी बहाने से जिसे बादं में सोच लेंगे)। एक जबान फौजवाले अंग्रेज अफसर से लग जाती है। नए रंग खिलते हैं वह उसे नरसिंग की ट्रेनिंग दिलवाता है। ईसाई बना लेता है। वह पक्की अंग्रेज भक्त बन जाती है।
12. '45 में मां के जेल से लौटने पर बेटी स्वतंत्र हो चुकी है। अपनी नई-नई नौकरी की रक्षा के लिए वह मां के साथ रहना पसन्द नहीं करती है। निर्गुन के लिए नया आघात। काम की प्रतारणा से जिस बेटी का जन्म हुआ था। जिसके लिए वह अर्थ लोभ में नाची। न करने वाले काम तक किए वही लड़की अब उसे ठेंगा दिखा गई। काम के बाद अर्थ के मंच पर यों धक्के खा-खा कर नाची।
13. '47 में बेटी को हिन्दुस्तान से इतनी नफरत हो गई थी कि भारत के आज़ाद होने के साथ ही साथ वह किसी मनचले अंग्रेज के साथ इंग्लैंड चली गई।

'47 में मां को उपमंत्री का पद मिला। हरिजन कल्याण विभाग ही उसे मिला। राजनीति की लूट देखी, हरिजनों की आपसी फूट देखी, मन पहले ही से टूटा हुआ था। फिर भी इस मंत्रिपद का लाभ उठाते हुए वह एक बार इंग्लैंड भी हो आई। बेटी अस्पताल में नौकरी कर रही थी। और एकदम बदल गई थी। उसे मां में कतई दिलचस्पी न थी।

यूरोप से बुझा मन लेकर लौटी और फिर काम न कर सकी। त्याग-पत्र दे दिया।

काम, अर्थ के मंच छोड़कर धर्म के मंच पर आ गई। (यहां भी धक्के खा-खाकर नाचेगी)।

निर्गुन और सुपच बाबा :

●●●